Robin Denselow

W0047166

THE BEAT GOES ON

Popmusik und Politik –
Geschichte einer Hoffnung

Deutsch von Hubert Mania

Rowohlt

Für Jadzia und meine Eltern

Deutsche Erstausgabe
Veröffentlicht im Rowohlt Taschenbuch Verlag GmbH,
Reinbek bei Hamburg, Dezember 1991
Copyright für die deutsche Ausgabe © 1991 by
Rowohlt Taschenbuch Verlag GmbH, Reinbek bei Hamburg
Die Originalausgabe erschien 1989 unter dem Titel
«When the Music's Over: The Story of Political Pop»
im Verlag Faber and Faber, London/Boston
Copyright für die Originalausgabe © 1989 by Robin Denselow
Redaktion Jens Petersen
Umschlaggestaltung Walter Hellmann
Gemälde «Sänger» (Ausschnitt)
von Helmut Middendorf, 1981. Berlin, Sammlung Peter Pohl
Satz Aldus (Linotronic 500)
Gesamtherstellung Clausen & Bosse, Leck
Printed in Germany
1980-ISBN 3 499 18849 x

Inhalt

Einleitung

Kingston 1981, London 1988

Es war das gewaltigste und bewegendste Popereignis, das ich je miterlebt habe. Als Bob Marley am Donnerstag, den 21. Mai 1981, beerdigt wurde, war Kingston, die Hauptstadt Jamaikas, lahmgelegt. Sogar die Ermordung John Lennons hatte fünf Monate zuvor keine nur annähernd vergleichbare Atmosphäre schaffen können, eine Atmosphäre, die ein ganzes Land dazu brachte, als Ausdruck der Verehrung für einen außergewöhnlichen Sänger die Arbeit niederzulegen.

Im Parlament sollte an diesem Tag eigentlich über den ersten, von Edward Seaga vorgestellten Haushaltsentwurf debattiert werden. Seaga war ein ehemaliger Schallplattenproduzent und Konzertveranstalter, der ein Jahr zuvor Premierminister geworden war. Niemand erwartete, daß die Debatte stattfinden würde. Der Premierminister nahm mit den anderen Politikern und der Bevölkerung am Begräbnis teil.

An jenem heißen Tag in der Karibik schien es, als seien Popmusik und Politik immer eins gewesen. Natürlich war dieser Mann nicht nur der erste Musiker aus der Dritten Welt, der im Westen den Status eines Superstars erreichen sollte. Er hatte ein Erbe hinterlassen, das weit über das Schreiben und Vortragen von Songs hinausging. Er hatte tatsächlich Standpunkte verändert und Politiker gezwungen, aufzuhorchen.

Sein Einfluß war überall spürbar. In Trenchtown etwa, diesem unbezähmbaren Viertel, in dem Außenstehende unerwünscht sind, einem afrikanischen Dorf vergleichbar, das mitten in einer Großstadt liegt. Die Hütte, in der Bob Marley einst lebte, war zwar schon längst abgerissen worden, aber seine früheren Nachbarn waren stolz darauf, daß er ausgerechnet dieses heruntergekommene Getto in der ganzen Welt berühmt gemacht hatte und seinem Geist treu geblieben war. Sein Werk hatte tatsächlich das übliche Bild von den Rastas verändert, von dieser so oft unterdrückten und verachteten Bevölkerungsgruppe.

7

Sein Einfluß war auch hinter den Mauern des Regierungsgebäudes spürbar. Am Tag der Beerdigung sprachen der Premierminister wie auch der Oppositionsführer in einem Interview über die Bedeutung eines Popmusikers wie Bob Marley. Edward Seaga, der in den Sechzigern versucht hatte, den Ska aus Jamaika über die Karibik hinaus populär zu machen, sagte: «Marley hatte eine Botschaft, die sich über die Trennung in Völker, Rassen und Religionen hinwegsetzte und die die Proteste eines großen Teils der Welt zum Ausdruck brachte.»

Bei Michael Manley, dem ehemaligen Premierminister, waren es eher persönliche Gründe, sich an Marley zu erinnern. Im Dezember 1976, kurz vor den allgemeinen Parlamentswahlen in Jamaika, die Manley gewann, wurde ein Attentat auf den Reggaestar verübt. Marley bereitete sich gerade auf ein Konzert vor, das allgemein als Unterstützung für Manleys Wahlkampagne angesehen wurde.

Später, 1978, übernahm Manley die Schirmherrschaft über ein spektakuläres Friedenskonzert, bei dem Bob Marley auftrat, und die befeindeten Gangs von Kingston versprachen, ihre Bandenkriege – wenigstens für kurze Zeit – einzustellen. Sah er in Marley deshalb eine politische Persönlichkeit? «Ja und nein», entgegnete er. «Nein, weil es seinem Naturell widersprach, sich einer Partei anzuschließen. Das lag nicht auf seiner Wellenlänge. Ja, weil er wie kein anderer die Leiden und Nöte der Gettobewohner zum Ausdruck brachte. Als er dann Millionär wurde, habe ich mich oft gefragt, ob er wohl glatt oder angepaßt werden würde, aber er ging nie Kompromisse ein. Seine Sorge galt unverändert den gleichen Problemen, aber es kamen immer neue dazu. Deshalb sang er sowohl über Simbabwe als auch über Trenchtown.»

In Großbritannien war zur gleichen Zeit das Jahr von Abba, Adam and the Ants und der Human League. Aber wie belanglos erschienen ihre Karrieren im Vergleich zum Leben jenes Mannes, der jetzt im Nationalstadion lag, wo ein Spruchband verkündete, daß der «Ehrenwerte Robert Nesta Marley OM» dort feierlich aufgebahrt liege. Vor dem Stadion dröhnten die Songs von Marley aus den unzähligen mobilen Musikanlagen der DJs, und die Polizei setzte einmal sogar Tränengas ein, um die Menge zu zerstreuen. Später hielt der Premierminister beim Begräbnisgottesdienst die Grabrede. Er sprach in einer feierlichen Weise über Popsongs, wie es bisher kein anderer Staatsmann getan hatte. Dabei wählte er den Song «Trenchtown Rock» als Symbol für Marleys Leben, «No

Woman No Cry» für die tröstliche Hilfe seines Mitgefühls, «One Love!» für seinen Traum von Frieden und Einigkeit und «Rastaman Vibration» für seinen tiefen mystischen Glauben.

Bevor sich der Leichenzug zur Beerdigung in den Norden von Kingston in Bewegung setzte, wurde der Gottesdienst zu einem Konzert, und die Trauer verwandelte sich in ein Fest zu Ehren von Marleys Leben. Die Wailers und Rita, Marleys Frau, sangen, und zwei seiner kleinen Söhne tanzten auf der Bühne neben seinem Sarg. Es war eine seltsame und ergreifende Zeremonie.

Die Beerdigung war auch ein Markstein in der Geschichte der politischen Popmusik. Denn Marley hatte mehr erreicht, als sich die Massen vorstellen konnten, die sich an den Straßen von Kingston drängten, um die Beerdigungsprozession zu sehen. Mit seiner mitreißenden, aufwühlenden, wunderbar klangvollen Musik hatte er Jamaika nicht nur zu einem Teil der internationalen Musikszene gemacht und dabei zahllosen anderen Reggaebands geholfen; seine Songs setzten sich genauso für die Besitzlosen, die Gettobewohner und diejenigen ein, die sich danach sehnten, nach Afrika zurückzukehren – ein Wunsch, den die übrige Welt als Traum von Verrückten und Bekifften abtat. Und sie unterstützten auch jene Menschen in Afrika, die gerade ihre Unabhängigkeit errungen hatten, und jene, die weiter darum kämpften. Was jedoch noch wichtiger war: Marleys Musik ging zu einer Zeit über die Plattenspieler und Rundfunkstationen in die Welt, in der sich – nach den aufrührerischen und aufregenden sechziger Jahren – die westliche Popmusik größtenteils von politischen, sozialen und unbequemen Inhalten abgewandt hatte. Indem Marley den Reggae populär machte, sorgte er dafür, daß der westliche Pop seine Schärfe behielt zu einer Zeit, da die Musik in Fantasy-Welten, theatralische Shows und wirklichkeitsferne Themen abdriftete.

In Großbritannien dagegen regte der Reggae die Bewegung Rock Against Racism (RAR; Rock gegen Rassismus) mit an. Diese wiederum schaffte es, den Punk mit seinem anarchischen Stil und seiner diffusen Rebellion in ein Forum zu verwandeln, das unter britischen Musikern ein größeres politisches Bewußtsein ermöglichte, als es jemals in den sechziger Jahren vorhanden war. Die Anti-Thatcher-Kampagne der achtziger Jahre war der Nachfolger dieser Bewegung. Aus ihr ging eine politische Gruppierung von Popmusikern hervor, die sich Red Wedge

(Roter Keil) nannte und den Wahlkampf einer etablierten politischen Partei unterstützte (wie einst Bob Marley).

Marleys Einfluß breitete sich auch in den USA aus. Sein größter Förderer dort war Stevie Wonder, der die politische Musik der sechziger Jahre – die Zeit der Bürgerrechtskämpfe und des Vietnamkriegs – mit den vielfältigen humanitären Einzelkampagnen der achtziger Jahre verband. Stevie Wonders erster Protestsong war eine Fassung von Bob Dylans «Blowin' in the Wind». Während seiner ganzen Karriere spielte Wonder Musik zum Tanzen und Liebeslieder, aber auch Songs mit sozialen und politischen Themen. Er sang für Anti-Atom- und Anti-Apartheid-Kampagnen wie auch für ein Mitglied der White Panthers, der eine Strafe wegen Marihuana-Rauchens absitzen mußte. Er kannte Bob Marley und war gemeinsam mit ihm aufgetreten. Seine Hommage an ihn war «Master Blaster», der mitreißendste Song auf der LP «Hotter Than July».

Dieses Album enthielt auch einen ziemlich gefällig klingenden Song, der aber die politische Hierarchie in den USA und letztlich sogar die gesamte US-Bevölkerung beeinflussen sollte: «Happy Birthday», ein Appell, den Geburtstag von Martin Luther King zum Nationalfeiertag zu erklären. Der Titel ließ eine erlahmende Kampagne wieder aufleben und kann zu den stillen Erfolgen in der Geschichte des politischen Pop gerechnet werden.

Die Idee zum Martin Luther King-Gedenktag stammte nicht von Stevie Wonder. Schon Jahre davor hatte der Kongreßabgeordnete John Conyers einen Antrag eingereicht, in dem er einen Feiertag zu Ehren Kings forderte. Aber seine Initiative hatte wenig Erfolg, bis Stevie Wonder mit seinem fröhlichen, einfachen Song zur Lieblingsnummer der amerikanischen DJs avancierte und er Geld und Mühe in die Sache steckte. 1981 nahm er in Washington an einer Demonstration für die Einführung des Feiertags teil. Im darauffolgenden Jahr – an dem Tag, an dem der ermordete Führer der Bürgerrechtsbewegung seinen dreiundfünfzigsten Geburtstag gefeiert hätte – sprach Wonder vor fünfzigtausend Menschen, die sich Martin Luther King zu Ehren bei klirrender Kälte in Washington versammelt hatten.

Musiker wie Gil Scott-Heron und Diana Ross waren anwesend und Politiker wie Jesse Jackson. Aber es war Stevie Wonder, der als letzter sprach und der Menge klarmachte: «Wir brauchen einen Tag, um die Arbeit an einer unvollendeten Symphonie zu feiern, einen Tag für die

Generalprobe unserer Solidarität.» Besonders für das schwarze Amerika war dieser Tag ein wichtiges Anliegen: Zum einen gab es keinen offiziellen Feiertag, der den Errungenschaften der Schwarzen gewidmet war; zum anderen wurde Präsident Reagan zu der Zeit beschuldigt, mit seinen Sozialhilfekürzungen gerade die schwarze Bevölkerung benachteiligt zu haben.

Wonder verhalf den USA zu einem neuen Nationalfeiertag zu Ehren Kings, der seit 1986 an jedem dritten Montag im Januar gefeiert wird. In Washington gab es damals ein Festkonzert, an dem unter anderen Bob Dylan und die Frau des Präsidenten von Nicaragua teilnahmen. In Pulaski, Tennessee, marschierten Mitglieder des Ku Klux Klan protestierend durch die Straßen, manche hatten sich mit Tüchern verhüllt, manche mit Helm und Schild bewaffnet. Natürlich gab es in den USA noch die Rassentrennung, aber es war einem Musiker gelungen, das Establishment zu einer wichtigen und längst fälligen Geste zu bewegen.

Der Martin Luther King-Tag zeigte, was ein Sänger und ein Song (sowie Zielstrebigkeit, Geld und Organisation) erreichen können. Es war bei weitem mehr, als die Politiker konnten, die sich jetzt über Stevie Wonder ärgerten, weil er die Anerkennung für das bekam, was sie als ihre Idee betrachteten. Der Martin Luther King-Tag zeigte aber auch, wie geschickt Wonder die schwarz-amerikanische Musiktradition fortsetzen konnte, indem er gesellschaftskritische Themen in Mainstreampop verpackte.

Diese Tradition ging zurück auf die Sklavenzeit, als Blues und Gospelgesang ein unkontrollierbares Ventil für die Gefühle der Schwarzen waren. Auf den Feldern und in der Kirche konnte ihnen keiner die Musik verbieten, und die Prediger des schwarzen Amerika haben bis heute nicht vergessen, welch ein kraftvolles Medium ein Song sein kann. 1987 feierte Aretha Franklin in einer Detroiter Kirche ihre Abstammung vom Gospelgesang mit der Aufnahme eines Doppelalbums. Sie lud unter anderen den Präsidentschaftskandidaten Reverend Jesse Jackson ein, der die Anwesenden an die Rolle von Arethas Predigervater in der Bürgerrechtsbewegung erinnerte, und ihr Bruder, Reverend Cecil Franklin, hob die Macht des Gesangs hervor. «Songs haben den Vorteil», sagte er, «daß sie allgemein beliebt sind und daß man ihnen keine natürlichen oder menschlichen Grenzen setzen kann.»

Im Grunde genommen sind Musiker ein privilegierter Haufen. Sie können schon durch ihre Arbeit an sich eine einflußreiche, manchmal sogar mächtige Gruppe sein. Kein anderer Künstler vermag auch nur annähernd so leicht und so viel Geld aufzubringen und damit gleichzeitig das öffentliche Interesse auf ein bestimmtes Problem zu lenken – sei es ein Streik, ein ungerechtes Urteil, ein dringend benötigtes neues Krankenhaus, der Hunger im In- oder Ausland, ein Politiker, eine Partei oder eine Regierung.

Dazu kommt natürlich noch die Musik selbst. Ein Musiker kann zwar eine politische Rolle spielen, indem er einen Song über ein bestimmtes Thema schreibt, ein Benefizkonzert veranstaltet oder eine Sache einfach durch sein persönliches Erscheinen unterstützt. Ein Song dagegen erreicht selbst jene, die nicht lesen oder schreiben können, und wenn er wirklich gut ist, kann er Anregungen geben, Trost spenden, der Zensur entkommen, Staatsgrenzen überschreiten, eine öffentliche Stimmung auf den Punkt bringen oder – wie es Ruben Blades, der politisch engagierteste Salsastar, ausdrückte – «den Menschen mitteilen, daß sie nicht allein sind».

Bono, der Sänger der Gruppe U 2, hat bei verschiedenen Kampagnen für Anti-Apartheid-Initiativen und Amnesty International mitgewirkt; er lieferte auch einen überzeugenden Auftritt beim Live Aid-Konzert und ist unmittelbar darauf nach Afrika gereist, um das Hungersnot-Hilfswerk in Äthiopien zu unterstützen. Außerdem besuchte er die kämpfende und notleidende Bevölkerung in Mittelamerika. Seiner Ansicht nach kann Musik «zur Schaffung eines Milieus beitragen, in dem soziale Verantwortung und soziales Bewußtsein wachsen». Ebenso glaubt Peter Gabriel, der rund um die Welt für Amnesty aktiv war, «Musik kann Bewußtsein schaffen... und wenn Menschen sich dann politisch engagieren, so sind das immerhin ein paar Tropfen im großen Meer der Veränderung. Allerdings möchte ich keinen Musiker in einem politischen Amt sehen. Ein zweitklassiger Schauspieler als Präsident war schlimm genug!»

Die Geschichte des politischen Pop ist so alt wie die Volksmusik. Jahrhundertelang gab es Volkslieder mit politischem Inhalt, und die verschiedensten Kulturen der Welt haben ihre eigenen Sänger/Songschreiber-Traditionen entwickelt. Wie Troubadoure kommentierten diese Sänger aktuelle Ereignisse und nahmen die Rolle des musikalischen Journalisten ein. Einige von ihnen, beispielsweise die Kaiso-Sänger in Trinidad, wurden dabei zu einer politischen Kraft.

Im Zeitalter der kommerziellen populären Musik hat sich – vor allem in den USA – der Brauch entwickelt, daß bekannte Künstler politische Kandidaten unterstützen. Die Musik wurde zu einer Macht, die Politiker in Anspruch nehmen können oder fürchten müssen.

Als der Rock 'n' Roll aufkam, bewiesen die Behörden, daß sie politische Popmusik tatsächlich sehr ernst nahmen. Diese neue Musik entstand, als Pete Seeger und seine Band, die Weavers, öffentliches Auftrittsverbot hatten, in jener McCarthy-Ära mit ihren antikommunistischen Diffamierungskampagnen, wo im oppositionellen politischen Lager der Schnulzensänger Bing Crosby und der Schauspieler Ronald Reagan dazu aufriefen, den «Kreuzzug für die Freiheit» gegen den Kommunismus und die Kalten Krieger der Radiostation «Freies Europa» mit Spenden zu unterstützen.

Die Geschichte des politischen Pop in der Zeit des Rock 'n' Roll war merkwürdig und brüchig. Zunächst wurde in der neuen Musik irgend etwas Andersartiges gesehen, da sie doch anscheinend so unpolitisch war, nichts als ein wütender und wilder Ausbruch jugendlicher Energie. Doch natürlich muß jede Musik, die aus einer Fusion von schwarz-weißen Themen entsteht, die Rassismusfrage aufgreifen, ebenso wie die weitergehenden politischen Streitpunkte, die bereits seit langem den Inhalt der kampfbereiten amerikanischen Folkszene ausmachten. Solche Inhalte klangen später in der britischen Popmusik nach, wo die hausgemachte Folkkultur allerdings erheblich schwächer war und die neue Popmusik als Second-hand-Import über den Atlantik kam.

Aber es gab noch andere, grundlegendere Unterschiede. Die Rock-Ära bescherte den Musikern Ruhm und Reichtum wie niemals zuvor, und da die Medien sie mit ihrer fixen Idee von einer bunten Jugendkultur als Orakel priesen, schien ihre Bedeutung um so größer. Ruhm und Reichtum bringen aber leider nicht unbedingt die besten politischen Songs hervor; denn zwischen dem Auftritt und den Absichten eines Stars auf der Bühne und den entsprechenden Erwartungen seines Publikums scheint ein Abgrund zu klaffen. Ein Folksänger mußte sich jedenfalls nie mit Sticheleien über «sozialistische Millionäre» auseinandersetzen.

Es ist eine Geschichte, die von Gleichgültigkeit bis zu Rebellion, von wütenden Versuchen, das System zu verändern, bis hin zur Unterstützung bestimmter Parteien oder Politiker gekennzeichnet ist. Die Geschichte der Bürgerrechtsbewegung, die Anti-Vietnam-Proteste, die Studentenaufstände der Sechziger, die Anti-Rassismus-Kampagnen der Siebziger in Großbritannien und die Anti-Atom-Bewegungen in den USA – all dies gehört zur Geschichte des politischen Pop. Es ist eine Geschichte, die inzwischen und in zunehmendem Maße auf internationaler Ebene spürbar ist: von musikalischen Kampagnen, die einen Wandel der Verhältnisse in Afrika bewirken sollen, die Einfluß auf die US-Politik in Mittelamerika nehmen wollen, bis hin zu den Versuchen von sowjetischen und osteuropäischen Musikern, den Liberalisierungsprozeß im eigenen Land voranzutreiben.

In dieser Zeit war der musikalische Protest nicht mehr ausschließlich auf Clubs und Theaterbühnen beschränkt, er verlagerte sich vielmehr in die riesigen Stadien. Das Live Aid-Spektakel brachte die entsetzliche Hungersnot in Afrika an die Öffentlichkeit, und die mit großem Aufwand durchgeführten Tourneen von Amnesty International erinnerten alle Welt an die Verstöße gegen die Allgemeine Menschenrechtserklärung der Vereinten Nationen (UN).

Noch heute beschäftigt das Apartheid-Problem, das Bob Marley so tief beunruhigte, mehr Musiker als irgendein anderes Thema. Marleys Geist lebte am 11. Juni 1988 auf, jenem kalten, aber denkwürdigen Tag, als 72000 Menschen im Londoner Wembley-Stadion und mehrere Hundertmillionen Fernsehzuschauer in dreiundsechzig Ländern das größte politische Popkonzert der Geschichte sahen: die Feier von Nelson Mandelas siebzigstem Geburtstag. Reggaemusiker, afrikanische Musiker, alte Kämpfer wie Stevie Wonder sowie weiße Rockmusiker und Protestsänger wie Sting, Peter Gabriel und Jackson Browne waren da und forderten in einem berauschenden elfstündigen Konzert das Ende des südafrikanischen Apartheidsystems und die Freilassung des bekanntesten politischen Gefangenen der Welt. Als die Musiker «Free Nelson Mandela» sangen, rief das Publikum zurück: «The whole world is watching» – «die ganze Welt sieht zu».

Solche Ereignisse haben das Image vieler Popsänger verändert. Einige Musiker werden heute wie eine neue Priesterschaft behandelt, als Symbole einer moralischen Haltung, die für Menschenrechte, Frieden und den Kampf gegen Hunger stehen. Manche werden von Politikern hofiert, während andere noch immer geschmäht werden. Doch im selben Maße, wie die Musik Anerkennung gefunden hat, warnen auch manche, daß die Zeiten der Zensur, in den fünfziger Jahren an der Tagesordnung, zurückkehren könnten. In den USA, in Lateinamerika, Osteuropa und in Afrika gibt es Politiker, die noch immer die Macht der Popmusiker fürchten – ihren Einfluß, den sie sogar dann noch haben können, wenn die Musik zu Ende ist, denn: THE BEAT GOES ON.

1 Unter einem ungünstigen Stern geboren

War Rock 'n' Roll von Anfang an politisch? Im weitesten Sinne ganz gewiß, obwohl die Musiker das nie so empfunden hätten und das Publikum der Fünfziger so wenig Interesse am Kampf für politischen und sozialen Wandel zeigte, daß man es die «schweigende Generation» nannte. Die Leute wollten einfach nur Spaß haben.

Die ersten Töne der Rock 'n' Roll-Ära vertrieben die Depression und die Langeweile der Nachkriegsjahre. In den Songs von Elvis Presley, Eddie Cochran und Chuck Berry steckte Musik, die aufregend, sogar gefährlich und – wie es schien – absolut neu war. Plötzlich gab es in den USA eine Musik, die dem schrecklichen Zwang der Eisenhower-Ära, sich anzupassen, und der Paranoia gegenüber allem, das auch nur ein wenig vom üblichen abwich, etwas entgegenzusetzen schien – wenigstens für ein paar Jahre. Als Beweis für die neue wirtschaftliche Macht der Teenager wurde der Rock 'n' Roll begeistert aufgenommen, während ihn Priester, Journalisten und Lokalpolitiker scharf kritisierten. Für sie war die neue Mode obszön und sogar dazu geeignet, zur Jugendkriminalität anzustiften. Genau diesen Zeitabschnitt versuchte Malcolm McLaren zwanzig Jahren später mit den Sex Pistols wieder heraufzubeschwören und auf den neuesten Stand zu bringen; denn eigentlich, meinte McLaren, habe England nie richtig das Aufregende am Rock 'n' Roll erlebt.

Als der Rock 'n' Roll anfangs hochkam, war Amerika schockiert; und zwar nicht nur wegen seiner unterschwelligen Macht, mit der er aufzuwühlen und anzustacheln vermochte. Viel wichtiger war, daß der Rock 'n' Roll im Begriff war, sexuelle Tabus und rassistische Vorurteile aufzubrechen. Das Neue an Elvis Presley war nicht, daß er mit seinen Auftritten Tumulte auslöste (das hatte Sinatra auch getan). Dieser Countrysänger, der früher in den schwarzen Wohnbezirken von Memphis herumhing, war vielmehr «ein Weißer mit dem Sound und dem Gefühl eines

Schwarzen», wie es Sam Phillips, der Boß von Sun Records, auf den Punkt brachte.

Im Rock 'n' Roll vereinigte sich weiße Country-Musik mit schwarzem Rhythm and Blues, und in den folgenden drei Jahrzehnten kamen noch zahlreiche andere Einflüsse hinzu. Die herrlich verrückten Auftritte von Little Richard und die aufreizend sexuellen, pseudoschwarzen Posen des frühen Presley stellten von Anfang an klar, daß diesem Stil keine Grenzen zu setzen waren. Zweifellos war es ein Stil, vor dem die Obrigkeit zitterte.

Frank Zappa, der Rebellenveteran, kommentierte die Angriffe des Establishment auf den Rock 'n' Roll (die in den Achtzigern mit den Zensurkampagnen und den Aggressionen gegen Heavy Metal fortgesetzt wurden) rückblickend folgendermaßen: «Die ersten Beschwerden über den Rock 'n' Roll waren rassistisch gefärbt – keine Frage. Die ersten Berichte, die herumgereicht wurden, waren schon sehr rassistisch, denn in ihnen stand: ‹Sie wollen doch nicht, daß Ihre Kinder diese Musik hören. Zuerst hören sie nur zu, und dann, bevor Sie sich versehen, liegen sie *mit Farbigen im Bett.*› So fing es an, und seitdem wiederholt sich das Ganze alle fünf Jahre, je nachdem, was ihnen gerade nicht paßt. Das ist wie ein Kreislauf, der immer wiederkehrt.»

Die Rassenproblematik und der fortwährende Kampf gegen die Diskriminierung in den USA, Großbritannien oder Afrika sollten die vorrangigen Themen einiger Interpreten dieser neuen Musik werden. Im Jahr 1954, als die Rock 'n' Roll-Ära gerade begann, erklärte der Oberste Gerichtshof der Vereinigten Staaten die Rassentrennung, die vor allem im Süden mit Nachdruck durchgesetzt worden war, für ungesetzlich.

Den zahlreichen Rassisten im Süden schien dies mehr als nur ein Zufall zu sein. Sie sahen im Rock 'n' Roll nicht unbedingt eine sexuelle Bedrohung, sondern ein Komplott mit dem Ziel, das Leben der weißen Jugendlichen durch üble schwarze Musik zu unterwandern. Asa Carter, geschäftsführende Sekretärin des Komitees Weißer Bürger in Alabama, gab die Schuld dafür der National Association for the Advancement of Coloured People (NAACP; Nationale Vereinigung zur Förderung Farbiger). Sie bezeichnete den Rock 'n' Roll als den «typischen dumpfen Rhythmus der Neger. Er appelliert an das Niedrige im Menschen, setzt das Animalische und Vulgäre frei.»

Bill Haley, der – trotz der Tumulte, die er auslöste – kaum als Rebell bezeichnet werden konnte, sah sich plötzlich als Verteidiger der neuen Musik. Zweifellos war er der erste berühmte Künstler, der eine Erklärung zu der politischen und sozialen Wirkung des Rock 'n' Roll abgab: «Der Rock 'n' Roll unterstützt den Kampf gegen die Rassendiskriminierung», sagte er. «Wir sind überall vor gemischtem Publikum aufgetreten. Wir haben gesehen, wie die Kids nebeneinander saßen und einfach Spaß an der Musik hatten, während auf der Bühne weiße und schwarze Musiker standen.» Für ihn war der Rock 'n' Roll pures Vergnügen. Er war nur daran interessiert, «Platten aufzunehmen mit ordentlichen Texten und Rhythmen, zu denen man richtig tanzen kann». Bill Haley glaubte, daß Musik etwas verändern könnte, aber er hätte sich nie vorstellen können, wie weit diese Veränderung einmal gehen würde, als er schwarze und weiße Elemente in seiner Musik vermischte und Coverversionen von Songs wie Joe Turners «Shake, Rattle and Roll» aufnahm.

1954 war ein entscheidendes Jahr in der Geschichte des schwarzen Amerika. Dies betonte Eldridge Cleaver gleich zu Beginn seiner Autobiographie «Seele auf Eis», die zum wichtigsten Buch der Black Power-Ära wurde. Im selben Jahr mußte er wegen Drogenbesitzes ins Gefängnis. Er verfolgte, wie der schwarze Lebensstil die weißen Jugendlichen und deren Einstellung beeinflußte, und schrieb nach zehn Jahren aus dem Gefängnis: «Die Merkmale der [jungen] weißen Rebellen, die die ältere Generation am meisten beunruhigen – das lange Haar, die neuen Tänze, ihre Vorliebe für Negermusik, ihr Gefallen an Marihuana, ihre Mystifizierung des Sex –, sind allesamt Mittel ihrer Rebellion.»

Natürlich lag ein ungeheures Potential in dieser neuen Musik, aber keiner ihrer frühen Interpreten konnte sich auch nur annähernd vorstellen, was sie damit eigentlich bewirkten und wohin das Ganze führen würde. Hätten sie es gekonnt, wären sie vermutlich entsetzt gewesen. Elvis Presley, Musterbeispiel eines anständigen amerikanischen Jungen, tat seine Pflicht und gehorchte im März 1958 der Einberufung zum Militärdienst. John Lennon erklärte später einmal: «Elvis starb an dem Tag, als er in die Armee eintrat.» Aus der Sicht eines Musikers mag dies eine durchaus verständliche Bemerkung sein, aber für Elvis Presley hatte das Chaos, das er bei seinen Auftritten verursachen konnte, überhaupt nichts mit politischer Rebellion zu tun. Im Gegenteil. In den sechziger Jahren beobachtete Elvis, der Junge aus dem Süden, fassungslos, wie sich die Rockwelt mit den Yippies zusammenschloß, um Vietnam zu unterstützen und das Establishment zu bekämpfen. Der größte weiße Rock 'n' Roll-Sänger aller Zeiten schloß sich nicht dem Widerstand an, sondern zog los, um Präsident Nixon seine Aufwartung zu machen. Im Grunde genommen war das vorhersehbar.

Der Rock 'n' Roll war ein Produkt seiner Zeit, und es war keine allzu glückliche. In den USA waren die Nachkriegsjahre von einer Mischung aus Entspannung und Repression geprägt. Es war die Zeit, in der die Teenager zum erstenmal Geld hatten; es war aber auch die Zeit, in der Senator Joe McCarthy alle, die als Kommunisten oder Anhänger linksgerichteter Ideologien verdächtigt wurden, aus ihren Jobs jagte oder vor das House Unamerican Activities Committee (HUAC; Untersuchungsausschuß für unamerikanische Aktivitäten) zerrte.

Darüber hinaus wurden die Sympathisanten der Sowjetunion (im Zweiten Weltkrieg immerhin ein Alliierter der USA und Großbritanniens im Kampf gegen den deutschen Faschismus) nicht nur in ihrer Heimat, den USA, verfolgt, sie mußten auch mit Entsetzen die Ereignisse im Ausland mitansehen. Die gewohnte gedankenlose Ergebenheit gegenüber der UdSSR wurde ab 1956 unmöglich, als Chruschtschow Stalin öffentlich verurteilte (ein Problem für diejenigen, die bis dahin argumentiert hatten, Stalin sei gar nicht so schlimm) und die Sowjettruppen den Aufstand in Ungarn niederschlugen.

Die USA hatten andere Sorgen: einen Krieg in Korea und ein wachsendes Atomwaffenprogramm, das dazu bestimmt war, die Angst vor dem Kommunismus zu bekämpfen. Die Teenager und ihre Rock 'n' Roll-Musik wurden dabei als zusätzliche Bedrohung empfunden. Heute mögen die beliebten fünfziger Jahre als eine idyllische Zeit für Teenager gelten, eine Welt frisierter Automotoren, Limonaden, Musikboxen und schneller Tanzmusik (zu der ein paar geniale schwarze Musiker den Sound lieferten). Aber die Wirklichkeit war nicht ganz so fade, sie war interessanter.

Die USA lieferten sich ganz einfach selbst die Beweise dafür, daß die Angst vor dem Rock 'n' Roll berechtigt war. Im März 1956 erschien in der *New York Times* eine Geschichte mit der Schlagzeile: «Rock 'n' Roll – Eine ansteckende Krankheit». Der Psychiater Francis J. Braceland behauptete in diesem Artikel: «Es liegt an der Unsicherheit und der Auflehnung, daß sich Teenager dazu hinreißen lassen, ‹Entenschwanz›-Frisuren und Zoot-Anzüge zu tragen oder fortwährend wilde Rock 'n' Roll-

Veranstaltungen zu besuchen.» Ein paar Monate später sahen sich viele Amerikaner in ihrer Angst noch weiter bestätigt: von einer Küste bis zur anderen – von San Jose in Kalifornien bis nach Asbury Park, dem Seebad in New Jersey – endeten fast alle Rock 'n' Roll-Konzerte mit Krawallen. In Asbury Park, das drei Jahrzehnte später als der Ausgangspunkt für die Karriere Bruce Springsteens und seiner E-Street Band gefeiert werden sollte, wurden Konzerte sogar verboten.

Die Film-Industrie schürte diese Anti-Musik- und Anti-Jugend-Paranoia und schlug aus den Ängsten der Leute Kapital. In «Saat der Gewalt» (mit «Rock around the Clock» als Titelmelodie) waren Jugendliche als Kriminelle dargestellt, die kriminelle Musik hörten. Aber wenn es überhaupt irgendeine Wut gab, dann war sie nicht zielgerichtet: das genau brachte James Dean in dem Film «Denn sie wissen nicht, was sie tun» auf den Punkt.

Die Musik war vielmehr häufig wie Elvis Presley selbst: unbändig, aber gleichzeitig systemkonform. Eddie Cochran (der 1960, mit nur 21 Jahren, bei einem Autounfall in England ums Leben kam) faßte die Einstellung der frühen Rock 'n' Roller gegenüber der Politik in seinem sarkastischen «Summertime Blues» zusammen. In diesem Song beschreibt Eddie Cochran einen jungen Mann, den die Erwachsenen mit ihrem Gerede von der Arbeit nerven, während er eigentlich nur mit seinem Mädchen im Auto herumfahren will. Um aus seiner miesen Situation herauszukommen, beschließt er zunächst, «mein Problem vor die Vereinten Nationen zu bringen» – die in den fünfziger Jahren ja immerhin als die große Hoffnung galten. Dann aber wählt er doch den herkömmlichen, bürgerlichen Schritt und telefoniert mit seinem Kongreßabgeordneten. Der Politiker antwortet mit der klassischen Phrase, die Who-Bassist John Entwistle vor sich hinbrummte, als die Gruppe den Song in den sechziger Jahren übernahm: «Ich würd dir ja gern helfen, mein Sohn, aber du bist noch nicht wahlberechtigt.»

Die frühen Rock 'n' Roll-Stars nahmen gegenüber Politikern zwar eine schnoddrige, aber keineswegs aufsässige Haltung ein. Eine ähnliche Mentalität legten sie auch bei Themen an den Tag, die später viele Sänger tief und ernsthaft beunruhigten. Daß sich der ganze atomare Horror in Hiroshima und Nagasaki offenbart hatte, hinderte zum Beispiel Bill Haley nicht, einen Witz darüber zu machen. Auf der B-Seite von «Rock around the Clock», der spannungsgeladenen, aufregenden Hymne der ersten Rock 'n' Roll-Generation, nahm Haley einen in seiner Art völlig ungewöhnlichen Rhythm and Blues-Song mit dem Titel «Thirteen Women» auf. Der erste Beitrag des Rock 'n' Roll zur Atomdebatte war – neun Jahre nach Hiroshima – ein verrücktes kleines Lied über die Freuden nach einer Atomexplosion, die dreizehn Frauen, aber nur ein Mann überleben.

So viel zur gesellschaftlichen Verantwortung. Aber Bill Haley, der stets eher einem freundlichen Papi als einem bissigen Rebellen ähnelte, nahm dann doch noch einen Rock 'n' Roll-Song «mit einer Message» auf, der in seiner bescheidenen Art ein Zeichen für künftige Ereignisse setzte. Als die Musik zunehmend ins Kreuzfeuer der Kritik geriet – Vorstandsmitglieder des Polizeiverbands Pennsylvania unterstellten ihr, sie stifte zum Aufruhr an –, trat Haley für sie in einem typisch respektvollen Song ein. «Teenager 's Mother (Are You Right?)» wurde 1956 als B-Seite von «Rip It up» aufgenommen. Es war ein Appell an die Eltern und eine Verteidigung der neuen Musik. Haley singt, Rock 'n' Roll sei «das einzige, was dein Johnny hat» und vergleicht ihn mit dem Vergnügen, das die Mütter der fünfziger Jahre in *ihrer* Jugend gehabt haben müssen, als sie zum erstenmal Charleston hörten.

Rock 'n' Roll stand von Anfang an unter Beschuß, doch dieser übermütige, sich seiner Macht und Überlebenschance ganz ungewisse neue Stil trotzte dem Establishment nur höflich mit einer Stirnlocke. Haley versuchte es mit Vernunft, und Elvis ging zum Militär. Kein Rocker der ersten Generation brachte die Politik ins Wanken.

Dafür gab es anderen Streß. Schallplattenfirmen schlugen zu, als sie das große Geschäft witterten, das in der neuen Musik steckte. 1956 unterschrieb Presley bei RCA einen Vertrag über 35 000 Dollar, nahm «Heartbreak Hotel» auf und begründete damit sein Ein-Mann-Multimillionendollar-Unternehmen. Zum Schluß saß er in der Falle, isoliert und ruiniert durch seinen eigenen Reichtum und Erfolg. Der DJ Alan Freed, der den Begriff «Rock 'n' Roll» geprägt haben soll, scheiterte in einer anderen Fallgrube des neuen Rock 'n' Roll-Business – er wurde in einem Bestechungsskandal abserviert.

Die neue Musik hatte farbenfroh, ja aufrührerisch begonnen, es jedoch strikt vermieden, sich ganz der amerikanischen Wirklichkeit der Fünfziger zu stellen. Chuck Berry, der herausragende schwarze Songschreiber und Texter der Ära, schrieb schnelle, witzige Nummern, in denen es meistens um Mädchen, Autos und Erfolg ging. Diese typisch amerikanische Ausrichtung bekam Berry nicht besonders gut. Er überredete eine vierzehnjährige Prostituierte aus El Paso, die Kunden in seinem Nachtclub in St. Louis aufzuheitern. Im Prozeß behauptete er zwar, die Beziehung sei darüber nicht hinausgegangen, dennoch wurde er zu drei Jahren Gefängnis verurteilt, und auch in den zwei Jahrzehnten nach der Entlassung haben ihm die Behörden immer wieder Ärger gemacht.

Berry geriet trotz seiner harmlosen Songs in Schwierigkeiten. Mit jenen nicht zur Rock 'n' Roll-Szene gehörenden Musikern, die die USA in ihren Songs kritisierten, machte man kurzen Prozeß – ihre Texte wurden zensiert. J. B. Lenoir, der Bluessänger mit der hohen Stimme, der «Natural Man» aufnahm, um zu beweisen, daß er keine Frau war, beschrieb im «Eisenhower Blues» die erschwerten Umstände dieser Periode.

1986 nahm Elvis Costello diesen Song für seine LP «King of America» neu auf. «In den fünfziger Jahren», erklärte er, «wurde das Stück verboten. Später entdeckte ich, daß damals eine Zeile ausgelassen worden war: ‹Ihr reichen Leute, seht euch vor, wir werden's euch zeigen.›» Costello machte aus dem Song einen «satirischen Blues» – das war seine Art, um auf Übereinstimmungen zwischen dem Amerika der achtziger mit dem Amerika der fünfziger Jahre, zu Beginn des Rockzeitalters, hinzuweisen. Nach Costellos Ansicht sind «US-Kultur und -Politik ganz wild darauf, durch irgendeinen Staubsaugerzeittunnel zurück an den Kamin der Eisenhower-Ära zu flutschen». Für viele Musiker war das kein guter Aufenthaltsort.

Nicht allein zornige Bluessänger und die neuen Rock 'n' Roller versetzten in den Fünfzigern das amerikanische Establishment in Bestürzung. Am meisten litten in der Epoche antikommunistischer Paranoia und Verfolgung diejenigen Musiker, die Mitglieder der Kommunistischen Partei waren oder als deren Sympathisanten oder Mitläufer verdächtigt wurden.

Diese Musiker fielen in zwei Kategorien, von denen zunächst einmal keine irgend etwas mit der neuen wilden Teenagermode Rock 'n' Roll zu tun zu haben schien. Auf der einen Seite standen die Emigranten, Lyriker und Dramatiker wie Bertolt Brecht und Hanns Eisler, die in die USA geflohen waren, um der Verfolgung durch die Nationalsozialisten zu entfliehen. In ihrer Hollywood-Enklave gerieten sie vom Regen in die

Traufe. Auf der anderen Seite standen die linken amerikanischen Folk-sänger, orientiert an einer musikalischen Tradition, die der neuen Form des Rock 'n' Roll insofern fremd war, als sie einen nichtkommerziellen Ursprung hatte und auf eine lange Geschichte der Auseinandersetzung mit politischen Mißständen zurückblicken konnte. Sängern wie Pete Seeger wurde der Rücken durch eine lange Tradition der Radikalität ge-stärkt. Deshalb waren sie die geborenen Kandidaten für die Hexenverfol-gungen der McCarthy-Ära. Womöglich haben die frühen Rock 'n' Roll-Musiker von diesen Gruppierungen nicht einmal etwas gewußt; dennoch sollte die Arbeit beider Kreise verfolgter Musiker letztendlich die Ent-wicklung der neuen Popmusik beeinflussen.

Weder schrieb Bertolt Brecht etwas über Rockbands, noch hörte er sie jemals, denn er starb 1956. Und doch hat dieser zu den originellsten Dra-matikern und Lyrikern des zwanzigsten Jahrhunderts gehörende Autor einen Ehrenpreis als einer der größten politischen Poplyriker verdient. Die Ende der zwanziger Jahre im deutschen Theater der Weimarer Republik erstmals gesungenen Lieder haben sich als so robust und viel-schichtig erwiesen, daß sie sich auf ganz verschiedene Weise bearbeiten ließen – etwa von Bobby Darin in seiner «Mac the Knife»-Hitversion von 1959, von Judy Collins und den Doors (mit ihrer berühmten Fassung des «Alabama-Song») – und dennoch ihren eigenen Charakter bewahrten. In den achtziger Jahren erlebte Brechts Werk erneut eine Renaissance. Das Album «Lost in the Stars» von 1985 enthielt Stings «Mac the Knife» («Moritat von Mackie Messer») und Marianne Faithfuls Version von «Ballad of the Soldier's Wife», («Ballade vom Weib und dem Soldaten») und Tom Waits sang «What Keeps Mankind Alive?» («Denn wovon lebt der Mensch?»).

Und auch in Großbritannien machte sich eine einundzwanzigköpfige Blechbläserband, die sich nach einem Songspiel von Brecht/Weill «Happy End» nannte, an die Wiederbelebung seines Werks, zusammen mit politischen Songs aus dem Spanischen Bürgerkrieg, aus Kuba, Chile und China. Der *New Musical Express* beschrieb sie als «wesentlich inter-essanter als Malcolm McLaren».

Brechts Songs haben überlebt, weil sie dramatisch, ungeschminkt und oftmals sehr zornig sind. Als Kommunist war er ein unabhängiger Geist, der die Nazis mit Musicals ergrimmte, die die kapitalistische Welt satirisch durchleuchten und deren Helden und Heldinnen nur allzuoft Prostituierte, Mörder und andere Gestalten aus der Unterwelt sind. Zu seiner direktesten politischen Lyrik zählen Lieder wie der «Song von der Ware», der die Praktiken der Preissteigerung anprangert:

> Der Winter kommt, die Leute brauchen Kleider,
> Da muß man Baumwolle kaufen
> Und die Baumwolle nicht hergeben.
> Wenn die Kälte kommt, werden die Kleider teurer.

Kurt Weill oder Hanns Eisler vertonten dann Texte wie diesen oder Stücke über betrogene Frauen, Arbeitslosigkeit und Krieg in aufrüttelnder, gleichermaßen dramatischer Form. So entstanden Songs, die Geschichten erzählten und atemlos vom Deklamatorischen ins Lyrische, vom Kühlen ins Schwungvolle verfallen konnten.

Brecht und Weill waren nicht nur wegen ihrer Songs, sondern auch für ihren feudalen Lebensstil bekannt (Terry Southern, der den Covertext zu «Lost in the Stars» schrieb, verglich sie mit Mick Jagger und Keith Richards und meinte, sie seien «die ursprünglichen ‹Glimmer Twins›» gewesen). Ihr Werk aber war eine seltene Mischung aus Experimentierlust und Kühnheit. Ihre erste gemeinsame Arbeit war das Songspiel «Mahagonny» (1927) in einem Akt, das in einem Boxring aufgeführt wird. Danach schrieben sie ihr bekanntestes Werk, die «Dreigroschenoper» (1928), die großes Aufsehen erregte, weil sie Innovation mit Unterhaltung verband und die aktuellen sozialen und politischen Probleme der Weimarer Republik ungeschminkt präsentierte.

Den Nazis, die ja schon in den zwanziger Jahren ihre Macht in politischen Organisationen und der Presse auszubauen begannen, waren beide verhaßt. Brecht mochten sie auf Grund seiner politischen Gesinnung nicht, und Weill war ihnen wegen seiner jüdischen Abstammung ein Dorn im Auge. Außerdem paßte es ihnen nicht, daß ihre Musikstücke so populär waren. Die Situation spitzte sich zu, als Brechts Frau, die Schauspielerin Helene Weigel, zur Premiere von «Happy End», dem Nachfolgestück zur «Dreigroschenoper», aus dem Kommunistischen Manifest vorzulesen begann. Es gab einen Aufstand, und das Stück wurde zwei Tage später abgesetzt. Im darauffolgenden Jahr, 1930, stellte das Duo seine erweiterte Fassung von «Mahagonny» vor: «Der Aufstieg und Fall der Stadt Mahagonny». Die Nazis besetzten das Theater und störten die Vorstellung mit Pfiffen und Stinkbomben. Die Oper sollte eigentlich auf einer Gastspieltournee in ganz Deutschland gezeigt werden, doch durch den Druck, den die Nazis ausübten, lehnten viele Bühnen eine Aufführung ab. 1933 floh Brecht ins Exil, nach Frankreich, Schweden und schließlich in die USA.

Klugerweise floh Weill im selben Jahr. Zunächst ging er nach Frankreich, wo einer seiner Songs in der französischen Widerstandsbewegung sehr beliebt wurde. Zuletzt lebte und arbeitete er – wie auch Hanns Eisler – in den USA. Der war bei den Nazis in Ungnade gefallen, weil er die Musik zu dem Antikriegsfilm «Niemandsland» (1931) geschrieben hatte. Der Film wurde bald nach Hitlers Machtergreifung verboten.

Der Erfolg des berühmten deutschen Trios in den USA war vorhersehbar. Weill lebte sich am besten ein und war der einzige, der sich der Verfolgung in der McCarthy-Ära entziehen konnte. Bis zu seinem Tod im Jahre 1950 schrieb er Broadway-Shows und arbeitete mit Autoren wie Ogden Nash, S. J. Perelman und Alan Jay Lerner, Texter, die deutlich gemäßigter waren als Brecht. Diese Zeit war für ihn, trotz all ihrer Probleme, eine weitaus glücklichere als die im Deutschand der frühen dreißiger Jahre. Man hat Weill deshalb vorgeworfen, er habe seinen Biß verloren. Das trifft nur teilweise zu. Viele seiner in Amerika entstandenen Werke waren dennoch von großer Originalität und auch politisch motiviert. Seine erste Broadway-Show, 1936 aufgeführt, richtete sich vehement gegen den Krieg, und seine letzte Oper «Lost in the Stars» (1949), in der es um Apartheid ging, hatte Alan Patons Buch «Cry the Beloved Country» (deutsch: «Denn sie sollen getröstet werden») zur Vorlage.

Die Vorstellung, Hollywood könnte etwas mit Kommunismus zu tun haben, mag heutzutage lächerlich erscheinen, im Zeitalter von Rambo und Filmen wie «Der stählerne Adler» (der Geschichte eines Teenagers, der sich der «Kraft des Rock 'n' Roll» bedient, um mit einem F-16-Jagdbomber und vielen Granaten und Bomben seinen Vater aus der Gewalt arabischer Terroristen zu befreien – bekanntes Szenario?). Zwischen 1935 und 1955 jedoch lagen die Dinge ganz anders. In dieser Periode traten rund dreihundert Filmregisseure, Schauspieler, Drehbuchautoren und Zeichner in die Kommunistische Partei ein, möglicherweise deshalb, weil sie die einzige sozialistische Alternative zur konservativen politischen Kultur an der Westküste darstellte.

Während der Kriegsjahre verbreiteten Filme wie «Mission to Moscow», «Song of Russia» und «Days of Glory» prosowjetische Propaganda (was nicht weiter bemerkenswert war – die USA und die UdSSR waren Verbündete gegen Deutschland). Doch die Abrechnung ließ nicht auf sich warten. Sobald der Krieg vorüber war, gab es Streiks und Entlassungen, was dazu führte, daß fast zehntausend Mitglieder der linken Fraktion der Studio-Gewerkschaften aus der Branche vertrieben wurden.

Der Untersuchungsausschuß für unamerikanische Aktivitäten (HUAC) führte von 1947 bis 1951 seine antikommunistischen Säuberungsaktionen durch. Schauspieler wurden dazu gebracht, als Zeugen auszusagen, so daß «Tinseltown» Hollywood perfide in zwei Lager gespalten wurde. Walt Disney sagte aus, die Innung der Trickfilmzeichner sei von Kommunisten unterwandert und habe in der offenkundigen Absicht, Mickey Mouse auf die Parteilinie einzuschwören, sein Studio zu übernehmen versucht. Als Präsident der Filmschauspieler-Innung war Ronald Reagan ein weiterer zuverlässiger Antikommunist.

Brecht und Eisler, unversehens ins Geschehen verstrickt, hatten sich noch nie als vorbehaltlose Bewunderer Hollywoods hervorgetan. In ihren 1942 veröffentlichten «Hollywoodelegien» heißt es: «Das Dorf Hollywood ist entworfen nach den Vorstellungen, / Die man hierorts vom Himmel hat. Hierorts / Hat man ausgerechnet, daß Gott, / Himmel und Hölle benötigend, nicht zwei / Etablissements zu entwerfen brauchte, sondern / Nur ein einziges, nämlich den Himmel. Dieser / dient für die Unbemittelten, Erfolglosen / als Hölle.» Die Ereignisse des 30. Oktober sollten nicht gerade dazu beitragen, Brechts Ansichten zu ändern.

Vor das HUAC in Washington zitiert, traf er mit Reisepaß und Flugzeugticket ein. Er leugnete, jemals – auch nicht in Deutschland – Mitglied der Kommunistischen Partei gewesen zu sein. Und als er nach einem Revolutionsgedicht gefragt wurde, entgegnete er: «Nein, ich habe ein deutsches Gedicht geschrieben, aber das ist davon ganz verschieden.» Eine der ungewöhnlichen Beschuldigungen, die gegen Brecht erhoben wurden (wie auch gegen Mitglieder des Lincoln Battalions, die gemeinsam mit der Internationalen Brigade im Spanischen Bürgerkrieg gekämpft hatten, und später gegen den britischen Sänger Ewan MacColl) war «verfrühter Antifaschismus». Anscheinend galt es als politisch opportun, «Antifaschist» zu sein, sobald das eigene Land sich mit Hitler im Krieg befand; dagegen schien es ein Makel zu sein, solche Ansichten zu einem früheren Zeitpunkt gehabt zu haben. Brecht verließ die USA am nächsten Tag und verbrachte die meiste Zeit seines ihm verbleibenden Lebens in der DDR, damals noch Sowjetische Besatzungszone.

Eisler trat in wesentlich mutigerer, offensiverer Haltung vor den Ausschuß. Robert Stripling, der Anwalt des HUAC, nannte ihn den «Karl Marx des Kommunismus auf musikalischem Gebiet», worauf Eisler erwiderte: «Ich würde mich geschmeichelt fühlen, wenn es stimmte.» Und er fügte hinzu: «Die kommunistischen Untergrundarbeiter haben in jedem Land ihr Heldentum bewiesen. Ich bin kein Held. Ich bin Komponist.»

Der Ausschuß empfahl, Eisler wegen Meineides und illegaler Einreise zu belangen und ihn danach des Landes zu verweisen. Am 20. März 1948 verließ er die USA und machte sich auf den Weg in die SBZ, wo er die Nationalhymne der späteren DDR komponierte.

In dem Abschnitt unmittelbar vor den Anfängen des Rock 'n' Roll sahen sich die USA nicht in der Lage, mit solchen herausragenden linken Musikern aus dem Ausland umzugehen – selbst wenn sie aus Nazi-Deutschland geflohen waren. Nordamerikas hauseigene musikalische Rebellen aber wurden noch übler behandelt. Heutzutage wird Pete Seeger als einer der überlebenden Begründer populärer amerikanischer Musik sehr geachtet. Fünf Jahrzehnte lang hat er den populären Song als politisches Kampfmittel eingesetzt, und im Laufe dieser langen Zeit stand er mit vielen anderen Musikern auf einer Bühne – mit Woody Guthrie, Bob Dylan, sogar mit Billy Bragg, mit dem zusammen er 1986 bei einem Konzert in Ost-Berlin auftrat. Er ist als Verräter verurteilt worden, dennoch ist er wie Bruce Springsteen (und eigentlich auch Ronald Reagan) ein amerikanischer Archetyp. Seeger wurde 1919 geboren und hat die meiste Zeit seines Lebens damit verbracht, singend für ein weites Spektrum von Initiativen einzutreten: von der Bürgerrechts- bis zur Friedensbewegung, für Anti-Apartheid- und Anti-Atom-Kampagnen, für die neue lateinamerikanische Song-Bewegung, für den Umweltschutz. In den letzten Jahren ist die Reinigung des Hudson wohl sein Hauptanliegen gewesen. Das Flußbett verläuft in unmittelbarer Nähe seines Häuschens auf den waldreichen Hügeln bei Beacon im Staat New York.

Er ist ein Mann, dessen Leben seiner Legende gerecht wird. Bei meinem Besuch in Beacon saßen wir ins Gespräch vertieft am Flußufer. Er hatte das Banjo mitgebracht und machte das Interview zu einer Art Auftritt. Mehrfach unterbrach er das Gespräch, um zu literarischen Exkursen auszuholen, Geschichten aus der Vergangenheit zu erzählen oder etwas, nach dem ich fragte, zu erklären, indem er zu singen begann.

Diese große, hagere, irgendwie unirdisch wirkende Erscheinung ist ein Überlebender aus alter Zeit; er war einmal Mitglied einer äußerst erfolgreichen Band, die wegen ihrer politischen Gesinnung aus dem Geschäft gedrängt wurde. Die Weavers haben für ihre Überzeugungen mehr als jede andere amerikanische Band der Nachkriegsjahre gelitten. Seegers Geschichte ist sowohl leuchtendes Beispiel als auch Warnung für alle linken Musiker: einmal wegen der Art, wie er litt und trotzdem weitermachte, und zum zweiten, weil der Lauf der Ereignisse die unerfreuliche Tendenz hatte, niemals den in seinen Songs ausgedrückten Hoffnungen gerecht zu werden.

Diese Geschichte klingt am Ausgangspunkt, damals in den Dreißigern, wie ein romantischer Sozialistentraum, denn es gelang Seeger, Musik mit Abenteuer, Idealismus, Optimismus und sogar Patriotismus zu verbinden, während er mit Legenden der populären Musik wie Leadbelly und Woody Guthrie arbeitete und tourte. Im Gegensatz zu diesen beiden war er kein mit angeborenem Talent ausgestattetes Kind der Arbeiterklasse, sondern ein jugendlicher Möchtegern-Journalist, der sein Harvard-Studium abgebrochen und das außergewöhnliche Glück hatte, daß sein Vater die richtigen Leute kannte.

Charles Seeger war Linksintellektueller und Mitglied des Composer Collective, einer Vereinigung, die ursprünglich Folkmusik mißbilligte (da sie vormarxistisch war), Eisler hingegen verehrte und einhellig der Ansicht war, Musik sei eine «Waffe des Klassenkampfes». Gegen Mitte der dreißiger Jahre jedoch änderten sich Politik und musikalischer Geschmack. Die Kommunisten und viele ihrer Sympathisanten schlossen sich hinter Präsident Roosevelt zu einer Volksfront zusammen. In den Vereinigten Staaten zu Zeiten des «New Deal» war es – allerdings nur wenige Jahre lang – tatsächlich möglich, den Kommunismus als radikale Ausprägung amerikanischer Politik anzusehen. Seeger erklärte: «Ich finde nichts dabei, den Leuten zu erzählen, daß ich Mitglied der Kommunistischen Partei war. Noch heute betrachte ich mich im weitesten Sinne des Wortes als Kommunisten. Die amerikanischen Indianer waren Kommunisten, ich habe sie schon mit sieben Jahren bewundert.»

Dieser «Amerikanismus des 20. Jahrhunderts» verlangte seine eigene, typisch amerikanische Musik. Die Industrial Workers of the World (IWW), auch «Wobblies» genannt, jene frühe radikale Gruppierung, der es gelungen war, viele Intellektuelle ihrer Generation, darunter auch Seegers Vater, politisch zu sensibilisieren, hatte sich häufig der Musik bedient, und Joe Hill, der Organisator der Wobblie-Gewerkschaft, war ein berühmter Sänger. In den dreißiger Jahren wurde es allerdings immer populärer, über die engen Grenzen von IWW-Songs wie «Pie in the Sky» hinaus auf die Geschichte amerikanischer Folksongs zu blicken.

Einer von Charles Seegers Freunden war Alan Lomax, der in die Fußstapfen seines Vaters John, eines begeisterten Liedersammlers, getreten war und im Archive of American Folksongs in der Kongreßbibliothek arbeitete. Als Charles' Sohn sein Harvard-Studium schmiß und keine Arbeit finden konnte, kümmerte sich Lomax um ihn, förderte sein wachsendes Interesse an Folkmusik und stellte ihm die Folkstars jener Tage vor – Aunt Molly Jackson, die Frau eines Kohlenbergmanns aus Appalachia, den brillanten schwarzen Sänger Leadbelly (den Lomax 1933 auf einer seiner Liedersammelexpeditionen in den Süden im Knast «entdeckte» und der später bei den Lomax Familienanschluß fand) sowie den amerikanischen Folk-Giganten Woody Guthrie.

Guthrie, in Oklahoma geboren und 1935, im Zuge einer allgemeinen Landflucht aus der sogenannten «Staubschüssel», nach Kalifornien umgesiedelt, war das genaue Gegenteil von Seeger. Als sprunghaftes Genie und eine der romantischsten Persönlichkeiten, die die amerikanische Musikgeschichte je hervorgebracht hat, war er ständig unterwegs, meistens per Anhalter oder als blinder Passagier auf Güterzügen. Dabei arbeitete er fortwährend an Songs. Es gibt über tausend Stücke, die ihm zugeschrieben werden. Viele Melodien übernahm er zwanglos von der Musik, die ihm gefiel – eine Mischung aus Countrystilen von Interpreten wie der Carter Family und Jimmy Rodgers sowie Blues von Leadbelly und Sonny Terry, mit dem er gemeinsam Platten aufnahm.

Guthrie machte von allem ein bißchen. Er hatte eine Radioshow, für die er einen Dollar pro Tag bekam, und er zog durch die Zeltlager der Wanderarbeiter. Er war derart entsetzt über die Umstände, in denen die Flüchtlinge aus der «Staubschüssel» ihr Dasein fristeten, daß er Geld für sie sammelte. In seinen Songs verschmolz er berichtende Elemente, patriotische Stimmung und Wut zu frappierend einfachen, eingängigen

Mustern. Sie bewegten sich zwischen Lob und Protest, vom gefühlvollen «This Land Is Your Land» und «Pastures to Plenty» bis zu «Union Maid» und «Deportees». Es sind Songs, die die Skiffler in den fünfziger, Dylan in den frühen sechziger und Bruce Springsteen in den achtziger Jahren anregten.

Es entsprach dem Wesen dieses Künstlers und dem Zeitgeist jener Jahre, daß Guthrie mit kommunistischen Ideen sympathisierte. In seiner Einleitung zur 1970er Ausgabe von Guthries Autobiographie «Bound for Glory» schrieb Pete Seeger: «Manchen Leser mag es überraschen zu erfahren, daß der Schöpfer von ‹This Land Is Your Land› 1940 Kolumnist bei einer kleinen Zeitung war, die er euphemistisch ‹Arbeitnehmer-Ruhetag› nannte. Es war der *Sunday Worker*, die Wochenendausgabe des kommunistischen *Daily Worker*. Woody ließ sich nie auf langes Gerede ein, aber Sie können sicher sein, er hätte seinen wildesten Zorn über die kriminellen Schwachköpfe hereinbrechen lassen, die Amerika in den Vietnammurks gezogen haben.»

Später, in der gedrückten Atmosphäre der Nachkriegsjahre, als die USA in einer Kehrtwendung die Kommunisten als Staatsfeinde betrachteten (und selbst die Gewerkschaften dazu zählten), entwickelte Guthrie ein gewisses Geschick, seine politische Vergangenheit zu verbergen. «Ich bin kein Kommunist», beharrte er, «ich habe nur mein ganzes Leben lang in den roten Zahlen gesteckt.»

Pete Seeger begegnete Woody Guthrie zum erstenmal im März 1940 bei einer Benefiz-Veranstaltung in New York für die Staubschüssel-Flüchtlinge in Kalifornien. In seiner eigenen bescheidenen Form entsprach dieses Happening einem Live Aid-Konzert der Folkwelt. Es diente einer guten Sache, und alle waren gekommen: von Burl Ives bis zu Josh White, von Aunt Molly Jackson bis zu Leadbelly.

Alan Lomax machte Seeger und Guthrie miteinander bekannt. Die drei stellten bald ein Buch mit politischen Songs zusammen: «Hard Hitting Songs For Hard Hit People» (Hart treffende Songs für hart getroffene Menschen) – eine Sammlung, die die Verleger derart beunruhigte, daß sie erst 1967, in Woody Guthries Todesjahr, erschien.

Nach der Arbeit an dem Buch schlug Guthrie Seeger vor, ihm «sein» Amerika zu zeigen. Sie reisten durch Tennessee, Mississippi und dann den Highway 66 hinunter, Guthries Heimat in Texas entgegen. Seeger schrieb seinen ersten Song, «66 Highway Blues», und lernte, seinen Lebensunterhalt zu verdienen (oder zumindest genügend kostenlose Mahlzeiten zu erstehen, um zu überleben), indem er, mit einem Banjo auf dem Rücken, in Kneipen oder Restaurants ging, wo er dann meist zum Spielen aufgefordert wurde.

Noch im selben Jahr, nachdem er sich einen großen Teil von Guthries Countrysong-Repertoire angeeignet hatte – es waren Songs bekannter Interpreten, etwa von Jimmy Rodgers oder der Carter Family, aber auch selbstkomponierte Lieder (darunter viele Motive, die von anderen «abgeguckt» waren) –, ging Seeger auf eigene Faust als singender Hobo auf Trebe. Der Einundzwanzigjährige trampte und kletterte auf Güterzüge, um gratis durchs Land zu reisen, bis er einmal von einem Zug sprang, das Gleichgewicht verlor und sein Banjo dabei zerbrach.

Nach New York zurückgekehrt, gründete er seine erste Folkband, die Almanac Singers, eine Truppe, zu der später auch Woody Guthrie gehörte und deren erster bedeutender Auftritt vor zwanzigtausend streikenden Mitgliedern der Transportarbeiter-Gewerkschaft im Madison Square Garden stattfand. Sie sangen Gewerkschaftslieder und Songs, die sich gegen Präsident Roosevelts Politik wandten, denn die Almanacs lehnten das Vorhaben der USA, in den Krieg gegen Deutschland einzutreten, leidenschaftlich ab. Einige Kommunisten waren schlicht dagegen, weil sie sich an die Schrecken des Ersten Weltkrieges erinnerten, während andere den Krieg seit dem Hitler-Stalin-Pakt von 1939 verurteilten oder in ihm eine Verschwörung witterten mit dem Ziel, die UdSSR anzugreifen.

Ein Repertoire, das auf solchen Einstellungen basierte, war für die neue Gruppe nicht sehr vorteilhaft. Nachdem Hitler die Sowjetunion tatsächlich angegriffen hatte und die USA in den Krieg eingetreten waren, konnten die Almanacs ihre Antikriegslieder nicht mehr singen. Als dann auch noch die Kommunistische Partei von den Gewerkschaften einen Streik-Stopp wegen des Krieges forderte, mußte die Band auch ihre Gewerkschaftslieder einmotten. Woody Guthrie beklagte sich, die «Fieberkurven der Geschichte» würden sein Repertoire auslöschen. Er stand damit einem der Hauptprobleme gegenüber, dem sich politische Liedermacher von jeher stellen mußten. Politische Songs können entweder so aktuell sein, daß sie schnell überholt klingen, oder sie bleiben derart vage, daß sie, wenn sie auch meistens langlebiger sind, zunächst weniger Wirkung haben. Die besten Stücke sind wohl gewöhnlich die, die eine allgemeine Lehre aus einem besonderen Ereignis ziehen – wie Guthries «Deportees».

Die Almanacs hielten dem sozialkritischen Song die Treue. Und als sie schließlich Kriegslieder sangen, statt die Regierung anzugreifen, nahm ihr Erfolg – für kurze Zeit zumindest – gigantische Dimensionen an. Sie bekamen ein raffiniertes Management, Jobs in gepflegten Nachtclubs, und Millionen Amerikaner hörten ihnen zu, wenn sie im Radio «The Ballad of Reuben James» (über das erste im Krieg versenkte amerikanische Schiff) sangen. Jahre später erinnerte sich Pete Seeger, am Ufer des Hudson sitzend, wie er das erste Mal wegen seiner politischen Ansichten einen Popularitätsknick erlebte. «Im Februar 1942 sangen wir im Radio Lieder gegen Hitler, und am nächsten Tag wurde im Radio verkündet: ‹Rote Folksänger versuchen, das Radio zu unterwandern.› Das war der letzte Job, den wir kriegten.» Reporter und das FBI hatten die Vergangenheit der patriotischen neuen Modegruppe recherchiert und entdeckt, daß es dieselbe Haufen war, der «Franklin D., You Ain't Gonna Send Me Across the Sea» zu singen pflegte.

Nach dem Krieg, als «Kommunismus» und «Amerikanertum» als nicht mehr vereinbar betrachtet wurden, die UdSSR kein Verbündeter mehr war, sondern eine Bedrohung, und wirtschaftliche Schwierigkeiten in der Heimat die Paranoia des Kalten Krieges anheizten, geriet Pete Seeger erst richtig in Schwierigkeiten. Als er erneut, aus der Folkmusik hervortretend, zu einem äußerst populären Sänger zu avancieren begann, schoben die Behörden seiner Karriere einen Riegel vor.

Die Nachkriegszeit hatte für Seeger schlimm und heftig begonnen. 1948 trat er begeistert für die Progressive Party ein und unterstützte den Präsidentschaftswahlkampf von Henry Wallace, der unter Roosevelt Vizepräsident gewesen, wegen seiner liberalen Ansichten jedoch nicht wieder nominiert worden war. Wallace stand dem Kalten Krieg ablehnend gegenüber und wurde deshalb naturgemäß von den Kommunisten unterstützt. Das hatte zur Folge, daß seine eigenen Anhänger als Kommunisten gebrandmarkt wurden. Noch in den dreißiger Jahren wäre dies kein Problem gewesen, doch die Verhältnisse in den USA hatten sich dramatisch verändert. Die Gewerkschaften lehnten es ab, Wallace den Rücken zu stärken, und es wurde gefährlich, seine Wahlkampagne mitzumachen. Aber Seeger ließ sich nicht beirren. Gemeinsam mit dem schwarzen Sänger Paul Robeson stellte er sich wütenden Menschenmengen und

Angriffen. Besonders schlimm war es im Süden, wo der Ku Klux Klan dem Pöbel Eier und Tomaten als Wurfgeschosse zur Verfügung stellte. Der Anblick von gemeinsam reisenden Schwarzen und Weißen führte in North Carolina zu heftigen Krawallen. Die Wallace-Veranstaltungen entwickelten sich zwar manchmal zu mitreißenden Konzerten, doch gegen die trotzige Stimmung des Kalten Krieges vermochten Seeger und seine Freunde kaum etwas auszurichten. Die Wallace-Wahlkampagne war ein Flop. Er bekam nur eine knappe Million Stimmen und wurde Vierter.

Allmählich wurde es riskant, als Künstler linker Anschauungen verdächtigt zu werden, wie Seeger und Robeson schon bald darauf während eines Konzertes feststellen mußten, das sie als ihr gefährlichstes bezeichneten. Der Schauplatz war Peekskill im Staat New York, wo sie am 4. September 1949 gemeinsam bei einem Open Air-Konzert auftraten, das zu einem der erschreckendsten Ereignisse in der Geschichte der Popmusik wurde.

Das Konzert, angekündigt in einer kommunistischen Zeitung, war für den August geplant gewesen, aber Menschenmengen hatten die Straßen blockiert und einige Organisatoren verprügelt, so daß es abgesagt werden mußte. Trotzdem hatten die Künstler und die Kommunistische Partei entschieden, es doch noch – diesmal am Labour Day, dem Tag der Arbeit – stattfinden zu lassen. Ordner, rund um das Gelände verteilt, sorgten für Sicherheit, und die Aufführung ging tatsächlich über die Bühne. Paul Robeson trug mit prächtiger, tiefer Stimme seine Version von «Old Man River» vor, und Seeger sang «If I Had a Hammer». Fünfzehn Jahre später wurde der Song (nachdem er zunächst von Peter, Paul and Mary neu aufgenommen worden war) zu einem Hit in den Nachtclubs, und Trini Lopez' lateinamerikanisch gefärbte Fassung zum Mitsingen wurde viereinhalbmillionenmal verkauft. 1949 klang dieser Text gefährlich politisch, eine Provokation, die zum Widerspruch herausforderte.

Der Ärger begann erst nach Ende des Konzerts. Als die Künstler die Show verließen, wurden sie aus dem Hinterhalt überfallen, denn die Anwohner waren in eine antikommunistische Stimmung hochgepeitscht worden und säumten nun die Straßen mit Steinen in den Händen. Autoscheiben gingen zu Bruch, und Künstler wie Zuhörer wurden attackiert, während die Polizei tatenlos zusah, ja sogar mitmachte. Seeger entkam, mit Glassplittern übersät, in seinem von den Steinen verbeulten Auto.

Aber er gab nicht auf. Er sang weiter und wurde tatsächlich zum Popstar – eine Zeitlang, bis die Behörden ihn wieder einholten. Seine neue Band, bereits 1948 gegründet, hieß The Weavers. Zu ihr gehörten außer Pete Seeger noch drei weitere starke Sänger: Ronnie Gilbert, ein temperamentvolles Mädchen aus Brooklyn, Fred Hellerman und Lee Hays, der zweite Almanacs-Veteran. Woody Guthrie schloß sich ihnen nicht an, da er an einem Roman schrieb und bereits erste Anzeichen der Lähmung zeigte, an der er fast zwei Jahrzehnte später sterben sollte.

Im Gegensatz zu den Almanacs, die «immer erst während des Konzerts Generalprobe machten», waren die Weavers ein professionelles, ausgebufftes Quartett, aber sie mußten noch immer Nachteile in Kauf nehmen wegen ihrer Ansichten. Seeger sagt, sie seien «im weitesten Sinne politisch» gewesen: «Wir sangen für keine Partei, weder für die Kommunisten noch für die Fortschritts- oder gar die Friedenspartei, aber uns wurde klar, daß die Menschheit tief im Dreck steckte, und Musik war für uns Teil der ständigen Bemühungen, da wieder rauszukommen, die Menschheit zu vereinen, den Krieg für alle Zeiten abzuschaffen. Musik gehörte zum Kampf um Frieden, Gerechtigkeit und Arbeit für alle und all die anderen wunderbar klingenden Dinge.» Sie spielten auf Gewerkschaftsveranstaltungen, «wenn die Gewerkschaften uns darum baten», doch 1949 verlor jeder Gewerkschaftsführer, der sich weigerte, den antikommunistischen Eid zu schwören (oder einfach grundsätzlich gegen solche Eide war), seinen Job. Deshalb wollten die Gewerkschaften nicht mit den Weavers in Verbindung gebracht werden, «obwohl wir die tadellosesten Gewerkschaftslieder sangen, die es je gab».

Es waren harte Zeiten. Aber als es gerade so aussah, als würde die Gruppe sich auflösen, wurde ihr ein festes Engagement angeboten. Sie spielten nun «für eine ansehnliche Gage von insgesamt vierhundert Dollar pro Woche, plus so vielen Hamburgern, wie wir essen konnten», im Village Vanguard in New Yorks Greenwich Village. Dort blieben sie sechs Monate und bauten in dieser Zeit ihr Songrepertoire aus, das zwischen weißen und schwarzen Folksongs, Blues und afrikanischer Musik angesiedelt war (beinahe vier Jahrzehnte bevor die westliche Popwelt Afrika zur neuesten Mode erklärte). Daneben liefen natürlich all die selbstgeschriebenen Songs wie «If I Had a Hammer». Als sie ihn das erste Mal aufnahmen, soll Lee Hays gesagt haben: «Es ist ein Stück für Sammler. Außer Sammlern wird es nie jemand kaufen.»

Während die Weavers Schichtarbeit im Vanguard leisteten, wurden sie unversehens zu Stars. Sie kamen bei Decca unter Vertrag und nahmen «Tzena Tzena» auf, ein israelisches Soldatenlied. Das Stück auf der B-Seite, «Good Night Irene», wurde jedoch viel populärer. Da es von Leadbelly stammte, einem schwarzen Ex-Knacki, gehörte einiger Mut zu dieser Wahl, doch die Fassung der Weavers war ein sanftes volkstümliches Lied zum Mitsingen. Es wurde ein Riesenhit.

Nach Auftritten bei politischen Veranstaltungen und Gewerkschaftstreffen war Seeger plötzlich Mitglied einer Charts-Band, die in luxuriösen Nachtclubs auftrat und einen Hit nach dem anderen landete. Überall in den USA und bald darauf auch in Großbritannien dudelten die Musikboxen das millionenfach verkaufte «Good Night Irene», dann «Kisses Sweeter Than Wine», «So Long It's Been Good to Know You» und schließlich «On Top of Old Smoky», den Millionenhit von 1951. Dies war keine aufrührerische Musik mehr; viele der Songs hatten eine kitschig sanfte Instrumentalbegleitung.

Seeger konnte mit dem Erfolg nichts anfangen. Er war «bestürzt und darüber beunruhigt, in der Falle zu sitzen». Ratschläge seines Managers wie der, nicht mehr für radikale Gruppierungen zu singen, oder die ständigen Engagements in «berühmten, aber anrüchigen Etablissements» waren ihm zuwider. Seeger erzählt, seine eindrücklichste Erinnerung an diese seltsame Periode stamme aus der Zeit, als die Weavers in Las Vegas spielten. «Wir waren durch die ärmlichen Dörfer von New Mexico gefahren, und dann lag plötzlich Las Vegas vor uns – wie eine Handvoll flimmernder Diamanten auf einem schwarzen Samtkissen. Es waren Leute da, die wir kannten und die mit glasigen Augen achtlos Tausende von Dollars über die Spieltische schoben. Lee Hays hatte schon recht, als er spottete, unsere Absichten stünden ihren genau entgegen. Sie waren da, um die Probleme des Alltags zu vergessen, und wir waren da, um ihren Sinn für die Probleme zu schärfen. Wir hielten uns dort nicht allzulange.»

Der Erfolg der Weavers konnte nicht andauern, weil es schlicht unmöglich war, in den Vereinigten Staaten der fünfziger Jahre ein linker Popstar zu sein. Dem Kalten Krieg war der ganz reale Krieg in Korea zur Seite getreten, die antikommunistische Paranoia nahm zu, und das HUAC hatte auch weiterhin gut zu tun. Hollywood war in Verruf geraten, Brecht und Eisler waren des Landes verwiesen worden, und Musiker wie Burl Ives und Josh White wurden überprüft (Ives machte später Aussagen über subversive Aktivitäten in Folkmusik-Kreisen).

Dann erschien eine anonyme Schrift mit dem Titel «Rote Kanäle: Kommunistischer Einfluß auf Radio und Fernsehen». Sie enthielt eine Liste von Künstlern und Entertainern, die angeblich mit der «Kommunistischen Front» in Verbindung stehen sollten. Jetzt war es unausweichlich, daß die Weavers, als Stars im Zentrum öffentlicher Aufmerksamkeit, vom HUAC überprüft wurden. Als im Februar 1952 ein Informant namens Harvey Matusow vor dem HUAC aussagte, drei Mitglieder der Gruppe (also alle außer Lee) gehörten der Kommunistischen Partei an, spitzte sich die Situation zu.

Die Weavers fanden sich auf der schwarzen Liste wieder. Es half ihnen nichts, daß sie eine der erfolgreichsten Gruppen jener Zeit waren. Es spielte keine Rolle, daß die meisten ihrer gängigen Stücke nichts Subversives enthielten (obwohl «If I Had a Hammer» weiterhin als politisch skandalös galt). Die Weavers wurden einfach nicht mehr gebucht, so daß sie sich gezwungen sahen, in immer kleineren Clubs zu spielen, bis sie ganz und gar aus dem Geschäft verdrängt waren. Die Gruppe wurde nicht nur zensiert, sondern regelrecht zugrunde gerichtet.

Im Rückblick klingt es, als sei Seeger fast erleichtert über die Geschehnisse gewesen. Die Zeit des Ruhms sei «durchaus interessant» gewesen, «aber ich bin froh, daß sie nicht allzu lange anhielt. Hätte es keine schwarze Liste gegeben und wären uns statt dessen Millionenverträge unter der Voraussetzung angeboten worden, nicht aufzubegehren, hätten wir letzten Endes wahrscheinlich nicht so gute Arbeit geleistet.»

Damals aber litt er sehr, und es sollte noch schlimmer kommen. Im August 1955 half er gerade ein paar Kilometer südlich von Beacon beim Bau einer Scheune, als ein Mann an ihn herantrat, ihn nach seinem Namen fragte und ihm einen Briefumschlag aushändigte. Er stellte fest, daß er gerade in rechtskräftiger Form eine Vorladung vor das HUAC angenommen hatte.

Zwei Wochen später erschien Seeger vor dem New Yorker Komitee zum Verhör über kommunistische Unterwanderung der Unterhaltungsbranche. Er bot den Untersuchungsbeamten an, für sie zu singen, lehnte es hingegen ab, Fragen nach seinen Beziehungen zur Kommunistischen Partei zu beantworten – nicht, weil er sich scheute, über die Kommunistische Partei zu sprechen, sondern weil «diese Abschußkomitees auf der ganzen Linie bekämpft werden müssen, egal in welchem Land sie auch auftauchen. Sie sagen: ‹Wir möchten einfach nur Ihre Meinung hören – mehr wollen wir gar nicht wissen›, und schon bist du deinen Arbeitsplatz los.»

Für Seeger war das erst der Beginn der Schwierigkeiten. Er lehnte es ab, sich auf den Fünften Zusatz zur Verfassung zu berufen (der besagt: «Sie haben nicht das Recht, mich mit dieser Frage zur Selbstbelastung aufzufordern»), und verwies statt dessen auf den Ersten Zusatzartikel. Der bedeute nämlich: «Sie dürfen *keinem* Amerikaner solche Fragen stellen – niemandem dürfen derartige Fragen gestellt werden, wenn sie ihn seinen Job kosten könnten.»

Das Komitee zeigte sich nicht sonderlich beeindruckt. Jetzt mußte sich Seeger einer Anklage wegen Mißachtung des Gerichts stellen. Gerichtliche Auseinandersetzungen und womöglich eine Haftstrafe standen ihm bevor. All das war anderen Musikern zur Warnung bestimmt: Protest nützt nichts, Engagement für radikale Politik hat zur Folge, daß ihr auf der Straße steht oder in den Knast wandert.

Seeger prozessierte weiter. Nach sieben Jahren, in denen er 15 000 Dollar Gerichtskosten zahlen mußte, einmal kurz davor stand, zu einer zehnjährigen Freiheitsstrafe verurteilt zu werden, und bereits ein paar Stunden hinter Gittern gesessen hatte, wurde er endlich freigesprochen. Während dieser ganzen Zeit durfte er das Land ohne behördliche Genehmigung nicht verlassen. «Jedes Establishment in der Welt braucht eine gute Opposition, um gesund zu bleiben», sagte Seeger, «so wie die Elchpopulation durch die Wölfe gesichert wird, die über sie herfallen. Das ist ein altes ökologisches Prinzip. Ich glaube, daß ich – wie der Wolf – eine natürliche Aufgabe erfülle.»

Als in den fünfziger Jahren die Rock 'n' Roll-Ära begann, wurde die Rolle des musikalischen Wolfes besonders gefährlich. Die Teenager, die nun außer Rand und Band rund um die Uhr rockten und das weiße Establishment mit ihrer Begeisterung für «wilde» schwarze Musik schockierten, betrachteten sich selbst nie bewußt als in derselben Tradition stehend. Sie entflohen dem Kalten Krieg durch Vergnügungen, während die ältere, dem Folk verpflichtete Generation Seegers sich bewußt mit ihm auseinandersetzte.

Doch Spaß ganz ohne politisches Bewußtsein konnte nicht ewig währen, wie die sechziger, siebziger und achtziger Jahre beweisen sollten.

Nur langsam wuchs im Rock 'n' Roll das Bewußtsein, daß er, zu einer Zeit ins Leben gerufen, als die politischen Überzeugungen der Musiker zensiert wurden, unter einem ungünstigen Stern geboren worden war, und er besann sich auf seine Traditionen, sowohl in der frühen amerikanischen Musik als auch in der populären Musik anderer Kulturen. Amüsement, Romantik und Tanzrhythmen sind wichtige Bestandteile, aber manchmal kann und muß Popmusik erheblich ambitionierter sein.

Großbritannien trat eher im Geiste stupiden Wiederaufbaus statt antikommunistischer Paranoia in die fünfziger Jahre – und die Rock 'n' Roll-Epoche – ein. Attlees Labour-Regierung hatte in den Nachkriegsjahren den Wohlfahrtsstaat, Sozial- und Gesundheitsämter geschaffen, was die Rockgeneration (zumindest so lange, bis all dies in den Achtzigern allmählich auseinanderfiel) als selbstverständlich hinnahm. Nach diesem anfänglichen Ausbruch sozialistischer Begeisterung wählte das Land für volle dreizehn Jahre eine solide konservative Regierung. In den langen Jahren unter Churchill, Eden, MacMillan und Douglas-Home passierte wenig Erschütterndes. Die Suez-Krise von 1956 war der ernsthafteste Schock, und zu den amüsantesten Ereignissen zählten die Krawalle bei Rock 'n' Roll-Konzerten, zu denen es kam, als die Kids in Großbritannien diese Musik als Second-hand-Kultur aus den USA übernahmen.

Oberflächlich betrachtet hatte es den Anschein, als sei die britische Version des amerikanischen Rock 'n' Roll nichts weiter als ein Ausdruck jugendlicher Begeisterung und des verständlichen Wunsches nach einem Nachkriegsaufputschmittel. Jegliche Befürchtung, die Musik könne zu einer Gefahr werden, weil sie die Rassenschranken antaste und mit Kommunismus zu tun habe, schien abwegig zu sein. Der Rock 'n' Roll kam aus dem Ausland, war Unterhaltungsmusik, exotisch und bei weitem interessanter als Winifred Atwells Kauf-mich-Gesülze auf dem Klavier. Aber politisch? Die Massen, die sich am 6. Februar 1957 in Londons Waterloo Station auf Bill Haley stürzten, als er zum erstenmal britischen Boden betrat, feierten doch nur ein aufgemotztes Uraltphänomen im Showgeschäft.

Der neue britische Popspleen der fünfziger Jahre hatte zwei Aspekte, und in beiden kam die Begeisterung für alles Neue, Aufregende und Amerikanische zum Ausdruck. Es gab die Rock 'n' Roll-Adepten – mittelmäßige britische Talente wie Tommy Steele, die großen Göttern wie

Haley und Presley nacheiferten – und die etwas schrulligeren Skiffler, die, ausgerüstet mit Waschbrettern, akustischen Gitarren und Bässen aus Teekisten, Songs aufpeppten, die zum größten Teil aus der radikalen amerikanischen Folk- und Bluesszene der dreißiger und vierziger Jahre stammten.

«Rock Island Line», der erste Hit Lonnie Donegans im Januar 1956, mit dem er seine Solokarriere und den ganzen Skiffleboom ein großes Stück vorantrieb, stammte von den Weavers. Die Songs von Leadbelly und Woody Guthrie wurden jetzt überall in britischen Clubs und Bars gesungen, und eine ganze Generation malte sich aus, nicht in irgendeiner miefigen Vorstadt zu hocken, sondern draußen gemeinsam mit Woody auf den Güterzug zu warten, mit einsamen Landstreichern kreuz und quer die Eisenbahnrouten abzufahren, staunend auf die Grand Coulee-Talsperre hinabzuschauen oder hinter Gefängnisgittern stehend den Midnight-Special-Zug vorbeidonnern zu sehen.

Manche Skiffler trieben es auf die Spitze. Da gab es Hochgebildete, die vorgaben, nicht lesen zu können, sobald sie in die Nähe eines Skiffleclubs kamen. Andere versuchten auszusehen, als seien sie gerade einem Sträflingstrupp entkommen, oder sie krempelten ihre Jeans auf eine Weise um, daß sie nach dem Waschen wie von der Georgia-Sonne gebleichte Sträflingsmontur aussahen. Das Identifikationsbedürfnis, der Wunsch, sich in eine musikalische Kultur einzuklinken, die unmittelbarer und aufregender war als die gängige «leichte Musik», war bemerkenswert. Gehören Popmoden erst einmal zum Schnee von gestern, erscheinen sie häufig albern, doch der Skiffleboom der Fünfziger war eine große Ära der Do it yourself-Musik und von außerordentlicher Bedeutung fur die Entwicklung der britischen Musikszene.

Ein wesentliches Element der Originalsongs ging natürlich meist bei dieser Adaption verloren. Ein Pennäler, der brav in Croydon auf der Gitarre C, F und G 7 zu spielen lernte, war kaum in der Lage, Guthries politischen Impetus in Songs wie «Joe Hillstrom» oder «Dear Mrs. Roosevelt» zu verstehen und zum Ausdruck zu bringen, und er brauchte auch nicht zu befürchten, daß ein britisches Pendant des HUAC ihn verfolgte. Als der Skiffle im Großbritannien der fünfziger Jahre popularisiert und kommerzialisiert wurde, war er bereits homogenisiert, harmlose Unterhaltung, verglichen mit der Brisanz, die viele der Songs zum Zeitpunkt ihrer Entstehung in den USA gehabt hatten. In den Worten

Ewan MacColls: «Kaum hatte der Skiffle die Führung übernommen, da vereinnahmte ihn auch schon die Maschinerie, kastrierte ihn und raubte ihm all seine Energien. Vielleicht ist das unvermeidlich, sobald etwas zum Kommerz wird.»

MacColl konnte sich diesen Kommentar erlauben, weil er in der britischen Popmusikszene Guthrie oder Seeger am ehesten entsprach. Zwar war er nicht auf Güterzügen kreuz und quer durch die USA gewalzt, und er hatte auch nicht die Flüchtlinge aus der Staubschüssel Oklahoma besungen, doch hatte er politisches Straßentheater im wirtschaftlich schwachen Nordwesten Englands gemacht, bereits in den dreißiger Jahren Songs gegen Behördenwillkür geschrieben und als politischer Songschreiber und experimenteller Dramatiker Tramptouren durch ganz England unternommen. Und was noch wichtiger war: er hatte viele derjenigen gekannt, die in der radikalen amerikanischen Songbewegung aktiv waren, zum Beispiel schwarze Künstler wie Paul Robeson, den legendären Bluesmusiker Big Bill Broonzy oder Alan Lomax, der so viel für Seegers Karriere getan hatte. Kein Wunder, daß Ewan MacColls zweite Frau Pete Seegers Halbschwester Peggy war.

So wie die aufblühende Rock 'n' Roll-Szene in den USA letztlich weder an der konkurrierenden Folkszene noch an all dem vorbeikam, wofür Pete Seeger als Inbegriff eines politischen Popmusikers stand, sah sich auch die frühe britische Popszene gezwungen, MacColl in ihre Entwicklung einzubeziehen – und das sollte ein weit längerer und schmerzhafterer Prozeß werden, einfach weil MacColl im Vergleich zu Seeger eine strenge, schulmeisterliche, ja furchteinflößende Persönlichkeit war. Selbst in der Folkszene tat man sich oft schwer im Umgang mit ihm, so daß er kaum als Favorit des Unterhaltungsrockklüngels in Frage kam – vor allem, als er zu predigen begann, daß es für die Wiederbelebung und das Überleben der britischen Popmusikkultur notwendig sei, amerikanische Einflüsse zu vermeiden.

MacColl hat die kommerzielle Musik, die Popwelt, in der seine Tochter Kirsty so viel Erfolg gehabt hat, niemals wirklich gutgeheißen. Dennoch hat er ihr aus sicherer Distanz eigene Beiträge geliefert. Immerhin ist dies der Mann, den der junge Bob Dylan bewunderte, der Mann, der den Roberta Flack-Hit «The First Time Ever I Saw Your Face» und «Dirty Old Town» schrieb. Bevor er sich im musikalischen Patriotismus verlor, hat er als Erster den Blues in England gefördert und eine Skifflegruppe gegründet, lange bevor Lonnie Donegan seinen ersten Hit landete. In seiner langen und abwechslungsreichen Karriere hat er politische Songs für streikende Bergarbeiter und gegen die Apartheid geschrieben. Seine Texte wurden von den Plattengesellschaften zensiert. Er hat durch seine Songs politische Impulse in einer Zeit gegeben, als britische Popkünstler wenig Interesse an Politik zeigten. Erst in den achtziger Jahren hat man seine Bedeutung richtig erkannt.

Im Januar 1985 wurde in der Londoner Festival Hall zu Ehren Mac-Colls anläßlich seines siebzigsten Geburtstags ein Konzert gegeben. Die britische Folkwelt war fast vollständig versammelt, zusammen mit dem Bergarbeiterführer Arthur Scargill, der MacColl dem Publikum im Schein einer Grubenlampe präsentierte. Ein Jahr später, im März 1986, trat er in der Royal Albert Hall beim «Heroes Concert» auf, um den Jahrestag der Beendigung des Bergarbeiterstreiks zu feiern. Dabei sang er Seite an Seite mit Rockmusikern wie Tom Robinson und Hank Wangford. Was auch immer er von ihrer Musik gehalten haben mag – hier standen schließlich Vertreter der politischen Fraktionen von Folk und Rock gemeinsam auf der Bühne. Die hitzigen Debatten der fünfziger Jahre, als der britische Rock 'n' Roll boomte und zugleich die Folkmusik ein Revival erlebte, schienen vergessen.

MacColls Auftritt beim «Heroes Concert» lieferte mehr als nur den Beweis dafür, daß die Folk- und die Rockszene Englands im musikalischen Klima der achtziger Jahre politisch am selben Strang ziehen und traditionelle und moderne Stilelemente ohne Brüche verbinden könnten. Es war auch eine Erinnerung daran, daß britischer Politpop gleichfalls eine Tradition besitzt, die weit vor den Epochen des Rock und der Folk-Renaissance in der Kulturgeschichte des Landes wurzelt. Als Ewan Mac-Coll zum erstenmal Billy Bragg hörte, Englands bekanntesten politischen Sänger der Postpunk-Ära, fühlte er sich an die politischen Songs der dreißiger Jahre erinnert. «Alle politischen Songs wurden in dieser Form vorgetragen. Man war voller Verlangen, die Welt zu kritisieren. Mir klingt es zu grob und zu brutal, was heute läuft, aber der Geschmack wandelt sich, und es ist lange her, seit die Leute solchen akustischen Angriffen ausgesetzt waren!» Vielleicht ist es Bragg gar nicht bewußt, aber anscheinend singt er im gleichen Stil wie MacColls radikale Freunde in jener Epoche, als es in England (und in den USA) einfach war, Kommunist zu sein. Fünfeinhalb Jahrzehnte später erinnert sich MacColl noch immer an den Text einer Hymne an die Roten Piloten. So wie Pete Seeger unser Interview immer wieder durch spontanes Anstimmen von Liedern unterbrochen hatte, begann auch Ewan MacColl in seinem Vorørthaus im Londoner Süden ganz selbstverständlich die alten Verse zu singen. Seine Antwort aus den Dreißigern an Billy Bragg lautete:

> Fly higher and higher and higher,
> Our emblem the Soviet star,
> And every propellor is roaring «Red Front»
> Defending the USSR. *

Im «interessanten Slum» Salford bei Manchester fing MacColl zu singen an, und dort erhielt er auch seine frühen Lektionen in linker Politik. Sein Vater war Eisengießer, Kommunist, millitanter Gewerkschafter und ein «phantastischer Sänger», der begeistert sein Repertoire an Balladen und Straßenliedern in den Kneipen des Ortes vortrug. MacColl sagt, in den frühen dreißiger Jahren sei in Salford «die Ära der Intellektuellen aus der Arbeiterklasse zu Ende gegangen» – es muß eine besondere Zeit gewesen sein. Im Arbeiterkunstverein trafen sich alle. Unten an der Bar ging es um Marxismus und Philosophie, im oberen Stockwerk wurde geboxt, und sogar Teenager kamen zusammen, um über Politik und Kunst zu diskutieren.

MacColl begann in einer Drahtfabrik zu arbeiten und schrieb schon als Jugendlicher politische Lieder und Parodien auf Themen von Hollywoodfilmen. Dann wurde der «dreiste und unduldsame» Junge, wie er sich selbst beschreibt, gebeten, satirische Lieder für Fabrikzeitungen der Gegend zu schreiben. Es entstanden knappe Texte mit aktuellen Bezügen – musikalischer Spontanjournalismus mit Anklängen an die Broadside-Tradition, die vom 16. bis zum 19. Jahrhundert in England blühte. MacColl schloß sich außerdem den Kommunisten an (nicht gerade eine einflußreiche Kraft in Lancashire mit ihren «zweiunddreißig Mitgliedern im gesamten Nordwesten») und unternahm erste Versuche, seine Ideen durch eine Art Straßentheater zu vermitteln. Arbeiter vor den Fabriktoren oder Hausfrauen, die an den Stadtbädern vorbeikamen, wurden so

---

* Flieg höher und höher und höher, / Unser Emblem ist der sowjetische Stern, / Jeder Propeller ruft: «Rotfront» / Und verteidigt die UdSSR.

zum Beispiel an die Ereignisse in den britischen Kolonien erinnert, bevor dann gewöhnlich nach einiger Zeit die Polizei eintraf, um MacColl und seine Mitstreiter von der Gruppe Red Megaphones zu vertreiben.

Der erste von MacColls großen zornigen Protestsongs war «The Manchester Rambler», ein Kampflied für eine der großen Massenfreizeitbewegungen der dreißiger Jahre. Wandern war ein beliebter Sport, und an jedem Wochenende pflegten Zehntausende aus den wirtschaftlich daniederliegenden Industriebezirken um Manchester, Sheffield oder Derby zu fliehen und sich geradewegs aufs Land zu begeben. Es gab aber ein Problem: Viele bevorzugte Gegenden waren Hochmoore, in Privatbesitz, deren Eigentümer sich wenig erfreut zeigten über die Invasion der arbeitenden Bevölkerung. Vielfach wurden Wanderer angegriffen.

Die Konfrontation war unausweichlich: es wurde zu einer Massenwanderung durch die Gegend von Kinder Scout, einem weiten Privatgelände, aufgerufen. MacColl erzählt, er habe nur ein paar hundert Leute erwartet, die sich an der Aktion – immerhin Landfriedensbruch – beteiligen würden, «aber es kreuzten acht- oder neuntausend auf». Polizei und Besitzer warteten schon, es kam zu offenen Gefechten, und viele Wanderer wurden eingelocht.

MacColls Song über dieses Ereignis hat überlebt, weil er Probleme behandelt, die weit umfassender sind als eine längst vergessene Keilerei im Hochmoor:

> He said, «all this land is my master's»
> At that I stood shaking my head.
> No man has the right to own mountains
> Any more than the deep ocean bed. *

Vom «Manchester Rambler» an hat MacColl kontinuierlich politische Songs zu aktuellen Anlässen geschrieben und dabei niemals Woody Guthries Sorge über die «Fieberkurven der Geschichte» geteilt, die solche Lieder angeblich unbrauchbar machten. «Ich habe keinen Draht zur Nachwelt, und es ist nicht frustrierend», sagte er, «doch es ist schon was

---

* Er sagte: «Dies ganze Land gehört meinem Herrn». / Darauf schüttelte ich den Kopf. / Kein Mensch hat das Recht, Berge zu besitzen, / Genausowenig wie den Grund des tiefen Ozeans.

Besonderes, wenn ein Lied die Zeit überdauert. Denken Sie an die Lieder der Jakobiten * – die sachkundigsten politischen Songs, die je geschrieben worden sind, auch wenn der Anlaß nicht unbedingt lobenswert war. Wer singt sie denn heute noch? Und wem ist schon bewußt, daß ein unvergängliches Lied wie ‹Barbara Allen› ursprünglich eine politische Satire war?»

Es zeichnete sich bald ab, daß MacColl sein Leben nicht damit verbringen würde, in der Gegend von Salford herumzuhängen, auf der Suche nach Arbeit. Wie sein zukünftiger Schwager wandte auch er sich der Landstraße zu und wurde zum Straßensänger, der zwischen Glasgow und London pendelte. Außerdem arbeitete er ein wenig als Schauspieler, gab auch seine politischen Aktivitäten nicht auf und bekam erste Kontakte mit der radikalen amerikanischen Musikszene. Als Paul Robeson zu einer Tournee nach England kam, spielte er ständig Schach mit MacColl (und verlor), und sie organisierten zusammen «Festspiele», um Geld für die Republikaner im Spanischen Bürgerkrieg zu sammeln.

In den vierziger Jahren kam für MacColl das Schreiben populärer politischer Songs erst an zweiter Stelle hinter seinen Bemühungen, ein neues populäres Theater zu kreieren. Er heiratete die brillante junge Schauspielerin Joan Littlewood, die dem konventionellen Theater den Rücken gekehrt hatte. Gemeinsam planten sie, mit ihrem Theatre Workshop «eine neue Art von Theater hervorzubringen», das mit MacColl als Hausdramaturg startete.

Brecht hatte in den Jahren vor seiner Flucht ins Ausland die deutsche Theaterszene revolutioniert, und MacColl nahm sich dessen experimentelle Ideen, vor allem die Verwendung von Musik, zum Vorbild. Er und Joan Littlewood wollten das Theater wieder so populär und zu einem so klassenlosen Forum machen wie in der Shakespeare-Zeit. Welch Ironie lag in der Tatsache, daß sich ihre Proberäume über den Büros der Konservativen in Kendal (Lake District) befanden! Hier studierten sie experimentelle Stücke wie «Johnny Noble» ein, ein Schauspiel von MacColl auf der Grundlage der Geschichte von Romeo und Julia, die allerdings in den dreißiger Jahren zur Zeit der Massenarbeitslosigkeit spielte, wobei viel getanzt und gesungen wurde. Es blieb sechs Jahre im Repertoire des Theatre Workshop und wurde in ganz England aufgeführt.

---

* Anhänger des 1688 vertriebenen englischen Stuardkönigs Jakob II. und seiner Nachkommen, besonders in Schottland.

Ein anderes Stück MacColls hieß «Landscape with Chimneys» (Landschaft mit Schornsteinen); es setzte sich mit dem Leben in Salford auseinander. Am Premierenabend kam Joan Littlewood zu MacColl und sagte ihm, sie habe Schwierigkeiten mit einem Szenenwechsel – ob er nicht einen Zweiminuten-Song zur Überbrückung schreiben könne? Er setzte sich hin, schrieb aus dem Stand «Dirty Old Town» und trug das Lied bereits zwei Stunden später vor (den Text las er von einem Blatt Papier ab). Das Bühnenstück war längst schon vergessen, und auch MacColl hatte nicht mehr an den Song gedacht, bis er eines Tages erfuhr, daß er in den USA und in der Tschechoslowakei gesungen wurde. Er ist in einem Broadway-Musical wieder aufgetaucht, auf einer LP von Rod Stewart und – die beste Version – auf einer Single der Pogues.

Die neue Theatertruppe tourte durchs Land, probte in zerbombten Gebäuden in Glasgow und Manchester und baute sich allmählich ihr Publikum auf. Sie führten Klassiker auf: «aktualisierte» griechische Tragödien und MacCollsche Werke wie «Uranium 235», ein «etwas naives» Stück über Atomenergie. Sie fanden ihre Zuschauer in den Industriegebieten Schottlands, in den Kohlengruben von Wales und sogar in einem Butlin-Ferienlager, «wo wir die Ringkampfarena leerfegten und das Publikum ausflippte».

Zu Beginn der fünfziger Jahre gerieten sie jedoch in eine Krise. Kein Förderer, kein Zuschuß von der Kulturbehörde stärkte der Truppe den Rücken, und die harte Arbeit, das Reisen und der chronische Geldmangel forderten ihren Tribut. Eine Entscheidung mußte getroffen werden – sollte die Truppe ihr Hauptquartier in irgendeiner Industriegegend des Landes aufschlagen und die Tourneen fortsetzen oder sich einen neuen festen Wohnsitz in London nehmen? MacColl wollte keine Veränderung, «weil ich befürchtete, daß wir in London unter die Räder kommen würden – was dann meiner Meinung nach auch tatsächlich passierte». Joan Littlewood war damit nicht einverstanden. Sie brachte den Theatre Workshop ins Theatre Royal in Londons East End (Stratford East), wo er dann, vor allem wegen seiner intelligenten, gewagten Musicals, zu einem wesentlichen Bestandteil der Londoner Szene werden sollte.

MacColl trieb es weiter. Er trennte sich von Joan Littlewood, verlor allmählich das Interesse am Theater und entdeckte seine Liebe zum Popsong wieder. In dieser Phase begann ihn die Volksmusik zu fesseln. Er hatte im Laufe seiner Karriere die aufgedrehten politischen Lieder der dreißiger Jahre und die schönen Popsongs aus der Zeit der Großen Depression gehört und die aufstrebende Jazzszene verfolgt. Jetzt kam er mit Musik in Berührung, die das Beste von all dem zusammenzubringen schien.

Seine neue musikalische Orientierung wurde von dem Mann bestimmt, der Pete Seegers Leben verändert hatte – Alan Lomax. Lomax sammelte für die amerikanische Kongreßbibliothek Folksongs, und MacColls Eltern gehörten zu denen, die er aufnahm. Während Lomax sich in England aufhielt, führte er lange Gespräche mit MacColl über die Kraft der Volksmusik und spielte ihm Bänder von weißen amerikanischen Sängern und schwarzen Bluesmusikern vor. Sie redeten über das Kredo des ungarischen Komponisten Béla Bartók, man müsse die Kompositionstechniken der Volksmusik studieren. Für MacColl waren die Musik und die Theorien eine Offenbarung – nicht zuletzt deshalb, weil sich ihm hier eine ganz neue Möglichkeit bot, populäre politische Songs zu schreiben.

MacColl erinnert sich noch heute an jene erste Begeisterung: «Als Alan Lomax mit dieser Musik auftauchte, die über so viele Generationen hinweg populär geblieben war, dachte ich: Genau das sollten wir erforschen! Im Folkrevival kamen viele Ideen zum Tragen, und eine davon lautete, Kampflieder in eine Ausdrucksform zu bringen, die junge Leute sofort akzeptieren konnten.»

Lomax und MacColl hatten noch etwas anderes gemeinsam: das Interesse, Musik mit experimentellem Theater zu verbinden. MacColl war von Lomax' Balladenoper «The Martins and the Coys» beeindruckt, die von Familienfehden in Kentucky und West Virginia handelte und Lieder aus dieser Gegend wie auch neue Songs der erlauchten Besetzung verarbeitete, zu der Woody Guthrie, Leadbelly und Sonny Boy Williamson gehörten. Als Lomax nach Großbritannien kam und den Theatre Workshop «Johnny Noble» spielen sah, war er gleichermaßen hingerissen. «Er sagte, es sei genau das, was er immer zusammen mit Woody Guthrie hatte machen wollen.»

Von Lomax inspiriert, beschloß MacColl, ein Folkrevival in England anzukurbeln. Er nahm sich vor, das Image von «Volksmusik» von Grund auf zu verändern. Das erste Folkrevival zu Beginn des Jahrhunderts war von frühen Liedersammlern wie Cecil Sharp, Ralph Vaughan Williams und Percy Grainger angeregt worden, zumeist gebildete Liberale aus der

Mittelschicht, die von den noch existierenden Songs und Traditionen in britischen Landen fasziniert waren. Ihre Arbeit war zwar wichtig, aber sie führte die Folkmusik nie an ein Massenpublikum heran. Für die meisten Menschen, speziell für Städter, war sie einfach nur sonderbar oder kurios.

MacColl wollte ein ganz anderes, politisches Revival. Er war kein an seltsamen Bräuchen interessierter Akademiker, sondern ein Radikaler, inspiriert von der linken amerikanischen Folkszene, die sich augenblicklich gerade in den Banden des Kalten Krieges gefesselt sah. Lomax brachte ihn mit einem Mann in Kontakt, der bereits begonnen hatte, eine solche Szene in England ins Leben zu rufen. Sein Name war A. L. «Bert» Lloyd.

Lloyd hatte als Jugendlicher, während er auf einer australischen Schafzuchtfarm und auf Walfangschiffen in der Antarktis arbeitete, Interesse an Folksongs entwickelt. Während des Krieges nach England zurückgekehrt, hatte er («hauptsächlich in Baracken, weit weg von irgendwelchen Nachschlagewerken») «The Singing Englishman» geschrieben, eine sozialhisto-rische Einführung in den britischen Folksong. Das Buch war ganz anders als Cecil Sharps Werk, denn es war von der Workers' Music Association in Auftrag gegeben worden, einer Organisation, der «der Lärm um wiederentdeckte und neu geschriebene Volkslieder, die über den Atlantik zu uns herüberkommen», aufgefallen war und die auf einen ähnlichen Effekt englischer Volksmusik in Großbritannien hoffte.

Lloyds Buch brachte zwar keine musikalische Revolution in Gang, lieferte aber der neuen Bewegung einen Ausgangspunkt. 1951 taten sich Lloyd, MacColl und Lomax zusammen, um – wie es MacColl ausdrückte – «zu sehen, ob sich die Theorien in die Praxis umsetzen lassen».

Von Anfang an setzten sie die Massenmedien für sich ein. Es begann mit der Rundfunkserie «Ballads and Blues», in der für damalige Verhältnisse revolutionäre Verbindungen zwischen britischem und amerikanischem Folksong und zwischen diesem und dem Jazz hergestellt wurden. Die Sendereihe stellte Humphrey Lyttletons Jazzband und Sänger aus Großbritannien und den USA, unter ihnen Big Bill Broonzy, in den Mittelpunkt. Sie wurde ein großer Erfolg und zog Livekonzerte nach sich; zunächst sonntagsabends im Theatre Workshop im Osten Londons («wo man wegen der Menschenmenge nicht durchkam») und bald darauf in der Kneipe Princess Louise im Londoner Stadtteil High Holborn. Hier ergänzte der karibische Calypsosänger Fitzroy Coleman das musikalische Angebot. Er forderte das Publikum auf, eigene Instrumente mitzubringen, und sagte dann die Akkorde an, zu denen er sang, so daß die Zuhörer mitspielen konnten.

Während in der McCarthy-Ära die linke amerikanische Popmusikszene zusammenbrach, schien in Großbritannien alles bemerkenswert gut zu laufen. MacColl und seine Mitstreiter bahnten den Weg für einen Stil, der populär und experimentell zugleich war; sie zeigten, daß im Prinzip jeder ein Musiker (oder etwas in der Art) werden konnte, und stellten linke Künstler in den Vordergrund (wenn auch Lyttleton Eton-Schüler und Gardesoldat gewesen war). Die neuen Streiter für die Wiederbelebung des Folk gehörten, ebenso wie die Jazzmusiker Ken Colyer, Sandy Brown und Bruce Turner, dem linken Flügel an. Die musikalisch-politischen Dominanzen dieser Ära werden am Beispiel eines Benefiz-Konzertes für die KP-Zeitung *Daily Worker* Mitte der fünfziger Jahre deutlich. MacColl, Ken Colyers Jazzmen und die schottische Traditional-Sängerin Jeannie Robertson waren die Stars, und niemand war überrascht, daß MacColl zusammen mit den Jazzern auftrat, um einen schwarzamerikanischen Sträflingssong zu singen.

Aus dieser Welt, und nicht etwa aus der des kommerziellen Pop, ging der Skiffle als ungemein populärer Stil mit (wenigstens am Anfang) starken linken Wurzeln hervor. Zumindest in dieser Phase fand Ewan Mac-Coll so viel Gefallen an der neuen Musik, daß er gemeinsam mit Alan Lomax seine eigene Skifflegruppe gründete. Dazu gehörte auch eine Lady, die auf ihrem Rückweg von einem Moskauer Jugendfestival in England Halt gemacht hatte. Peggy Seeger blieb und heiratete MacColl. Mehr als dreißig Jahre lang hat sie mit ihm zusammen gesungen und selbst exzellente Songs geschrieben.

Die neue linke Skiffle-Szene hatte eine weitgefächerte Anhängerschaft. MacColl erinnert sich an einen Besuch in einem der ersten Skiffleclubs, der vom London Youth Choir geleitet wurde, einer Organisation, die der Workers' Music Association ähnelte und in der «progressive Texte» bevorzugt worden. Er stellte fest, daß jeder dort sang, auch Lonnie Donegan, der Banjospieler der Chris Barber Jazz Band, der bald darauf zum größten Skifflestar aller Zeiten wurde, aber dabei – Ironie der Geschichte – die Musik aus der linken Szene, wo sie entstanden war, heraus in eine neue kommerzielle Popwelt führte, die sich nicht im geringsten für Politik interessierte. Eine noch tiefere Ironie liegt darin, daß der unpolitische Donegan, der als ziemlich schäbiger Kabarettist endete, im Verlauf seiner Karriere die englische Popmusik revolutionierte.

Donegan war am Anfang nichts weiter als einer von vielen traditionellen Jazzern, die die New Orleans-Klassiker spielten, doch zwischen den Engagements brachte er mit einer Splittergruppe der Barber-Band Skiffle-Versionen von Bluesstücken und amerikanischen Folksongs auf die Bühne. «Rock Island Line» und «John Henry» erschienen zuerst auf einer Barber-LP – achtzehn Monate, bevor sie als «brandneue» Riesenhit-Single veröffentlicht wurden. Es war nicht sonderlich originell, diese Stücke zu singen; bereits Anfang 1954 hatten Donegan und Barber sie als Mitglieder von Ken Colyers Band gespielt. Ein viertes Mitglied von Colyers ursprünglicher Skiffleband war Alexis Korner, der zum Vater der britischen Rhythm 'n' Blues-Szene wurde. Korner unterstützte und ermutigte die Rolling Stones in ihren frühen Tagen.

Dennoch war Donegan der Star, der die große, von Künstlern wie Eric Clapton bis hin zu Wham! fortgeführte britische Poptradition begründete: Man nehme einen von schwarzen amerikanischen Musikern entwickelten Stil, gebe ihm eine britische Politur und kreiere auf diese Weise einen Sound, der sich gerade so weit vom Original löst, daß er sich zurück in die USA exportieren läßt. Donegans Arbeit war lebenswichtig für die seelische Befindlichkeit britischer Musiker – er bewies, daß sie mit dem US-Popmarkt konkurrieren konnten.

Sicher, er hat eine weit entfernte, nach New Orleans führende Eisenbahnroute namens Rock Island Line besungen, doch über dem altbackenen Shuffle der akustischen Gitarre jauchzte und krakeelte er mit hausgemachter britischer Vitalität und landete so den ersten der Hits, die ihn in den darauffolgenden sechs Jahren immer wieder in die Charts katapultierten. Manch linker Skiffler mag schockiert und enttäuscht über das unpolitische, kommerzielle Monster gewesen sein, das die Szene da hervorgebracht hatte, aber ohne Donegan hätte es keine derart starke britische Rockszene gegeben. Und ohne ihn wäre wohl auch nie eine Skifflegruppe namens Quarrymen in Liverpool gegründet worden. Eines ihrer Mitglieder hieß John Lennon, und der wurde zu einem für seine politisch brisanten (wenn auch manchmal etwas konfusen) Texte hinlänglich bekannten Rockmusiker späterer Jahre.

Der Skiffle war ein außergewöhnliches Phänomen. Überall in Großbritannien wurden Clubs eröffnet, der Handel mit Gitarren florierte, und amerikanische Stars der dreißiger und vierziger Jahre wie Leadbelly und Guthrie wurden in einem Maße verehrt, wie sie es nie zuvor erlebt hatten. Ihre Ära wurde blind romantisiert, die Politik und Unterdrückung vergaß man großzügig. Schließlich lebte man ja im Nachkriegsengland, und die Cowboys aus Croydon und die Hobos aus Huddersfield, die in die Folkclubs drängten, wollten nicht über Joe McCarthy nachdenken. Er paßte einfach nicht in ihre Phantasiewelt.

Nach einigen Jahren verschied die Skiffle-Marotte sang- und klanglos; der britische und der amerikanische Rock 'n' Roll übernahmen die Führung. Doch sollte die Bedeutung dieser Musik nicht unterschätzt werden. Es ist der Skiffle gewesen, der in vielen Musikern wie Alexis Korner ein ernsthaftes Interesse am Blues und danach am Rhythm and Blues geweckt hat. Andere wiederum führte er zur amerikanischen Folkszene, danach zum Folk-Rock oder zurück zu britischer Folkmusik. Ohne Skiffle wären die fünfziger Jahre erheblich trostloser gewesen.

Im Regen stand am Ende Lonnie Donegan. Er hat mehr als dreißig Hits produziert, aber je kommerzieller er wurde, desto mehr betrachtete er diesen einst politischen, ernsthaften Stil als Unterhaltungsmusik. Er war nicht daran interessiert, Skiffle als Ausgangspunkt zu einer eingehenderen Erforschung des Folk oder Blues und seiner Wurzeln zu nehmen; ihn führte diese Musik ins Kabarett. Donegan zahlte den Preis für seine Schlager, in denen er so weltbewegende Themen erörterte wie die Frage, ob Kaugummi über Nacht auf dem Bettpfosten sein Aroma verliert.

1974 traf ich ihn hinter der Bühne im Londoner Penthouse Club, wo er nach den Penthouse-Busenwundern mit einer Kabarettnummer auf die Bühne kam, die aus ein paar alten Hits, einigen unanständigen Witzen und einer lieblos-routinierten Sing- und Tanzvorstellung bestand. Offensichtlich war er nicht zufrieden über den Verlauf seiner Karriere. «Skiffle war mein ein und alles, und jetzt bin ich hier gelandet», klagte er.

Einen noch unglücklicheren Eindruck machte er, als ich ihn darauf ansprach, daß er vor zwanzig Jahren in Großbritannien eine musikalische Revolution ausgelöst hatte. Er liebe, sagte er schroff, weder das Rockpublikum noch die radikale Politik, die zuweilen mit der Musik einhergehe. Es hätte Leadbelly und Pete Seeger nicht beindruckt, daß gerade dieser Mann «Rock Island Line» in der ganzen Welt populär gemacht hat.

Ebensowenig beeindruckt war Ewan MacColl. Als in den späten fünfziger Jahren England einer Skifflemanie verfiel und MacColl mit ansehen mußte, wie die von ihm und Lomax so vehement geförderte politische Popularmusik in den unpolitischen, kommerziellen Bereich abrutschte, reagierte er mit einer scharfen musikalischen Wende: «Ich machte mir Sorgen über die ganze Generation, die allmählich praktisch zu Amerikanern wurde, und ich fand das absolut ungeheuerlich! Wir hatten doch schon eine Musik, die genauso vital war wie jedes beliebige Produkt aus den Staaten, und ich war der festen Überzeugung, wir sollten so was wie nationale Identität anstreben und nicht zu Handlangern des amerikanischen Kulturimperialismus werden. So sah ich es damals als politisch denkender Mensch, und so sehe ich es auch noch heute.»

Deshalb entwickelte MacColl, als politische wie auch als künstlerische Geste, seine sehr umstrittene «Grundsatzpolitik», die er zunächst im Ballads and Blues Club und dann im Singers Club vorstellte, wo einzelne Zuhörer aufgefordert wurden, auf die Bühne zu kommen und kurze Gesangseinlagen zu geben. War der Sänger Engländer, mußte der Song aus der britischen Tradition stammen. Kam er aus Amerika, mußte er ein amerikanisches Lied singen und so weiter. «Auf diese Weise konnte ein Typ aus Walthamstow nicht so tun, als käme er aus China oder aus Mississippi.»

MacColl und seine Freunde gingen noch weiter. Sie begannen über Stilrichtungen zu diskutieren und über die Frage, wie ein Folksong vorgetragen und begleitet werden müsse, um noch als solcher gelten zu können. Sie kamen zu dem Schluß, daß es eine korrekte Form geben müsse, und nun analysierten und kritisierten sie gegenseitig ihren Gesang und versuchten herauszufinden, was «echter englischer Stil» sei. Es überrascht wohl niemanden, daß man MacColl vorwarf, er sei ein strenger, dogmatischer Spielverderber. Aber die extremeren Geschichten, die über ihn in Umlauf gebracht wurden, weist er zurück. «Man hat mir vorgeworfen, ein Glas auf jemandes Schädel zertrümmert zu haben, weil er Engländer war und ein amerikanisches Lied zu singen wagte. Das ist Blödsinn. Die einzige Prügelei, zu der es im Singers Club je kam, war ein Streit zwischen zwei jungen Burschen, weil der eine glaubte, der andere habe das Lied Sir Patrick Spens falsch interpretiert.»

Es bedarf wohl kaum der Erwähnung, daß die Fans von Woody Guthrie, Skiffle und schwarzamerikanischer Musik sich von dem neuen, rein englischen MacColl distanzierten. Der Singers Club leerte sich binnen weniger Tage nach Einführung der «Grundsatzpolitik», doch kam dort andererseits allmählich ein Publikum britischer, schottischer und walisischer Sänger zusammen, die begeistert ihrer jeweiligen Volkslied-Tradition folgten.

Außenstehende fragten sich natürlich, warum es einem Croydoner nicht erlaubt sein sollte, wie ein Hobo aus Kentucky zu singen, während er allgemein Beifall fand, wenn er den Stil eines längst dahingegangenen Landarbeiters aus Shropshire imitierte. Als ein solcher «Reinerhaltungsclub» für die Elite der Oxford University gegründet wurde (wo ebenfalls der Gesang von Shropshire-Landarbeitern nachgeahmt wurde), lief der britische Folk Gefahr, eher zu einem Witz zu verkommen als eine politische Kraft zu sein.

MacColl zweifelte nie an der Berechtigung seiner Kampagne. Schließlich, argumentierte er, gebe es ja noch genügend Clubs für amerikanische Rock-, Folk- und Blues-Enthusiasten, und was er da tue, sei «keineswegs nationalistisch, sondern hochpolitisch». MacColls Ansicht nach mußte der politische Kampf nicht allein für bessere Wohnungen und Versorgung, sondern ebenso für die Erhaltung kultureller Traditionen geführt werden. Daß die meisten Leute in den fünfziger Jahren den britischen Folksong als tote oder doch zumindest gegenwartsferne Musik ansahen, berührte ihn nicht. Um zu beweisen, daß die Volksmusik lebte, begann er gemeinsam mit Bert Lloyd und einer wachsenden Zahl von Anhängern, das traditionelle britische Liedgut zu erforschen. Das Liedersammeln machte rasche Fortschritte, und ebenso rasch verbreiteten sich in jenen Jahren die englischen Folkclubs. 1957, als Elvis Presley, Paul Anka und Harry Belafonte in der englischen Hitparade gegen Donegan antraten, konnten MacColl auf 1500 Clubs in Großbritannien und 11 000 Mitglieder im Singers Club – «zum größten Teil junge Handwerker» – verweisen.

Nachdem MacColl so für ein Folkrevival gesorgt hatte – das natürlich relativ bescheiden war, keine Massenbewegung, die mit der neuen Popmode konkurrieren konnte –, kehrte er zu experimenteller Radioarbeit und zum Komponieren zurück. Nun arbeitete er zusammen mit dem Produzenten Charles Parker an «The Radio Ballads», einer der provokativsten und originellsten Sendereihen in der Geschichte der BBC. Originell waren die Beiträge, weil sie den Alltag, die Freuden und Tragödien des «kleinen Mannes» in den Vordergrund stellten. Sie packten Geschichten von Eisenbahnern, Fischern, Bergarbeitern, Boxern und Zigeunern in einer derart freien Form an, wie man es nie zuvor gewagt hatte.

Dies alles war das erstaunliche Werk eines außergewöhnlichen Mannes, mit dem ich nie ganz übereinstimmte, einfach wegen seiner Feindseligkeit gegenüber dem Rock 'n' Roll und all der kommerziellen, vor allem aus den USA stammenden Musik, die mich seit den sechziger Jahren ergriffen und geprägt hat. Natürlich war MacColl auf dem richtigen Weg, als er die traditionelle Musik Englands förderte, doch geschah dies in einer Form, die eine lächerliche Spaltung zwischen «Folk»- und «Rock»-Anhängern in England begünstigte. Sie hielt während der sechziger und siebziger Jahre und während der Auseinandersetzungen der «Folk Rock-Ära» an und wurde nur zum Teil in den Achtzigern überwunden, als Künstler wie Billy Bragg, die Pogues und U 2 (die einen Peggy Seeger-Song im Programm haben) bewiesen, was eigentlich von vornherein hätte offensichtlich sein sollen – daß nämlich sowohl Folk als auch Rock ihre Berechtigung haben als zunehmend miteinander verbundene Formen populärer Musik, die nicht notwendigerweise als zu kommerziell abgewertet werden muß.

Da der gestrenge MacColl und seine Anhänger aus der Folkwelt «politisch» waren, drohte dem britischen Pop die Gefahr, ins Gegenteil umzuschlagen – zumindest bis zu John Lennons Erscheinen. Erst heute, in einer musikalisch toleranteren Epoche, kann die Rockwelt die Leistungen dieser dogmatischen und zugleich innovativen und idealistischen Persönlichkeit würdigen, dieses vielseitigen Künstlers, der seit den dreißiger Jahren brillante politische Popsongs, darunter einige der ersten englischen Anti-Apartheid-Lieder, geschrieben hat.

MacColl selbst hat seine Ansichten über Rockmusik nicht geändert. Rock 'n' Roll, erzählte er mir, sei ihm noch immer «politisch suspekt – mir fiel auf, wie vergiftet und korrupt die Arbeitsatmosphäre dort war». Manches aber gefällt ihm auch – «Ball of Confusion» von den Temptations findet er «grandios».

Welche Ironie, daß ausgerechnet sein bekanntester Song überhaupt nicht politisch, sondern ein Liebeslied ist, das weder er noch Peggy Seeger, sondern Roberta Flack zum Hit machte. «The First Time Ever I Saw Your Face» schrieb MacColl «in acht oder neun Minuten», während er von London aus mit Peggy Seeger in Los Angeles telefonierte. Und das

Lied hatte auch gleich Premiere. Peggy sang es noch am selben Abend bei einem Auftritt in einem Club.

1972 wurde es dann in Roberta Flacks Version, dem Soundtrack zu Clint Eastwoods Film «Sadistico», zur Nummer Eins in den USA und über einemillionmal verkauft. MacColl und Roberta Flack wurden beide mit einem Grammy ausgezeichnet, und MacColl brachte dieser Song weit mehr ein als irgendeine andere seiner Kompositionen. Als ich ihn in seinem Haus an einer ruhigen Allee in Beckenham, einem Vorort im Süden Londons, kennenlernte, geriet ich mitten in aufwendige Renovierungsarbeiten. Er habe gerade, erzählte er mir, für die streikenden Bergarbeiter einige Songs geschrieben und Benefizkonzerte gegeben und wolle sich nun noch intensiver der Anti-Apartheid-Arbeit widmen. Er könne sich das leisten, sagte er, denn die Firma Oil of Olaz habe eine Zeile von «The First Time Ever» für ein Kosmetikprodukt in der Fernsehwerbung benutzt.

Solche Bemerkung steckt voller Ironie, die erst richtig deutlich wird, wenn man sich die Geschichte der Beziehung MacColls zu den USA vor Augen führt. In England während der fünfziger Jahre waren MacColls Ansichten denen der konservativen britischen Regierung diametral entgegengesetzt, doch hielt ihn dies genausowenig von der Arbeit ab, wie es die BBC daran hinderte, Radioballaden bei ihm in Auftrag zu geben (erst später, in den sechziger Jahren, zensierte eine Schallplattenfirma ein paar seiner politischen Songs). Erst als MacColl 1960 in den USA singen wollte, wurde er mit unerwarteten Problemen konfrontiert. Die Botschaft der Vereinigten Staaten in London verweigerte ihm das Visum, und als er nach dem Grund fragte, zeigte man ihm ein Dossier und ein Foto von ihm, das siebenundzwanzig Jahre zuvor bei einem Treffen von Antifaschisten vor der Free Trade Hall in Manchester aufgenommen worden war. Wie so manchem Amerikaner wurde nun auch ihm erläutert, er habe die ganz außergewöhnliche Sünde begangen, ein «verfrühter Antifaschist» gewesen zu sein. Es stimmt, daß er außerdem Mitglied der Kommunistischen Partei gewesen ist, doch sei er, sagt er, 1953 wieder ausgetreten.

Schließlich durfte MacColl doch noch in die USA reisen, ohne Visum zwar, dafür aber mit einem «Dokument, das mich als Persona non grata auswies» (eine Regelung, die noch heute auf ihn zutrifft). Das bedeutet, er muß eine detaillierte Reiseroute angeben, seine Aufenthaltsorte exakt auflisten und sich dann peinlich genau an diesen Plan halten. Als Vorsitzender des englischen Pete Seeger-Komitees – zu dem MacColl gewählt wurde, als sein Schwager gerichtlicher Verfolgung ausgesetzt war – wurde ihm erst richtig klar, welche Bedeutung die US-Behörden Musikern beimessen können, deren Lieder sich gegen das Establishment richten.

In den USA begegnete MacColl Anfang der sechziger Jahre einer Folkszene, die völlig anders war als die, deren Entstehung er in der Heimat unterstützt hatte. Hier brauchte man den Leuten nicht erst zu sagen, welche Songs sie singen sollten, denn man sang sie ohnehin. Sicher hatte Pete Seegers Generation unter dem HUAC und dem Antikommunismus des Kalten Krieges gelitten, doch selbst in dem Land, wo gerade der Rock 'n' Roll erfunden worden war, gab es eine neue Generation, die weiterhin Folksongs sang, auch wenn ihre neuen Idole oft so simpel zugeschnitten und unpolitisch waren wie das frühe Kingston Trio. Die amerikanische Folkszene blühte gerade auf, doch der ewig kritische MacColl versagte ihr seine uneingeschränkte Anerkennung. Auf einem Festival in Minneapolis trat ein «unauffälliger kleiner Kerl, ein Student mit gestreiften Hosen und schwarzer Jacke» an ihn heran. «Er sah aus wie ein braver Jurastudent. Er hatte eine hübsche Frisur und reizende Manieren – er redete mich mit ‹Sir› an.» Dieser junge Folk-Enthusiast hatte sich bereits einen Künstlernamen zugelegt – er lautete Bob Dylan.

Pete Seeger betrachtete diesen Newcomer als Genie (zumindest so lange, bis er zur elektrischen Gitarre griff); MacColl hingegen hielt nicht viel von Dylans politischen Songs: «Ich war bestürzt, als es mit Dylan losging und ich feststellte, daß die Leute ihn wie einen richtigen Poeten behandelten!» In seinen Augen war das Werk des Mannes, der die berühmtesten Protestlieder der sechziger Jahre schrieb, «infantil – viel zu allgemein, um irgend etwas zu bedeuten», und er fügte hinzu, Dylan habe es ganz schön schwer gehabt, als er es wagte, im Londoner Singers Club aufzutreten.

MacColl hat seine Ansicht noch immer nicht geändert. 1985 schrieb ihm seine Tochter Kirsty aus Los Angeles: «Gestern abend war ich mit Bob Dylan auf einer Party. Er ist noch immer einer Deiner größten Fans, trotz der Tatsache, daß Du nicht viel von ihm hältst.» Bob Dylan mag sich damit trösten, daß MacColl ebensowenig von den Songs John Lennons und Phil Ochs' hielt.

Zu Beginn der turbulenten sechziger Jahre standen die musikalischen und politischen Schauplätze in Großbritannien und den USA in einem seltsamen Kontrast. Beide Länder hatten eine aufstrebende Rock 'n' Roll-Szene und eine neue Jugendkultur, die zunehmend kommerzialisiert wurde, beide hatten ihre Folkszene mit der – dank Seeger und MacColl – dazugehörenden politischen Tradition. Dennoch gab es einen grundlegenden und entscheidenden Unterschied.

In Großbritannien drückten die Folkfans der Post-MacColl-Ära und die traditionellen Jazzer ihre Angst vor einem Alptraum aus, der auch heute noch die Welt verdüstert. Sie schlossen sich den Demonstrationen in Aldermaston an und protestierten gegen Großbritanniens Teilnahme am Atomrüstungswettlauf. Doch bei all den Slogans und Spruchbändern erforderte es eine enorme Vorstellungskraft, da draußen, in der freundlichen, hügeligen Landschaft von Berkshire eine unmittelbare Gefahr zu wittern. Es entstanden keine Angstgefühle, auch nicht, als eine Splittergruppe des militanteren Committee of 100 die Demonstranten von der Hauptstraße weglockte, um den Betonbunker eines Bezirksregierungssitzes zu inspizieren, der in den Wäldern versteckt lag. Die Auseinandersetzungen um den Vietnamkrieg am Grosvenor Square, die Konfrontationen mit Faschisten und mit der Rassenproblematik am Red Lion Square und in Brixton fanden erst Jahre später statt. Trotz lauernder Gefahren fühlte man sich in Großbritannien im allgemeinen noch sicher.

In den USA lagen die Dinge anders. Zwar war McCarthy in Mißkredit geraten, aber seine Vorstellungen überlebten in vielen Gegenden. Musiker waren verfolgt worden, weil sie als Bedrohung galten – was zumindest bedeutete, daß man sie als potentielle politische Kraft ernst nahm (eine Idee, die man in England wahrscheinlich als Witz aufgefaßt hätte). Unterdessen mußten sich die USA in den späten fünfziger und frühen sechziger Jahren einer neuen Herausforderung stellen.

Es war die Herausforderung der schwarzen Amerikaner im Süden, die es nicht länger duldeten, daß man sie wie Dreck behandelte. Und das bedeutete für die weißen Musiker, die einen politischen Anspruch vertraten, daß sie sich jetzt, da die Ära des Rock 'n' Roll angebrochen war, für den Kampf jener engagierten, deren Musik sie entliehen und kommerzialisiert hatten. Die Jahre der Bürgerrechtsbewegung brachten einige der besten Songs des Jahrhunderts hervor, aber sie waren keineswegs ein uneingeschränker Triumph für den politischen Rock 'n' Roll.

2 Bürgerrechte
Von Amerika bis Südafrika

«Welche Bedeutung hatten Musiker in den Jahren der Bürgerrechtsbewegung?» Bernice Johnson Reagon läßt den Blick durch das Vorderzimmer ihres Hauses in einem Vorort von Washington schweifen und zuckt mit den Achseln. «Sie spielten eine entscheidende Rolle. Ohne Gesangsritual kann man Schwarze nicht zu gemeinsamem Engagement zusammenbringen. Das Singen wurde dazu benutzt, eine Atmosphäre zu schaffen, die die Leute darauf einstimmte, ihre Probleme auf den Punkt zu bringen. Jede Erklärung von Rechtsanwälten, jede Botschaft eines Inhaftierten wurde in einen Song verpackt. Und ganz besonders kam es dabei auf die Vorsänger an.»

Anfang der sechziger Jahre, als die Aggressivität des frühen Rock 'n' Roll dem Softrock und der vom Folk beeinflußten Musik wich, bis schließlich die Beatles und in ihrer Nachfolge viele andere britische Gruppen die USA eroberten, stand die Rock-Ära vor ihrer ersten großen politischen Herausforderung im eigenen Land, einer Herausforderung, die sich im Laufe des vorangegangenen Jahrzehnts immer deutlicher abgezeichnet hatte. 1955/56 hatte sich in Montgomery County, Alabama, ein neuer Schwarzenführer etabliert, der die gewaltlose Taktik Gandhis bei einer Boykott-Kampagne gegen die Rassentrennung in den öffentlichen Verkehrsmitteln anwendete. Dr. Martin Luther King war ein mitreißender, charismatischer Prediger, der den Zorn der Schwarzen zum Ausdruck brachte – die Wut, die sich gegen den Rassismus im Süden richtete und die schließlich auch in Washington nicht mehr ignoriert werden konnte.

1957 verabschiedete der Kongreß die ersten Bürgerrechtsgesetze seit achtzig Jahren, und innerhalb der nächsten acht Jahre traten drei weitere Gesetze in Kraft, die die Diskriminierung von Schwarzen in Hotels, Theatern und Bussen verboten, jede Behinderung in der Ausübung des

Wahlrechts untersagten und allen Institutionen, die weiterhin an der Rassentrennung festhielten, die staatliche Unterstützung entzogen. Auf Protestmärschen und Sit-ins forderten die schwarzen Amerikaner ihre Rechte ein, und oftmals mußten sie dabei den wütenden Angriffen des Ku Klux Klan standhalten. Bei Demonstrationen und Gegendemonstrationen, die überall im Süden der USA zu Unruhen führten, starben mindestens fünfzig Menschen. Zehntausende wurden verhaftet.

Heutzutage kennt man Bernice Johnson Reagon als Leiterin von Sweet Honey on the Rock, des besten schwarzen Frauenchors in den USA, mit einem erstaunlichen Repertoire und einer starken Bühnenpräsenz. Sie beherrschen alles: vom Gospel bis zu den Folksongs Woody Guthries, vom Blues und modernen Protestsong bis zum Jazz. In den Sechzigern flog Bernice von der Schule, nachdem sie auf einer der ersten Bürgerrechtsdemonstrationen in Albany, Georgia, verhaftet worden war. Sie entwickelte sich zu einer der bekanntesten Stimmen in der Bürgerrechtsbewegung und brachte einige der besten und einflußreichsten politischen Songs der amerikanischen Musikgeschichte hervor.

Um es gleich zu sagen: Die Musik der Bürgerrechtsbewegung hatte keinerlei Verbindung zum organisierten Pop-Business, weder zum schwarzen noch zum weißen. Wie jede echte, großartige Folkmusik entstand sie spontan in den südlichen Gemeinden aus der starken Tradition des Gospelgesangs in den Kirchen. In Albany, erzählt Bernice, war das Singen in der Kirche «einfach erhebend». «Da wurden Kräfte frei, die fast lebensbedrohlich waren. Ich glaube, selbst heute noch könnten mich viele Kirchenchorsänger aus Albany auf der Bühne in Grund und Boden singen.»

Bernice war ein Kind der Gospeltradition, und zugleich eine leidenschaftliche Kämpferin. Als sie im Herbst 1961 zum erstenmal verhaftet wurde, nahm sie gerade an einer Demonstration zur Unterstützung zweier schwarzer Studenten teil, die eingesperrt worden waren, nachdem sie versucht hatten, am Busbahnhof von Albany Fahrkarten zu kaufen (die Rassentrennung bei Überlandfahrten war zu jener Zeit zwar schon verboten, aber die Behörden in Albany ignorierten die neue Regelung). Bernice wurde zwei Wochen lang in Haft gehalten und danach von der Schule verwiesen.

Sie zog nach Atlanta aufs College, kehrte aber immer wieder zu Demonstrationen nach Albany zurück. Gleichzeitig wurde sie als Sängerin immer bekannter. Im Sommer 1962 – sie studierte noch – lud man sie zu einem Auftritt in der New Yorker Carnegie Hall ein, wo sie mit der alten und der neuen weißen Folkwelt zusammentraf – personifiziert durch Pete Seeger und den damals politisch engagierten Bob Dylan (der an diesem Abend den «Talking John Birch Paranoia Blues» sang).

Als Bernice wieder in Albany war, bot man ihr an, bei einer neu gegründeten Truppe mitzumachen, die politisches Kapital aus der Musik der Bürgerrechtsbewegung schlagen wollte. Es war das Ziel der von ihrem späteren Ehemann Cordell Reagon geleiteten Freedom Singers, die Öffentlichkeit darüber zu informieren, was sich im Süden abspielte, und Geld für eine Aktion zu sammeln, die sich zu einer immer dringlicheren und heftigen Kampagne entwickelte. Im Laufe des Jahres wurden mehr als 1100 Aktivisten in der Stadt verhaftet, und die verschiedensten Bürgerrechtsgruppierungen vereinigten sich zu einer Koalition, die sie die «Albany-Bewegung» nannten.

Am 11. November 1962 gab Pete Seeger ein Konzert für das Student Non-violent Co-ordinating Committee (SNCC), die radikalste Bürgerrechtsorganisation der Sechziger, der sich die Freedom Singers anschlossen. Auch Bernice trat bei dieser Show auf, und danach wurde ihr klar, daß sie unmöglich wieder aufs College zurückgehen konnte. Sie brach ihr Studium am nächsten Tag ab und floh vor ihren wütenden Eltern in den nördlichen Teil des Staates New York zu Pete Seegers Frau Toshi. Ihr erstes Weihnachtsfest fern von zu Hause verbrachte Bernice im Blockhaus der Seegers auf den Hügeln über dem Hudson.

Toshi Seeger kümmerte sich um Petes Konzertbuchungen (er hatte gerade erst erfahren, daß er nicht mehr strafrechtlich verfolgt wurde, nachdem er es abgelehnt hatte, vor dem HUAC auszusagen). Bernice bat sie, sich auch der Freedom Singers anzunehmen. Am Silvesterabend, nur wenige Stunden vor Beginn des Jahres 1963, lief die erste Tournee der Freedom Singers mit einem Auftritt beim Treffen des Christlichen Vereins Junger Frauen (YWCA) in Illinois an. Von da an tourten sie durch die USA, und ihre Tournee wurde zu einer der erfolgreichsten politischen Kampagnen, die je eine einzelne Band in Gang gesetzt hat.

Die Freedom Singers des SNCC leiteten eine Show häufig mit «We Shall Not Be Moved» ein. Dann folgten «alte Lieder, die es schon seit hundert Jahren gab, nun aber neue Texte hatten, und Rhythm and Blues-Songs aus den Gefängnissen und von der Straße». Cordell war der Moderator und erzählte zwischen den Songs Geschichten, die den aktuellen Stand der Bürgerrechtskampagnen und den Hintergrund der Songs erläuterten. «So erklärte er beispielsweise, daß ‹Ain't Nobody Going To Turn Me Round› durch einen Bundesrichter inspiriert wurde, der gerichtlich ein Demonstrationsverbot ausgesprochen hatte...»

Die Freedom Singers fuhren durchs Land, sammelten Spenden für den SNCC, organisierten an vielen Orten Unterstützungskomitees, wiesen auf die gerade laufende Registrierung der Wähler hin und erzählten dem Publikum einfach, was im Süden passierte. So waren sie bei ihren Auftritten zugleich Musiker und Journalisten, die Neuigkeiten über den Verlauf der Kampagne verbreiteten – in einer Zeit, da die herkömmlichen Nachrichtenmedien sich oft auf mysteriöse Art desinteressiert zeigten. «Wählerregistrierung war einfach kein Thema für die Nachrichten», erinnert sich Bernice, «und lange Zeit hatte der SNCC Schwierigkeiten, Berichte darüber zu lancieren. Es gab sogar Fälle, wo Menschen umgebracht wurden und man in den Zeitungen nichts davon erfuhr.» Die Konzerte boten eine Möglichkeit, dem entgegenzuwirken.

Außerdem stellten sie dem Publikum landesweit den kraftvollen Sound schwarzen Gospelgesangs vor, den viele noch nie zuvor gehört hatten. «Wir hatten vier mächtige Stimmen und machten damit ganz schön Dampf. Das Publikum, das an die Weavers oder das Kingston Trio gewöhnt war, haute die Power einfach um.» Die Tournee der Freedom Singers bescherte Konzertbesuchern überall im Land eine neue musikalische Erfahrung und hatte gleichzeitig den Effekt, daß auch die schwarzen Sänger aus dem Süden neue Anregungen bekamen. Wahrscheinlich haben sie hauptsächlich vor freundlich gesonnenen Liberalen gesungen, und doch stellte die junge Bernice zu ihrer Bestürzung fest: «Wieviel Rassismus es auch außerhalb der Südstaaten gab – das war mir vorher nicht klar gewesen!»

Den größten Teil ihrer Arbeit machten die Singers weit entfernt von den gewalttätigen und häufig blutigen Auseinandersetzungen im Süden, doch kehrte die Gruppe zu jeder SNCC-Mitarbeiterversammlung dorthin zurück. Eine wichtige Rolle spielten sie auch bei den im großen Stil aufgezogenen Bürgerrechtsveranstaltungen, wie beim Festival in Greenwood, Mississippi, in Danville, Virginia, oder beim historischen Marsch nach Washington am 28. August 1963. An diesem Tag versammelten sich 250000 Amerikaner (nur zwanzig Prozent davon waren Weiße) vor dem Lincoln-Denkmal, um den Bürgerrechtsführern zuzuhören. Dabei kamen sie in den Genuß des wohl berühmtesten Meisterstücks der Redekunst im Nachkriegsamerika, Martin Luther Kings Ansprache «Ich habe einen Traum»:

«Es gibt Leute, die fragen diejenigen, die sich der Sache der Bürgerrechte verpflichtet fühlen: ‹Wann werdet ihr endlich zufriedengestellt sein?› Wir können niemals zufriedengestellt sein, solange der Neger das Opfer der unaussprechlichen Schrecken polizeilicher Brutalität ist. Wir können nicht zufriedengestellt sein, solange unsere müden Leiber nach langer Reise in den Motels an den Landstraßen und den Hotels der großen Städte keine Unterkunft finden. Wir können nicht zufriedengestellt sein, solange noch unsere Kinder ihrer Freiheit und Würde beraubt werden durch Zeichen, auf denen es heißt: ‹Nur für Weiße›.»

Kings Rede war das denkwürdigste Ereignis auf dieser bemerkenswerten Kundgebung, deren musikalisches Begleitprogramm auch recht eindrucksvoll war. Neben den Freedom Singers mit Bernice und Cordell Reagon traten der Bluessänger Josh White und die eigenwillige schwarze Folksängerin Odetta auf. Die weißen Künstler hießen Bob Dylan, Joan Baez und Peter, Paul and Mary. Unter den Anwesenden waren weitere Prominente wie Harry Belafonte, Marlon Brando, der Romancier James Baldwin, die Gospelsängerin Mahalia Jackson, der Komödiant Dick Gregory und die unübertreffliche Josephine Baker.

Durch Songs, die die gerade vorherrschenden Stimmungen ausdrückten und intensivierten, gelang es Bernice und den Freedom Singers immer wieder bei solchen Ereignissen, das Publikum mitzureißen und zusammenzuführen. Bernice kam nicht als Star auf die Bühne, nicht als Mitglied einer Gruppe, die das Publikum hören wollte, sondern um die Leute selbst zum Singen zu bringen. Die besten «freedom songs», meint Bernice, seien Lieder zum Mitsingen. «Das Singen sollte einen Zweck erfüllen, und der war nicht verwirklicht, wenn jemand solo sang.»

Sie war jedoch nicht nur in den Kampf involviert, der mit musikalischen Mitteln geführt wurde, sondern auch in die zwangsläufig mit ihm einhergehende interne Politik. Sie sang in einer Gruppe, die für die Ideen des SNCC eintrat, und leitete gleichzeitig den regionalen Jugendverband der National Association for the Advancement of Coloured People (NAACP). Auf der kommunalen Ebene war die NAACP das Rückgrat der Bewegung, was dazu führte, daß die Organisation in Alabama verboten wurde und Lehrer im Süden keinen Job bekamen, wenn sie ihr angehörten. «Das erste, was du dir im Süden besorgen mußtest», sagt Bernice, «war ein Mitgliedsausweis der NAACP.»

Auf nationaler Ebene hingegen gefiel ihr die NAACP nicht so sehr, da sich die Organisation dort gegen spontane Demonstrationen wendete, die zur Inhaftierung ihre Mitglieder führten. Statt dessen sollten ihre Rechtsanwälte Fälle aufdecken, in denen Diskriminierung bewiesen werden konnte, und im voraus Gespräche mit Leuten führen, die Gefahr liefen, verhaftet zu werden.

In Albany versuchte Bernice, Konflikte zu vermeiden, indem sie SNCC-Mitglieder zu den Versammlungen der NAACP einlud, weil «wir ja alle über die Ereignisse aufgebracht waren». Die Bezirksfunktionäre der NAACP unterbanden dies, indem sie auftauchten, das SNCC herunterputzten und dann die jungen Aktivisten ermahnten, ihre Stimme der Gruppe zu geben, der sie sich anschließen wollten, «was verrückt war, denn wir arbeiteten alle für dieselbe Sache – dachte ich jedenfalls». Bernice gab ihre Stimme nicht ab und ging nie wieder zu einem NAACP-Treffen. Sie hat der Organisation nie verziehen, diese Problematik aufgeworfen zu haben.

Statt dessen folgte sie dem SNCC, einer Gruppierung, «die vielen Leuten ziemliche Angst einjagte, weil sie ihnen zu avantgardistisch war. Wer sich für die NAACP entschied, für CORE [Congress of Racial Equality], die Urban League oder Martin Luther Kings Southern Christian Leadership Conference [SCLC], der wußte, das waren Gruppen, die auf so was wie Vernunft und Struktur achteten. Was sie taten, hatte irgendwie Ordnung, und man konnte nicht viel falsch machen, wenn man sich ihnen anschloß. Das SNCC dagegen – nervtötend. Die Leute glaubten, wenn sie sich auf uns einließen, würden sie im Gefängnis landen und kämen nie wieder raus. Es gab da nämlich eine Kampagne: ‹Jail – no bail› [Knast statt Kaution].»

Ein noch berühmterer Musiker unterstützte das SNCC; er hatte begriffen, was die jungen Aktivisten wollten, und hatte «niemals Angst vor der Energie, die da hervorbrach». Harry Belafonte ist zweifellos einer der wichtigsten und am meisten mißverstandenen schwarzen Musiker und Musik-Politiker der letzten drei Jahrzehnte gewesen. Erst in den achtziger Jahren erhielt er die internationale Anerkennung für all seine Arbeit im Kampf gegen den Rassismus im In- und Ausland. So war es keine

Überraschung, als er 1986 gemeinsam mit Stevie Wonder und Lionel Richie zur Amtseinführung von Erzbischof Desmond Tutu nach Südafrika eingeladen wurde und im selben Jahr ein Angebot erhielt, für den amerikanischen Senat zu kandidieren.

In den frühen sechziger Jahren herrschten ganz andere Verhältnisse. Belafonte war ein etablierter Superstar, dessen Schallplattenverkäufe in die Millionen gingen, doch wurden seine eingängigen Calypsos wie «Island in the Sun» und «Banana Boat Song» von der Musikkritik nie ernstgenommen. Sein Image war das eines bequemen und unpolitischen Künstlers, in Wirklichkeit aber stellte er seinen beachtlichen Reichtum, seinen Ruhm und sein Organisationstalent in den Dienst der Bürgerrechtskampagne, oftmals zum Nachteil seiner Karriere.

Belafonte ist einer der großen Überlebenden schwarzamerikanischer Musik und einer der wenigen Musiker, die unentwegt für politischen und sozialen Wandel gekämpft haben. 1986 konnte er mit berechtigtem Stolz auf seine Karriere zurückblicken. «Als Dr. King, Malcolm, all die anderen und ich anfingen, den Weg für die Bürgerrechte zu bahnen, waren wir das Schlußlicht bei den öffentlichen Meinungsumfragen. Die Schwarzen hatten Angst vor dem Feuer, das wir schürten, die Weißen wollten offenbar nichts davon wissen, und trotzdem haben wir heute den gesetzlichen King-Feiertag...»

Bernice Johnson fand auf natürliche Weise zu einer Kombination aus Bürgerrechtsengagement, Protest und Musik – das konnte sie am besten, entsprach einer Neigung, der sie folgen mußte. Belafonte kam fast durch Zufall zur Musik, obwohl auch er auf recht merkwürdige Weise mit Woody Guthrie und der radikalen Folk-Blues-Tradition der dreißiger und vierziger Jahre in Verbindung steht. Eigentlich hatte er sich seine Karriere ganz anders vorgestellt. Seine Eltern stammten aus Jamaika, «wo sie für die britischen Landlords arbeiteten – auf den Zuckerrohrfeldern, den Bananenplantagen und Bananenschiffen». Sie zogen nach Harlem, New York, wo Harry im März 1927 zur Welt kam. Als Kind lebte er in Harlem, später in Jamaika, dann wieder in New York. «Ich gehörte zur ersten Generation meiner Familie, die eine Ausbildung erhielt», sagte er. «Ich ging sogar zur High School.»

Sein Ziel war es, Schauspieler zu werden, und nach drei Jahren bei der US-Marine studierte er am Dramatic Workshop der New School of Social Research in New York. Unter seinen Mitstudenten befanden sich Marlon

Brando, Walter Matthau, Rod Steiger und Tony Curtis, doch Belafonte konnte nicht an ihrem Erfolg teilhaben, «denn es gab keine Arbeit für schwarze Schauspieler».

Er fand einen Job als Kurier in der New Yorker Textilbranche und wurde dann «zufällig» als Sänger bekannt, nachdem er einmal aus Spaß in einem Jazzclub gesungen hatte. Plötzlich hatte er einen Beruf, den er gar nicht wollte. «Ich sang mit Charlie Parker und war mit Billie Holiday, Lester Young und der ganzen Clique zusammen. Ich war plötzlich derart exponiert und hatte einen solchen Erfolg, daß ich einen Schrecken kriegte. Denn als Jazzsänger trat man damals in kleinen, fragwürdigen schwarzen Clubs auf, und niemand hätte mich als Schauspieler noch ernstgenommen, wenn ich da erwischt worden wäre. Es gab diese streng gezogenen Trennlinien – fast schon Klassenschranken.»

So gab er das Singen auf aus Furcht, niemand würde seinen «wirklichen Wunsch, Theater zu spielen» verstehen. Statt dessen eröffnete er ein Restaurant im New Yorker Greenwich Village. Hier traf und beobachtete er in den späten vierziger und frühen fünfziger Jahren die Idole der radikalen Folk-Blues-Generation, die Joe McCarthys Anhängern so verhaßt waren. Er sah Woody Guthrie und die großen schwarzen Blues-Stars Leadbelly und Big Bill Broonzy. «Ich flippte richtig aus, denn jeder Song war eine neue Rolle, ein neues Schauspiel. Hier spielten die beschränkten Auffassungen der etablierten Kunstrichter keine Rolle. Du konntest ein schwarzer Demonstrant sein und im nächsten Augenblick Mitglied eines Trupps von Sträflingen, ein schwarzer Prediger, ein Wanderarbeiter... oder du konntest ein Jude sein oder walisische Bergarbeiterlieder singen.»

Der Möchtegern-Schauspieler erkannte, daß er «jeden Abend eine andere Rolle spielen» könnte, wenn er diese Stücke sänge. «Ich könnte komisch und aggressiv sein oder gegen die Zustände protestieren. Diese Stimmung brachte mich zum Singen.» Sie katapultierte ihn raus aus dem Restaurant und rein in die Hitparade. Er bekam ein längeres Engagement im Village Vanguard, wurde für eine Rolle in einem Broadway-Musical ausgezeichnet und gab überall im Land Konzerte: «Es ging richtig gut los.» Er begann, nach eigenem Material zu suchen, und ging schließlich «zurück zu meinen Wurzeln: zum Calypso, allerdings einer für das amerikanische Publikum modifizierten Form».

Calypso, ursprünglich die Musik Trinidads, war der vorherrschende

Musikstil der karibischen Kultur, bis Ende der sechziger Jahre der Reggae aufkam, und ist bis heute die populärste musikalische Richtung in der gesamten östlichen Karibik geblieben. Seine Geschichte reicht bis in die Zeit der Sklaverei und der französischen Kolonialherrschaft zurück. Von seiner Tradition her ist der Calypso eine Musik, mit der sich unmittelbar die Alltagssorgen zum Ausdruck bringen und – bis hin zur beißenden politischen Satire – gesellschaftliche Verhältnisse kommentieren lassen. Erst als in den achtziger Jahren Sänger wie David Rudder auftauchten, begriff das westliche Publikum, daß der Calypso auch ein rauher, aggressiver Musikstil sein kann. In vielerlei Hinsicht hat das Image dieser Musik einfach deshalb gelitten, weil Belafonte, der «König des Calypso», solche fröhlichen, eingängigen Lieder sang.

Hätte Belafonte jedoch Trinidad-Calypso gesungen, hätte er gewiß nicht den bemerkenswerten kommerziellen Erfolg gehabt, den er in den späten fünfziger Jahren genoß. «Calypso», sein Album von 1956, mit dem Millionenhit «Banana Boat Song» und dem lieblichen «Man Smart», war 31 Wochen lang die Nummer Eins der amerikanischen LP-Hitparade, und innerhalb von drei Jahren, als erstes Album eines Solokünstlers in der Popgeschichte, einemillionmal verkauft.

Belafonte wurde zu einem der großen internationalen Stars, und er konnte nun wiederum seine Musik benutzen, um seine Karriere als Schauspieler zu fördern – er übernahm Hauptrollen in Filmen wie «Carmen Jones» und «Island in the Sun» («Heiße Erde»). Alles lief gut, bis auf ein Problem, und das macht ihm anscheinend noch heute zu schaffen: es ist ihm nie möglich gewesen, seine radikalen Ansichten durch seine Musik auszudrücken. 1986 hielt er vor einem fachkundigen Publikum von Musikern (zu denen Bob Geldof und Billy Bragg gehörten) eine bewegende Rede anläßlich der Gründung der britischen Organisation Artists Against Apartheid (AAA). Unter den in einem kleinen Theater in Covent Garden Zusammengekommenen befanden sich Mitglieder verschiedener britischer Reggae-Bands. Vielleicht gaben sie den Anlaß zu dem das Publikum überraschenden Geständnis des kampferprobten Wortführers politisch engagierter schwarzamerikanischer Musiker, er sei bestürzt gewesen, als vor mehr als einem Vierteljahrhundert sein Calypso in der Karibik hart kritisiert worden sei.

«Eine Menge Leute hackten wegen meiner Musik auf mir herum», erzählte er mir an jenem Tag ein paar Stunden vor seinem Auftritt, und er fügte hinzu, er habe die Aufmerksamkeit auf einen Stil lenken wollen, der «unter der Kolonialherrschaft weitgehend in Vergessenheit geraten war». Viele Westinder hatten ihn des Betrugs und der falschen Interpretation der Musik bezichtigt, doch «als ich dorthin zurückkehrte, sah ich mit gewisser Freude, wie sie meine Lieder fast genauso sangen, wie ich sie gesungen hatte. Es ist schön, wenn man durchhält und seine eigene Rehabilitierung erlebt.»

Diese Zähigkeit unter einem lockeren, gepflegten Äußeren ist Belafontes Markenzeichen gewesen. Der Schlagersänger, der mit «Jamaica Farewell» die Karibik in Bilderbuchfarben präsentierte und von dem bis 1960 sechs Schallplatten (darunter drei LPs) mehr als einemillionmal verkauft worden waren, widmete ebensoviel Zeit seines Lebens der Bürgerrechtsbewegung, Anti-Apartheid-Kampagnen und Initiativen gegen den Hunger in der Welt. Seine Kunst und seine Politik standen stets in bizarrem Widerspruch zueinander.

Auf die frühen Tage der Bürgerrechtsbewegung zurückblickend, meinte Bernice Johnson, Belafonte sei «ein Radikaler gewesen. Radikale sind dem Wandel verpflichtet, und Belafonte war einer von ihnen. Er war immer da, und das jahrelang. Er hatte begriffen, was der SNCC wollte, und er hatte keine Angst vor den Energien, die überall hervorbrachen.» Harry Belafonte engagierte sich nicht als Popstar für die Kampagne, sondern als Aktivist. Er half Martin Luther King und der SCLC und unterstützte ebenso bereitwillig den SNCC. Laut Bernice «schickte er dem SNCC häufig Geld, wenn nichts mehr in der Kasse war», und kam auch immer zu wichtigen Veranstaltungen.

Die Bürgerrechtskampagne wurde von schwarzen Amerikanern für schwarze Amerikaner geführt, und die Freiheitslieder, der Gospel und die Spirituals waren ihr natürlicher Bestandteil. Es gab bei dieser Vermischung von Pop und Politik keinerlei Reibungen. Zudem waren in dieser Kampagne – zumindest in den frühen Jahren – weiße Sympathisanten willkommen. Tausende gingen in den Süden und setzten bei den Demonstrationen ihr Leben aufs Spiel. Einige der weißen Musiker, die ihre Lieder in Mississippi oder Alabama sangen, stellten fest, daß sie es mit der Musik der Gegend nicht aufnehmen konnten, denn sie war eine auf natürliche Weise gewachsene, auf Veränderung der sozialen Verhältnisse im Süden gerichtete Ausdrucksform des Widerstands.

Pete Seeger führte diesen Zug gen Süden an. Mitte der fünfziger Jahre hatte er zuerst für Martin Luther King gesungen, sieben Jahre bevor er und seine Frau enge Freunde von Bernice Johnson und den Freedom Singers wurden. Aber 1962 war sogar er, ein alter Hase mit der Erfahrung von Hunderten von Veranstaltungen, in Albany mit diesem Problem konfrontiert: er erreichte dort mit seinen dem Folk verpflichteten, auf Sologesang zugeschnittenen Protestsongs die Leute nicht. Wie sollte sich jene Musik und die anderer weißer Musiker gegen die mächtige, erdverbundene schwarze Musik dieser Gegend behaupten?

Seeger schnitt schlecht ab in Albany. Ihm wurde klar, daß Hits wie «If I Had a Hammer» oder das Gewerkschaftslied «Hold On» hier im Süden keinen Anklang fanden. Erst als er das vom Gospel inspirierte «We Shall Overcome» spielte, kam eine Kommunikation mit dem Publikum zustande. Andere weiße Stars standen dem gleichen Problem gegenüber. Bernice Johnson erinnert sich an den 6. Juli 1963, als Bob Dylan zu seinem berühmten Auftritt bei der Kundgebung in Greenwood, Mississippi, in den Süden kam. «Ich saß gerade auf einer Treppe, als er zu mir rüber kam und sagte: ‹Bernice, ich habe einen Song geschrieben...›» In ihrem Wohnzimmer in Washington sitzend stimmt sie «Only a Pawn in Their Game» an:

A bullet from the back of a bush took Medgar Evers' blood.
A finger fired the trigger to his name...*

Der Song, der ein gewisses Verständnis für die «armen weißen» Rassisten zeigte, die, so Dylan, von wahrhaft rassistischen und bösen Politikern für ihre Zwecke benutzt würden, war später die Eröffnungsnummer auf der zweiten Seite seines Albums «The Times They Are A-Changin'». Er sang ihn sowohl auf der Greenwood-Kundgebung als auch einen Monat später während des Marsches auf Washington (wo er auch gemeinsam mit Joan Baez den schwarzen Protestsänger Len Chandler begleitete).

«Only a Pawn in Their Game» ist ein ausdrucksvolles, direktes Lied, in dem es um den vom Ku Klux Klan in Mississippi erschossenen Medgar

---

* Eine Kugel, abgefeuert hinter einem Busch, nahm Medgar Evers das Leben. / Ein Finger krümmte sich am Abzugshahn. – Nachdichtung Carl Weissner.

Evers geht, den Dylan unsterblich gemacht hat, dessen Name dank dieses Songs mit Sicherheit deutlicher im Gedächtnis der Menschheit bleiben wird als der seines Bruders Charles, eines gemäßigten Bürgerrechtlers, der fast ins Parlament gewählt worden wäre.

Aber wie reagierte denn das schwarze Mississippi auf Dylans Protest? «Na ja», sagte Bernice, «natürlich horchte jeder auf Dylans Song, und die jungen Leute beim SNCC mochten den Text. Mit seinem Gesang konnten sie allerdings nicht viel anfangen.»

Die weißen Sänger, die in den Süden kamen, um ihre Solidarität mit der Bürgerrechtskampagne zu bekunden, waren zum größten Teil junge idealistische Solisten, die auf der Gitarre schrammelten, liberale Ansichten zum Ausdruck brachten und den jugendlichen Optimismus der Kennedy-Ära ausstrahlten. Sie wurden im Laufe der Zeit immer mehr zum Vorbild für die Karikatur des «politischen Musikers» oder «Protestsängers». Hinsichtlich ihrer Musik und ihrer politischen Auffassungen schienen sie die rechtmäßigen Erben von Woody Guthrie und Pete Seeger zu sein, und es war keine Überraschung, daß Bob Dylan, der berühmteste von ihnen, den kranken Guthrie in der Klinik besuchte und wiederum von Pete Seeger massiv unterstützt wurde.

Es hat jedoch keine kontinuierliche musikalische Verbindung zwischen der Seeger- und der Dylan-Generation gegeben. Auf der einen Seite waren sie durch die McCarthy-Ära und auf der anderen Seite durch die frühen Rock 'n' Roll-Jahre voneinander getrennt. In diesen Tagen war Popmusik zu einem expandierenden Geschäft geworden, und die neue Musikergeneration sah sich einem ungewohnten Druck von Kommerz und Mode ausgesetzt.

Die Plattenfirmen betrachteten die neue Generation der Folk-Anhänger als riesiges Kundenpotential, wobei der einzige übriggebliebene Vertreter der älteren, gefährlicheren Generation ihnen zuliebe toleriert werden mußte. Pete Seeger vermutete, er habe nur deshalb einen Vertrag bei Columbia bekommen, weil das Label mit seinem Namen Künstler wie Bob Dylan anzog. Selbst auf dem Höhepunkt des Folk-Booms gab es Anzeichen dafür, daß die schwarzen Listen McCarthys nicht verschwunden waren, denn Seeger wurde beispielsweise nicht in die neue «Hootenanny»-Folkshow im Fernsehen eingeladen. Dylan war einer der ersten, die sich einem Komitee zum Boykott des Programms anschlossen.

Die neue Szene der politischen Folkmusik der sechziger Jahre mag den Idealen Seegers verpflichtet gewesen sein, doch wurde ihre Bewegung durch eine völlig unpolitische Popfolk-Band ausgelöst, die gestreifte Hemden trug und für die College-Teenies an der Westküste spielte. Das Kingston Trio sang nette, gemütvolle Folksongs, trat zusammen mit André Previn, Gerry Mulligan und Dave Brubeck auf und verkaufte lastwagenweise Schallplatten. Das erste seiner Alben, das den Millionenhit «Tom Dooley» enthielt, rangierte 195 Wochen in den LP-Charts.

Das Trio tauchte zu einer Zeit auf, als der Rock 'n' Roll soft geworden war, Elvis beim Militär diente und Frankie Avalons schlapper Pop die Radioprogramme dominierte. Es lieferte eine wohltuende Antwort auf all das und sorgte nebenbei für einen Schnellstart der neuen Folkbewegung. John Stewart, ein Mitglied des Trios in seinen späteren Tagen, äußert sich heute verbittert darüber, daß das Trio, hauptsächlich wegen seiner (gar nicht vorhandenen) politischen Überzeugungen, praktisch aus der Geschichte der Popmusik verbannt worden ist. «Wenn Fernsehproduzenten an die sechziger Jahre denken, fallen ihnen die Bürgerrechte, Politik und Musik ein. Und all das fassen sie dann unter Peter, Paul and Mary zusammen. Wäre jedoch das Trio nicht gewesen, hätte es keinen Dylan, keine Joan Baez oder Judy Collins und ganz bestimmt nicht Peter, Paul and Mary gegeben. Die kreuzten nämlich regelmäßig in unserer Garderobe auf, sahen uns beim Üben zu und fachsimpelten mit uns... Das Trio brachte alle zur Folkmusik. Davor war sie etwas, das Kommunisten in ihren Schlupfwinkeln trieben.»

Das Trio löste den Folkboom der sechziger Jahre aus und blieb dann hauptsächlich deshalb auf der Strecke, weil Nick Reynolds, Bob Shane und Dave Guard sich selbst als Unterhaltungskünstler betrachteten, die Politik und Musik nicht vermischen wollten. John Stewart, der 1961 für Guard einsprang, sah das anders, wußte jedoch, daß er mit seiner Meinung auf einsamem Posten stand, «denn ein politisches Kingston Trio wäre einfach lächerlich gewesen. Es hätte das Aus für die Gruppe bedeutet. Ungefähr so, wie es für den Culture Club vorbei war, als er mit dem ‹War Song› in Amerika rauskam. Es haute einfach nicht hin.»

Bei Peter, Paul and Mary hingegen haute es hin, obwohl sie das Trio imitierten und zugleich Kinder der neuen Popwelt waren – die Band war bewußt von ihrem Manager Albert Grossman, der ein Trio mit einer attraktiven jungen Sängerin kreieren wollte, so zusammengestellt worden. Sogar der Name der Band war ein Kunstgebilde: «Paul» hieß in Wirklichkeit Noel. Mary Travers jedoch hatte eine Vergangenheit als linke Aktivistin, und vor allem ihr ist es zu verdanken, daß eine Gruppe, der – wie den Monkees – die Existenz einer Retortenband zugedacht war, einen eigenen politischen Charakter annahm.

Mit «If I Had a Hammer» – dem einstmals umstrittensten Song der Weavers – hatten sie einen soliden Hit zum Mitsingen. Den jungen Bob Dylan unterstützten sie in beträchtlichem Maße. Er schrieb den Covertext zu einer ihrer LPs. Sie sangen «Blowin' in the Wind» und machten überall seinen Namen bekannt. Sie erzählten dem Publikum im ganzen Land von dem «wichtigsten Folkkünstler des heutigen Amerika». Außerdem war es für Dylan ein großer Schritt nach vorn, daß auch er jetzt von Albert Grossman gemanagt wurde.

Die neue Folkszene hatte eine stark kommerzielle Seite, aber in dem blitzschnell sich ausbreitenden Netzwerk von Kaffeehäusern und Clubs, wo die jungen Künstler spielten, gab es auch weiterhin Raum für radikale Politik. Das Mekka war, wie in den Tagen, als Belafontes Karriere begann, noch immer das New Yorker Viertel Greenwich Village. In den Clubs warteten Sängerpoeten wie Len Chandler mit sozialkritischen Liedern auf. Seeger war natürlich auch dabei und half, *Broadside* aus der Taufe zu heben, ein neues Magazin, das sich dieser Musikrichtung widmete.

Im Redaktionsbüro herrschte eine Atmosphäre, von der Pete Seeger nur hätte träumen können: Junge Folksänger kamen vorbei und spielten ihre neuesten Stücke in dem Bewußtsein, daß ihre Musik innerhalb weniger Wochen im Rundfunk erklingen würde. Bei *Broadside* traf man Leute wie Tom Paxton, Phil Ochs, der gerade von der University of Ohio gekommen war, wo er Journalismus studiert hatte, Mark Spoelstra, Len Chandler und die Hauptattraktion der Folkszene: Bob Dylan.

Dylan, der brillante Newcomer, der lässige, chaplineske Typ von der University of Minneapolis, ist sicher auch von seiner Freundin Suze Rotolo (dem Mädchen auf dem Cover von «The Freewheelin' Bob Dylan») zu seinem radikalen politischen Denken inspiriert worden. Suze arbeitete für CORE, eine Organisation, die 1961 eine der ersten «Freiheitstouren» im Süden finanzierte. Wahrscheinlicher ist es jedoch, daß Dylan einfach die brisanten politischen Themen aufgriff, die damals in der Luft lagen und erregt debattiert wurden. Was auch immer seine Motivation gewesen sein mag – er drückte seine Ideen und Geschichten mit größerer Kraft aus als irgendein anderer Musiker jener Jahre. Seeger, Ochs und Baez beobachteten erstaunt, wie er aus dem Stand sozialkritische Songs schrieb, die die Power und die Poesie der besten Stücke von Guthrie und Seeger in sich vereinten, Songs, die allein schon auf Grund der Qualität ihrer Texte von Dauer waren – nie so spezifisch auf einen aktuellen Anlaß bezogen, daß sie als bloße Kolportage hätten veralten können. Jeder in seiner Umgebung betrachtete Dylan als Genie, und nur Ewan MacColl wagte es, von England aus eine andere Meinung zu bekunden.

Als Dylan sich später vom Protest abwandte und an Phil Ochs schrieb, «Politik ist beschissen... das einzig Wahre ist in dir selbst», wollten viele seiner Freunde aus den radikalen Tagen der frühen Sechziger etwas über die Motive des Mannes erfahren, der «Masters of War» oder «The Lonesome Death of Hattie Carroll» geschrieben hatte. War es ihm damit etwa nicht ernst gewesen? Hatte er vielleicht einfach nur die Folkszene benutzt, weil sie damals gerade angesagt war? Oder war er einfach nur ein guter Handwerker, der in jedem beliebigen Stil schreiben konnte?

Es mag sein, daß Dylan die Rolle des «Politsong-Idols» als schwierig und letztlich einschränkend empfunden und daß er sich verdächtig widerstrebend von ihr distanziert hat, doch gab es zumindest einen Aspekt seiner «Protest»-Aktivitäten, den er ernst zu nehmen schien – und das waren die Bürgerrechtskampagnen. In den frühen sechziger Jahren erinnerte der «Aufbruch in den Süden» ein wenig an den Aufbruch nach Spanien Ende der dreißiger Jahre; es war ein Weg, seine politischen Überzeugungen zu bekunden. Aber Dylan hätte es nicht nötig gehabt, deshalb nach Greenwood in Mississippi zu fahren und dort die Wahlregistrierungsaktion zu unterstützen oder nach seinem Konzert die Zeit dort mit schwarzen Aktivisten zu verbringen. Ihm lag sowohl an den Bürgerrechten als auch an der schwarzen Musik. Es ist daher kein Zufall, daß die beiden Songs, die in den siebziger Jahren seine Rückkehr zu musikalischen Formen des Protestes anzeigten, von Tragödien schwarzer Amerikaner handelten: den Tod des «Soledad-Bruders» George Jackson und die Mordanklage gegen den Boxer Hurricane Carter. Bernice Johnson jedenfalls zweifelt nicht daran, daß sein Auftritt in Greenwood von ehrlichem Engagement bestimmt war. Wie das «erstaunliche Talent» Phil Ochs, sagt sie, gehörte auch Dylan zu den Kids aus dem Norden, die wirklich versuchten zu helfen.

Schade nur, daß seine Bemühungen nicht dort aufhörten. Gegen Ende 1963, kurz nachdem die Ermordung John F. Kennedys die weiße Protestszene erschüttert hatte, wurde Dylan in den großen Salon des Hotels Americana in New York geladen, um den Tom-Paine-Preis des Hilfswerks für Bürgerliche Freiheiten entgegenzunehmen. Es war eine einzige Katastrophe. Dylan kam ganz offensichtlich mit dem Publikum nicht klar, unter dem sich viele alternde Aktivisten von Kampagnen der dreißiger Jahre befanden. Gleich zu Beginn ließ er sich zu Äußerungen hinreißen, die seine Zuhörer beleidigen mußten («Die Welt ist nicht für alte Leute da»), und dann stürzte er sie in tiefe Verwirrung.

Zuerst sprach er über das Rassenproblem: «Schwarz und weiß, links und rechts gibt es für mich nicht mehr. Es gibt nur oben und unten, und unten zu sein heißt am Boden zu sein. Ich versuche hochzukommen, ohne an so was Triviales wie Politik zu denken.» Dann sprach er über Rassen- und Klassenzugehörigkeit: «Ich war beim Marsch auf Washington dabei, stand oben auf dem Podium und sah mir all die Neger da an. Kein einziger von denen sah aus wie einer meiner Freunde. Meine Freunde tragen keine Anzüge.» Und als genügten die vorausgegangenen Bemerkungen noch nicht, ließ er sich schließlich über den Mord an Kennedy aus: «Ich muß zugeben... der Mann, der Präsident Kennedy erschoß – Lee Oswald – ich weiß nicht genau, was in ihm vorging, aber ich muß ehrlich zugeben, daß ich etwas von mir selbst in ihm wiedererkannt habe.»

Er verließ den Saal, begleitet von Buhrufen und Applaus, nun stärker denn je zuvor distanziert von Politik und politisch engagiertem Komponieren. Später entschuldigte er sich schriftlich bei seinen Gastgebern. Er habe niemanden vor den Kopf stoßen wollen, sondern nur Gedanken geäußert, die er wohl besser in einem Song hätte ausdrücken sollen.

Dreiundzwanzig Jahre später erzählte mir ein recht prominenter Musiker, der Dylan gut kennt: «Am besten kommst du mit Bob Dylan klar, wenn du seine Musik hörst, denn da ist er stark. Als Mensch ist er sehr schwach, aber das weiß niemand.» Und über Dylans Songs sagte er: «Sein größtes Problem ist: er hat einfach noch nicht geschnallt, daß er immer nur von ‹euch› spricht – niemals heißt es ‹wir› – und das ist sein Hauptproblem. Er predigt den Leuten was vor und schließt sich selbst nie mit ein – deshalb regen einen seine Songs so auf.»

An der letzten und größten Bürgerrechtsveranstaltung, zu der schwarze und weiße Demonstranten und Musiker zusammenkamen, nahm Bob Dylan nicht mehr teil. Der Marsch von Selma nach Montgomery, Alabama, im März 1965 war der Schlußpunkt der von Martin Luther King angeführten Demonstrationen, auf denen 1150 Menschen von Jim Clark, dem Sheriff von Selma, verhaftet wurden. Schlimmer noch: ein junger Wahlhelfer namens Jimmie Lee Jackson starb, nachdem ihm ein Polizist in den Bauch geschossen hatte.

King und seine Gefährten riefen zu einem Sternmarsch auf die Hauptstadt Alabamas auf, doch ihr erster Versuch schlug fehl, als Clarks Polizisten die Demonstranten mit Viehknüppeln und Schlagstöcken zurückdrängten. Das Ereignis hatte unmittelbare Auswirkungen in Washington, wo Präsident Lyndon Johnson vor dem Kongreß das Wahlrechtsgesetz von 1965 bekräftigte und sogar ein Gospel-Freiheitslied zitierte: «Die Zeit des Wartens ist vorbei... we shall overcome».

Für den 21. März wurde der Marsch auf Montgomery erneut angesetzt, und diesmal hatte King all seine Förderer und Helfer eingeladen, sich dem Marsch anzuschließen. Auch die Musikerprominenz gehörte dazu. King wußte, daß ihnen womöglich beträchtliche Gefahr drohte.

Mehr als fünftausend Menschen wanderten unter der brennenden Sonne Alabamas durch die Baumwollfelder, provozierend nahe begleitet von Autos der Polizei und des Weißen Bürgerrats. Niemand wußte, was geschehen würde, und als die Spannung wuchs, sangen die schwarzen und weißen Demonstranten alte und neue Lieder – manche entstanden auf diesem Marsch. Natürlich war Pete Seeger dabei und eilte mit seinem Notizheft den Zug rauf und runter, um die Texte der Freiheitslieder niederzuschreiben, die zu sammeln sich nie jemand die Mühe gemacht hatte. Es schien, als wollte er den Geist dieser spontanen politischen Musik einfangen.

John Stewart, zu diesem Zeitpunkt Star beim Kingston Trio, schloß sich während der letzten drei Tage dem Marsch an, «denn wenn ich noch glaubwürdig sein wollte, konnte ich nicht einfach in Mill Valley sitzen und Songs komponieren. Man muß sich in Gefahr begeben, und ich bin froh, daß ich es getan habe, obwohl es ziemlich brenzlig war. Ich hockte in dieser ausgebombten Kirche in Selma, und wir mußten die Rednecks mit Baseballschlägern raustreiben. Man hatte das Gefühl, sich in einem Kriegsgebiet mitten im eigenen Land zu befinden.»

Als die Demonstranten Montgomery erreichten, war ihre Zahl auf dreißigtausend angewachsen. Darunter waren Prominente wie Tony Bennett und Anthony Perkins, die kurz vor Schluß noch einflogen. Es kam zu dem unvermeidlichen Gerangel um die vorderen Plätze zwischen den Musikern, die tatsächlich den ganzen gefährlichen Marsch durchgestanden hatten, und jenen, die sich erst kurz vor dem von Fernsehkameras gefilmten Höhepunkt anschlossen. John Stewart erinnert sich bitter: «Als wir eine Meile vor Montgomery waren, fanden sich Peter, Paul and Mary sowie Joan Baez ein, um das letzte Stück mitzumarschieren. Ich hoffe, Sie drucken das auch! Sie haben viel Gutes für die Bewegung getan – ich will das nicht schmälern. Aber ich hätte sie auch gern an den anderen Tagen gesehen, als keine Nationalgarde da war, um uns zu beschützen.»

Selbst in einem solchen Augenblick, sagt Stewart, habe er gelitten, weil er zu einer derart kitschigen, kommerziellen, unpolitischen und altmodischen Band wie dem Kingston Trio gehörte. «Ich erinnere mich, wie Peter [Yarrow, von Peter, Paul and Mary] und ich in Montgomery eintrafen. Wir kamen zur Treppe, die aufs Podium führte. Harry Belafonte stand dort oben, und Peter wandte sich an Harry und sagte: ‹Laß John rauf.› Aber Harry mußte erst eine Minute darüber nachdenken, bevor er mich raufließ... obwohl ich doch drei Tage lang dabeigewesen war. Das war das Stigma des Kingston Trios.»

Zusammen mit Yarrow und Belafonte verließ Stewart Montgomery auf dem Boden eines Autos liegend, um nicht von den Männern des Klan entdeckt zu werden. Sie entkamen unverletzt – wie Seeger, der eine nervenaufreibende Wartezeit am Flughafen von Montgomery verbrachte, wo es keinen Polizeischutz gab. Unmittelbar nach dem Marsch erschoß der Klan eine Demonstrantin namens Viola Liuzzo, als sie die Straße zum Flughafen hinunterfuhr.

Stewart blieb Selma zwei Jahrzehnte lang fern, kehrte aber schließlich im Sommer 1985 zurück. «Jetzt», berichtet er, «gibt es dort einen schwarzen Bürgermeister und einen schwarzen Stadtrat. Das Blatt hat sich total gewendet.»

Wirkliche Veränderungen stellten sich erst viel später ein. Es trifft leider zu – wie sich zumindest einer der Teilnehmer am Selma-Marsch erinnert –, daß es eher eine Zeit kleinkarierten Gezänks war als eine großartige, historisch bedeutsame Demonstration; dieses Ereignis sollte das letzte seiner Art für protestierende Weiße aus dem Norden sein. «The Times They Are A-Changin'» (Die Zeiten ändern sich) hatten sie gesungen, aber sie änderten sich nicht so, wie sie es erwartet hatten. Dylan scheint dies früher erkannt zu haben als die anderen. 1965 zog er sich von den Bürgerrechtskampagnen zurück und löste schon bald darauf einen Skandal beim Newport Folk Festival aus, wo sein neuer, elektrisch verstärkter Sound, der nichts mehr mit Folk und Protest zu tun hatte, Pete Seeger die Tränen in die Augen trieb. Mehr als je zuvor ließ er sich von schwarzen Stilelementen beeinflussen, solchen allerdings, die in England, dem neuen Pop-Mekka, aufbereitet worden waren.

Wichtiger noch: es gab Veränderungen innerhalb der Schwarzen-Bewegung. Ende 1965 forderte der SNCC-Vorsitzende John Lewis eine «von Schwarzen geleitete und von Schwarzen dominierte» Organisation, und in einem Positionspapier des SNCC hieß es, daß «wir uns ganz von den Weißen trennen müssen». Im Sommer 1965, während des James Meredith-Marsches nach Jackson, Mississippi, begann der «Black Power»-Schlachtruf die «We Shall Overcome»-Gesänge zu übertönen.

Die Musik war ein Spiegelbild all dieser Ereignisse. Stokely Carmichael, ein in Trinidad geborener SNCC-Aktivist, erschien im Büro von Pete Seegers Manager Harold Leventhal und hielt ihm einen Vortrag über die Publicity, die weiße Sänger wegen ihrer Auftritte im Süden bekamen. Das SNCC sei sich nicht sicher, ob es diesen Zustand noch länger tolerieren wolle.

Die alte musikalische Ordnung brach allmählich auseinander. 1966 hatten sich sogar die Freedom Singers aufgelöst. Bernice hatte die Gruppe bereits 1964 verlassen, und obwohl sie im darauffolgenden Jahr mit Pete Seeger tourte, stellte auch sie fest, daß «ich eine Zeitlang fast ausschließlich mit Schwarzen zu tun hatte». In den späten sechziger Jahren gründete sie die nur aus schwarzen Frauen bestehende Gruppe Harambe Singers. *Harambe* bedeutet auf Suaheli «Laßt uns gemeinsam ziehen».

In dieser neuen Epoche lösten sich die weißen Musiker allmählich von den Bürgerrechtskampagnen, und die noch politisch Aktiven unter ihnen begannen nun ihre Aufmerksamkeit auf den Vietnamkrieg zu richten. Hatten die weißen Musiker irgend etwas erreicht, abgesehen davon, daß sie ein paar Platten verkauft und ihr schlechtes Gewissen über die Zustände in den USA beruhigt hatten? Eine Zeitlang schien es so. Die Saat der alten Seeger-Guthrie-Ideale, Popmusik als sozialkritischen, radikalen Journalismus zu verstehen, war plötzlich aufgegangen. Viele der Songs reichten, zumindest im Süden, kaum an die Freiheitssongs der früheren Generation heran, dennoch trugen sie (wie im Fall Medgar Evers) enorm zu dem Unterfangen bei, öffentlich zu machen, was vor sich ging.

Darüber hinaus förderte diese noch nie dagewesene Konzentration auf das alte Problem des Rassismus in den USA und das Leben der schwarzen Amerikaner ein neues Interesse an Black Music. Rock 'n' Roll, die neue Musik der Jugendlichen, war stark vom Blues und Rhythm and Blues beeinflußt, und die neuen Heroen aus England bekannten bereitwillig, daß sie sich an schwarzamerikanischer Musik orientierten. Die Rolling Stones, eine der neuen Bands, hatten sogar ihren Namen einem Song von Muddy Waters entlehnt.

Das Folk-Publikum in den USA teilte diese Faszination. Weiße Gitarristen wie Stefan Grossman wurden zu Countryblues-Experten, und Enthusiasten pilgerten in den Süden, um herauszufinden, ob die Bluesidole früherer Zeiten noch lebten und spielten. So kam es zu einer erstaunlichen Zahl von «Wiederentdeckungen» klassischer Interpreten wie Mississippi John Hurt. Er hatte sich durch seine Aufnahmen aus den zwanziger Jahren ein großes Renommee erworben, galt jedoch als tot, bis man ihn 1961 wiederentdeckte. In den ihm verbleibenden fünf Jahren wurde der erfreute, aber leicht verwirrte Veteran zu Recht als nationale Berühmtheit gefeiert. Man kann nur hoffen, daß die weißen Kids, die ehrfürchtig Hurts Gitarrenspiel lauschten, dabei auch etwas über das Leben und die Kultur der Schwarzen in den USA erfahren haben.

Jetzt, da das schwarze Amerika in eine Phase der Isolation geraten war, erwiesen sich die musikalischen Verbindungen zwischen Schwarz und Weiß als nicht mehr ganz so unkompliziert, obwohl die meisten weißen Rockheroen der sechziger Jahre nicht davor zurückschreckten, den Blues zur direkten Grundlage ihrer profitablen Musik zu machen. Das schwarze Amerika schaute sich anderswo um, und vor allem durch seine Musik knüpfte es die ersten kulturpolitischen Verbindungen zu Afrika – eine Beziehung, die seither für das schwarze Amerika zu einer Obsession geworden ist. Der Mann, der am meisten zu ihrer Festigung beitrug, war Harry Belafonte.

Der verbindliche Calypso-Schnulzensänger hatte es in den Black-Power-Jahren, obwohl er treu zum SNCC hielt, nicht gerade leicht, einfach weil die neuen schwarzen Separatisten seine Verbindungen zum weißen Establishment nicht guthießen oder nicht verstanden. Er wurde sogar – wenn auch nur in sanfter Form – in Eldridge Cleavers «Seele auf Eis» kritisiert.

In dem Abschnitt «Die Negerberühmtheit» untersucht Cleaver die historischen Verbindungen zwischen der schwarzen Unterhaltungskunst und der Politik. Er erwähnt, wie der enorm erfolgreiche Sänger Paul Robeson im Namen der «schwarzen Massen» aufbegehrte und dann durch eine Mischung aus wirtschaftlichem Boykott und Rufmord fertiggemacht wurde. Er vermerkt, daß die berühmtesten Schwarzen Amerikas stets Entertainer oder Sportler gewesen sind. «Wenn immer eine Krise mit rassistischen Obertönen entsteht, gehört es zur Tradition, daß ein [schwarzer] Unterhaltungskünstler oder Athlet öffentlich eine natürlich voraussehbare vermittelnde Interpretation des Geschehens geben darf.» Nach diesem Muster wurden etwa anläßlich einer Kontroverse über Rassentrennung in den US-Streitkräften (die erst 1948 endete) eher Joe Louis und Louis «Satchmo» Armstrong zum Thema zitiert als etwa ein Militanter wie W. E. B. DuBois.

Danach kommentiert Cleaver die Rolle des schwarzen Entertainers in den turbulenten Bürgerrechtsjahren: «Und vor noch kürzerer Zeit auf dem Höhepunkt der allgemeinen Epidemie von sit-ins und Demonstrationen rief der Justizminister Robert Kennedy eine Gruppe ‹einflußreicher› Neger-Unterhaltungskünstler und Athleten zu einem geheimen Treffen zusammen, vermittelte ihnen die Botschaft des Weißen und ließ sie das Evangelium zu den unruhigen Wilden zurücktragen. Diesem intelligenten Vollstrecker des Establishmentwillens schien es tatsächlich denkbar, daß Lena Horn, die Königin der sanften Stimmung, und Harry Belafonte, flankiert von James Baldwin, qualifiziert waren – um nicht zu sagen willens, was sie nicht waren –, etwas zu sagen oder zu tun, das die schwarzen und weißen Rebellenhorden in einer Abkühlungsperiode ‹eingefroren› hätte. Offensichtlich hielt Kennedy das Manöver für sinnvoll. Es war den Versuch wert, denn Kennedy wußte, daß dahinter eine seit langem solide, wirksame Tradition stand. Doch die Zeiten hatten sich grundlegend geändert, und Kennedys Einfrierungsversuch wurde von den Negern – Unterhaltungskünstler und Athleten inbegriffen – mit Hohn und Verachtungsgeschrei begrüßt.»

Cleaver mag das nicht behagt haben, aber für Belafonte war es seit jeher ganz und gar typisch, Umgang mit führenden weißen Politikern zu pflegen (andererseits lehnte er 1986 eine Anfrage von Gouverneur Cuomo ab, ob er nicht als Senator für die Demokraten in New York kandidieren wolle). Ebenso charakteristisch war es, daß Belafonte als Schlüsselfigur hervortrat, die die Verbindung zwischen dem schwarzen Amerika und Afrika festigte. Von allen amerikanischen Musikern war er der Aktivste in der Anti-Apartheid-Bewegung. Mitte der sechziger Jahre organisierte er die erste Reise von SNCC-Aktivisten in verschiedene afrikanische Länder, weil er, wie Bernice Johnson erläutert, meinte, «sie sollten zumindest ein wenig über Afrika wissen».

In noch früherer Zeit hatte er drei schwarze Musiker aus Südafrika unterstützt, die in den USA im Exil lebten: Miriam Makeba, Hugh Masekela und Jonas Gwangwa. Indem Belafonte sich um sie kümmerte und ihre Karrieren förderte, leistete er mehr als nur Hilfe für Künstlerkollegen. Miriam Makeba wurde zur berühmtesten Stimme Afrikas, Masekela (dessen Musik immer besser wird) zählt zu den aufregendsten und innovativsten Musikern, die der schwarze Kontinent hervorgebracht hat, und Gwangwa war der Leiter und Posaunist von Amandla, der Tourneeband des verbotenen African National Congress (ANC), und schrieb später die preisgekrönte Musik zu dem Film «Schrei nach Freiheit». Das Erscheinen dieser Musiker auf der amerikanischen Musikszene, kurz vor dem Beginn der Black Power-Ära, erinnerte daran, daß sich im Kampf um die Bürgerrechte in den USA ein anderer, noch brutalerer Kampf im Süden Afrikas widerspiegelte. Auch dort war die Musik wirksamer Bestandteil. Allmählich wurden die ersten Fäden des globalen Popnetzwerks geknüpft.

An dem Tag, als der junge Hugh Masekela seine erste Trompete bekam, wäre ihm all dies wohl reichlich weit hergeholt erschienen. Er war gerade vierzehn und Schüler am St. Peter's, einer für südafrikanische Verhältnisse sehr ungewöhnlichen höheren Schule für schwarze Kinder im Süden von Johannesburg. Dieses «afrikanische Eton», das nach der Durchsetzung des Bantu-Bildungsgesetzes geschlossen wurde, war zum Zentrum für die Gegner der Apartheid geworden. Zum Kollegium gehörte Oliver Tambo, später der Kopf des ANC und – solange Nelson Mandela im Gefängnis saß – wichtigster im Exil lebender Wortführer des schwarzen Südafrika, sowie Pfarrer Trevor Huddleston, später Bischof und Präsident des British Anti-Apartheid Movement.

Der junge Masekela geriet ständig in Schwierigkeiten. «Ich war einer der schlimmsten Banditen», erinnert er sich, «hatte immer Zoff mit den Lehrern oder trieb mich in der Stadt rum und klaute.» Es war deshalb kein Zufall, daß Huddleston, den Masekela als den «Rowdy-Pastor» beschreibt, auf ihn aufmerksam wurde. «Zu ihm mußte man gehen, wenn alles andere nichts gebracht hatte.»

Dreiundzwanzig Jahre später erzählten die beiden Beteiligten verschiedene Versionen dieser historischen Begegnung. Masekela trank gerade ein Gläschen Wein in seiner Wohnung im Norden Londons und erholte sich von einem Konzert, das er am Abend zuvor im Dingwall gegeben hatte. Es war ein aufwühlender Auftritt gewesen, bei dem er auch einen neuen Song über Nelson Mandela gesungen hatte. Unter den Zuhörern waren Bob Dylan, Chrissie Hynde und Dave Stewart von den Eurythmics gewesen. Masekela sagte, er habe nach dem Film «Young Man with the Horn» («Der Mann ihrer Träume»), der den Aufstieg eines Waisenjungen zum Jazzmusiker schildert, zum erstenmal den Wunsch gehabt, Trompete zu spielen. «Huddleston fragte mich, worauf ich denn wirklich Lust hätte, und ich sagte nur: ‹Wenn ich eine Trompete hätte, würde ich keinen mehr nerven.›»

Der Bischof hegt etwas liebenswürdigere Erinnerungen an den jungen Masekela. «Er war schwer erkältet», erzählte er mir, «deshalb fragte ich ihn, was ihn denn ganz schnell wieder gesund machen würde.»

Unbestritten bleibt jedenfalls Huddlestons Organisationstalent. Immerhin trieb er als damals unbezahlter Priester der Auferstehungskirche fünfzehn Pfund auf (was zu der Zeit eine Menge Geld war) und kaufte dafür eine gebrauchte Trompete im Polyex-Musikladen. Außerdem machte er einen schwarzen Trompeter von der Heilsarmee ausfindig, der Masekela unterrichtete, «und er saß von nun an draußen vor der Schule und machte schrecklichen Lärm». Die anderen Jungen von St. Peter's wollten dann natürlich auch Instrumente haben, und so entstand die Huddleston Jazz Band. Neben Masekela war Jonas Gwangwa an der Posaune der herausragende Musiker. Sie trugen schwarze Hosen, graue Seidenhemden mit weißen Rüschen und spielten keine afrikanische, sondern amerikanische Musik. So entsteht brillanter politischer Pop.

Masekela würde die Einstellung, die er in den frühen fünfziger Jahren gehabt hat, vermutlich kaum als «politisch» beschreiben, doch als er in der Schuljazzband zu spielen begann, hatte er bereits schlechte Erfahrungen mit dem Apartheid-System gemacht und war entschlossen, ihm zu entfliehen. Er wuchs in der Bergarbeiterstadt Witbank im östlichen Transvaal auf, einer Stadt voller Wanderarbeiter, die aus Moçambique, Angola und Namibia kamen. Nach der Arbeit trafen sich die Arbeiter meistens zum Trinken in der illegalen Kneipe seiner Großmutter. Masekela mußte «schon als Drei- oder Vierjähriger» Schmiere stehen. Wenn eine Polizeirazzia drohte, warf er Steine auf das Blechdach, «wie ein Hagelsturm, der die Trinker warnte».

Er erinnert sich, daß seine Eltern ihn als Fünfjährigen in den Westen von Transvaal brachten, um ihn einem dort Landwirtschaft betreibenden Onkel vorzustellen. «Das war kurz bevor man vielen afrikanischen Bauern das Land wegnahm.» Auf der Straße begegneten ihm ein paar Afrikaanderkinder *, die zu ihrer Mutter sagten: «Schau dir den kleinen Affen an, der wie ein Weißer angezogen ist.» Da wurde ihm klar, daß «wir Schwarzen schlechte Karten haben». Es sollte noch schlimmer kommen.

1948, als Masekela neun Jahre alt war, kam ein Bündnis der Afrikaner-Partei und der Nationalen Partei (ANP) mit knapper Mehrheit an die Macht und begann, ihre Apartheid-Politik durchzusetzen. Die Vormachtstellung der Weißen und die Rassentrennung wurden nun in einem System verankert, das dazu bestimmt war, gewaltsam Schranken zwischen den Menschen zu installieren. Das Gesetz zur Bevölkerungsregistrierung stufte jeden Bürger nach Rassenzugehörigkeit ein, während das Gesetz über Gruppengebiete «Rassengruppen» sowohl in den Städten als auch auf dem Lande trennte. Ganze Volksstämme wurden zur Umsiedlung in eigens eingerichtete «Gruppengebiete» gezwungen. Jedes Aufflackern von Widerstand fiel unter das Gesetz zur Unterdrückung des Kommunismus, wobei mit «Kommunismus» jeglicher Versuch umschrieben wurde, «einen politischen, wirtschaftlichen, industriellen oder sozialen Wandel in der Republik» durch Unruhestiftung und Aufruhr oder in Zusammenarbeit mit kommunistischen Organisationen im Ausland herbeizuführen.

Diese «irrsinnige Politik» der Apartheid, wie Nelson Mandela sie später nennen sollte, zeigte offensichtliche Parallelen zu Hitlers Rassenpolitik. Die westliche Welt hatte gemeinsam mit der UdSSR einen Krieg gegen die Nationalsozialisten in Deutschland ausgefochten, aber von

* Afrikaander – in Südafrika geborener Weißer; Bure.

einem ähnlichen Feldzug gegen die ANP, von deren Mitgliedern viele Hitler unterstützt hatten, war keine Rede. Der neue Feind des Westens hieß Kommunismus, und alle Gegner der Apartheid liefen Gefahr, als Kommunisten gebrandmarkt zu werden.

Der junge Masekela sollte allmählich alles aus praktischer Erfahrung kennenlernen. Er erinnert sich, daß kurz nach der Machtübernahme der ANP H. F. Verwoerd, der Minister für Eingeborenenfragen, den von der Regierung subventionierten Versorgungsplan aufhob, der dafür gesorgt hatte, daß afrikanische Kinder in der Schule täglich einen Apfel, eine Tasse Suppe und eine Scheibe Brot mit Marmelade erhielten. «Ich war sofort politisiert», sagte Masekela, «denn wenn sie uns Brot und Marmelade streichen konnten, mußten das ziemlich üble Burschen sein! Ich weiß noch heute, was das für ein Gefühl war.»

Später, in seinen Jugendjahren, zwang man ihn, wie alle schwarzen Südafrikaner, einen Paß bei sich zu tragen, um sich auszuweisen, so daß die Behörden jederzeit prüfen konnten, ob er sich zur richtigen Zeit im richtigen Bezirk aufhielt. «Ich erinnere mich, wie wir alle nackt in einer Reihe standen und auf die medizinische Untersuchung warteten. Alte Männer waren dabei. Dann bekamen wir diesen Paß, und von da an konnten wir uns nicht mehr frei bewegen. Da wußte ich, daß ich verschwinden mußte.»

Masekela hatte mehr Glück als die meisten. Er war St. Peter's-Schüler und hatte in Trevor Huddleston einen ungewöhnlichen Mentor. Schon damals, dreißig Jahre vor dem Kulturboykott gegen Südafrika, machte sich dieser radikale Priester Gedanken darüber, wie man die Künste im Kampf gegen die Apartheid einsetzen könnte. In den Vierzigern hatte er Yehudi Menuhin überredet, vor einem afrikanischen Publikum zu spielen. Später brachte Huddleston das Johannesburger Symphonieorchester dazu, ein Konzert auf dem Schulsportplatz von St. Peter's zu geben, und brachte ihm obendrein «Nkosi Sikelel' iAfrika» (Gott segne Afrika) bei, die Hymne des Xhosa-Komponisten Enoch Sontonga, die zur Nationalhymne des schwarzen Südafrika und des ANC wurde.

1955 verließ Huddleston die Schule; er wurde – vor Beginn der Landesverratsprozesse, in die er sicher verwickelt worden wäre – aus Afrika zurückberufen. Doch hörte er nie auf, gegen die Apartheid zu kämpfen. Im Jahr seiner Rückkehr aus Südafrika schrieb er für den Londoner *Observer* einen Artikel, der – wie er bestätigt – «ziemlichen Aufruhr» verursachte. Unter der Überschrift «Die Kirche schläft weiter» warf er der Kirche vor, sie ignoriere die Situation in Südafrika, und er rief zu einem kulturellen Boykott auf. 1980 schließlich übernahmen die Vereinten Nationen diese Boykott-Politik, die wiederum zu Belafontes Artists and Athletes Against Apartheid (Künstler und Sportler gegen Apartheid), der britischen – von Jerry Dammers initiierten – AAA und dem Sun City-Projekt führte. Der Einfluß des Bischofs war also außerordentlich groß.

Und er setzte sich auch weiterhin für seine in Südafrika gebliebenen Gefährten wie Hugh Masekela ein. Als er 1956 in den USA anläßlich seines Buches «Naught for Your Comfort» interviewt wurde, erzählte Huddleston die Geschichte von Hugh Masekela einem Journalisten, der daraufhin sagte, sie könnte den berühmtesten aller Trompeter interessieren, Louis Armstrong. Und los ging die Fahrt über hundert Kilometer zu der Stadt, wo Satchmo gerade spielte.

Nach dem Konzert wurde Huddleston in die Künstlergarderobe gerufen. Der Bischof erinnert sich: «Satchmo saß da und betupfte seine Lippen. In seinem Trompetenkoffer lag bestimmt ein Dutzend seidener Taschentücher – seine Lippen bluteten nach jedem Auftritt. Ich erzählte ihm Hughs Geschichte, und er sagte: ‹Oh, ich schicke ihm eins von meinen Hörnern›, und sofort gab er mir eins. Ich schickte es gleich nach Südafrika und kriegte dann ein tolles Foto, auf dem Hugh zu sehen ist, wie er vor Freude Luftsprünge macht.»

Satchmos Trompete leistete in Südafrika unter der «politisch aktivsten Bevölkerung der Welt», wie Hugh Masekela sie heute nennt, gute Dienste: Streiks wurden organisiert und die öffentlichen Verkehrsmittel boykottiert, nachdem die Fahrpreise erhöht worden waren (wie seine Freunde ging Hugh ein Jahr lang die zehn Meilen in die Stadt zu Fuß, anstatt den Bus zu benutzen); der ANC rief zu Versammlungen auf und sammelte Spenden auf Benefizveranstaltungen in den Townships* von Alexandria und Kliptown; und überall war Masekela mit seiner Trompete dabei.

Der ANC war keine neue, kommunistisch gesteuerte Gangsterorganisation, wie ihn die Obrigkeit immer wieder darzustellen versuchte, sondern in Wirklichkeit schon 1912 gegründet worden. Die lange Tradition im Kampf um die Rechte der Schwarzen in Südafrika machte den ANC

---

* Townships – von Schwarzen bewohnte Vorstädte.

zum natürlichen Brennpunkt aller Initiativen gegen die Apartheid. In den Fünfzigern organisierte der ANC Streiks, Kampagnen, in denen er zur Mißachtung der Rassengesetze aufrief (eine auch von der amerikanischen Bürgerrechtsbewegung angewandte Strategie), und einen Volkskongreß in Kliptown (1955). Huddleston wurde dort mit der höchsten afrikanischen Ehrung, dem Isitwalandwe, ausgezeichnet, und es wurde die Freiheitscharta verlesen, die verkündete, «daß Südafrika all denen gehört, die darin leben, ob schwarz oder weiß». Die Behörden reagierten mit Razzien und Verhaftungen.

Masekela war nie eingetragenes Mitglied des ANC, aber er lernte in seiner Jugend die ganze Führungsschicht der Bewegung kennen, unter anderen auch Nelson Mandela, der zu ANC-Benefizkonzerten kam, um Masekela spielen zu sehen. «Wenn wir spielten, kriegten wir nur das Geld für die Busfahrkarte zur Halle und zurück. Mandela und die anderen kreuzten meistens mit ihren Frauen auf – er hat aber bei solchen Anlässen nie Reden gehalten.» Wer Reden hören wollte, ging zu den am Wochenende stattfindenden Township-Versammlungen, wo oft große Namen auf dem Programm standen: ANC-Präsident Albert Luthuli (der Friedensnobelpreisträger von 1961), Professor Z. K. Matthews, Oliver Tambo, Robert Sobukwe, der den ANC später verließ, um den Panafrikanistischen Kongreß (PAC) zu gründen, großartige Rednerinnen wie Albertina Sisulu, und – «immer der mitreißendste Redner von allen» – Nelson Mandela selbst.

In solchen Augenblicken gingen Musik und Politik Hand in Hand, vor allem als Musiker, mit am schlimmsten von den Behörden verfolgt, nach Konzerten ständig wegen zu späten Aufenthaltes in der Öffentlichkeit ohne Nachtpassierschein verhaftet wurden. Masekela erzählte mir von Nathan Mdledle, einem seiner Cousins, der all jene Musiker aufklärte, denen noch nicht völlig bewußt war, was in ihrem eigenen Land passierte. Er sang bei den Manhattan Brothers, die in den vierziger und fünfziger Jahren in Südafrika ziemlich populär waren – «so was wie die O'Jays jener Zeit». In ihrem Repertoire brachten sie ein breites Spektrum amerikanischer Songs mit der Township-Musik zusammen. Mdledle ist heute Schauspieler in London.

Hugh Masekela wurde als Trompeter immer besser, und im gleichen Maße wuchs auch sein Ruhm. Er ging vom Dixieland und Swing zum Modern Jazz über, behielt dabei aber auch südafrikanische Stilelemente wie *Kwela* bei. Die amerikanische Szene verfolgte er besonders aufmerksam: «Ich wußte sogar, wie teuer eine Taxifahrt vom Birdland zum Apollo war.» Im Laufe der Zeit erhielt er immer mehr Konzertangebote. In dem Erfolgsmusical «King Kong», der ersten von schwarzen Südafrikanern aufgeführten Show dieser Art, war er Musiker und Arrangeur. Die Hauptrolle spielte Miriam Makeba, später gefeiert als größte schwarze Sängerin Südafrikas.

Miriam Makebas Leben war härter gewesen als das Masekelas. Ihr Vater starb, als sie noch klein war, und ihre Mutter zog als Dienstbotin durchs ganze Land, ständig auf der Suche nach Arbeit. Miriam begann in Kirchen und in der Gruppe eines Cousins zu singen, bevor sie von den Manhattan Brothers abgeworben wurde. Später bekam sie ein Engagement bei der African Jazz Revue, entwickelte dort ein Repertoire von «afrikanischen Liedern, als die meisten Sarah Vaughan und Billie Holiday sangen». Und schließlich die Hauptrolle in «King Kong», wo sie zusammen mit ihrem zukünftigen Mann Masekela auftrat. In jenen Tagen, erinnert sich Masekela heute, «war zwischen uns eher Freundschaft als Liebe. Aber wir waren immer davon überzeugt, daß wir es schaffen würden, nach Amerika auszuwandern. Wir hörten Sarah Vaughan-Platten und hofften, daß es eines Tages klappen würde.»

Miriam erhielt zuerst die Gelegenheit. Der amerikanische Filmregisseur Lionel Rogosin hielt sich im Land auf und drehte heimlich seinen Anti-Apartheid-Dokumentarfilm «Come Back Africa». Der Soundtrack bestand zum größten Teil aus Miriams afrikanischen Songs. Auch Bischof Huddleston war an diesem Projekt beteiligt, und der Film, der aus Afrika herausgeschmuggelt werden mußte, hatte eine beachtliche Wirkung.

Dieser «brillante Dokumentarfilm», wie Harry Belafonte ihn nannte, wurde, sehr zum Ärger der südafrikanischen Regierung, auf dem Filmfestival in Venedig, danach in England und in den USA gezeigt. Miriam Makeba erhielt Einladungen in Länder, in denen er gelaufen war, und schließlich auch die Ausreisegenehmigung. Doch während ihrer Abwesenheit, 1959, wurde ihr die Staatsbürgerschaft aberkannt. Seitdem lebt sie im Exil.

Die ersten Jahre fern von Südafrika waren für sie nicht leicht, obwohl Huddleston sie unterstützte, der jetzt, ebenfalls aus dem von ihm so geliebten Land verbannt, in London lebte. Auch Harry Belafonte, der durch Huddleston von ihr erfahren hatte, kümmerte sich um sie. Der Priester hatte Belafonte einfach in der Lobby des Dorchester Hotels, in dem der Star gerade logierte, angesprochen und ihm von Miriam Makeba, schwarzer südafrikanischer Musik und dem Film erzählt. Belafonte schaute sich «Come Back Africa» an und war beeindruckt. Er versprach, Miriam in jeder ihm möglichen Form zu helfen.

Schon bald mußte Miriam dieses Angebot nutzen. Sie hatte Schwierigkeiten, ein amerikanisches Visum zu bekommen. Es gelang Belafonte (mit einer kleinen Sonderunterstützung des Fernsehprogrammchefs Steve Allen und des New Yorker Village Vanguard-Besitzers Max Gordon), Abhilfe zu schaffen. Makeba durfte in die USA einreisen und wurde nach dem Auftritt in Allens Show für den folgenden Abend in Gordons Club eingeladen. Das Engagement dauerte neun Wochen. Danach nahm sich Belafonte ihrer an und half ihr, ein internationaler Star zu werden. Sie blieb fast sechs Jahre bei ihm, sie tourten häufig und traten gemeinsam auf. Miriam durfte sein Büro benutzen, «und er schleppte Leute an, die Kleider für mich entwarfen, und trieb Musiker für mich auf. Ich nannte ihn meinen großen Bruder.»

Miriam Makeba hatte keine so gute Ausbildung genossen wie Masekela, und sie dachte ursprünglich auch nicht so politisch wie er, aber sie lernte aus ihren Erfahrungen, und sie lernte schnell. Als Exilantin, die mit Harry Belafonte zusammenarbeitete und südafrikanische Lieder sang, wurde sie in kürzester Zeit zu einer politischen Leitfigur und lernte, die außergewöhnliche Kraft ihrer Stimme und ihren frischen Ruhm einzusetzen, um das Geschehen in dem Land, das sie ausgewiesen hatte, öffentlich bekanntzumachen. «Belafonte erfuhr durch mich und Leute, die ich ihm vorstellte, von den Zuständen in Südafrika», sagte Miriam, «und ich bin sehr froh darüber, daß er konsequent geblieben ist.»

Belafonte ist zum aktivsten Anti-Apartheid-Kämpfer unter den Musikern in den USA geworden. Er wurde vor der südafrikanischen Botschaft verhaftet, gründete Trans-Africa und das Free South Africa Movement, rief später, gemeinsam mit Tennisstar Arthur Ashe, die Bewegung Athletes and Artists Against Apartheid (AAA) ins Leben. Doch in den frühen Sechzigern, als sich der Westen über die Verhältnisse in Südafrika nicht so recht im klaren war, gehörte Miriam Makeba zu den ersten, die ihre Zuhörer über die Situation, die zunehmend ernster wurde, informierten.

1960, das Jahr nach ihrer Ankunft in den USA, wurde zu einem Wendepunkt in der Geschichte Südafrikas. Für Nordafrika war diese Zeit die

Epoche der Unabhängigkeit, in der die Kolonialmächte sich zurückzogen. Um so frustrierter war man im Süden, wo es zu Massenversammlungen und Massenverhaftungen kam. Am 31. März organisierte der PAC im Township von Sharpeville im südlichen Transvaal eine Demonstration gegen die Paßgesetze. Vor einem Polizeigebäude versammelten sich viele Menschen, die sich weigerten, ihre Pässe bei sich zu tragen. Die Polizei eröffnete das Feuer. 69 Demonstranten wurden getötet und mehr als 180 verletzt. Später am selben Tag gab es bei einer Demonstration in Langa weitere Tote und Verwundete. Acht Tage darauf wurden der PAC und der ANC, unter Berufung auf das Gesetz zur Unterdrückung des Kommunismus, für illegal erklärt.

Der ANC war nun verboten, aber Nelson Mandela gab nicht auf und verließ auch nicht das Land. Er war in den Landesverratsprozessen von 1961 für nicht schuldig befunden worden. Doch jetzt, da der ANC illegal war, ging «die schwarze Pimpernelle» in den Untergrund und organisierte die Abkehr des ANC von der Politik gewaltfreien Widerstands. Nach siebzehn Monaten auf der Flucht wurde er schließlich am 5. August 1962 verhaftet. Die internationale Kampagne für seine Freilassung brachte Dutzende von Songs hervor: vom Hit «(Free) Nelson Mandela» von Jerry Dammers and the Special AKA aus dem Jahr 1984 bis zu Hugh Masekelas «Tomorrow», einem aufstachelnden Lied, das den Tag herbeisehnt, an dem Mandela und seine Frau Winnie Hand in Hand durch Soweto spazieren.

Masekela verließ Afrika 1960, nachdem er knapp der Festnahme wegen Verletzung der Paßgesetze entgangen war. Zuerst ging er nach London, aber die britische Jazzszene enttäuschte ihn: «Die Musik war tot – da klimperten nur noch Leute wie Dudley Moore auf dem Klavier und rissen billige Witze.» Also ging die Reise weiter in die USA, wo ihm Belafonte zu einem Stipendium verhalf. Seine zukünftige Frau wurde dort jetzt als ein großer Star gehandelt.

Miriam Makeba war inzwischen als Sängerin und als Politikum berühmt geworden. 1962, im Jahr der Verhaftung Mandelas, trat sie im New Yorker Madison Square Garden bei einer Geburtstagsfeier für John F. Kennedy auf, solo und im Duett mit Belafonte: «Zweifellos hatte ich diesen Auftritt meinen Verbindungen zu Mr. Belafonte zu verdanken, und ich war zu der Zeit im Westen die einzige verfügbare afrikanische Künstlerin mit ausreichender Popularität.»

Die politische Bedeutung ihres Auftritts ließ sie nicht kalt, denn er fiel in eine Zeit, als Kennedy versuchte, das Image der USA bei den aufstrebenden schwarzen Nationen zu polieren. Er hatte das sogenannte Friedenscorps ins Leben gerufen, ein neues Programm mit Belafonte als «Kulturberater», das die vermeintlich guten Absichten der USA demonstrieren sollte. «Mr. Kennedy versuchte, den Entwicklungsländern in Afrika einen besseren Eindruck von den USA zu vermitteln», sagt Miriam Makeba. «Meine Anwesenheit schien wichtig für die Organisatoren zu sein, vielleicht sogar für Mr. Kennedy.» Hugh Masekela war nicht ganz so tief beeindruckt. «Ich sah Kennedy nur im Vorbeigehen – gerade mal so, daß ich ‹Hallo, wie geht's?› sagen konnte, aber ich mochte ihn sowieso nicht, weil er sich einen Scheißdreck um Südafrika scherte. Ich hab mich oft mit Harry über solche Situationen gestritten.»

Miriam war zu einer internationalen musikalischen Diplomatin geworden. Sie war die einzige Künstlerin, die 1963 von Kaiser Haile Selassi zur Gründungsfeier der Organisation für die Einheit Afrikas (OAU) eingeladen wurde. Im Alten Palast von Addis Abeba gab es einen prunkvollen Empfang für die Oberhäupter der unabhängig gewordenen schwarzafrikanischen Staaten; aus Europa waren eigens Wein und Kaviar eingeflogen worden. Miriam brachte den erlauchten Gästen nach dem Festmahl ein Ständchen. Allein ihr Auftritt kostete 25 000 Dollar.

In den USA sprach sie in jenem Jahr und noch einmal 1964 auf Wunsch des ANC und verschiedener afrikanischer Gesandtschaften vor dem UN-Sonderausschuß gegen Apartheid. Sie wies auf die Verfolgung südafrikanischer Künstler hin und forderte die Freilassung weiblicher Gefangener. Beide Male rief sie zu Sanktionen gegen ihr Land auf; Jahre später, 1975 und 1976, sollte sie vor der UN-Vollversammlung sprechen. Damals nahm noch niemand dieses Ereignis mit jenem ungläubigen Staunen auf, das ein Jahrzehnt später den weißen, angeblich politischen Popstars entgegengebracht wurde.

Sie bekundete auch ihre Solidarität mit der amerikanischen Bürgerrechtskampagne, tauchte bei Benefizveranstaltungen für den SNCC auf, nahm jedoch nie an Demonstrationen teil, «denn wenn man kein amerikanischer Staatsbürger ist, kann man sich den Luxus nicht erlauben, sich in eine Menschenkette einzureihen». Allerdings wagten sie und Belafonte viele Vorstöße auf eigene Faust, übernachteten zum Beispiel in einem Hotel in Atlanta, in dem noch Rassentrennung herrschte (Ironie am Rande: es hieß ausgerechnet King Hotel). Die Anwesenheit des berühmten Paares «zog die Fernsehteams an, das Hotel war bloßgestellt, und heute darf da jeder rein». Sie traten auch in einem Theater in Atlanta auf, wo man sich, so Belafonte, «dazu entschlossen hatte, die Rassentrennung aufzuheben. Während wir für die Show probten, rückten Arbeiter an, nahmen die ‹Nur für Weiße›-Schilder ab und malten die an den Wänden zurückgebliebenen Flecken über. Für uns war das alles höchst symbolisch.»

Hugh Masekelas Ansichten über die Vorgänge in dem Land, in dem auch er sich nun im Exil befand, waren nicht sehr optimistisch. Er lernte die Jazzmusiker kennen und sah, wie sie lebten. Er kannte ihre Wohnungen in den Gettos von Harlem und Detroit und kam zu einer trostlosen Schlußfolgerung. «Ich hatte nicht erwartet, daß es so schlimm war, wie ich es vorfand. Und obwohl ich wertvolle kulturelle Erfahrungen in den Staaten sammelte und dort Karriere machte, fand ich es deprimierender als in Südafrika, weil es in den USA keine Hoffnung für die Farbigen gibt, ihre Situation zu ändern. Es wird immer eine europäische Mehrheit geben, und die wird auch immer das Denken in Amerika dominieren.»

Die Meinung des jungen Musikers über die USA wurde nicht gerade besser, als ihm auch hier mehr und mehr jene Aufmerksamkeit der Polizei zuteil wurde, die er von Johannesburg her gewohnt war. Zum Zeitpunkt seiner Abreise wurde er von den Behörden gesucht. Masekela behauptet, die Südafrikaner hätten den Amerikanern Informationen zugespielt, die ihn als Kommunisten auswiesen. «In meiner Studentenzeit hörten sie mein Telefon ab, und ein FBI-Auto parkte vor dem Haus, in dem ich wohnte.»

Es war daher geradezu unvermeidlich, daß Masekela sich immer stärker mit der neuen Black Power-Bewegung identifizierte. Statt die Kontakte mit Kennedy und dem Kennedy-Kreis zu festigen, wie es sein Freund Belafonte tat, «begriff ich sofort, was ein Typ wie Malcolm X meinte. Deshalb identifizierte ich mich spontan mit den Leuten von Black Power.» Er stellte fest, «daß die mich akzeptierten, ohne mich zu kennen».

Masekelas Konzerte wurden zu informellen Treffpunkten für die verschiedenen schwarzen Führer. «Wenn ich in den Osten fuhr und in Washington oder im Apollo in Harlem spielte, erschien meistens auch Adam Clayton Powell. Außerdem kreuzten Stokely Carmichael, Julian Bond und Eldridge Cleaver auf, jeder ein Herrscher in einer anderen Enklave.

Und wenn ich an die Westküste fuhr, kam Huey Newton vorbei.» Eine einmalige Gelegenheit für Masekela, das gesamte Spektrum schwarzen Denkens zu studieren – Powell zum Beispiel war sowohl Black Power-Veteran als auch Kongreßabgeordneter, der mit für die liberale Gesetzgebung gestimmt hatte (bis seine Schwäche für Luxus auf Staatskosten ihn um seinen Sitz brachte); Newton hingegen war der Führer der Black Panthers.

Masekela kam bei allen gut an. Das lag zum einen daran, daß er als Trompeter immer besser wurde, zum anderen aber auch an der Anerkennung, die ihm seine furchtlose Haltung gegenüber dem amerikanischen Establishment einbrachte. Sowohl in seinen Kommentaren auf der Bühne als auch in seinen Songs traten seine Ansichten deutlich zutage, und er erzählt, wie er selbst in der Zeit der Bürgerrechtskampagnen die schwarzen Musiker in der USA verblüfft hat. «Leute, zum Beispiel Stevie Wonder, kamen dann zu mir und sagten: ‹Mann, du bringst vielleicht Sachen. Hast du denn keine Angst?› Und ich sagte dann: ‹Angst? Wovor?›» Später beschäftigte sich Stevie Wonder in seinen Songs zunehmend mit sozialpolitischen Fragen. «Auch ihn ließ die Sache nicht mehr los», sagt Masekela.

Masekelas Zorn paßte in die neue Stimmung des schwarzen Amerika. 1965 gab es Aufstände im schwarzen Getto von Watts in Los Angeles, und im Laufe der nächsten Jahre lehnten sich auch die Schwarzen in Chicago, im vernachlässigten Getto Newark und sogar in Detroit auf, das doch so stolz auf den hohen Anteil schwarzer Beschäftigter in der Autoindustrie war. Der Schwerpunkt der Aktivitäten hatte sich verlagert – nicht mehr der Kampf um die Bürgerrechte im Süden stand im Zentrum, und das Prinzip der Gewaltlosigkeit geriet zunehmend ins Wanken. Sogar Pete Seegers Freund Jimmy Collier, schwarzer Folksänger und von Zeit zu Zeit musikalischer Leiter in Martin Luther Kings Organisation, sang jetzt «Burn Baby Burn».

Befürwortern des gewaltlosen Widerstands wie King und Liedermachern und Aktivisten alten Stils wie Pete Seeger erschien die neue Atmosphäre tragisch und verwirrend. In ihren Augen waren die früheren Bürgerrechtsideale des Friedens und der Zusammenarbeit von Schwarzen und Weißen zusammengebrochen, und diesen Kollaps sahen sie in der neuen Musik symbolisiert, im wilden, aggressiven Funk und in der Soul- und Jazz-Fusion, die Masekela so gut beherrschte.

Die Situation verschlimmerte sich durch die Ermordung Martin Luther Kings am 4. April 1968. Er starb zu einem Zeitpunkt, als sich seine Aktivitäten wie auch die der militanten Schwarzen auf die Zustände in den Gettos des Nordens konzentrierten. Diese Kampagne war nicht so drastisch und auch nicht so erfolgreich wie die Kämpfe im Süden. In Chicago hatte King es sowohl mit der Feindseligkeit militanter schwarzer Gruppierungen als auch mit weißen Rassisten zu tun, die seine Anhänger angriffen. Die Rassisten hatten auch eigene Lieder, die sie haßerfüllt anstimmten:

> I wish I were an Alabama trooper
> That is what I would truly like to be
> I wish I were an Alabama trooper
> 'Cause then I could kill the niggers legally.*

Als King starb, bereitete er gerade einen Marsch der sozial Schwachen auf Washington und die Errichtung eines Armencamps in der Hauptstadt vor. Er wollte mit dieser Aktion die Politiker blamieren und sie so zum Handeln zwingen. Das «Resurrection City» – «Auferstehungsstadt» – genannte Camp wuchs, und die alte Garde leistete pflichtbewußt ihren Beitrag. Pete Seeger und Jimmy Collier sangen gemeinsam «This Land Is Your Land», suchten dann aber das Weite, bevor die Planierraupen kamen und ein paar hundert Menschen verhaftet wurden.

Es schien in die Situation zu passen, daß Woody Guthrie, der dieses Lied geschrieben hatte, jetzt ebenfalls tot war. Die Zeiten hatten sich tatsächlich geändert, und die Musik veränderte sich mit. Erst in den achtziger Jahren sollte King als politische Leitfigur, ja fast als ein Heiliger wieder voll und ganz zu Ruhm und Ehre kommen, was zumindest teilweise dem Pop-Establishment zu verdanken ist. Es ist gewiß nicht übertrieben zu behaupten, daß viele junge Amerikaner und Europäer zum erstenmal von King (und Mandela) durch Popsongs erfuhren. Tracks wie Stevie Wonders «Happy Birthday» (und die damit einhergehende erfolgreiche Kampagne für den Martin Luther King-Gedenktag) oder U2s

---

* Deutsch sinngemäß: Wär ich nur Polizist in Alabama / Davon träum ich so manches Mal / Dann könnt ich nach Herzenslust Nigger schlachten / Und zwar ganz legal.

«Pride» haben dazu beigetragen, Kings Ruf wiederherzustellen, der zur Zeit seiner Ermordung stark angegriffen war.

Wenn die alte Garde auch bestürzt war über die Umwälzungen der sechziger Jahre – ein schwarzer Besucher aus Südafrika wie Hugh Masekela verstand vollkommen, was da vor sich ging. 1966 fand zum Jahrestag der Aufstände in Watts, einem schwarzen Vorort von Los Angeles, das erste «Watts Festival» statt, wo auch Masekela spielte. Zur großen Überraschung der Organisatoren kamen zehntausend Zuschauer zu diesem Festival, das fortan zu einer festen Institution und einem bedeutenden Präsentationsforum für schwarze Künstler werden sollte (das Konzert von 1972, mit Isaac Hayes als Star, wurde für den «Wattstax»-Film und das gleichnamige Doppelalbum aufgenommen).

Masekela war begeistert. Aufgeregt rief er seinen Manager an und riet ihm: «Vergiß New York. *Hier* sollten wir leben.» So ließ er sich also an der Westküste nieder, und hier begann sein Aufstieg zu einem Star der internationalen Musikszene.

In Kalifornien kam Masekela mit schwarzen Militanten wie auch mit weißen Popstars zusammen. Er spielte auf «ernsten Konzerten gegen den Vietnamkrieg» und auf dem legendären Monterey-Popfestival von 1967, gemeinsam mit den Who, Eric Burdon, Janis Joplin und Jimi Hendrix. Im Jahr darauf landete der ungestüme Exilant einen kapitalen Hit. «Grazing in the Grass» war drei Wochen lang die Nummer Eins der amerikanischen Hitparade. Im Juli 1968 wurde Masekela mit einer goldenen Schallplatte für eine Million verkaufter Exemplare ausgezeichnet. Der Erfolg besänftigte ihn aber keineswegs und änderte auch nichts an seinen politischen Auffassungen. Nur sein Publikum wurde immer größer.

«Ständig war ich im Fernsehen und sprach über Südafrika», erinnert er sich. «Man haßte mich deswegen.» Er wurde gefragt, ob er sich über den Hit freue, und er entgegnete, Reichtum könne keinen Ersatz bieten für jemanden, der nicht in sein eigenes Land zurückgehen könne. Dann kam er auf den Dow-Jones-Index und den Preis des südafrikanischen Goldes zu sprechen.

Masekelas Platten sind zwar millionenfach verkauft worden, aber für seine Plattenfirma war er nur ein lästiger Unruhestifter. Das Cover der LP «Emancipation of Masekela» zeigt Hugh, gekleidet wie Abraham Lincoln – «ein Nigger mit Zylinder und Bart». Mit diesem Foto konnte sie in den Südstaaten nicht verkauft werden. Und seine Firma war alles andere als erfreut, als er das Stück «Riot» (Aufstand) zur nächsten Hitsingle machen wollte und für sein «Masekela»-Album Lieder über den südafrikanischen Goldbergbau und den Vietnamkrieg aufnahm. Den meisten Amerikanern war die LP viel zu aggressiv. Allein aus Texas wurden achttausend unverkaufte Exemplare zurückgeschickt.

Masekelas Erfolg in den USA war nur kurzlebig, denn der Exilstar geriet schon bald mit den Behörden in Konflikt. Das Außenministerium und der US-Informationsdienst, von Natur aus scharf auf möglichst gute Publicity für die USA in den inzwischen unabhängigen schwarzafrikanischen Staaten, fanden Masekelas Erfolgsstory für ihre Zwecke ideal. Er wurde an der Küste von Malibu gefilmt, wo er inzwischen in der Nachbarschaft von Rockstars lebte. Der Dokumentarfilm, «der einen afrikanischen Jungen vorführte, dem es in Amerika blendend ging», wurde in Botschaften und Kinos in ganz Afrika gezeigt.

Er war derart erfolgreich, daß das Außenministerium vorschlug nachzusetzen – mit einer gut bezahlten Tournee Masekelas durch Afrika, die sowohl sein Image als auch das der USA auf dem schwarzen Kontinent fördern sollte. Ein «gutaussehender afro-amerikanischer Typ» kam vorbei, um ihn zu überreden, doch der Star hatte ein paar Forderungen, die schwer zu erfüllen waren.

«Sie können Präsident Johnson ausrichten: Wenn er mir die Staatsbürgerschaft gibt, mein Volk befreit und Druck auf Südafrika ausübt – dann bin ich bei der Tour dabei!» Als nächstes schickte das Ministerium einen weißen Repräsentanten, den Masekela genauso abblitzen ließ. «Ich will mit LBJ sprechen, nicht mit Ihnen. Sie sind doch von derselben Sorte wie der Neger, der neulich vor meiner Tür stand!»

Ein Punkt des Vertrags, der Masekela besonders ärgerte, war die Reiseroute: Sie sollte Südafrika mit einschließen. Für ihn war das ein klarer Hinweis: «Damals steckten die USA und SA eben unter einer Decke.» Ihm wurde ein gutes Hotel angeboten und Geleitschutz für den Fall, daß er seine Familie besuchen wollte. Seine Antwort war deutlich: «Sie glauben doch wohl nicht im Ernst daran, daß ich mein eigenes Land unter Ihrer Aufsicht besuchen werde?!» Danach, sagt er, wußte er, daß es nur noch eine Frage der Zeit war, bis er von der Erfolgsleiter stürzen würde.

Masekela führte das Leben eines Rockstars – und er erlitt das Schicksal so vieler Stars der sechziger Jahre. Eines Abends, bald nach dem Erfolg von «Grazing in the Grass», wurde in seinem Haus, hoch oben auf einem

Hügel in Malibu, eine Razzia durchgeführt. Die Polizisten näherten sich dem Wohnsitz nicht auf dem üblichen Weg, nämlich mit der Drahtseilbahn, sondern kletterten über die Rückseite des Hügels. Sie durchsuchten das Haus und fanden Drogen in einem Schuhkarton. Die Erklärung, daß «alle Musiker sich antörnen», stellte die Beamten nicht zufrieden.

Mit der Karriere des zornigen jungen Rebellen ging es nun rapide bergab, was den südafrikanischen Behörden sicher sehr gelegen kam. Konzertveranstalter machten Buchungen rückgängig, und statt einer Tournee durch die USA mußte er sich der Anklage wegen Drogenbesitzes stellen. Dem Knast entkam er nur, weil die Polizei ohne Haussuchungsbefehl in seine Wohnung eingedrungen war. Er wurde schließlich auf Bewährung freigelassen.

Als es ihm 1972 freistand, das Land zu verlassen, hatte er sich zu einem Kurswechsel entschlossen. Die Zusammenarbeit mit Jonas Gwangwa in einer neuen Band namens Union Of South Africa war gescheitert, und so ging er nun nach Westafrika, wo er den größten Teil der Siebziger mit Musikern wie Fela Kuti spielte. Abgesehen von gelegentlichen Abstechern in die USA verschwand er aus der westlichen Popmusik- und Politszene und startete erst in den achtziger Jahren ein überzeugendes Comeback.

Miriam Makeba – sie und Masekela hatten sich inzwischen scheiden lassen – war ebenfalls nach Afrika zurückgekehrt. Sie lebte in Guinea mit dem Black Power-Aktivisten Stokely Carmichael zusammen (auch diese Ehe endete 1976 mit der Scheidung) – ein Schritt, der ihrer Karriere nicht gerade förderlich war: Wie Masekela fiel sie bei der Musikindustrie in Ungnade. Aber sie sang weiter, erinnerte ihr Publikum an die Schrecken der Apartheid und tat ihr Bestes, um ihre Musikerkollegen zur Teilnahme an der Kampagne zu ermutigen. 1977, beim Second World Black and Africa Festival of Arts and Culture (FESTAC) in Lagos, Nigeria, erzählte sie Stevie Wonder «eine Menge» über Südafrika; sein Engagement im Kampf gegen die Apartheid, sagt sie, gehe zum Teil auf dieses Gespräch zurück, und sie sei «sehr betroffen» gewesen, als Wonder 1985 vor der südafrikanischen Botschaft in Washington verhaftet wurde.

«Mama Africa» ist eine außergewöhnliche, kraftvolle, wenn auch bisweilen etwas unterkühlte Sängerin geblieben (was sie mit ihrem Album «Sangoma» von 1988 unter Beweis stellte); mit ihrem oft überheblichen Auftreten hingegen hat sie ihrem Image mehr als einmal geschadet.

Mich wies sie zum Beispiel in scharfem Ton darauf hin, sie sei «nicht irgendeine Frau in Afrika ... Wenn ich eine Normalbürgerin wäre, hätte ich nicht neun afrikanische Pässe.»

1987 gelang Miriam Makeba ein Comeback im Westen, als sie – gemeinsam mit Ex-Mann Masekela und vielen anderen – mit Paul Simons umstrittener Graceland-Show auf Welttournee ging. Es war ein nützlicher Schritt in Richtung Kommerz (er ließ einen Massenmarkt für afrikanische Musik entstehen und brachte Makeba einen neuen Schallplattenvertrag ein), der allerdings unter Apartheid-Gegnern Mißbilligung und Kritik hervorrief. Man warf Simon vor, den Kulturboykott der UNO unterlaufen zu haben, da er seine LP «Graceland» zum Teil mit einheimischen Musikern in Südafrika aufgenommen hatte. Wie wir noch sehen werden, führte dies zu einer der hitzigsten Debatten in der Geschichte der politischen Popmusik. Makeba und Masekela blieben bei ihrer Auffassung, Simon habe sich nichts zuschulden kommen lassen.

In den sechziger Jahren, als die Musiker mit ihrer Kampagne gegen die Apartheid gerade erst begannen, hat Miriam Makeba dazu beigetragen, daß die optimale Besetzung einer der besten amerikanischen Bands, der Byrds, auseinanderging. Sie hatte Bandleader Roger McGuinn geraten, mit der Gruppe auch in Südafrika zu spielen, um sich selbst ein Bild davon zu machen, wie schlimm die Situation dort sei.

Makeba lernte McGuinn 1968 kennen. Es war gerade die Zeit, als die Byrds internationale Superstars waren, Amerikas Antwort auf die Legionen britischer Bands, die die USA eroberten. Sie hatten bereits den Folk-Rock popularisiert, indem sie Songs wie Dylans «Mr. Tambourine Man» und Seegers «Turn! Turn! Turn!» mit besonderen Soundeffekten auf zwölfsaitigen Gitarren spielten. Nach einigen Umbesetzungen waren sie zu einem neuen Stil, dem Country-Rock, übergegangen, eine Entwicklung, die vor allem von der letzten Neuerwerbung der Band, dem brillanten Bluegrass-Gitarristen Gram Parsons, vorangetrieben wurde.

Parsons, dessen Ruf seit seinem frühen Tod im Jahr 1973 geradezu ins Mystische wächst, war in den sechziger Jahren Country-Enthusiast, aber kein starrhalsiger Rechter wie viele Fans dieser Musikrichtung oder der Antiheld des Byrds-Songs «Drug Store Truck Driving Man», sondern ein früher Country-Rebell, dessen Freundin Emmylou Harris hieß und der mit Mick Jagger und Keith Richards auf Achse ging.

Gram Parsons verabscheute Rassisten, und als er erfuhr, daß McGuinn eine Byrds-Tour durch Südafrika plante, geriet er in Rage. Die Tournee sollte nach einem Konzert in der Londoner Albert Hall starten, doch Parsons beschloß in letzter Minute, nicht mitzufahren. Achtzehn Jahre später erzählte mir McGuinn, es seien Jagger und Richards gewesen, die Parsons davon überzeugt hätten, daß dies die richtige Entscheidung sei. «Er hat meine Motive einfach nicht verstanden.»

So kam es, daß der große Gram Parsons die Byrds nach einem Streit verließ, der sich in den Achtzigern, der Ära von Sun City und Paul Simons «Graceland», wiederholen sollte: Ist es richtig für Popstars, nach Südafrika zu fahren, sich selbst ein Urteil zu bilden und womöglich auf die Anschauungen des weißen Publikums verändernd einzuwirken, oder sollten sie das Land boykottieren? Amüsant ist, daß ausgerechnet Jagger und Richards, die nicht gerade zu den Radikalen unserer Tage zählen, Gram Parsons zu einer Entscheidung überredeten, die heute den Beifall der UNO und der Anti-Apartheid-Bewegung fände.

Roger McGuinn hätte nicht auf Miriam Makeba hören sollen – er hat diese Tournee zutiefst bereut. Geplant war, «hinzufahren und denen die Hölle heiß zu machen». McGuinn sagt, er habe jede Gelegenheit genutzt, die Apartheid anzuprangern und vor einem Blutbad zu warnen. Das kam beim weißen südafrikanischen Publikum natürlich nicht allzu gut an, vor allem, als Zeitungen des Landes mit Schlagzeilen wie «Byrds behaupten, Südafrika sei krank, rückständig und unzivilisiert» aufwarteten. Die Band spielte in Kapstadt, Johannesburg und Durban, mit einem Roadie als Ersatzmann für Parsons. Immer wieder kam es zu Störungen durch das Publikum.

Die Lage verschlimmerte sich, als die Band mit einer – frei erfundenen, wie McGuinn behauptete – Anklage wegen Drogenbesitzes konfrontiert wurde. Ein Hotelpage unterschrieb eine eidesstattliche Erklärung, sie mit Drogen gesehen zu haben, und McGuinn erzählt, sie seien einem Umzug ins Kittchen nur durch die Flucht aus dem Land im Flugzeug eines Freundes entgangen, statt den gebuchten Flug nach Salisbury in Rhodesien, ihrem nächsten Zielort, zu nehmen.

Die Byrds bekamen nie eine Gage für die Tournee. Man teilte ihnen mit, sie müßten zuerst zurück nach Afrika kommen und sich vor Gericht verantworten. Als die Band in Großbritannien eintraf, wurde ihr mit dem Ausschluß aus der Musicians Union (MU; Musikergewerkschaft) gedroht, bis McGuinn Zeitungsartikel aus Südafrika vorzeigte, um zu beweisen, wie unbeliebt sie sich dort gemacht hatte. Gram Parsons war sicher froh, die richtige Entscheidung getroffen zu haben.

Die Popmusik mag in der politischen Arena manchmal etwas unbeholfen wirken, doch kann man nicht behaupten, sie sei bloße Unterhaltungskunst, in der es ausschließlich um Autos, Mädchen und Spaß gehe. Die neue Musik der Sechziger war von der radikalen Folktradition und der sich rasch entwickelnden schwarzen Popszene beeinflußt worden. In der Musik der Schwarzen spiegelte sich deren zunehmende Stärke, das Wachsen des «schwarzen Bewußtseins» und des «schwarzen Stolzes» wider. Im neuen Funk und Soul trat jetzt ein starkes Element gesellschaftlicher Reflexion zutage. Sly and the Family Stone sangen: «Don't burn, baby, burn, just learn», und viele weitere an ein schwarzes Publikum gerichtete Ratschläge und Kommentare dieser Art vermittelten die Songs all der anderen, von Curtis Mayfield bis Donny Hathaway, Marvin Gaye und Stevie Wonder.

Mayfield, der in den sechziger Jahren Sänger und Komponist bei den Impressions war, gab der Bürgerrechtsbewegung mit Songs, nach denen man tanzen konnte und die zugleich eine Message enthielten, neue Impulse. «Keep on Pushing» (das von Martin Luther King und Reverend Jesse Jackson als Kampagnenlied übernommen wurde) und «Move on up» (das in den Achtzigern bei politischen Veranstaltungen in Großbritannien regelmäßig von Paul Weller und der Red Wedge-Clique als Zugabe gespielt wurde) sind Beispiele dafür. In den späten sechziger Jahren machte Curtis Mayfield mit Songs wie «We're a Winner» (das von einigen Radiostationen boykottiert wurde) weiter Druck, und in den siebziger Jahren griff er als einer der ersten in rasanten Soultanznummern Drogenprobleme auf («Freddy's Dead») oder nahm die später von Springsteen immer wieder dargestellten Probleme von Vietnam-Veteranen als Thema vorweg («Back to the World»).

Stevie Wonder, der – am erfolgreichsten von allen – Texte mit sozialpolitischen Anliegen in die umsatzstarke schwarze Musik der Siebziger und Achtziger trug, hatte mit seiner Hitversion von Dylans «Blowin' in the Wind» schon früh eine unerwartete Rückverbindung zu den weißen Protestsongs der frühen sechziger Jahre hergestellt. Für ihn wie für andere schwarze Musiker der Ära war die Koexistenz von Liebesliedern,

Tanzsongs und Musik, die politische Botschaften transportiert, etwas ganz Natürliches.

In Los Angeles fand weiterhin jedes Jahr ein Festival zum Gedenken an die Aufstände von Watts statt. 1972, zum siebenten Jahrestag, drängten hunderttausend Menschen ins Memorial Coliseum, um Rufus Thomas, Eddie Floyd, Isaac Hayes und den künftigen Präsidentschaftskandidaten Jesse Jackson zu erleben. Die stolzierten auf der Bühne herum und riefen: «I am somebody – ich bin nicht irgend jemand!» Den schwarzen Amerikanern konnte niemand weismachen, daß es keine Verbindung zwischen Pop und Politik gab.

Unterdessen erinnerten in den ärmlichen Schwarzen-Gettos jenseits des New Yorker Central Park Alafia Pudim (der sich später Jalal Nuriddin nannte) und Omar Ben Hassen an die noch immer bestehenden Rassenschranken und die daraus resultierenden Ungerechtigkeiten und Spannungen. Ursprünglich Black Muslim-Separatisten und Anhänger von Elijah Muhammad, begannen sie in dieser Zeit, ihre rasanten rhythmischen Gedichte wie «On the Subway» und «Wake up Niggers» an Straßenecken in Harlem zu rezitieren. Die Last Poets, wie sie sich nannten, lieferten mehr als nur politische Lyrik für Clubs und Straßen. Sie trugen dazu bei, daß sich jener rhythmische Sprechgesang etablierte, der sich dann zum Rap entwickelte. Rap sollte, wie Soul und Funk, eine wichtige politische Rolle in der populären Musik spielen.

In den sechziger Jahren gab es natürlich neben dem Rassismus im eigenen Land oder in Südafrika noch andere brisante Themen für politische schwarze Sänger. Denn während in den USA die Gettos brannten, wurden in Vietnam schwarze und weiße amerikanische Soldaten getötet. Die schwarze Bevölkerung war, genau wie die weiße, in ihrer Reaktion gespalten, und der Bruch spiegelte sich auch in den Aussagen der Musiker wider.

James Brown, der bombastische «Soul Brother Number One» und der einzige wirklich präsente schwarze Künstler während der Sechziger, nutzte seinen enormen Erfolg auf eine Art, die den Beifall der Obrigkeit fand. Der große Funk-Star förderte in jener Zeit den Trend zu gesellschaftskritischen Liedern mit «Message». Er versuchte das damals gerade erst aufkommende Drogenproblem mit Songs wie «King Heroin» oder «Don't Be a Drop Out» (Sei kein Aussteiger) zu bekämpfen, einer Aufforderung an die Kids aus dem Getto, so erfolgreich zu werden wie er selbst.

Darüber hinaus war Brown überzeugter amerikanischer Patriot, ein

Mann, der sowohl «America Is My Home» als auch «Say It Loud I'm Black and Proud» schreiben konnte. Und das verwirrte seine militanten Anhänger, vor allem als Vizepräsident Hubert Humphrey Brown nach einem Fernsehauftritt lobte, bei dem dieser versucht hatte, die Krawalle und Spannungen nach dem Mord an Martin Luther King in ruhigere Bahnen zu lenken. Zu dieser Art Engagement paßte auch Browns Reaktion auf den Vietnamkrieg: Er fuhr hin und trat vor den überwiegend aus Schwarzen rekrutierten amerikanischen Truppen auf.

Doch gab es unter schwarzen Musikern noch gedämpftere Reaktionen. Die Temptations, Motowns Vorzeigecombo, fingen die Epoche in einem schnellen Partysong ein, der den Titel «Ball of Confusion» trug, und kritisierten die Idee des Krieges (ohne Vietnam auch nur einmal zu erwähnen) in dem Stück «War». Edwin Starr nahm den Song als Single auf, wobei er in James Brown-Manier ächzte und stöhnte:

> War – what is it good for? (huah)
> Absolutely nothing!

Es war geradezu unvermeidlich, daß der Song, der noch durch die Tränengasschwaden bei Anti-Vietnamkrieg-Demos drang, zum Renner wurde. In den Achtzigern wurde er wiederbelebt, diesmal noch stärker aufgemotzt als B-Seite von Frankie Goes To Hollywoods «Two Tribes», einer aufmüpfigen Analyse von Supermacht-Manipulationen im Disco-Sound, und von Bruce Springsteen. Der «Boss» nahm es ernster. Im Intro zur Live-Version erinnerte er sich an seine Jugend in den sechziger Jahren und fügte dann, ziemlich schräg, hinzu: «1985 bringt euch blinder Glaube an eure Führer oder an was auch immer um.»

Schwarze Künstler schrieben Songs mit aufrüttelnden Texten, die Bestand haben sollten, doch die frisch florierende schwarze Schallplattenindustrie billigte das nicht immer. Motown Records fürchteten, ihren Erfolg als Produzenten des klassischen Detroit-Soul einzubüßen, wenn sie Songs herausbrachten, die nicht von Liebe, Spaß und Herzschmerz handelten, sondern von der unerbittlichen Realität Vietnams. «War» war jedoch ein Anfang, und um 1971, als die im Fernsehen gezeigten Leiden des vietnamesischen Volkes die öffentliche Meinung immer stärker gegen die weitere Verstrickung der USA umschlagen ließen, wurden auch in den Popsongs härtere Töne laut.

Selbst Freda Payne, bekannt durch den Hit «Band of Gold», die Geschichte einer verflossenen Liebe, landete einen zweiten Millionenhit mit «Bring the Boys Home». Die Behörden waren weniger begeistert. Das amerikanische Oberbefehlskommando verbot die Platte, so daß sie nie im Soldatensender in Vietnam gespielt werden durfte, obwohl sie fünfzehn Wochen in der amerikanischen Hitparade blieb – stete Mahnung für Präsident Nixon: Viele Amerikaner hatten begonnen, sich ihre eigenen Gedanken zu machen.

Natürlich wurde der Vietnamkrieg nicht von der Popmusik, sondern von Vietkong und Nordvietnam entschieden; doch spielte sie eine wichtige Rolle, indem sie die Antikriegsstimmung in den USA zum Ausdruck brachte und verstärkte. Für das schwarze Amerika fiel diese Krise mit den oftmals gewalttätigen Nachwirkungen der Bürgerrechts- und Black Power-Jahre zusammen, während sie für das junge weiße Amerika mit ganz anderen Interessen einherging: der verrückten und (für kurze Zeit) höchst unterhaltsamen Hippie-Epoche. Der politische Kampf vermengte sich mit Fetenfeiern, und in der Musik spiegelte sich die Verwirrung wider. Ed Sanders, Leader der Fugs, erinnert sich: «Mein Motto war: Pflück dir 'ne Blume, und ab geht's.» Country Joe McDonald entsinnt sich, daß politisches Engagement teilweise zur gesellschaftlichen Aktivität wurde – «jedenfalls war es sicher eine merkwürdige Art, Parties zu feiern».

3 Eine merkwürdige Art, Parties zu feiern: Opfer und Überlebende der Sechziger

Die Einladung war in psychedelischer Schrift gedruckt: «Make Love not War beim Großen Sechziger-Jahre-Ball.» Die Eintrittskarten kosteten fünfzehn Dollar im Vorverkauf und zwanzig an der Abendkasse. Der Veranstaltungsort: «Fillmore East alias The Saint, Second Avenue 105, New York City».

In den sechziger Jahren war das Fillmore East in New York einer der abgefahrensten Szenetreffs; hier konnte man abstürzen, sich den Lightshows hingeben, die Konzerte der besten amerikanischen und britischen Bands hören. Für Westcoast-Gruppen wie Grateful Dead oder Jefferson Airplane war diese Adresse an der Ostküste eine Art Ersatzheimat, eine Imitation des Fillmore-Originals in San Francisco. Mitte der achtziger Jahre aber war andere Musik gefragt. Das Fillmore hatte sich zum Saint gewandelt, einer weitläufigen Nobeldisco, eines von vielen ähnlichen Konkurrenzunternehmen in der unbeständigen New Yorker Nachtclubszene.

Der «Sechziger-Jahre-Ball» am 29. Mai 1986 war selbst in der Geschichte dieses legendären Ortes ein außergewöhnliches Ereignis. Es handelte sich um eine Benefizveranstaltung für das Comeback der privaten alternativen Radiostation WBAI (einstmals gefeiert als «Stimme der sechziger Jahre»). Die Namen der Mitglieder des Benefiz-Komitees, das sich «Sechzig Sechziger» nannte, las sich wie ein *Who's Who* der Kriegsgegner und Protestsongschreiber jenes Jahrzehnts. Von Stokely Carmichael (der wieder seinen ursprünglichen Namen Kwame Ture angenommen hatte) bis Gene McCarthy, von Allen Ginsberg bis zu Jesse Jackson, von Andy Warhol bis Mary Travers waren alle dabei. Selbsternannter «Anführer» dieses Ereignisses (der zufällig seine eigene Talkshow, «Radio Free America», für den Sender plante) war der einst berüchtigte Abbie Hoffman.

Hoffman, der auf eine bunte, nicht immer über jeden Zweifel erhabene Karriere zurückblickte, stand zu diesem Zeitpunkt ein halbes Jahr vor der Vollendung seines fünfzigsten Lebensjahrs. Er hatte sich zunächst in der Bürgerrechtsbewegung engagiert und wurde später zur Medienberühmtheit, zum Bestseller-Autor und zum höchst unkonventionellen «Revolutionär» in den Antikriegskampagnen. Er war es, der die Yippies aus der Taufe hob, mit verrückten Aktionen seine Ideen populär machte und 1967 ein Chaos in der New Yorker Börse verursachte, als er Dollarscheine auf die Leute herabregnen ließ. 1968 wurde er nach den Ausschreitungen beim Kongreß der Demokratischen Partei in Chicago verhaftet und verwandelte den darauf folgenden Prozeß in eine rüde, verrückte Agitprop-Session, die darauf abzielte, die Behörden in Verlegenheit zu bringen und den Gerichtssaal als Forum gegen den Vietnamkrieg zu benutzen.

Hoffman kann sich auch damit brüsten, daß er von Pete Townshend höchstpersönlich mit einem Fußtritt von der Bühne in Woodstock befördert wurde und sich sechs Jahre lang (von 1974 bis 1980) verstecken mußte – er war untergetaucht, nachdem man ihn, der einem Spitzel vom Rauschgiftdezernat Kokain verkauft hatte, gegen Kaution freigelassen hatte. Die Behörden können ihn allerdings nicht allzu konzentriert verfolgt haben, denn trotz seines Lebens auf der Flucht trat er in regionalen Fernsehsendungen von St. Lawrence auf, wo er lebte, und sagte – freilich unter falschem Namen – sogar vor einem Unterausschuß des Senats aus, der sich mit bestimmten Umweltfragen befaßte. Als er sich schließlich stellte, brannte er dabei das gewohnte Publicity-Feuerwerk ab.

Jetzt, im Mai 1986, stand er auf der Bühne des Saint, inmitten wirbelnder psychedelischer Lightshoweffekte und einiger der bekanntesten Musiker der Sechziger. «Dies ist eine Party, wo ihr Partei ergreifen sollt», sagte Hoffman, und dann bat er die Menge, zu einer Reihe von Fragen Stellung zu nehmen. Die Antworten waren vorhersagbar.

> Sollte es die Todesstrafe geben? NEIN!
> Sollte die Abtreibung legalisiert werden? JA!
> Sollten die USA die Contras unterstützen? NEIN!
> Und die Yippies? JA!
> Sollte man Ronald Reagan sicher verpackt zurück nach
>   Kalifornien schicken? NA KLAR!

Dem Publikum gefiel das. Die meisten sahen aus wie gepflegte Ex-Hippies, und manche hätten genausogut Bankiers sein können, die zur Feier des Tages die alte Einheitskluft mit bunten Halstüchern und Stirnbändern angelegt hatten. Ein paar Mutige rauchten Joints, die meisten aber sprachen lieber den legalen Freuden des Alkohols zu (das Bier zu 4 Dollar pro Glas). Zur nostalgischen Einstimmung wurden noch einmal Reminiszenzen aus der jüngsten Vergangenheit der USA in Ton und Bild gezeigt: unscharfe Dias von nackten Körpern, die sich in Love-Ins umarmten, Filme von Bombardements Vietnams, von John F. Kennedy und der Berliner Mauer. Der Soundtrack dazu: Musik von den Kinks, Edwin Starrs «War» und «Street Fighting Man» von den Rolling Stones, ein Song, den viele amerikanische Radiostationen einmal boykottiert hatten. Jetzt war das alles nur noch urige Idylle. «So weit ist es also mit dem Rock 'n' Roll gekommen», kommentierte John Cale, einst Lou Reeds Partner bei Velvet Underground, die Szenerie.

Eine Treppe höher, in einem Tanzsaal über der Bar, fingen die Musiker an zu spielen. Bob Weir von Grateful Dead behauptete: «Ich erinnere mich nicht mal mehr an die Sechziger.» Buffie Sainte-Marie, einst die bekannteste Indianerin in den USA, beschwerte sich jetzt, sie stünde «auf der schwarzen Liste» und bekäme höchstens noch bei der «Sesamstraße» Arbeit. Sie sang Donovans «Universal Soldier» und «Now that the Buffalo's Gone», ihren bekanntesten Protestsong, in dem es um die Rechte der Indianer geht. Er sei, sagte sie, noch genauso relevant wie vor fünfundzwanzig Jahren.

Der bedeutendste Proteststar des Abends war ein etwas onkelhaft wirkender genialer Musiker, der eine raffinierte Sologitarre spielte und eine außergewöhnliche Nostalgie-Show inszenierte. Er sang von «Tricky Dicky, dem echten Plastikmann», während sich Bilder von den Morden in Ohio, dem blutigen Parteitag in Chicago 1968 und von Präsident Nixon selbst aus der psychedelischen Lightshow entfalteten. Er geleitete das Publikum durch den beliebten FUCK-Schlachtruf: «Give me an F, give me a U, give me a C...», der in den sechziger Jahren zu gerichtlicher Verfolgung geführt hatte. Er sang über die Wale und zeigte damit, in welchem Maße in den Siebzigern Umweltprobleme an die Stelle des Themas Vietnamkrieg getreten waren. Präsident Reagan widmete er seinen berühmtesten Song: «Feel-Like – I'm – Fixin'-to-Die Rag» wurde zur Hymne der Kriegsgegner. Das verrückte, trostlose, aber eingängige kleine Stück wurde auf Festivals, bei Hippie-Konzerten und von den Truppen selbst gesungen, während man sie über den Pazifik brachte:

> 1 – 2 – 3, what are we fighting for?
> Don't ask me, I don't give a damn.
> The next stop's Vietnam...*

An dieser Stelle wurden die Zielorte um Angola, Nicaragua, die Sowjetunion und Polen erweitert.

Auf einer Wand in der Nähe der Bar flimmerte ein Film, der denselben Sänger zeigte, wie er etwa achtzehn Jahre früher den gleichen Song singt: ein schräger Vogel mit Stirnband und sehr langem Haar vor einer Menge von vielleicht zehntausend Hippies. Auf diese Weise festigten Country Joe and the Fish ihren Ruf als die Freaks mit den stärksten politischen Ambitionen in der ausgeflippten Westcoast-Szene.

Er sei eigentlich eine Ausnahmeerscheinung, sagt Joe McDonald heute. «Alle Musiker dieser Epoche haben den Ruf, sehr politisch gewesen zu sein und politische Songs geschrieben zu haben. In Wirklichkeit taten das aber nur sehr wenige.»

Joe McDonalds Eltern verstanden sich als Linke. Seine Mutter war Kommunistin und nannte ihr Kind nach «Joe» Stalin. Sein Vater, ein Telefonist bei Pacific Telephones, war etwas gemäßigter und unterstützte das Programm der Fortschrittspartei. Der junge Joe hörte daher viele ausgedehnte Gespräche über Wirtschaftstheorie, radikale Zeitungen und über die Werke von Karl Marx (die er aber nie las). Diese Erfahrung prägte seine linken politischen Auffassungen und seine lebenslange Abneigung gegen Versammlungen.

Überhaupt haben Lebenserfahrungen seine Entwicklung viel stärker beeinflußt als irgendeine Theorie. 1954, als Joe zwölf Jahre alt war, brach jäh die antikommunistische Hexenjagd McCarthys mit voller Wucht über die Familie herein. Joes Mutter entging knapp einer Vorladung, indem sie sich im Hinterhof versteckte; sein Vater hingegen kam nicht so

---

* 1 – 2 – 3, wofür kämpfen wir eigentlich? / Frag mich nicht, mir ist es egal. / Die nächste Station heißt Vietnam...

leicht davon. Er verlor, obwohl er kurz vor der Pensionierung stand, seine Stellung, in der er achtzehn Jahre lang gearbeitet hatte. Von seiner Gewerkschaft kam keine Hilfe, denn gerade die hatte ihn beim kalifornischen HUAC wegen seiner «gefährlichen Ansichten» verpfiffen.

Joe McDonald war gezwungen, schnell erwachsen zu werden. Das Schicksal der Familie wendete sich. Sie verlor ihr Haus und rutschte allmählich «aus der Mittelschicht ab in die untere Arbeiterklasse». Noch als er zur Schule ging, mußte er während der Wochenenden Jobs annehmen, um sich Kleidung kaufen zu können und etwas zur Miete beizutragen. Im Laufe der Zeit wuchs seine Bitterkeit gegenüber «all diesen Bürohengsten – sie waren für mich der Feind». Jahrelang lehnte er es strikt ab, mit Leuten zu sprechen, die eine Krawatte trugen.

In der High School befaßte er sich mit klassischer Musik und schien auf dem besten Weg, Konzertmusiker zu werden, bis er den Unterricht abbrach und sich dem Journalismus und der Popmusik zuwandte. Drei Jahre war er bei der US-Marine, hielt sich in Japan auf und landete schließlich wieder in Südkalifornien, wo er sich entschloß, Sänger zu werden. Seine Eltern hatten ihn schon früh zu Konzerten von Woody Guthrie und Pete Seeger mitgenommen. Nun wurde Seeger zum «Leitstern für meinen Auftrittsstil, weil er die Leute mitsingen ließ». Seeger selbst hätte wahrscheinlich von seinem Einfluß nichts gespürt, wenn er Country Joe bei den bekifften Freak-Sessions an der Westküste beobachtet hätte.

Die Verwandlung vom Folksänger zum Hippie wurde nach der Begegnung mit Bob Dylans Musik unausweichlich beschleunigt. Er sah ihn 1964 im Hollywood Bowl und beschloß: «So wollte ich auch sein.» Deshalb zog er nordwärts nach San Francisco, um sein Glück zu versuchen, angeregt von einem Comic, den er in Japan gelesen hatte – die Beschreibung einer Stadt, «wo Beatniks Bongos und Gitarre spielen und die Frauen in engen Trikots rumlaufen». Die Beatniks, meinte er, würden mit seiner Musik mehr anfangen können als die Kids in Los Angeles, und er sollte recht behalten.

McDonald verliebte sich heftig in San Francisco, genauer gesagt, in die Studentenszene von Berkeley, auf der anderen Seite der Bucht. Gerade zu diesem Zeitpunkt hier zu sein, war ganz schön aufregend, denn auf dem Gelände der UCLA (University Of California Los Angeles) rumorte es. Protest und Unruhe lagen in der Luft. Er geriet in Diskussionen über radikale politische Programme, über Bürgerrechte und Wege, den Vietnamkrieg zu beenden. Die Bürgerrechtsbewegung und die kubanische Revolution hatten das ihre dazu beigetragen, bei vielen Studenten, die die Angst der McCarthy-Ära nicht erlebt hatten, ein neues Interesse an einer Politik zu wecken, die auf radikale Veränderung zielte. In Berkeley wurde die allgemeine politische Stimmung obendrein durch eine kommunale Kampagne bekräftigt, das Berkeley Free Speech Movement, dessen Aufgabe vor allem darin bestand, dafür zu sorgen, daß Leuten aus ihrem Engagement für die Bürgerrechtsbewegung keine Nachteile erwuchsen.

Die Musikszene fand McDonald genauso aufregend, denn hier gab es Musiker, die seine Faszination teilten, Folk mit Protest zu verbinden, wenn sich ihm auch bei manchem, was sich seinen Ohren bot, die Nackenhaare sträubten. Beim Big Sur Folk Festival hörte er Richard Fariña den «House Un-American Blues Activities Dream» singen, ein Song, der für ihn größere Bedeutung hatte als für die meisten Zuhörer – aber McDonald war entsetzt darüber, daß Fariña ein Hackbrett als Rockinstrument benutzte. «Ich hatte das Gefühl, Fariña habe das Heiligtum der Protestmusik geschändet. Damals dachte ich: Alles muß genauso gemacht werden, wie Dylan es machte – eine Folkmelodie nehmen und sie mit einem politischen Text verbinden.» Eine Woche lang zog Joe McDonald durch Berkeley und beschwerte sich bei allen, die die Geduld hatten, ihm zuzuhören, über Fariña. Doch dann – noch bevor er zum erstenmal Dylans «Highway 61 Revisited» hörte – kam jäh die Einsicht, daß er unrecht hatte. «Es war vorbei, und ich war überzeugt. Von da an war ich ein Protestrocker.»

Der Übergang vom Folkie zum Freak vollzog sich allmählich. McDonald begann zunächst einmal in einer Jug-Band (ähnlich wie Grateful Dead in San Francisco in jener Zeit starteten). Gleichzeitig schrieb er erste Protestsongs wie «Superbird», ein Angriff auf Lyndon Johnsons Vietnam-Politik, sowie das berühmte «Feel-Like-I'm-Fixin'-to-Die Rag». EPs seiner politischen Songs waren auf Kundgebungen erhältlich und wurden «für 50 Cents in einem kleinen braunen Umschlag verkauft». Sie sollten schon bald begehrte Sammlerstücke werden.

Diese Songs des gerade erst in Berkeley angekommenen Debütanten erregten die Aufmerksamkeit Jerry Rubins, eines Studenten, der bald darauf zu einem der entschlossensten und einfallsreichsten Führer der «Neuen Linken» an der Westküste avancierte. Rubin wollte eine völlig neue linke Gruppierung schaffen, und ihn interessierte dabei ebenso der

Lebensstil wie bestimmte politische Fragen. Später wurde er, zusammen mit Abbie Hoffman, zum Führer der Yippies, der abgedrehtesten «Pop-Politiker» der sechziger Jahre.

Rubins erster großer Triumph an der Westküste war das Berkeley Vietnam Day Teach-In, das am 21. und 22. Mai 1965 auf dem Campus abgehalten wurde. Es zog Vertreter fast aller Gruppierungen an, die in Opposition zur Vietnam-Politik der USA standen (und sogar einige, die die Regierungsposition verteidigten). Das Teach-In war ein außergewöhnlicher Erfolg. Bis zu zwölftausend Menschen lauschten den Reden. Auf der Veranstaltung sollte kein neues politisches Programm formuliert werden; vielmehr ging es, wie Fred Halstead in seiner Geschichte des Vietnamprotests «Out Now» schreibt, darum, «früher unangefochtene Standpunkte vor einem größtmöglichen Publikum in Frage zu stellen». Jerry Rubin bat Joe McDonald, musikalischer Leiter dieses historischen Teach-Ins zu sein. Natürlich sagte McDonald zu.

Bemerkenswert war unter musikalischen Gesichtspunkten, daß in dieser Zeit des hitzigen Protests selbst in Berkeley noch immer die altmodische Folkmusik im Vordergrund stand. Auf dem Teach-In teilte McDonald die Bühne nicht etwa mit irgendeiner frisch gegründeten psychedelischen Band, sondern mit der altgedienten weißen Sängerin Malvina Reynolds, die in der Bürgerrechtsbewegung aktiv gewesen und als Komponistin von «Little Boxes» bekannt geworden war. Dieser etwas hochnäsige Song über die einander gleichenden Vorstadthäuser «made of ticky-tacky» und ihren ebenso vereinheitlichten Besitzern war ein Renner bei Folkkonzertbesuchern und bei Sängern wie Pete Seeger.

Das Teach-In markierte eine Übergangsphase in McDonalds Entwicklung, denn die Folkmusik ödete ihn bald an. Er spielte jetzt vor großem Publikum auf politischen Veranstaltungen neuer Art, und die neue Ära brauchte eine neue Musik. Er wollte nicht länger ein Folksänger mit akustischer Gitarre sein, verließ die Instant Action Jug Band und gründete die Gruppe Country Joe and the Fish. Das «Country»-Etikett hat er nie gemocht, «aber es klebte an mir fest». Ein Keyboarder war dabei, ein Schlagzeuger und Barry «The Fish» Melton, ein Gitarrist, der sofortige Berühmtheit erlangte, als er offenbarte, in Brooklyn einmal im selben Haus wie Woody Guthrie gewohnt und ihn beim Gitarrenspiel beobachtet zu haben.

Genau wie Dylan lehnte die Band schon bald Guthries Folkstil ab und benutzte ausschließlich elektrisch verstärkte Instrumente. Als dann die Drogenwelle über die Westcoast-Szene schwappte, wechselten sie begeistert ins psychedelische Lager über. «Ich kam schließlich an einen Ort, wo eine kulturelle, politische und musikalische Fusion stattfand, und ich paßte genau hinein», sagt McDonald. «Wir waren ein seltsames Phänomen. Wer auf unsere Musik abfuhr, fand nirgendwo etwas Vergleichbares.»

Im Sommer 1966 sah man Country Joe and the Fish nicht nur auf Demonstrationen und Friedenskundgebungen, sondern auch im Fillmore, San Franciscos Hippie-Mekka, wo sie als Vorgruppe von Grateful Dead spielten. Inzwischen hatte McDonald seinen politischen Folk mit Rockelementen, klassischer Musik («Ich wurde von ‹Peer Gynt› beeinflußt – das hatte ich an der High School gespielt»), den fesselnden Riffs des Gitarristen John Fahey und sogar mit Musik aus Japan, an die er sich noch erinnerte, angereichert. Das Ergebnis – Songs wie «Section 43» und «Bass Strings» («meines Wissens der erste Song über Marihuanarauchen, der je geschrieben wurde») – war eine seltsame wirbelnde Fusion von drogenberauschter und politischer Welt. «Man sagt, die Musik sei *das* Psychedelikum schlechthin gewesen», meint McDonald. «Keine Ahnung, ob das stimmt. Aber ich weiß mit Sicherheit, daß es niemand mit uns aufnehmen konnte, bis Pink Floyd die Szene betraten.»

Country Joe wurde ein international bekannter Hippie-Popstar, spielte jedoch auch seine Rolle als freakige politische Leitfigur weiter. Er trat auf Festivals und den wichtigen politischen Veranstaltungen auf, obwohl dies ihn häufig in einen Konflikt zwischen der «Spontaneität der Hippies, die mich anzog, und dem durchorganisierten Puritanismus des linken Flügels» führte.

Am 15. April 1967, einem der großen Triumphtage der Kriegsgegner, geriet er in einen solchen Konflikt. Das Spring Mobilization Committee hatte sowohl an der West- als auch an der Ostküste gigantische Demonstrationen organisiert. In New York zog es 400 000 Leute zum bis dahin größten Marsch in der Geschichte der USA auf die Straßen. Ein zweiter Marsch mit 75 000 Demonstranten fand in San Francisco statt. Country Joe wollte natürlich unbedingt daran teilnehmen. Er erzählt, man habe ihn zu einem Auftritt bei der Massenkundgebung im Kezar-Stadion eingeladen, wo es dann zu einem typischen Zusammenstoß zwischen der Linken und den Hippies kam.

McDonald gibt zu, bei seiner Ankunft im Stadion «bekifft und des-
orientiert» gewesen zu sein. Die gewaltige Menge jubelte dem Popstar
und seiner Band zu, als sie auf einem LKW vorfuhren. Die Veranstalter
aber waren alles andere als begeistert; es war vorgesehen, das Kezar-
Stadion nur für die rein politische Zusammenkunft zu nutzen – die Bands
sollten außerhalb des Stadions spielen. Country Joe and the Fish wurden
kurzerhand rausgeschmissen.

Daraufhin wurden die Diggers, eine der ausgeflippten Hippiekommu-
nen in San Francisco, aktiv; sie brachten die Anlage der Band wieder ins
Stadion und zwangen die Veranstalter, Country Joe and the Fish spielen
zu lassen. Es gelang ihnen gerade noch, den «Fixin'-to-Die Rag» zu Ende
zu bringen, bevor die Stecker rausgezogen wurden. McDonald klagt noch
heute, durch die «Manipulationen der Linken» sei sein Ideal der «Vereinigung von Musik, Vergnügen und Politik» zunichte gemacht worden.

Die Pop-Politik der Westküste war zu einem marihuanageschwänger-
ten Chaos verkommen, und der Mangel an Koordination zwischen Musikern und den Anti-Vietnam-Initiativen, der Studentenorganisation SDS
(Students for a Democratic Society), den Radikalen und den Yippies trug
auch nicht gerade zur Verständigung bei. Auch innerhalb der Musikerszene war man sich politisch keineswegs einig. McDonald hatte zum Beispiel «heftigste Auseinandersetzungen» mit Janis Joplin. «In ihrem Leben war einfach kein Platz für politische Moral.» Genauso entsetzt war er
über die politische Einstellung von Grateful Dead und Jefferson Airplane.
Er mißtraute sogar den MC 5, jenen wilden Revolutionären aus Detroit,
weil sie «aus dem Nichts auftauchten, dieses ‹Kick out the jams, punch
the police›-Zeugs ausspuckten, abgedrehte Klamotten anhatten und
laute, unausstehliche Musik ohne Bezug zu irgend etwas spielten. Ich
fand, sie hätten auch FBI-Agenten sein können. Aber damals spukte mir
sowieso ständig das FBI im Kopf herum.»

Es gab nur wenige Sänger, die Joe McDonald ernstnahm. Einer davon
war Jim Morrison von den Doors. Mit dessen politischen Auffassungen
war er zwar nicht einverstanden («er hatte keine»), aber er verstand die
Botschaft der verrückten theatralischen Psychodramen wie «The Unknown Soldier», die Morrison auf der Bühne inszenierte. Denn Morrison stammte aus einer Soldatenfamilie und konnte deshalb – wie McDonald – aus eigener Erfahrung über das Militär schreiben. Es ging unter die
Haut, wenn sich der in Leder gekleidete Sänger auf den Boden warf und

schrie: «The war is over... for the unknown soldier», wie es im September 1968 während des Londoner Doors-Konzertes im Roundhouse geschah. Dieser eine Augenblick drückte die Leiden des vietnamesischen Volkes besser aus als hundert mittelmäßige Protestsongs.

Country Joe McDonald, der seriöse Freak, der Ex-Marinesoldat, der sich der radikalen Vereinigung Vietnam Veterans Against the War anschloß, konnte das verstehen. «Jim Morrison wußte um die Macht des Militärs. Er wußte, wie es war, eingeschüchtert und unterdrückt zu werden. Und wenn man Morrisons Musik und den Vietnamkrieg gegeneinanderhält, kommt man zum Kern der Sache.»

An der Ostküste gab es einen Sänger, der sich, ebenfalls vom frühen Dylan beeinflußt, während seiner ganzen Karriere, die schließlich tragisch endete, dem politischen Song noch rigoroser widmete: Phil Ochs, über den McDonald heute sagt: «Wahrscheinlich waren wir beide die einzigen, die unverschlüsselte politische Texte schrieben, ganz sicher aber die profiliertesten... aber er hatte irgendwie etwas Lächerliches an sich. Die meisten zum radikalen Sozialismus oder Kommunismus bekehrten Leute machen sich lächerlich.»

Was war denn so lächerlich an Ochs? frage ich McDonald in einem Café in Manhattan. Als Antwort singt er «The Ringing of Revolution»:

> And the soft middle-class crowded in to the last
> For the building was fully surrounded
> And the noise outside was the ringing of revolution...*

Zugegeben – das war nicht gerade die ausgefeilteste politische Lyrik aller Zeiten, und dieser Traum von der neuen amerikanischen Revolution hört sich heute noch naiver an, als er in den sechziger Jahren geklungen haben muß. Lieder wie diese trugen dazu bei, daß die FBI-Akte über Ochs schließlich 410 Seiten umfaßte, und sie festigten seinen Ruf als dogmatischer Folksänger, der mitsamt der ganzen Protestmusik aus der Mode kam.

---

* Und die lasche Mittelschicht drängte sich bis zum Schluß herein, / Denn das Gebäude war völlig umstellt, / Und der Lärm da draußen, das waren die Glocken der Revolution...

Ochs war eine weitaus interessantere, komplexere und unterhaltsamere Persönlichkeit, als seine Texte dies vermuten lassen. Nachdem mir McDonald dieses heute fast völlig vergessene Stück politischer Popmusik vorgesungen hatte, hörte ich mir den Gesang des Komponisten selbst an: auf seiner besten LP, «Phil Ochs in Concert». Dieses Album, in New York und Boston im Winter 1965/66 aufgenommen, macht deutlich, warum er als so gefährlich eingeschätzt wurde. Er war ein Entertainer, der aggressiv und zugleich außerordentlich witzig sein konnte.

Auf der Bühne kam der künstlerisch tatsächlich belanglose Folkprotest von «Ringing of Revolution» deshalb so gut an, weil Ochs die ganze Stimmung durch ein Intro veränderte, eine witzige Phantasie über die Verwandlung des Songs in einen Film mit Ronald Reagan in der Hauptrolle. Schon in den sechziger Jahren machte Ochs ihn als potentielle Zielscheibe aus. Und er fügte hinzu, auch er würde in dem Film mitspielen als «Bobby Dylan – der *junge* Bobby Dylan».

Das Publikum fuhr darauf ab, denn während Dylan sich von politischen Themen entfernte, führte sein Freund Ochs die Tradition Guthries weiter. Auf dem Album ist auch sein ergreifendes «There but for Fortune», das Joan Baez zu einem großen Hit machte, und «Love Me I'm a Liberal», ein Song, der Ochs im Frühjahr 1965 beim Marsch von SDS auf Washington eine Rüge von I. F. Stone, dem bekannten Pamphletisten aus den Reihen der linken Veteranen, einbrachte: «Putz nicht die Liberalen runter, wir brauchen ihr Geld.»

Das «In Concert»-Album zeigt auch an einigen Beispielen Phil Ochs' größtes Talent: den aggressiven musikalischen Tagesjournalismus, der sich auf Themen konzentriert, die die meisten Sänger (mit der großen Ausnahme Pete Seeger) ignorierten. In den Achtzigern löste die amerikanische Politik gegenüber Nicaragua und Mittelamerika den Protest von Musikern wie Jackson Browne aus. Ochs verfolgte bereits in den sechziger Jahren die Entwicklungen in dieser Region. «Die Außenpolitik Amerikas hat sich drastisch verändert», erklärte er seinem Publikum. «Nehmt zum Beispiel die Dominikanische Republik... mit der hatten wir es gerade zu tun.» Dann sang er «The Marines Have Landed on the Shores of Santo Domingo», nachdem er zunächst seine Meinung mit «Cops of the World» (Weltpolizisten) eindeutig ausgedrückt hatte.

Dieses Live-Album bleibt ein Klassiker der Sechziger, aber es wurde nie zum Bestseller, was zum einen daran lag, daß Ochs zu einem Zeitpunkt darauf beharrte, akustische Folkmusik zu machen, als die Dylan-Clique zu den elektrischen Instrumenten griff, und andererseits auf die Tatsache zurückzuführen ist, daß die Platte im Fernsehen und Radio verboten war. Der Grund: Ochs hatte darauf bestanden, auf der Rückseite der Plattenhülle acht Gedichte Mao Tse-tungs abzudrucken, zusammen mit der (in großen Lettern) gesetzten Frage «Ist dies der Feind?». Seine Plattenfirma hatte vergeblich versucht, ihn davon abzuhalten.

Ochs war der letzte Protestsänger, dem es – trotz manch bizarrer Versuche, revolutionäres Gedankengut mit der Musik seines ihm so wenig ähnelnden Idols Elvis Presley zu verbinden – nicht gelang, mit der schnell sich wandelnden Rockszene jener Zeit Schritt zu halten. Er war eine der großen Persönlichkeiten der sechziger Jahre und scheiterte, weil er sich zu tief darum bekümmerte, was in den USA vor sich ging, und dem Hedonismus der neuen Rockmusik fremd gegenüberstand. Seine Geschichte ist eine der großen Tragödien der politischen Popmusik.

Er war der Sohn eines Arztes, der ständig mit der ganzen Familie umzog. Deshalb hatte Phil wenige Freunde und verbrachte einen großen Teil seiner Freizeit damit, in die Phantasiewelt des Kinos zu fliehen. Seine Schwester Sonny findet nicht gerade freundliche Worte, als sie ihre Beziehung schildert: «Er war ein Miststück von Bruder, der mir Geld lieh und dann Zinsen verlangte – nicht gerade ein sozialistisches Verhalten!» Die Familie war nicht politisch engagiert, so daß Ochs wenig Interesse an Politik zeigte, bis er zur Ohio State University kam, wo ihm sein Zimmergenosse Jim Glover nicht nur den Anstoß gab, Marx und Engels zu lesen, sondern auch das Gitarrespielen beibrachte. Seine erste Gitarre gewann er durch eine Wette, bei der er darauf setzte, daß John F. Kennedy Richard Nixon bei der Präsidentschaftswahl 1960 schlagen würde, und seinen ersten Song, «The Ballad of the Cuban Invasion», schrieb er unmittelbar nach dem Fiasko in der Schweinebucht.

Ochs wollte Journalist werden (wie der junge Joe McDonald), und er kam gut zurecht in seinem Hauptfach Journalismus, bis er einen Artikel über Fidel Castro für das Universitätsmagazin Lantern schrieb und feststellte, daß er zensiert worden war. Im Zorn gab er Schule und Journalismus auf und beschloß, statt Artikel nunmehr Songs zu schreiben.

Es zog ihn schließlich nach Greenwich Village in Manhattan, wo im Frühjahr 1963 in den Folkbars und Kaffeehäusern die sozialkritische Liedermacherbewegung stark im Kommen war. Peter, Paul and Mary und der junge Bob Dylan traten hier als prominenteste Künstler auf, doch hatten auch unbekannte Sänger noch die Möglichkeit, einfach reinzukommen und zu spielen. In vielen Bars war es üblich, «den Hut rumgehen zu lassen». Wenn die Sänger gut waren, gab ihnen das Publikum auch etwas Geld, manch einer konnte sogar davon leben. Waren sie nicht gut, mußten sie sich einen anderen Job suchen. Ochs war beliebt genug, um als Musiker zu überleben, und der Geschäftsführer des Thirdside Club ging schließlich das unerhörte Risiko ein, ihm 20 Dollar Garantiehonorar für einen angekündigten Auftritt zu bieten.

Von nun an war Phil Ochs eine Berühmtheit, ein furioser Songschreiber, der furiose Politik machte. Zu seinen ersten und bedeutsamsten Schritten gehörte es, angemessene Verträge für Folksänger und die gerechte Verteilung des in den Clubs für die Musiker gesammelten Geldes zu organisieren. Auch begann er Benefizkonzerte zu geben, um politische Initiativen zu finanzieren. Er unterstützte Bürgerrechtskämpfer, streikende Bergarbeiter in Kentucky, Orkanopfer, die Zeitschrift *Broadside*, Black Panther-Aktionen und natürlich alle gegen den Vietnamkrieg gerichteten Unternehmungen. Seine Produktivität als Songschreiber war enorm. Oftmals schrieb er über Ereignisse, die er gerade in der Tageszeitung gelesen hatte.

Wenige Monate nach seiner Ankunft in New York schien seine Karriere als großer Star vorgezeichnet zu sein. Auf einer von *Broadside* zusammengestellten LP erschienen seine Lieder neben denen Bob Dylans (alias Blind Boy Grunt), und er trat zusammen mit Dylan, Joan Baez und den SNCC Freedom Singers beim Newport Festival 1963 auf, ein Ereignis, bei dem deutlich wurde, daß die neue sozialkritische Songbewegung plötzlich ein großes Publikum hatte. In diesem neuen Klima war es nicht verwunderlich, daß Phil Ochs schon bald darauf Angebote von Plattenfirmen erhielt. Er kam bei Elektra unter Vertrag, wo man ihm garantiert hatte, daß keiner seiner Songs zensiert werden würde, und er war natürlich begeistert, als sein erstes Album, «All the News That's Fit to Sing», neben «The Freewheelin' Bob Dylan» bevorzugt rezensiert wurde.

Der «singende Journalist» paßte ideal in die Zeit, deren Kind er war. Er spielte auf allen bedeutenden Vietnam-Kundgebungen an der Ostküste und trug dazu bei, große Menschenmengen anzuziehen, die allein wegen der Reden wahrscheinlich nicht gekommen wären. Er fuhr in den Süden, nach Mississippi, um sich den Bürgerrechtskampagnen anzuschließen, spielte vor streikenden Bergarbeitern in Hazard, Kentucky, und half seinem Idol Bob Dylan. Mit diesen Aktivitäten zog er unausweichlich den Zorn der Rechten auf sich. Im Frühjahr 1965 versuchten die John Birch Society und die Fighting American Nationalists, ein Benefizkonzert, auf dem Ochs zusammen mit Tom Paxton auftreten wollte, mit der Begründung verbieten zu lassen, er sei «subversiv und ein Kommunist». Die Show fand statt, aber vor dem Eingang hatte die Birch Society Wächter postiert.

Sonny Ochs ist der Meinung, die politischen Aktivitäten ihres Bruders seien mißverstanden worden. «Er war eine recht merkwürdige Persönlichkeit. Er brachte es fertig, gleichzeitig John Wayne, Elvis Presley und John F. Kennedy gut zu finden. Er wurde als Radikaler verschrien, und in Wirklichkeit war er ein waschechter Patriot. Er glaubte tatsächlich an die USA und an das politische System, nur konnte er leider nicht über die sozialen Mißstände hinwegsehen. Er kümmerte sich um die Schwarzen und die Bergarbeiter, und den Vietnamkrieg fand er irrsinnig, und deshalb schrieb er über all diese Dinge.»

Ein Sänger mit solchen Überzeugungen konnte in den frühen Sechzigern reüssieren, denn es war eine optimistische, idealistische Ära, in der der Sieg über den Rassismus und ein Ende des Krieges zum Greifen nahe schienen. Dann aber wurde Kennedy erschossen, die Bürgerrechtskämpfe verwandelten sich in Black Power, und der Vietnamkrieg ging endlos weiter. Rockmusik wurde zum großen Geschäft, und die politische Folkszene wurde von der britischen Invasion der Beatles, Herman's Hermits und der Rolling Stones überrollt. Ochs schlug sich wacker durch die Mittsechziger, doch er konnte die Entwicklung weder aufhalten noch sich ihr anpassen. Und darunter litt er, vor allem als Dylan, der doch noch immer als Idol und Leitfigur der Folkprotest-Bewegung galt, alldem, was Ochs verkörperte, den Rücken zukehrte.

Im Frühjahr 1965 gab sich Dylan jedenfalls keine Mühe, den Eindruck zu erwecken, er sei ein politischer Liedermacher. Meine einzige persönliche Begegnung mit ihm fand im noblen Ambiente des Londoner Savoy Hotels im Mai jenes Jahres statt. Als er zu mir hereingeschlurft kam, sah er mit seinen kniehohen Stiefeln und dem wild gemusterten Seidenhemd wie ein kleiner kranker Papagei aus. Während des ganzen peinlichen Interviews (ich war noch Student, und dies war mein erstes Gespräch mit einem Popstar) hatte er nervöse Zuckungen und rauchte eine Zigarette nach der anderen. Dylan hatte zu diesem Zeitpunkt zwei Singles in der englischen Hitparade, die die ungewöhnliche Neuorientierung, in der er gerade steckte, auf den Punkt brachten: das politische, folkige «Times They Are A-Changin'» und den fiebrigen, freien Assoziationen folgenden «Subterranean Homesick Blues». Im Gespräch mit dieser nervösen, unglücklich dreinschauenden Gestalt in London hatte ich den Eindruck, als käme er nur schwer damit zurecht.

«Manchmal habe ich Angst, den Verstand zu verlieren», gab er zu und fuhr fort: «Ich habe keine Botschaft – meine Songs sind nichts weiter als Selbstgespräche. Das ist alles. Und ich will auch keine Menschen beeinflussen – im Gegenteil: andere Leute beeinflussen *mich*.» Auf meine Frage nach seiner politischen Einstellung gab er mir eine kryptische Antwort: «Hast du mal die Rede eines Politikers in der Zeitung gelesen? Schneid doch mal die nächste, die du liest, in lauter kleine Stücke. Yeah, schneid sie auseinander, und dann kleb die Stücke beliebig wieder zusammen. Du wirst feststellen, daß es immer das gleiche bedeutet. Und genauso funktioniert's auch in meinem Kopf: man muß es immer wieder neu zusammenfügen.»

Dylans Gedächtnis funktionierte an diesem Tag jedenfalls nicht besonders gut. Als ich ihn nach seinem einstigen Idol Ewan MacColl fragte, behauptete er, nie von ihm gehört zu haben. Immerhin kannte er die Beatles – er wollte an diesem Abend mit John Lennon essen gehen.

Mit Joan Baez lief das Gespräch viel besser. Während sie die Bemühungen der Journalisten beobachtete, mit Dylan klarzukommen, gab sie mir bereitwillig Auskunft. «Nein, Bobby möchte nicht über Politik sprechen», sagte sie. «Er ist seltsam. Er hat nur wenig materiellen Besitz. Ich weiß gar nicht, was er mit seinem ganzen Geld macht.» Sie schien froh zu sein, über all das diskutieren zu können, was er nicht ansprechen wollte. Sie redete über Bürgerrechte, Vietnam und das «Institut zum Studium der Gewaltlosigkeit», das sie gerade aufbaute. «Ich möchte einfach nur als ein menschliches Wesen anerkannt werden», sagte sie.

Zumindest in der Folkwelt kamen Sentimentalitäten wie diese langsam aus der Mode. Drei Monate später trat Dylan beim Newport Folk Festival auf und drosch «Maggie's Farm» und «Like a Rolling Stone» in einem heiß umstrittenen Programm mit elektrischen Instrumenten herunter, das praktisch das Ende des Folkbooms bedeutete. Im weiteren Verlauf des Jahres 1965 entzweite sich Dylan mit Phil Ochs. In einem Taxi gerieten sie in Streit über die Vorzüge von Dylans «Can You Please Crawl Out of Your Window». Anscheinend erwog Ochs – ganz zu Recht –, daß der Song kein Riesenhit werden würde, worauf – so Sonny Ochs – «Dylan ihn aufforderte, aus dem Taxi zu steigen».

Die Zeiten und die Moden hatten sich gewandelt, der Vietnamkrieg aber ging weiter, und Ochs zumindest fuhr fort, politische Songs zu schreiben. Er begann, bei seinen Konzerten Dylan zu persiflieren (Beispiele sind auf dem «In Concert»-Album zu hören). Er zog weiterhin große Zuhörermengen an und nahm neue Schallplatten auf. Elektra hielt sich an die Abmachung, ihn nicht zu zensieren, doch konnte die Firma nichts gegen die Zensur tun, die Ochs den Zutritt zum Fernsehen verwehrte und ihm auf diese Weise einen wirklich großen Markt vorenthielt. Als er bei einer seltenen Gelegenheit in der Sendung *Midnight Special* auftreten durfte, schrieb man ihm vor, welche zwei Songs genehm waren.

Die Zensoren sorgten zweifellos auch dafür, daß sein einziger potentieller Hit niemals erfolgreich wurde. Die im Frühjahr 1968 veröffentlichte Single «Outside of a Small Circle of Friends», ein fröhlicher und zugleich bitterer Ragtime über Leute, die es ablehnen, sich politisch zu engagieren oder andere zu unterstützen, enthielt die Zeile «Smoking marijuana is more fun than drinking beer». Im Vergleich zu vielen Texten der psychedelischen Drogenlyrik, die zu der Zeit an der Westküste geschrieben wurde, war dieser Satz recht harmlos – vor allem, wenn man ihn im Kontext des Songs betrachtete. In Wirklichkeit kritisierte Ochs nämlich jene, die zum Demonstrieren «much too high» waren. Dennoch lehnten es viele Radiostationen ab, den Song zu spielen – nicht einmal, als das Wort «marijuana» rausgepiept wurde. Das Gerücht ging um, eine Radiostation in LA, die den Song trotzdem gespielt habe, sei von den zuständigen Beamten verwarnt worden.

Die Single war aus dem Album «Pleasures of the Harbour» ausgekoppelt. Die LP enthielt auch «Crucifixion», einen der ergreifendsten Titel von Phil Ochs. Der epische Song reflektiert das Attentat auf John F. Kennedy, einen Politiker, den Ochs verehrt und kritisiert hat.

Als im Oktober 1967 JFKs Bruder, Senator Robert Kennedy, seine erste große Rede gegen den Vietnamkrieg im Senat hielt, flog Phil Ochs nach Washington, um ihn zu sehen. Er wurde Kennedy von einem gemeinsamen Bekannten, dem Schriftsteller Jack Newfield, vorgestellt, der damals gerade für ein Buch über Kennedy recherchierte. Am Morgen hielt der Senator seine Rede und den Rest des Tages verbrachte er mit Ochs und Newfield, bevor sie gemeinsam nach New York zurückflogen. Am Nachmittag sang Ochs Senator Kennedy «Crucifixion» vor. «Robert Kennedy», erinnert sich Newfield, «erkannte schon nach ein paar Takten, daß der Song von seinem Bruder handelte. Es war ein sehr bewegender Augenblick.»

Daß Phil Ochs, der patriotische Rebell und Verehrer JFKs, Robert Kennedy treffen wollte, vor allem bei dessen erster Antikriegsrede, war nicht verwunderlich. Die Gründe für Kennedys Wunsch, Phil Ochs kennenzulernen, sind hingegen komplexer, denn der Senator war nicht gerade ein Musikfan. Laut John Stewart, früher Star beim Kingston Trio und enger Freund Kennedys, «war Bobby total unmusikalisch. Er konnte Musik einfach nicht genießen, höchstens die Schlager von Andy Williams, die mochte er ganz gern!»

Was Robert Kennedy allerdings faszinierte, waren die Texte der neuen Folk- und Popmusik der frühen sechziger Jahre. Er war der erste Politiker, der erkannte, daß Popmusik ein Wegweiser zum Denken der jungen Leute sein konnte. Stewart: «Ständig fragte er mich, was die Kids für Musik hören oder was gerade Neues in der Folkmusik passiere. Zum Beispiel wollte er wissen, was Bob Dylan und Phil Ochs machten.»

John Stewart war Robert Kennedy zum erstenmal 1962 begegnet, als er Justizminister war und sein Bruder John Präsident. Die damaligen Superstars des Kingston Trio wurden durch das FBI-Gebäude in Washington geführt und zum Schluß Robert Kennedy vorgestellt. Stewart und er verstanden sich erstaunlich gut. Der Sänger schickte dem Politiker einen Stapel Schallplatten, und sie fingen an, sich privat zu treffen. Im Februar 1963 wurde Stewart sogar ins Weiße Haus eingeladen, um Präsident Kennedy kennenzulernen. Der gratulierte ihm zu seinem Song «The New Frontier», den sein Bruder ihm vorgespielt hatte.

Später machte Stewart den Vorschlag, einen Präsidialausschuß für kreative Jugendliche zu gründen. Robert Kennedy stimmte dem zu, doch nach der Ermordung seines Bruders im November 1963 verlief die Idee im Sande. Stewart ging zu Empfängen ins Weiße Haus, «und Bobby versuchte Präsident Johnson den Gedanken schmackhaft zu machen, aber der wollte nicht mal einen Teil davon verwirklichen.»

Der neue Präsident hatte andere Probleme, vor allem den eskalierenden Vietnamkrieg und den überhand nehmenden Protest im eigenen Land, und keine Zeit, Popmusik zu hören und herauszufinden, worüber die Kids nachdachten. Sogar als er zum Zuhören gezwungen war, etwa bei einem abendlichen Konzert des Kingston Trio auf dem Rasen des Weißen Hauses im Sommer 1965, nahm Johnson noch nicht einmal einen harmlosen Protestsong zur Kenntnis.

Im Programm des Trios war nämlich auch ihre Version des lauen und artigen Protestsongs «Where Have All the Flowers Gone?» von Pete Seeger. Drei Jahre zuvor hatten sie damit einen beachtlichen Hit gelandet. Nun aber, da der blutige Krieg in Vietnam die amerikanische Öffentlichkeit zunehmend beschäftigte, bekam dieser Song eine immense Härte und Relevanz. «Es war schon ein bißchen surreal», erinnert sich John Stewart. «Die Bomber ließen Feuer auf Saigon regnen, und ich stand hier und sang vor dem Präsidenten der Vereinigten Staaten vom Wahnsinn des Krieges! Es war eine Anklage – und er ignorierte sie völlig! Am Ende des Konzertes sagte er nur: ‹Yeah – tolles Lied – wir haben die Show sehr genossen.› Bobby hätte niemals eine solche Gelegenheit verpaßt, er hätte sich darauf gestürzt und eine leidenschaftliche Diskussion entfacht.»

Stewart und Robert Kennedy blieben in Kontakt, auch nachdem Stewart das Trio 1967 verlassen hatte, um sich auf eine Solokarriere zu konzentrieren. Er beteiligte sich am Wahlkampf und spielte für Kennedy, als der für den Senat kandidierte, und 1968 wandte sich der Senator mit einem noch umfassenderen Plan an ihn. Er wollte mit einem Antikriegsprogramm für die Präsidentschaft kandidieren und bat Stewart um musikalische Unterstutzung, die dieser später als «The Last Campaign» besingen sollte.

Die US-Präsidentschaftswahl von 1968 war für die Soldaten, die in Vietnam kämpften und starben, wie auch für diejenigen, die in den USA gegen den Krieg zu Felde zogen, von entscheidender Bedeutung. Für die Musiker, die versuchten, die öffentliche Meinung durch politische Songs zu beeinflussen, war dieses Jahr auch ein Wendepunkt, ein Jahr der zerschlagenen Hoffnungen und Ideale.

Das Jahr hatte mit einer folgenschweren militärischen Niederlage für die USA begonnen, der Tet-Offensive im Januar. Die Nationale Befreiungsfront in Südvietnam hatte Miliz-Streitkräfte (Vietkong) direkt nach Saigon eingeschmuggelt, die einen großen Teil der Innenstadt unter ihre Kontrolle bekamen – einen Tag lang hielten sie sogar die amerikanische

Botschaft besetzt. Überall im Land fielen Städte in die Hände der Kommunisten, und nur die amerikanischen Stützpunkte blieben verschont. Die Amerikaner reagierten mit Raketen- und Bombenangriffen auf die von der Befreiungsfront besetzten Gebiete und nahmen dabei gewaltige Verluste unter der Zivilbevölkerung in Kauf. Eine weitere halbe Million Vietnamesen wurde zu obdachlosen Flüchtlingen, und Teile Saigons versanken in Schutt und Asche. Die amerikanischen Truppen in Vietnam, die – genau wie die Friedenskämpfer daheim – ihre eigenen Lieder erfanden, fügten einer GI-Ballade, die zur Melodie des Country and Western-Songs «The Wabash Cannonball» gesungen wurde, eine neue Strophe hinzu:

> The forward air controller
> Is a warrior without match
> With his monogrammed flight jacket
> And his F-100 patch.
> Put napalm on a hamlet
> And burned the whole thing flat
> Killed a hundred non-combatants
> And he's sorry about that.*

Die innenpolitischen Auswirkungen waren niederschmetternd für die Johnson-Regierung, vor allem als bekannt wurde, daß womöglich mehr als zweihunderttausend weitere amerikanische Soldaten nach Vietnam geschickt werden sollten. Die Nachricht kam genau zu Beginn der Vorwahlen (einer Reihe partikulärer Wahlen, bei denen verschiedene Kandidaten derselben Partei gegeneinander antreten mit dem Ziel, später als Präsidentschaftskandidat ihrer Partei nominiert zu werden). Die erste Vorwahl fand traditionsgemäß im verschneiten New Hampshire statt, und hier erzielten die Friedenskämpfer am 12. März einen wichtigen Sieg. Der demokratische Senator Eugene McCarthy aus Minnesota schlug den Favoriten aus seiner eigenen Partei, Präsident Lyndon B. Johnson.

---

* Der Aufklärungspilot / Ist ein Krieger, dem keiner gewachsen ist / Mit seinem Monogramm auf der Fliegerjacke / Und seinem F-100-Aufnäher. / Warf Napalm auf ein Dorf / Und brannte das ganze Nest nieder. / Tötete hundert Zivilisten / Und sagt, es tut ihm leid.

McCarthy war sich der Tatsache bewußt, daß die Friedenskampagne – anders als die Arbeiterbewegung – größtenteils von jungen Leuten getragen wurde, und ihm war obendrein klar, daß damals mehr als die Hälfte der amerikanischen Bevölkerung unter neunundzwanzig Jahre alt war. Hinzu kam, daß zwischen 1964 und 1968 12 Millionen Amerikaner ins wahlberechtigte Alter gekommen waren. Die Stimmen der Jugend waren daher entscheidend, und politische Sänger, die bei dieser Klientel ankamen, bekamen große Bedeutung.

Von Anfang an fühlte sich Phil Ochs McCarthy verpflichtet. Er sang für ihn und nahm unmittelbar am Wahlkampf teil. Er tat dies, so Jack Newfield, «weil er ein Romantiker war» und weil ihn dieser erste Präsidentschaftskandidat in seinem Leben, der eine Antikriegspolitik vertrat, mit seinem Plan, sich allein in der Kälte New Hampshires dem Wahlkampf zu stellen, beeindruckte. Ochs wußte, daß McCarthy eine starke Gefolgschaft unter den Jüngeren hatte – seine Hippie-Anhänger ließen sich unter dem Slogan «Clean for Gene» sogar die Haare schneiden –, aber er muß auch gewußt haben, daß dieser Politiker bei vielen seiner linken Freunde ziemlich unbeliebt war. Sie fanden, daß McCarthy kein Charisma hatte – «ein netter Kerl, aber der geborene Verlierer», der vielleicht junge Amerikaner davon abhielt, auf die Straße zu gehen, aber niemals eine Wahl gewinnen würde.

Ochs war über die Maßen loyal und hielt weiter zu McCarthy, selbst als Robert Kennedy – vier Tage nach McCarthys Sieg in New Hampshire – ins Rennen eingriff. Zwei Wochen später kündigte Präsident Johnson an, er würde nicht erneut kandidieren, und es schien so, als sollte der Kriegsgegner Kennedy zum Spitzenkandidaten der Demokraten werden. Jack Newfield berichtet, er habe sich intensiv darum bemüht, Ochs zum Lagerwechsel zu bewegen, und dieser hätte am 6. Juni, als Kennedy die Vorwahl in Kalifornien gewann, seinem Drängen wohl auch nachgegeben, doch brauchte er sich an diesem Tag nicht mehr zu entscheiden. Robert Kennedy wurde am Abend seines Sieges ermordet.

Der Politiker Kennedy, der Popmusik zwar nicht mochte, deren Texte aber ernstnahm, hatte in seinem Haus in Virginia eine Besprechung arrangiert, bevor er sich entschloß, für das Präsidentenamt zu kandidieren. Offiziell sollte diese Veranstaltung dazu dienen, Geld für ein Schwimmbad in Washington zu sammeln, inoffiziell aber war es eine Versammlung von Prominenten aus dem Showgeschäft, auf die Kennedy als seine

Parteigänger zählen konnte. Selbstverständlich war auch Stewart eingeladen. Er erinnert sich, Musiker aller Stilrichtungen getroffen zu haben: von Perry Como bis zu den Smothers Brothers und Jefferson Airplane, «und mit denen saß Bobby zusammen. Die ganze Angelegenheit war ziemlich auf Jugend getrimmt, aber er wußte, da geht's lang, und ich denke schon, daß ihn das beeinflußte.»

Er war ein Kandidat ganz eigener Art, bis zum Äußersten entschlossen, die Stimmen der jungen Generation zu gewinnen. Immerhin hatten sich Jefferson Airplane, dank ihres Trip-Songs «White Rabbit», einen äußerst zweifelhaften Ruf erworben, und ein Jahr später sollten sie auf ihrem «Volunteers»-Album «Come the Revolution» und «Up against the Wall Motherfuckers» singen. Der ehemalige Justizminister hatte ohne Frage eine breite Unterstützung. In Los Angeles gaben sogar die Byrds ein Benefizkonzert für Robert Kennedy, laut Roger McGuinn der einzige politische Auftritt der Band (wenn man einmal von ihrem bizarren südafrikanischen Abenteuer absieht).

Als der eigentliche Wahlkampf begann, setzte sich vor allem John Stewart, unterstützt von Buffy Ford, für Kennedy ein. Die beiden begleiteten ihn in seinem Wahlkampfflugzeug überallhin und bestritten das Vorprogramm. Sie sangen und hielten die Menge bei Laune, bis endlich das Wahlkampflied angestimmt wurde und beim Erscheinen des Kandidaten die optimale Stimmung für die Fernsehkameras hergestellt war. In Oregon mußte Stewarts zwanzigminütiger Auftritt auf zweieinhalb Stunden ausgedehnt werden, «inclusive eines Wettbewerbs um die längsten Haare, die kürzesten Haare und was mir sonst noch so einfiel, während die Menge langsam stinkig wurde». Endlich tauchte der Kandidat, triefend naß, auf. Kennedy hatte unterwegs beschlossen anzuhalten, um ein Bad zu nehmen.

In den Augen einiger Journalisten dieser Tage war Kennedy nicht mehr als ein Schatten seines Bruders, ein Opportunist, der in dem Moment in das Rennen einstieg, als er erkannte, daß die Antikriegslobby gewinnen könnte, ein Mann, der sich allzusehr auf seinen enormen Mitarbeiterstab verließ. Zumindest für Stewart dagegen war er ein Held, ein Politiker, der sich um Vietnam, die Armut in den USA und die Lage der Schwarzen in Amerika (besonders nach der Ermordung Martin Luther Kings am 4. April, als Kennedy seinen Wahlkampf gerade begonnen hatte) ernsthaft Sorgen machte.

Stewart gefiel es, als ein Außenseiter im Mittelpunkt der Kampagne zu stehen. Seiner Ansicht nach war Kennedy «nicht gerade besonders intelligent, aber schlau genug, um zu wissen, in welche Richtung die Antworten gehen mußten, zumal ihm die besten und klügsten Berater zur Seite standen. Er war kein Durchschnittscharakter, sondern eine mitfühlende, zupackende, anteilnehmende Persönlichkeit, die keine Zeit für *small talk* hatte. Und er besaß eine Energie, von der gewöhnliche Sterbliche nur träumen können. Wo McCarthy fünf Städte am Tag schaffte, erledigte Bobby zehn. Man hatte das Gefühl, zu den Düsenpiloten der Politik zu gehören.»

Während sie von Stadt zu Stadt hetzten, schrieb Stewart neue Songs über die Orte, die sie besuchten. Offenbar machte er seine Arbeit ausgezeichnet. Als Stewart sich eine Zeitlang von der Wahltour zurückzog, um ein paar Stücke aufzunehmen, löste ihn Bobby Darin ab, der aber anscheinend nicht geschickt genug war, die Menge bei der Stange zu halten, «denn ich erhielt einen Anruf von Kennedys engstem Mitarbeiter: ‹John, bitte komm zurück, es läuft einfach nicht.› Ich ließ also alles stehen und liegen und machte wieder mit. Und ich bin froh darüber.»

All diese Erfahrungen halfen ihm bei der Umgestaltung seiner eigenen Kompositionsarbeit. Hatte er beim Kingston Trio einen Hang zum Kitsch gehabt, so schuf er jetzt energische, ergreifende, patriotische und romantische (wenn auch manchmal etwas sentimentale) Songs über die Wirklichkeit des amerikanischen Arbeiters. Welten lagen zwischen dieser Realität und den Moden der Sechziger. Heute mag Stewart eher als Autor des Monkees-Hits «Daydream Believer» oder seines eigenen Hits «Gold» bekannt sein (ein für ihn untypisches Lied von der Habgier der Rock 'n' Roll-Welt, das er Ende der siebziger Jahre mit zwei Mitgliedern der Gruppe Fleetwood Mac einspielte) – seine besten Songs jedoch sind Balladen, die den typischen amerikanischen Alltag schildern. Stewart ist das Verbindungsglied zwischen Pete Seeger und Bruce Springsteen. «Omaha Rainbow», einen seiner besten Songs, schrieb er auf der Wahlkampftour. Seine Erinnerungen an Kennedy und die Wahl gingen in die «Last Campaign»-Trilogie ein, ein noch immer starkes Stück, das er überall in Clubs und Konzerthallen singt, ob in Kalifornien oder London.

Stewart sah Kennedy zuletzt in einem Zug im San Joachim Valley. Der Senator fuhr in Richtung Los Angeles, dem Sieg entgegen und dem Tod im Hotel Ambassador. Der Sänger war an diesem Abend für eine Session gebucht und hatte keine Lust hinzugehen. «Es war besser so», sagt Stewart.

Kennedys Tod, der so kurz auf den Tod Martin Luther Kings folgte, erschütterte alle jene Menschen in den USA, die mit diesem Mann die Hoffnung auf ein Ende der Kämpfe dieses Jahrzehnts verknüpft hatten, und er erschütterte das Leben vieler Musiker, die an das politische System glaubten und Kennedy – ob zu recht oder unrecht – für den letzten großen Politiker hielten. John Stewart ist nie wieder für einen anderen Präsidenten auf Wahlkampftour gegangen, «weil diese Art von Idealismus sich ausgelebt hatte, diese Form der Anteilnahme und Begeisterung. Denn wenn er zum Präsidenten gewählt worden wäre – und das wäre er mit Sicherheit –, hätte es keinen Vietnamkrieg mehr gegeben, kein Watergate, keine heimatlosen Menschen, sondern eine ganz andere Welt.»

Das mag übertrieben optimistisch klingen, aber es spiegelt die Verzweiflung derer wider, die eine vom etablierten politischen System ausgehende Veränderung hatten kommen sehen. Als sich abzeichnete, daß Vizepräsident Hubert Humphrey die meisten Stimmen in der Demokratischen Partei erhalten und der Gegenkandidat, Kriegsgegner Eugene McCarthy, kaum Chancen haben würde, nahm diese Verzweiflung zu. Der mittlerweile an der Westküste lebende Phil Ochs faßte die düstere Stimmung in den Anmerkungen auf dem Cover seines Albums «Tape from California» zusammen: «Meinen Verstand verlor ich in San Francisco, mein Leben ließ ich in LA.»

Ochs sang bis zum bitteren Ende weiter für McCarthy, aber die Zeiten hatten sich geändert, vor allem für politische Sänger, die sich von der kommenden Wahl eine Entwicklung zum Guten erhofft hatten. Die Anti-Kriegsbewegung war nunmehr gespalten in jene, die McCarthy unterstützten, in extreme Linke, die weder den Demokraten noch den Republikanern über den Weg trauten, und in eine neue Gruppe höchst theatralischer, medienbewußter Anarchisten. Das waren die von Jerry Rubin und Abbie Hoffman angeführten Yippies, die eher im Einklang mit der Anti-Establishment-Stimmung der psychedelischen Ära standen. Phil Ochs, eng mit Rubin befreundet, geriet in eine bizarre Situation: Einerseits unterstützte er McCarthy, andererseits war er auf dem besten Weg, ein Yippie-Führer zu werden. Er war, so seine Schwester Sonny, «zweifellos einer der Initiatoren, wenn nicht gar derjenige, der die Idee dazu hatte». Leicht war es für ihn jedenfalls nicht.

Die Yippies setzten auf absurdes Straßentheater als politische Aktionsform. Der Krieg sei absurd, argumentierten sie, deshalb sollten auch sie sich so absurd wie nur irgend möglich geben. Das wichtigste Happening der Yippies war für den Parteitag der Demokraten geplant, der im August 1968 in Chicago stattfinden sollte. Man erwartete, daß McCarthy geschlagen und Humphrey als Garant für die Aufrechterhaltung des Status quo nominiert werden würde. Also planten die Yippies, eine halbe Million junger Leute nach Chicago zu holen, um zu kiffen, zu schräger Musik zu tanzen, Einberufungsbefehle zu verbrennen und ein solches Chaos zu verursachen, daß der Präsident gezwungen sein würde, die Truppen aus Vietnam zurückzuholen, um den Frieden aufrechtzuerhalten. Auf diese Weise würde der Vietnamkrieg beendet werden. Das war Pop-Politik in ihrer verzweifeltsten und extremsten Form.

Um die Verwirklichung dieses wilden Plans überhaupt erst einmal in Gang zu bringen, mußten die Yippies Chicago in ein Popfestival verwandeln. Sie brauchten dringend die Musik der besten Bands, um das Chaos voranzutreiben. Deshalb fingen sie – genau wie Robert Kennedy für einen etwas anderen Zweck – mit der Zählung der Prominenten an, die auf ihrer Seite standen. Es waren nicht allzu viele.

Country Joe McDonald, der es liebte, Politik mit Musik und Spaß zu verbinden, schien den Yippies ein sicherer Mitstreiter für ihr Chicago-Programm zu sein, vor allem weil er zudem keinen der Kandidaten beim Parteitag unterstützte, und er zeigte anfangs auch Interesse an dem verrückten Plan. Er war ein «Friedensaktivist», der McCarthy naiv fand und ihm nicht traute («weil er alt war – ein Typ mit Krawatte! Ich dachte, dieser Typ wird uns in den Rücken fallen»). Zum Schluß weigerte er sich jedoch einfach, beim Plan der Yippies mitzumachen. Der Grund war simpel – McDonald mußte an die schmerzhaften Lektionen seiner Kindheit denken, daran, wie gefährlich ein provoziertes Establishment sein konnte. Und so wie die Dinge lagen, kündigte sich in Chicago eine heftige Provokation an.

Drei Wochen vor dem Parteitag warnte er Hoffman und Rubin bei einem Treffen im Hotel Chelsea in New York, die ganze Aktion könnte leicht zu einem Blutbad ausarten. «Ich verstand den historischen Sinn ihrer Konfrontationspolitik einfach nicht», erzählt er, «und ich gab ihnen zu verstehen, daß ich nicht den Rattenfänger für sie spielen würde.»

Obwohl ihr Name bereits für Publicity und Plakate benutzt worden war, sagten Country Joe and the Fish ihren Auftritt bei diesem bizarren Anti-Vietnam-Chaos auf den Straßen rund um den Parteitag ab. Statt dessen gab die Band eine Presseerklärung heraus, in der sie ihren Fans riet, nicht dorthin zu gehen. Aber wie es das Schicksal wollte, waren sie genau zwei Tage vor Beginn der Konferenz für ein Konzert im Electric Circus in Chicago gebucht. Im Publikum waren auch Hoffman und Rubin. Es wurde, wie nicht anders zu erwarten, ein chaotischer Abend. McDonald erinnert sich, wie die beiden Yippie-Führer sich heftig über ihren typisch abwegigen Plan stritten, ein lebendiges Schwein als Kandidaten der Demokraten zu nominieren. Rubin war für ein hübsches Schwein und Hoffman für ein häßliches.

Und als wäre das nicht genug, gab es in der Konzerthalle noch eine Schlägerei. Ein zorniger Vietnam-Veteran näherte sich McDonald und schlug ihm wegen seiner Weigerung, sich an der Aktion zu beteiligen, ins Gesicht. McDonald wiederum warnte ihn: «Man wird euch in den Arsch treten, wie den Black Panthers, und das Erlebnis möchte ich mir ersparen.»

Die bekannteste politisch-psychedelische Gruppe der Westküste lehnte also einen Auftritt ab. Etwas mehr Erfolg hatten Rubin und Hoffman bei ihren Bemühungen, die radikalen Musiker aus dem Osten für ihre Aktion zu gewinnen. Phil Ochs hatte zugesagt, und die Yippies wollten auch seine heftig umstrittenen Freunde aus New York präsentieren: die Fugs.

Die Fugs waren für New York das, was Frank Zappas Mothers of Invention für Los Angeles waren. Sie wurden Ende 1964 von den beiden Hippie-Schriftstellern Tuli Kupferberg und Ed Sanders gegründet, die von ständig wechselnden Musikern begleitet wurden. Die Fugs waren Satiriker, die Intelligenz mit einem kräftigen Schuß Unverschämtheit mischten. Kupferberg war «eine Art Anarchist», während Sanders sich selbst als «demokratischen Sozialisten» einschätzte. «In manchen europäischen Ländern würde ich zur politischen Mitte gehören, in Amerika aber bin ich ein extremer Linker.» Sie trafen sich regelmäßig in einer Buchhandlung in der Lower East Side, und innerhalb von drei Monaten hatten sie über siebzig Songs geschrieben, die sie in Kunstgalerien und Theatern vortrugen. Als sie auf Off-Broadway-Bühnen zu spielen begannen, fuhren schon bald die Limousinen von Leuten wie Richard Burton und Tennessee Williams vor. Auf dem Cover ihres «First Album».

verstieg sich der Beat-Lyriker Allen Ginsberg in eine geradezu religiöse Hymne: «In der Bibel steht: Wenn Christus zurückkommt, werde jedes Auge sehen. Schon heute kann jedes Ohr hören. Und wenn die Fugs erst einmal die Blockade des Monopols durchbrechen und sie landesweit im Fernsehen gezeigt werden... wird jedes Auge sehen.»

Die LP enthielt neben Antikriegssongs wie Kupferbergs «Kill for Peace» – ein Singsang, der Ratschläge zur Behandlung von Ausländern gibt: «Läßt du sie leben, könnten sie mit den Russen liebäugeln» – jene anarchische Mixtur von Beat-Lyrik und Obszönität, die die Fugs zu einer hochgeschätzten Institution der New Yorker Gegenkultur machte. Innerhalb von drei Jahren gaben sie mehr als siebenhundert Vorstellungen auf Underground-Bühnen und unternahmen mehrere Tourneen durch die USA und Europa. Sanders: «Immer wenn wir einmal an einem Ort gespielt hatten, ließ man uns dort nicht wieder auftreten. Die Polizei kreuzte ständig bei unseren Konzerten auf, und wir mußten für 250 Dollar im Monat einen Rechtsanwalt anstellen.»

Die Fugs hätten ideal zu dem extravaganten Festival der Yippies in Chicago gepaßt, doch genau wie Country Joe McDonald zogen sie sich zurück. Unmittelbar vor Beginn des Parteitags feierte die Band eine «Party» im Hotel Tropicana in LA. Als sie von der Schlägerei erfuhren, in die McDonald in Chicago geraten war, beschlossen sie – mit Ausnahme von Ed Sanders – zu bleiben, wo sie waren.

Das Happening in Chicago wurde nicht zu dem Rockfestival, das die Yippies sich erhofft hatten, sondern verkehrte sich in eine der gewalttätigsten, brutalsten Demonstrationen der amerikanischen Geschichte und in eine außergewöhnliche Konfrontation zwischen dem Establishment und der «Gegenkultur», die in dieser merkwürdigen Zeit die Popmusik (oder «Rockmusik», wie sie jetzt genannt wurde) als eine Macht ansah, die dazu beitragen könnte, eine gewaltsame Veränderung zu bewirken. In Chicago schickten die Yippies Ed Sanders zusammen mit seinem Freund Phil Ochs und MC 5 auf die Bühne. Das war die wilde Band aus Detroit, deren Manager, der White Panther-Führer und Lyriker John Sinclair, auch die Konzerte der Fugs in der «Motor City» Detroit betreute und Sanders' Ansicht teilte, Rockmusik könne die Speerspitze der Revolution sein.

Verschiedene Gruppen von Antikriegsdemonstranten aus den ganzen USA schlossen sich ihnen an, darunter mindestens zweitausend Yippies, dicht gefolgt von den Medien, die zu Recht Ärger vorhersagten und erwarteten. Das Magazin *Esquire* schickte ein nobles Autorenteam – Terry Southern, Jean Genet und William Burroughs – zusammen mit dem englischen Fotografen Michael Cooper, der, in Sandalen und einem purpurfarbenen Anzug, seine Fotos von dem Ereignis schoß. Zeitweise schienen die Mitglieder dieses Teams eher Teilnehmer als Beobachter zu sein, vor allem als sie auf Allen Ginsberg trafen, der nach Chicago gekommen war, um die Gewalttätigkeit zu dämpfen. Er hatte keinen Erfolg.

Die Ereignisse zwischen dem 24. und 28. August waren eine Katastrophe für die USA und die Friedensbewegung. Es gab auf allen Seiten gewalttätige Konfrontationen, doch nichts verhinderte McCarthys Niederlage und die Nominierung Hubert Humphreys, der dann seinerseits von Richard Nixon geschlagen wurde. Die Hoffnungen auf eine Beendigung des Vietnamkriegs zerrannen. Die Yippies hatten die Konfrontation, die sie wollten und andere Gruppen fürchteten, aber das brachte die US-Truppen nicht aus Vietnam zurück. Der einzige Effekt der Aktion war, daß die Amerikaner ein paar unangenehme Wahrheiten über sich selbst erfuhren.

Der Ärger begann im Lincoln Park, wo für die Yippies ein Zeltlager errichtet worden war, da sie keine andere Unterkunft bekamen. Auch wenn sie das Geld für Hotels hatten: alle Hotelbetten waren belegt, und außerdem bot der Park besondere Attraktionen, zum Beispiel kostenlose Rockkonzerte. Die MC 5 spielten hier, nachdem Ed Sanders «dem Vizebürgermeister von Chicago praktisch Geld anbieten mußte», um die Stromversorgung für die Band zu gewährleisten. Und hier las auch Sanders seine Gedichte, von Geheimdienstleuten beobachtet, die ihm während des ganzen Parteitags überallhin folgten.

Bürgermeister Richard Daly, ein treuer Anhänger Humphreys, forderte die Yippies auf, bis 23 Uhr aus dem Park zu verschwinden, und drohte, es würden tausend mit Schrotflinten, Tränengas und Rauchgranaten bewaffnete Polizisten anrücken, falls sie sich weigerten. Ginsberg verfiel auf die recht unkonventionelle Methode, die Yippies zwecks Beruhigung im Kreis sitzend «Om... Om... Om» singen zu lassen, was sie allerdings nicht davor schützte, mit Gummiknüppeln verprügelt zu werden. «Die Bullen hatten Lkw mit Tränengasdüsen», berichtet Sanders. «Es war ganz schön übel.» Mitten in all dieser Gewalttätigkeit gelang ihm die vielleicht einzige Kommunikation zwischen beiden Seiten, ob-

wohl er zu dem Zeitpunkt völlig bekifft war. «Ich hatte Haschischöl genommen», erinnert er sich, «und war dermaßen abgedreht, daß alles sich
in grünen Schaum verwandelte... deshalb mußte ich meinen Geheim-
diensttypen bitten, mich zurück zu meinem Hotelzimmer zu geleiten!»
Später, als Sanders unterwegs war, um sich in einem Kaufhaus einen
Footballhelm als Kopfschutz zu besorgen, kam der Überwacher mit einer
Bitte zu ihm. «Mr. Sanders, ich bin Ihnen jetzt zehn Stunden lang auf
den Fersen, und es ist Zeit für die Ablösung. Mein Kollege ist auf dem
Weg hierher, aber wenn ich noch so lange warte, bis er da ist, verpasse ich
mein Abendessen. Könnten Sie nicht einfach hier warten, bis er
kommt?» Wie es sich gehört, tat Sanders ihm den Gefallen.

Anderswo in Chicago waren die Behörden nicht so human. Im Lincoln
Park, den die Yippies unbedingt halten wollten, gingen die Kämpfe weiter, und die Situation besserte sich nicht, als sie ihr Schwein hervorhol-
ten. Sie hatten beschlossen, es zu nominieren, sobald sie in die Nähe der
Halle gelangten, in der die Parteikonferenz stattfand, doch sie kamen
nicht durch, denn das Gebäude war, umgeben von Kontrollpunkten und
stacheldrahtumzäunt, so Terry Southern, «wie eine militärische Einrichtung» bewacht. McCarthy war bei seiner Ankunft in der Stadt von nur
fünftausend jungen Anhängern begrüßt worden, am Tag seiner Niederlage versuchten doppelt so viele zur Halle zu marschieren. Die Demonstranten fanden ihren Weg vorm Hilton Hotel abgeriegelt. Hier, vor den
Augen der Journalisten und den Fernsehkameras, griff die Polizei die
Demonstranten an. Einige wurden vor dem Hotel eingekesselt und gegen
eine Fensterscheibe gedrückt. Als sie zerbrach und Demonstranten mit
üblen Schnittwunden durch das Fenster in die Empfangshalle krachten,
kamen die knüppelschwingenden Polizisten hinter ihnen her.

Am Ende dieser Woche war ein Mann getötet worden, über tausend
waren verletzt und mehr als sechshundertsechzig verhaftet. Unter den
Angeklagten befanden sich Rubin, Hoffman und Phil Ochs. Ochs hatte
zwei Wochen in Chicago verbracht, sang zunächst für McCarthy, dann,
nachdem er sich den Yippies angeschlossen hatte, für den Black Panther-
Führer Bobby Seale (der ebenfalls verhaftet wurde); er erschien auf der
«Unbirthday Party» für Lyndon Johnson und spielte für die Menge vorm
Hilton (wo er ein Zimmer hatte, «so daß er das Ereignis im Fernsehen
beobachten konnte»). Er wurde verhaftet, als Rubin und Hoffman versuchten, mit ihrem Schwein zur Halle vorzudringen, und erst nach acht

Stunden wieder freigelassen. Seine Verteidigung im darauffolgenden Prozeß war eine bizarre Inszenierung absurden Yippie-Theaters.

Die Ereignisse in Chicago erschütterten Phil Ochs. Der John F. Kennedy, John Wayne und Johnny Cash bewundernde patriotische Rebell, so seine Schwester, «verlor ganz einfach seinen Glauben an Amerika und das System». Rubin und Hoffman hatten sich über seine Zuversicht, Eugene McCarthy könne gewählt werden, lustig gemacht, und nun sah er ein, daß sie recht gehabt hatten.

«Er glaubte an das, was auf der Straße passierte, nicht an das, was auf dem Parteitag geschah – die ganze Insider-Politik und das Gemauschel um Humphrey. Hinzu kommt auch, daß Kennedy gestorben war. Er hatte ein schlechtes Gewissen, ihn nicht mit aller Kraft unterstützt zu haben...» Ed Sanders, der noch immer den Tränen nahe ist, wenn er über Phil Ochs spricht, sagt schlicht: «Er war hier nicht glücklich. 1968 kam für ihn die Ernüchterung, und danach war er nie wieder froh. Er schrieb danach nicht mehr viel – er hätte einfach weiter sozialkritische Songs schreiben sollen, ohne sich darum zu kümmern, ob sie nun großartige Dichtung sind oder nicht.»

Ochs' erste LP nach den Ereignissen in Chicago war eine bittere Vorwegnahme dessen, was in den Siebzigern kommen sollte. Sie hieß «Rehearsals for Retirement» (Generalproben für den Ruhestand). Das Cover zeigt ein Porträt von Phil als braven amerikanischen Jungen auf einem Grabstein. Darauf steht:

PHIL OCHS
(Amerikaner)
Geboren 1940 in El Paso, Texas
Gestorben 1968 in Chicago, Illinois

Die Songs dieses traurigen und faszinierenden Albums spiegeln Ochs' Verwirrung wider. Da wird «I Kill Therefore I Am» (Ich töte, also bin ich), ein Ausbruch altmodischen Zorns, mit der subtilen Selbstbeobachtung und Verzweiflung von «My Life» kontrastiert, das knallige Titelstück mit dem sanften, hübschen und sehr ironischen Song «William Butler Yeats Visits Lincoln Park and Escapes Unscathed» (William Butler Yeats besucht den Lincoln Park und entkommt unversehrt), in dem es direkt um die Geschehnisse in Chicago geht. Ochs selbst sollte nicht unversehrt entkommen. «‹Rehearsals for Retirement› wird ein großer Hit», kündigten A & M Records an, als die LP in Großbritannien erschien. Das Gegenteil trat ein: Diese nachdenkliche Auseinandersetzung mit den erschütterten Hoffnungen der sechziger Jahre erwies sich als das bis heute am schlechtesten verkaufte Album von Phil Ochs. Es war der Anfang vom Ende seiner Karriere und auch seines Lebens.

Auch Ed Sanders dachte über die Vorgänge beim Parteikongreß in einem schlicht «Chicago» genannten Song nach. Co-Autor war Country Joe McDonald, und aufgenommen wurde er mit den Fugs. Ursprünglich für einen Yippie-Film über die Unruhen in Chicago geschrieben, war dies eine für die Fugs typische Mischung aus aktuellem Text und Sprechgesang-Ballade – «May you sleep in peace, Mayor Daly». Sanders war vom System nicht ernüchtert, weil er von vornherein nichts von ihm erwartete, doch er und die anderen wilden Yippie-Rocker mußten langsam einsehen, daß die schnell um sich greifende Revolution der Popmusik und die «neue Jugendkultur», die sie repräsentierte, nicht ganz die mystische Power hatte, die sie von ihr erwartet hatten.

Heute lebt Ed Sanders in einer Hütte in unmittelbarer Nähe des von Touristen bevölkerten malerischen Dorfes Woodstock im Staat New York (die Touristen scheinen nicht zu begreifen, daß das Woodstock-Festival mehr als sechzig Kilometer entfernt stattfand). Hier draußen schreibt er, umgeben von Wäldern und Bächen, Gedichte für die neueste Besetzung der neugegründeten Fugs (eine Band, der noch immer Tuli Kupferberg angehört), aggressiver und faszinierender denn je, Sanders engagiert sich in der Regional- und Umweltpolitik. «Das Wassser in Woodstock sollten Sie heute lieber nicht trinken», warnt er mich, «der Asbestgehalt ist ziemlich hoch.»

Sanders erzählt, er fühle sich «im Vergleich zu dem Halbwüchsigen, der durch das Tränengas in Chicago lief» (oder Ende 1968 erfolglos versuchte, in die Tschechoslowakei einzureisen, um vor den eindringenden russischen Panzern zu masturbieren), «wie ein anderes Wesen. Damals glaubte ich, man müßte nur den richtigen Ton von sich geben, das wäre wie ein Mantra, das die Welt veränderte. Ich wußte, ich war Sozialist, haßte den Krieg und war der Naivste von allen!»

Eine Aufnahme der Fugs aus dem Jahr 1968 heißt «When the Mode of the Music Changes, the Walls of the City Shake» (Wenn sich die Art der Musik verändert, wackeln die Mauern der Stadt), ein Sprechgesang, der dazu auffordert: «Komm, tanz mit mir in Johnsons Land» und «Nimm dich in acht vor einem Mann, den Musik nicht berührt». Für die bekifften Fugs und ihre Anhänger sah es so aus, als könne die neue Rockmusik dazu beitragen, eine umfassende Revolution herbeizuführen. Es war eine außergewöhnliche, idealistische und (im nachhinein betrachtet) mitleiderregend unschuldige Zeit, die im heutigen Klima von Verkaufslisten, Video-Überflutung und aggressiver Marktstrategie unvorstellbar ist. Sie konnte einfach nicht andauern.

Nach den Ausschreitungen in Chicago begann die Unschuld zu weichen, wie es ein Realist der alten Schule (wenn auch ein bekiffter) wie Country Joe McDonald vorausgesehen hatte. Politik und Popmusik gingen nicht länger bruchlos die revolutionäre Allianz ein, die sich die Yippies erhofft hatten, vor allem seitdem ein neuer und entschieden nichtrevolutionärer Faktor in der Gleichung aufgetaucht war – die Schallplattenfirmen.

Revolutionär oder nicht, die Rockmusik wurde allmählich zum ganz großen Geschäft (hellwach wurden die Buchhalter der Musikindustrie, als sie 1969 erfuhren, daß das Woodstock Festival beinahe eine halbe Million Leute angelockt hatte). Flugs sprangen die Plattengesellschaften auf den fahrenden Zug der Rebellion. Das Warner / Reprise-Label warb im *Rolling Stone* mit einem Preisausschreiben: «Gewinn einen Traumabend mit den Fugs». Columbia Records versuchte, mit einer Anzeige den Eindruck zu erwecken, als seien die Industriebosse draußen auf den Barrikaden: «Wenn ihr nicht auf eure Eltern und das Establishment hören wollt... warum solltet ihr dann uns zuhören?» Die Antwort: «Weil die Rockmusik Power hat, der Blues anklagt und der Country-Folk skeptisch ist – so wie ihr.»

Nicht alle Rockbands ließen sich reibungslos einverleiben. Elektra nahm stolz die MC 5 unter Vertrag, die berüchtigt dafür waren, revolutionäre Slogans und Obszönitäten zu grölen, während sie amerikanische Flaggen schwenkten. Auf ihrer Live-Debüt-LP fand sich auch der fröhliche Schlachtruf «Kick out the jams, motherfuckers», was etliche Läden dazu veranlaßte, das Album zu boykottieren. Die Band antwortete mit Angriffen auf ihre Plattenfirma durch Anzeigen in der Untergrundpresse und indem sie ein herzliches «Fuck You», auf Elektra-Briefpapier geschrieben, auf die Schaufenster eines der bei ihnen in Ungnade gefallenen Läden klebte.

Alles in allem jedoch hatten die Plattenfirmen clever investiert, und als Jefferson Airplane damit anfingen, Reklame für Levi's-Jeans zu machen, wurde deutlich, daß man mit der Gegenkultur allmählich das dicke Geld machen konnte. Unterdessen ging der Vietnamkrieg weiter, jetzt unter der Leitung von Präsident Nixon.

4 Abschied von den Sechzigern:

Brasilien, Griechenland,

England und die Staaten

Gegen Ende der Sechziger hatten es weder die Popmusik noch Kennedy, weder Eugene McCarthy noch die Yippies geschafft, daß die US-Truppen aus Südostasien abgezogen wurden. Das Gemeinschaftserlebnis auf den Protestveranstaltungen wurde wichtiger als das politische Ziel – Drogenkonsum setzt seinem Wesen nach keine Gemeinschaft voraus (wenn auch viele Rockkonzerte das Gegenteil vermuten lassen). Schließlich führen «bewußtseinserweiternde» Drogen eher dazu, sich selbst zu beobachten und abzukapseln, als sich um die Schwierigkeiten anderer zu kümmern (wenn auch die Lieder über «Frieden und Liebe» offenbar dazugehören).

Deshalb entwickelte sich in den sechziger Jahren neben dem Interesse an Bürgerrechtsfragen und Problemen der internationalen Politik auch ein Interesse an «persönlicher Politik». Dabei ging es vorwiegend um individuelle Belange, wie sexuelle Befreiung, die Rechte der Schwulen oder die Legalisierung von Drogen, da den meisten weißen Kids der Sechziger der Kampf gegen Hunger oder Arbeitslosigkeit ohnehin unbekannt war. Es überrascht vielleicht nicht, daß die Linke, speziell in Großbritannien, die Veränderungen jenseits des Atlantiks kritisch registrierte und zu dem düsteren Schluß gelangte, die CIA stecke hinter dem psychedelischen Trip, um von Vietnam abzulenken. Waren nicht schließlich, so wurde argumentiert, alle frühen Versuche mit LSD vom Verteidigungsministerium und von der CIA durchgeführt worden – und woher kam eigentlich dieser Timothy Leary?

Aber sogar zu der Zeit, als psychedelische Drogen immer wichtiger wurden und die Rockmusik sich zum großen Geschäft entwickelte, war die politische Popmusik den offiziellen Stellen noch immer verdächtig. Der Beruf des politischen Sängers blieb weiterhin gefährlich. Zwar gab es keine schwarze Liste oder eine Rückkehr zur McCarthy-Ära, und der

Boykott gegenüber Pete Seeger und seinen Weavers blieb eine Ausnahme. Trotzdem weigerten sich viele Radiostationen, politische Songs zu spielen (während sie bei psychedelischer Drogenmusik keine Skrupel hatten), und die Behörden überwachten die Sänger, die sie als verdächtig einstuften. Über Phil Ochs und Ed Sanders zum Beispiel legte das FBI umfangreiche Dossiers an.

Die Paranoia vor der Macht der Popmusik blieb nicht auf die USA beschränkt. Genauso wie die Behörden in der Sowjetunion und in Osteuropa in den siebziger und achtziger Jahren die Musiker (beispielsweise die tschechischen Jazzmusiker) schikanierten, beobachteten in den sechziger Jahren die Militärregierungen mit dem gleichen Mißtrauen die Entwicklungen in der Popmusik. Die politischen Ansichten und Ziele dieser neuen Musik standen in völligem Widerspruch zur Ideologie der Militärs. Von Lateinamerika bis Europa – für manche wurde Popmusik zu einer Gefahr.

Brasilien war Mitte der sechziger Jahre für einen Popsänger eines dieser üblen Länder. Nach dem Militärputsch von 1964 regierten Generäle und Juntas das Land, und es sollte einundzwanzig Jahre dauern, bis wieder Wahlen stattfanden. Trotzdem gelang es der Armee nicht, Brasilien von der neuen Musik aus den USA und Großbritannien oder den Nachrichten über Anti-Vietnamkriegs-Demonstrationen und Studentenunruhen abzuschirmen.

Westlicher Pop beeinflußte sogar Bahia, die nördlich von Rio liegende Küstenprovinz mit der Hauptstadt Salvador, die als musikalisches Zentrum Brasiliens gilt. Das Gebiet war zur Zeit der portugiesischen Kolonialherrschaft ein Umschlagplatz für den Sklavenhandel; noch heute leben hier die meisten Schwarzen in Brasilien, und die Provinz unterhält enge Beziehungen zu Afrika und der Karibik. Bahia hat seine ganz eigenen Spezialitäten, seine eigenen Bräuche, seine Riten und die Yoruba-Religion der Sklaven aus Nigeria. Es ist eine farbenprächtige Gegend (besonders zur Zeit des Karnevals) mit der dazu passenden Musik – vom Reggae bis zum Salsa, vermischt mit Merengue- und Samba-Stilen, die sich größtenteils aus der afrikanischen Musik entwickelt haben.

Hier entstand Tropicalia, eine Bewegung, die von vier Freunden ausging – den inzwischen berühmten Gilberto Gil, Maria Bethania, ihrem Bruder Caetano Veloso und Gal Costa. Sie waren entschlossen, die brasilianische Musik vom Image der kitschig-romantischen Balladen zu befreien, das sich nach dem Bossa Nova-Boom der späten Fünfziger festgesetzt hatte.

«Wir wollten», sagt Gil, «die brasilianische Musik zeitgemäßer machen. Caetano und ich hörten die Musik Bob Dylans, der Beatles und der Stones, beobachteten die Studentenbewegungen in den USA und kamen zu dem Schluß, daß die brasilianische Jugend endlich Stellung beziehen müsse.» Die Musik wurde bei den jungen Brasilianern ein voller Erfolg, und für kurze Zeit tolerierten sie auch die neuen Militärmachthaber – 1967 schickte das Außenministerium Gil zu Konzerten in das damals noch unter portugiesischer Kolonialverwaltung stehende Angola.

Gil und seine Freunde sangen zwar keine politischen Texte, verstanden sich aber als «politisch durch unsere Haltung. Es war die Art, sich zu kleiden, zu sprechen, die Hippies und die neuen Ideen zu unterstützen. Und das war eine Herausforderung des Militärs, besonders zu einer Zeit, als sie versuchten, den Brasilianern vorzuschreiben, was sie zu tun und wie sie sich zu verhalten haben.»

Das Leben in Brasilien wurde allmählich härter. 1967 bekam das Land mit General Artur da Costa e Silva einen neuen Präsidenten, und schon 1968 verwandelte dieser das Land in eine Diktatur. Im Dezember jenes Jahres wurden Gilberto Gil und Caetano Veloso ohne Anklage plötzlich verhaftet. Man teilte ihnen mit, daß man sie für gefährlich hielte, ohne dies zu begründen, und daß sie nie wieder Konzerte geben oder im Fernsehen auftreten dürften. Sie wurden sechs Monate gefangengehalten – zwei Monate im Gefängnis und vier Monate unter Hausarrest. Laut Gil, heute ein brasilianischer Superstar in mittleren Jahren, «konnte sich die Militärregierung auf die stillschweigende Unterstützung aller Eltern verlassen. Was wir machten, verunsicherte sie. Sie mochten unsere langen Haare nicht und hielten uns für verrückt.»

Die Militärs waren beunruhigt; einerseits wegen des Erfolgs der Musik, die eindeutig gegen das Establishment gerichtet war, andererseits wegen des Verdachts, die rebellisch aussehenden Sänger könnten Anhänger regierungsfeindlicher Guerillaorganisationen sein (was sie, wie Gil betont, nicht waren). Deshalb wurden die beiden Freunde verhaftet und später gezwungen, ins Ausland zu gehen – so weit weg wie möglich.

Sie beschlossen, nach London zu ziehen, «wegen der Beatles und der Stones». Hier spielte Gil in den Clubs mit Leuten wie Dave Gilmour von Pink Floyd und nahm sogar eine LP auf (eine Mischung aus brasilianischer und Hippie-Musik mit Titeln wie «The Three Mushrooms» und «Volkswagen Blues»). Als sich drei Jahre später die Militärregierung in Brasilien konsolidiert hatte und sich durch die Musik weniger bedroht fühlte, durften Gil und Veloso endlich nach Hause zurückkehren, um ihre internationale Karriere fortzusetzen (Gil arbeitete anschließend mit dem Reggaestar Jimmy Cliff und landete Hits wie «Toda Menina Bahiana», dem Diskothekenrenner von 1984).

Als in den achtziger Jahren wieder eine Zivilregierung gewählt wurde, begann seine Musik politisch konventioneller zu werden. 1986 wurde er Kulturminister von Bahia und hielt im folgenden Jahr, in Verbindung mit einem Konzert in London, einen Vortrag über «Tropicalia, Ruhm und Politik», wobei er auf die Wirtschafts- und Rassenproblematik in Brasilien einging.

Gil hatte seinen Kampf gegen das Militär überlebt, doch zeigt seine Erfahrung, wie ein Militärregime jeden politischen Song oder auch nur Anzeichen von Gegenkultur fürchtet und verfolgt. Die Ereignisse in Chile sollten später noch tragischer und schmerzhafter enden, während bereits zu dieser Zeit in Griechenland der Komponist einer völlig anderen Musikrichtung darunter litt, daß er seine Kunst mit seinen politischen Überzeugungen vermischt hatte.

Als im Dezember 1968 Gilberto Gil in Brasilien verhaftet wurde, saß Mikis Theodorakis, der populärste und hervorragendste griechische Komponist des zwanzigsten Jahrhunderts, bereits seit sechzehn Monaten hinter Gittern – auf Veranlassung des Militärregimes in Athen. Theodorakis hatte in seiner Musik etwas verbunden, was die amerikanische und britische Popwelt wahrscheinlich als einen Widerspruch in sich empfinden würde: eine volkstümliche Popmusik, eine kommerzielle Musik in höchster Vollendung, die überall in Griechenland aus Musikboxen und Radios dröhnte, die aber zugleich als «Kunst», als Musik für Konzerthallen gelten konnte. Sie war von griechischer Volks- und Schlagermusik beeinflußt, gleichermaßen lebenslustig, gefühlsbetont und ernst, und sie griff oft auf Texte der besten Dichter des Landes zurück. Seine Musik hatte zudem einen extrem politischen Charakter, da Mikis Theodorakis auch der bekannteste kommunistische Politiker seines Landes war, und in diesem Sinne wurde sie von der griechischen Linken als Symbol des Widerstandes benutzt.

Als die Protestwelle der sechziger Jahre in den USA und in Großbritannien ihren Höhepunkt erreichte, saß Theodorakis im Gefängnis, aber er identifizierte sich mit den Vorgängen (und war sogar der Ansicht, er hätte dies alles bedeutend besser gemacht). In seinem *Künstlerischen Credo* beschreibt er, wie das «Volk» der klassischen Musik entfremdet wurde, weil Kunstlied und symphonische Konzerte «jahrzehntelang das ausschließliche Privileg der Bourgeoisie, der Mittelschicht, gewesen waren». Was das Volk bräuchte, sei eine Musik, «die ihm allein gehörte... diese Musik – seine Musik – ist das ‹Volkslied›. Ein großartiges Beispiel dafür ist der Triumph des angelsächsischen Popsongs, der von zahllosen Popgruppen, Sängern und Komponisten wiederbelebt wurde: von den Beatles bis zu Joan Baez und Bob Dylan.»

Was Theodorakis als populärer, politischer Songschreiber und Komponist erreichte, ging weit über die mühsamen Ergebnisse eines großen Teils der Popmusik der sechziger Jahre hinaus. Natürlich ist zu berücksichtigen, daß er innerhalb einer völlig anderen kulturellen Tradition arbeitete, in einem Land, in dem die populäre Musik weit größere politische Bedeutung erlangt hatte als in den USA oder in England. Wenn man einmal vom Tod Victor Jaras in Chile absieht, erinnern sein Werk und das Leid, das er dafür in Kauf nahm, am nachdrücklichsten daran, wie sehr der politische Song gefürchtet wird und welche Qualen diese Musiker erdulden müssen.

Die Geschichte von Theodorakis beginnt bereits im Zweiten Weltkrieg, als er «aus Patriotismus» Kommunist wurde. «Die einzigen, die gegen die Deutschen zur Waffe griffen, waren die Kommunisten. Die einzige Revolution, die ich anstrebe, ist die Demokratie.» Aber er wollte für die Revolution auch mit musikalischen Mitteln kämpfen, die Musik als Waffe benutzend, so wie sie vor der Revolution von 1821 dazu gedient hatte, das Nationalgefühl lebendig zu halten – über vierhundert Jahre hinweg, in denen die Türken Griechenland beherrscht hatten. Gemeinsam mit anderen Komponisten wie Hadzidakis wandte er sich von der konventionellen, klassischen Musik ab und suchte dafür seine Anregungen in den Liedern, die man an den Kais von Piräus hören konnte, wo die Matrosen, Hafenarbeiter, Außenseiter und Arbeitslosen zur Begleitung der Bouzouki von Liebe und Verzweiflung sangen. In gewisser Weise war dies der Blues des östlichen Mittelmeerraums.

Theodorakis und seine Freunde hofften, mit der Bouzouki zu einer neuen Musik zu finden. Gleichzeitig mußten sie aber um die politische Befreiung kämpfen. Theodorakis schloß sich dem Widerstandskampf gegen die Nazis an und wurde im Verlauf des grausamen Bürgerkriegs zusammen mit anderen Anhängern der Kommunisten ins Gefängnis von Makronissos gebracht. Als man ihn in den frühen fünfziger Jahren freiließ, ging er nach Paris, um dort zu studieren.

Inzwischen löste Hadzidakis, der die Musik zum internationalen Filmerfolg «Sonntags nie» komponierte, den sogenannten «Bouzouki-Krieg» aus, der durch den Versuch, das Instrument gesellschaftsfähig zu machen, erregte Kontroversen in griechischen Künstlerkreisen verursachte. Dann kehrte Theodorakis zurück (der später mit seiner «Alexis Sorbas»-Musik einen noch größeren Kinoerfolg verzeichnete), um den Stil zu schaffen, der in jeder Hinsicht, wie er behauptete, über die britische oder amerikanische Popmusik hinausgehen sollte. Seine Komposition «Epitaphios» war nicht nur ein Song, sondern ein aufwühlender, tragischer Liederzyklus (der die Rock-«Konzeptalben» der siebziger Jahre um mehr als ein Jahrzehnt vorwegnahm), in dem er Bouzoukis sowie volkstümliche Tanzmusik verwendete. Die kraftvollen und sehr engagierten Texte stammten zudem von Yannis Ritsos, einem der größten Lyriker Griechenlands, der die Gedichte schon 1936 geschrieben hatte. «Das Epitaph» schildert die Klage einer Mutter um ihren Sohn, der bei einem Streik getötet wurde.

Kurz vor den Wahlen – im Sommer 1961 – ging der Komponist auf eine Tournee durch Griechenland, um die Popularität und Wirkung seines «Epitaphios» und anderer neuer Songzyklen hautnah zu erleben. Der Regierung Karamanlis war der kommunistische Theodorakis und seine gefährliche Musik zutiefst verdächtig. Es kam immer wieder zu Tumulten bei den Konzerten (die, wie man annahm, häufig von Provokateuren verursacht wurden), und schließlich durfte «Epitaphios» nicht mehr im Radio gesendet werden. Die Leute liebten es um so mehr.

1962 schrieb er Lieder über den Bürgerkrieg und komponierte die Musik zu einer griechischen Bearbeitung von Brendan Behans Theaterstück «Die Geisel». Das Stück, das politische Morde in Irland zum Thema hat, wurde im folgenden Jahr plötzlich auf tragische Weise für Griechenland aktuell. In Thessaloniki wurde Gregorios Lambrakis ermordet, ein äußerst populäres Mitglied des griechischen Parlaments, der im Wahlkampf für Abrüstung und Demokratisierung des Erziehungssystems eingetreten war. Der folgende Skandal bildete die Vorlage für den Film «Z» (mit der Musik zu «Die Geisel» als Soundtrack) und führte schließlich zum Sturz der Regierung Karamanlis.

Mikis Theodorakis trat die Nachfolge des ermordeten Politikers an. Er wurde ins Parlament gewählt, übernahm die Position Lambrakis' in der Regierung Papandreou und fungierte als Vorsitzender der Demokratischen Jugend Lambrakis', die Kunstprojekte, Bibliotheken und Konferenzen initiierte. Später trat Papandreou zurück, während Theodorakis dem politischen Druck standhielt und die Kunstszene Griechenlands veränderte. Er organisierte Veranstaltungen wie die «Erste Woche griechischer Musik», die im Sommer 1966 Zehntausende nach Athen führte, die seine leidenschaftliche, volksnahe und politische Musik hören wollten.

Im April 1967 änderte sich alles schlagartig. Die Obristen, an ihrer Spitze George Papadopoulos, übernahmen die Macht, und wieder einmal wurde Griechenland zur Diktatur. Eine der ersten Maßnahmen der Junta betraf das Verbot der Musik von Theodorakis. Der Bevölkerung wurde untersagt, die Musik des meistgeliebten Komponisten des Landes zu singen, zu pfeifen, zu hören, zu verkaufen oder gar zu besitzen. Theodorakis selbst wurde zur Strecke gebracht, mit der Begründung, er befinde sich in «natürlicher Gegnerschaft» zum Regime.

Als die Armee die Hauptstadt eroberte, arbeitete er gerade an einem Plan für ein Kunstzentrum, das nahe den Hafenanlagen von Piräus außerhalb Athens entstehen sollte. Er wurde telefonisch gewarnt und entkam den Razzien, bei denen über zwölftausend linksgerichtete Politiker, Gewerkschaftsfunktionäre und Intellektuelle verhaftet und danach ins Gefängnis oder in Lager gebracht wurden. Während er untergetaucht war, gründete er die Widerstandsbewegung Patriotische Front und überlistete fünf Monate lang die Polizei, bis man ihn schließlich am 21. August festnahm.

Theodorakis kam ins berüchtigte Asfaleia-Gefängnis in Athen und dann ins Averoff-Gefängnis, mitten im Stadtzentrum, wo er verblüffenderweise weiterkomponierte. Als Inspiration diente ihm ein Gedicht – auf ein winziges gefaltetes Stück Papier geschrieben –, das in seine Zelle geschmuggelt und offensichtlich von einer Insassin des Frauengefängnisses verfaßt worden war. Sie war eine politische Gefangene, zwanzig Jahre alt, und hatte das Gedicht nur mit «Marina» unterschrieben. Niemand weiß genau, wer sie war, aber ihr Gedicht wurde zur Grundlage von «Belagerungszustand». Theodorakis schrieb die Melodie in seiner Zelle, ohne ein Musikinstrument benutzen zu können, und schlug gegen die Gitterstäbe, um einen Rhythmus zu finden. Als er vier Monate später aus dem Gefängnis entlassen wurde und unter Hausarrest stand (eine kurze Zeit relativer Freiheit, bevor er wieder zurück mußte), beendete er die Komposition am Klavier. Den Text sang er selbst, das Band mit der Aufnahme schmuggelte man zu seinen Förderern in Frankreich.

Das Militärregime konnte die Musik von Mikis Theodorakis nicht zum Verstummen bringen. Maria Farantouri und Antonis Caloyannis, den bekanntesten Interpreten seiner Musik, war es gelungen, Griechenland gerade noch rechtzeitig vor dem Putsch zu verlassen, und sie nahmen von ihrem Exil in England aus jede Gelegenheit wahr, auf ihren Konzerten die Öffentlichkeit über die politische Lage in Griechenland zu informieren. «Belagerungszustand» war ein fester Bestandteil ihrer Konzerte, ob diese nun in Universitäten oder in der Londoner Albert Hall stattfanden. In ihrer Heimat wurde ihr Stil als hohe Kunst und zugleich als populäre Musik betrachtet, außerhalb Griechenlands jedoch war es wegen der Sprachbarriere, der ungewohnten Klänge der Bouzoukis und der Art, wie für die Musik geworben wurde, wohl unumgänglich, daß sie einem Massenpublikum verschlossen blieb. Konzerte, die für die Freilassung Theodorakis' warben, wurden eher von Interpreten klassischer Musik wie dem Gitarristen John Williams unterstutzt als von Popstars.

Dennoch war die Kampagne erfolgreich. Im April 1970, vier Jahre bevor die Junta zu Fall gebracht wurde, beugte sich Oberst Papadopoulos dem Druck der europäischen Länder und erlaubte Theodorakis die Ausreise. Im Jahr darauf begab sich der Musiker auf Welttournee, und als in Griechenland endlich wieder demokratische Verhältnisse herrschten, wurde er erneut ins Parlament gewählt. 1986 trat er zurück; das Parlament, sagte er, gelte nichts mehr, und er könne als Volksvertreter nicht genügend Einfluß nehmen. Im selben Jahr erklärte er auf einem deutschen Musik- und Lyrik-Festival einem Musikerkollegen seine Gründe. Dieser berichtet, Theodorakis habe mit seiner Aktion gegen Griechenlands Weigerung protestieren wollen, nach der Katastrophe von Tschernobyl aus der Atomenergie auszusteigen. Der Mann, dem der Grieche dies anvertraute, war ein auf ganz anderer Wellenlänge sendender Rebell der sechziger Jahre: Ed Sanders.

In Großbritannien herrschten in den Sechzigern ganz und gar andere Verhältnisse. Während in den USA Musiker für die Bürgerrechte und gegen den Vietnamkrieg kämpften und in anderen Teilen der Welt Aktionen gegen Militärregimes und Unterdrückung liefen, ging es in Großbritannien viel gemütlicher zu. Als die anarchische und farbenprächtige Welle der «Gegenkultur» sich über das Land ausbreitete, gab es zwar auch Studentenunruhen, Demonstrationen gegen die Verstrickung der USA in den Vietnamkrieg und sogar Diskussionen über die «Revolution», aber die britischen Bands, die über die Carnaby Street schlenderten oder zu gewinnbringenden musikalischen Kreuzzügen in die USA aufbrachen, fühlten sich bemerkenswert sicher und geborgen in ihrer Heimat, in die sie jederzeit zurückkehren konnten.

Aber es passierte dort nichts Aufregendes – zumindest nicht im konventionell politischen Sinne. Der Sieg der Labour-Partei 1964 hatte dreizehn Jahre konservativer Herrschaft beendet, und zu Anfang hatte die Regierung Harold Wilson zumindest versucht, sich mit der Vitalität und der Ausdruckskraft der neuen Musik zu identifizieren, die schnell zu Englands bekanntestem Exportartikel wurde. Immerhin war Wilsons persönlicher Wahlkreis Liverpool, die Heimat der Beatles, und bei seinen frühen Wahlkampfauftritten war der Politiker nicht abgeneigt, pfeiferauchend neben diesen reizenden, so harmlos dreinblickenden Pilzköpfen fotografiert zu werden.

Die Beatles wurden für ihren Charme, die guten Umsätze und die Imagepflege Wilsons belohnt, als ihnen 1965 der Orden des British Empire verliehen wurde. Die Königin überreichte die Orden bei einer Zeremonie im Buckingham Palace, gemäß einer Empfehlung Wilsons, dessen Ziel es war, sich selbst mit der Popularität der Popstars zu schmücken. Doch ging letztlich für Wilson der Schuß nach hinten los. 1969 gab Lennon seine Medaille zurück, «aus Protest gegen das Engagement Großbritanniens in Nigeria und Biafra, gegen die Unterstützung Amerikas in Vietnam... und gegen den Abstieg von ‹Cold Turkey› in der Hitparade» – und dann stellte sich auch noch heraus, daß diese entzückenden Pilzköpfe in der Toilette des Buckingham Palace Joints geraucht hatten.

Aber als das bekannt wurde, spielte es ohnehin keine Rolle mehr, zumindest nicht für Harold Wilson. Die wenigen Gemeinsamkeiten, die es zwischen Popmusik und Labour-Regierung gegeben hatte, waren längst verschwunden. Unter Wilson machte Politik wenig Spaß, und für Idealismus war kaum Platz. Es war ihm gelungen, jeglichen jugendlichen Enthusiasmus für Sozialdemokratie bei den neuen Musiker-Rebellen abzuwürgen. Dank des Premierministers erklang der Ruf nach «Revolution» und einer idealeren Gesellschaft weitab von den Schalthebeln konventioneller Politik. Das Endergebnis war Ernüchterung rundum, denn die oftmals als «glorreiche neue Elisabethanische Ära» gepriesenen sechziger Jahre waren eher ein verrücktes Durcheinander, in dem ein frisch gekürter Kreis von Mini-Gottheiten, Popstars genannt, eine führende Rolle spielte.

Die neue Popmusik hatte sich aus Skiffle und Blues entwickelt und stand somit in traditioneller Verbindung zu den Protestsängern der fünfziger Jahre, die auf der Straße zur Waffenfabrik Aldermaston auf ihren Gitarren geschrammelt hatten. Jetzt endlich war eine Labour-Regierung an der Macht, doch entgegen der Hoffnung vieler ihrer Anhänger weigerte sie sich, die Atomwaffen abzuschaffen. Auch machte sie keinerlei Anstalten, die Unterstützung der Amerikaner im Vietnamkrieg zu stoppen. Who-Leader Pete Townshend hatte schon als Schüler an Anti-Atom-Kundgebungen teilgenommen und erinnert sich an politische Diskussionsrunden mit älteren linken Traditional-Jazzern, zu denen etwa Ken Colyer gehörte. Gegen Mitte der Sechziger hatte er sich allerdings weit davon entfernt.

«Da passierte was zwischen Trad-Epoche und Rock. In der Zeit des traditionellen Jazz gab es tolle Leute, die großartige Sachen machten, CND [Campaign for Nuclear Disarmament] oder Amnesty gründeten und die jungen Leute zu mobilisieren versuchten. Aber dann wurde das ganze Thema ‹Politik und die Macht des Individuums, den Wandel zu beeinflussen› unter der Flutwelle des Rock begraben. Hätte die Labour-Regierung in den Sechzigern die Politik gemacht, die sich die Jüngeren erhofft hatten, hätten sich völlig neue Perspektiven eröffnet. Es wäre sicher anders gelaufen, wenn Leute wie ich gespürt hätten, daß man mit Buttons und fünf Aldermaston-Demos etwas erreichen kann. Aber wir erreichten nichts und hatten auch das Gefühl, nichts zu erreichen.»

Die britische Popmusik der sechziger Jahre ging zunächst auf Distanz zur Parteipolitik und wurde dann zunehmend feindseliger gegenüber dem ganzen System, während sich die Musiker lieber auf lukrativere Karrieren als Minnesänger der neuen «Gegenkultur» konzentrierten. Die Labour-Partei verlor jede Chance, sich den jugendlichen Elan und Idealismus zunutze zu machen. Statt dessen startete sie einen Feldzug gegen die sogenannte «permissive Gesellschaft» und die als ihre Hohepriester geltenden Popmusiker. In den späten Sechzigern waren Verhaftungen wegen Drogenbesitzes und Prozesse wegen obszöner Handlungen gang und gäbe, Vorfälle, über die *International Times*, die wichtigste Underground-Zeitung, regelmäßig in der Kolumne «Censorship» informierte.

An solchen Leuten war Wilson nicht interessiert, und er verlor rasch jenes trendgemäße Image, das er einmal für erstrebenswert gehalten haben mochte. All diese wütenden Studenten und bunten Popstars erschienen ihm als abseitige Randerscheinung, und die meisten Wähler stimmten ihm zu. Schließlich ging es mit England bergauf. Es gab keine ernsthaften Probleme im Gesundheits- oder Erziehungswesen, und Vietnam und Rhodesien waren weit weg. Als Wilson schließlich eine schwere Krise meistern mußte, ging es nicht um die Studentenrevolte, sondern um seinen Kampf mit den Gewerkschaften, der zu einer erniedrigenden Reduzierung der Industriereformpläne führte. Hier engagierten sich die Popmusiker noch nicht, wie sie es dann in den achtziger Jahren tun sollten. Die Welt der Gewerkschaften war Lichtjahre entfernt von ihren Konzerten.

Statt dessen drifteten viele Musiker in Phantasiewelten und Eskapismus ab, immer die Massen der Gegenkultur im Auge, die ja ihre Platten kauften (und diese bisweilen in einer Weise interpretierten, die gar nicht beabsichtigt war). Hier und da wurde gelegentlich, zum Beispiel während der Studentenrevolten von 1968, Solidarität mit der «Revolution» bekundet, doch der politische Druck ging eher vom Publikum als von den Künstlern selbst aus, waren doch viele der radikaleren Studenten ohnehin nie scharf auf Popmusik, da sie sie verdächtigten, von Kommerz und amerikanischen Einflüssen verdorben zu sein.

Theodorakis hat zwar das Werk der Beatles bewundert, in England aber spielte niemand – nicht einmal in der Folkszene – politische Musik, die sich mit seinem in Griechenland entstehenden Werk messen konnte. Gewiß, es gab neue «Folk Rock»-Bands, die neue Impulse in die britische

Folkmusik brachten und sie «elektrifizierten», aber sie folgten nicht so sehr der Tradition einheimischer linker Folksänger wie Ewan McColl, sondern vielmehr den Folkrockern von der amerikanischen Westküste wie den Byrds und Jefferson Airplane. Immerhin trat Fairport Convention, Englands hervorragendste Folkrockband, in Londoner Psychedelic-Clubs wie dem UFO zusammen mit Pink Floyd auf. In ein solches Ambiente hätten Arbeiter- und Streiklieder über schwere Zeiten und Alltagssorgen wohl schlecht gepaßt, deshalb hielten sie sich an die eher eskapistischen, Phantasia-Idyllik evozierenden Songs über Liebe und Tod im alten England. Bands wie die Fairports und Steeleye Span ermutigten zudem Bestseller-Rockbands wie Traffic und Jethro Tull, britischen Folksongs nachzugehen, aber keine der Gruppen war an der politischen Tradition aus dem Industrieproletariat interessiert. Phantastik und Revolution ließen sich verkaufen, erzählende Songs über Not und Elend und harte Zeiten dagegen paßten einfach nicht in die Musikszene der Sechziger.

Ziemlich spät erst, in den achtziger Jahren, entdeckte der Folkrock mit Gruppen wie der Oyster Band und Home Service seine politischen Wurzeln wieder. Auf die sechziger Jahre zurückblickend, beklagt sich John Tams von Home Service: «Ständig hörtest du Songs über schneeweiße Rosse, grüne Ritter und Elfen und herzlich wenig aus der Industriearbeitertradition, obwohl auf jedes ländlich-pastorale Meisterwerk zwei Songs über Schlackehalden und Fabrikschlote kommen – und das sind die Lieder, auf die es noch immer ankommt, weil sie sich mit Problemen auseinandersetzen, die weiterhin existieren.»

Ein noch geringeres politisches Engagement als die Folkrocker zeigten die avantgardistischen Jazzrocker. In den achtziger Jahren trat Robert Wyatt als einer der originellsten politischen Sänger in Großbritannien hervor. Er nahm die erste Version von Elvis Costellos «Shipbuilding» auf und produzierte Schallplatten, um die streikenden Bergarbeiter oder die Truppen der South West Africa People's Organisation (SWAPO) zu unterstützen, die in Namibia gegen Südafrika kämpften. In den Sechzigern hatte er als Schlagzeuger von Soft Machine eine ganz andere Rolle:

«Ich kann mich nicht an Musiker erinnern, die dem politischen Bewußtsein eine neue Richtung wiesen», sagt er heute. «Die Musiker wurden häufig gegen ihren Willen vom Sog des Bewußtseins mitgerissen, das im Publikum herrschte. Auf dem Kontinent – vor allem in Deutschland – mußten wir erfahren, daß es unsere Funktion war, Tausenden von Studenten einen Anlaß zu geben, sich in einem Saal zu einem politischen Treffen zu versammeln.»

Die meisten britischen Popheroen der Sechziger waren in ähnlicher Weise von der Politik entfremdet. Ray Davies, der Kopf der Kinks, schrieb mit seinen Songs die vielleicht witzigsten und raffiniertesten Popkommentare zum britischen Alltagsleben. Er gehört zu den unterschätzten Innovatoren des britischen Pop. In «Dedicated Follower of Fashion» lieferte er eine brillante Satire auf das Swinging London; mit beißender Ironie schildert er die Lage des heruntergekommenen Adels unter der Labour-Regierung («Das Finanzamt hat mir den ganzen Zaster weggenommen, jetzt hab ich nur noch mein Schloß...»), und er war auf mutige Weise altmodisch genug, das Publikum mit dem fröhlichen, zum Mitsingen animierenden «Dead End Street» an die Armut in England zu erinnern.

Davies sagte, er schreibe für «den kleinen Mann, den gewöhnlichen, angesehenen Typen», und in dieser Rolle konnte er, immer auf der Hut vor der Obrigkeit und häufig mit zynischem Amüsement aus der Distanz, sentimental wie auch aggressiv sein. Der Musiker, der sich mit der Zerstörung der englischen Landschaft genauso befaßte wie mit Familien, die durch Auswanderung nach Australien auseinandergerissen werden, schrieb mit «Get Back in Line» auch den ersten gegen die Gewerkschaft gerichteten Popsong. Verfaßt nach eigenen Erlebnissen mit der Macht der amerikanischen Gewerkschaften (deren restriktive Praktiken und Vorschriften frontal mit der freiheitsliebenden Popwelt zusammenstießen), war dieser Song eine weitere Anklage gegen die Unterdrückung des Individuums durch die Bürokratien.

Davies war hinsichtlich seiner Themen und seiner politischen Überzeugungen nicht gerade ein typischer Popstar der sechziger Jahre. Als wir 1977 in einer Kneipe im Norden Londons saßen, gestand er: «Ich weiß nicht, auf welcher Seite ich stehe. Ich bin Rock 'n' Roll-Sänger, dahinter kann ich mich wunderbar verstecken. Es gibt die Linke, es gibt die Rechte, und es gibt den Rock 'n' Roll.» Mit dieser Bemerkung bringt Davies den Zustand der britischen Popmusik in den Sechzigern auf den Punkt.

Pete Townshend, früher der wilde Mann, der seine Gitarre zertrümmerte, hat heute ein ganz anderes Image: das einer Vaterfigur der engagierten Red Wedge (Roter Keil)-Bewegung, die zum Beispiel Amnesty,

Anti-Apartheid- oder Anti-Heroin-Projekte unterstützt. Der Who-Gitarrist, ein Idol der Sechziger, betrachtet dieses Jahrzehnt heute als eine Katastrophe. «Es wird als eine der großen lächerlichen Epochen in die Geschichte eingehen, vor allem weil es den Menschen in dieser Zeit an Perspektiven und Realitätssinn mangelte. Sie begriffen nicht, daß sie Veränderungen durch das bestehende System herbeiführen konnten...» Dennoch glaubte Townshend an seine Zuhörer, glaubte, daß sie – und nicht die Künstler – die wahren Idealisten der sechziger Jahre waren, «ein großartiges Publikum, das tatsächlich an eine Art Revolution glaubte, und ich denke, so ein Potential für eine wirkliche Revolution hat Großbritannien nie zuvor und auch seitdem nie wieder erreicht.»

Das Programm für diese «potentielle Revolution» stand in der *International Times* in Form einer Liste von Problemen, mit denen die Gesellschaft nach Meinung der Verfasser nicht angemessen umging. Unter anderem war dort aufgeführt:

- Die Monopolisierung weltlicher Autorität von Geschäftsleuten durch die Regierung und geistlicher Autorität von Priestern durch die Kirchen.
- Das Zeitungsmonopol und die konsequente Verunglimpfung des geschriebenen Wortes, der höchsten Errungenschaft des Menschen.
- Die Notwendigkeit, Sex, Tod und Drogen aus der Tabusphäre herauszulösen, in der sie sich gegenwärtig befinden.
- Die rücksichtslose Ausbeutung der natürlichen Bodenschätze, um künstlich geschaffene Bedürfnisse zu befriedigen.

Drei dieser vier Problemkomplexe hätten der traditionellen Linken eigentlich keine Schwierigkeiten bereiten sollen, doch der *New Statesman*, die wöchentlich erscheinende Bibel der Labour-Intellektuellen, hatte die *International Times* ein für allemal als «antisozialistische Beatnik-Ausgeburt» abgestempelt. Die sich formierenden (wenn auch häufig bekifften) Idealisten der Gegenkultur erhielten keine Unterstützung von konventionellen Politikern und, wie Townshend zugibt, auch nicht genügend Hilfestellung von ihren Idolen aus der Musikszene. Als eine Band, die ganz bewußt politisches Engagement vermied, leisteten ihnen die Who ganz gewiß keinen politischen Beistand.

Townshend war mit den Hymnen des traditionellen Jazz aufgewachsen – «Arbeiterlieder und Texte, die der *Red Flag*, der *Roten Fahne*, entlehnt waren. Alles kam aus der richtigen Quelle!» –, aber als es darum ging, seine eigenen, emotionalen, aufwühlenden Rockhymnen zu schreiben, waren diese «von der Realität weit entfernt. Was eigentlich absurd war, denn es war die freieste Epoche, die es jemals gegeben hat. Man hätte wirklich alles sagen können...»

Die Who handelten hauptsächlich mit Fantasy und Märchen, und das, obwohl sie zunächst damit begonnen hatten, die sprachlose Wut und Verwirrung ihrer Anhänger in Songs wie «I Can't Explain», «My Generation» oder «Substitute» in atemberaubender Dichte zum Ausdruck zu bringen. «Das Terrain, das wir besetzten», sagt Townshend, «war das der Träume und Visionen, die nicht gerade von tiefschürfender Lektüre oder so was zeugten.» Und doch schrieb er manchmal Songs, die von seinem Publikum als direkte politische Agitation aufgefaßt wurden.

Einer der eingängigsten Songs der Who und derjenige, der die größte Verwirrung gestiftet hat, war «Won't Get Fooled Again», mit einem so überzeugenden und aggressiven Text, daß die Labour-Partei 1987 um die Genehmigung bat, ihn als Teil ihrer Wahlkampagne zu benutzen. Als der Song 1971 erschien, war er von Townshend als Affront gegen politisches Engagement gedacht. Er schrieb ihn, nachdem er einen Brief von Mick Farren, einem Gelegenheits-Popmusiker, der damals für die *International Times* arbeitete, erhalten hatte, in dem er und die Who dazu aufgefordert wurden, sich als große, einflußreiche Band zum «Werkzeug der britischen Revolution» zu machen.

Es war eine kritische Periode für die Gegenkultur. Die Konservative Partei war wieder an der Macht (Edward Heath übernahm von Wilson zwischen 1970 und 1974 das Amt des Ministerpräsidenten), und Townshend erinnert sich, daß «entsetzliche Dinge passierten. Die Polizei führte Razzien in Buchhandlungen durch, und das ganze Thema bürgerliche Freiheiten schien unter Beschuß zu geraten». Im Juli 1971, als «Won't Get Fooled Again» die britischen Top Ten erreichte, wurden die Herausgeber von *Oz*, einem bekannten Underground-Magazin, für schuldig befunden, «einen obszönen Artikel veröffentlicht» zu haben, in der Nummer 28, der Schülerausgabe, deren Cover zwei Mädchen in einer Pose zeigte, die von Sittenwächtern als «lesbisch» beurteilt wurde. Die Herausgeber wurden gleich zwecks Anfertigung medizinischer und psychiatrischer Gutachten bis zur Verurteilung in Untersuchungshaft gehalten, und der National Council for Civil Liberties (NCCL) verfolgte den Fall mit Besorgnis. Sein Urteil: «Da wird ein kalkulierter Versuch unternommen, Meinungen und Einstellungen speziell jüngerer Leute zu unterdrücken, die im Widerspruch zu der rigiden Moral einer älteren Generation stehen.»

Wie sollte der Popstar, der als «Wortführer seiner Generation» betrachtet wurde, darauf reagieren? Townshend dachte darüber nach und beschloß: «Nein, ich werde niemandes Werkzeug sein. Als Band hielten wir uns bewußt aus der Politik raus. ‹Won't Get Fooled Again› war eine Hymne für die Unpolitischen.» Es ist ein überzeugender Song, den Townshend auch noch in den achtziger Jahren spielte; heute hingegen distanziert er sich von den im Text ausgedrückten Ansichten. «Es ist ein schrecklicher Song... darin heißt es: ‹Es hat keinen Sinn, sich mit Politik und der Revolution zu befassen, denn das ist alles Nonsens...› Das klingt wie die Leier des Ex-Nazi-Offiziers: ‹Ich habe nur die Befehle ausgeführt›...»

Heute sagt Pete Townshend – aus seinem Studio im Westen Londons über die Themse blickend –, er bedaure jene Epoche und die Rolle, die er selbst darin gespielt habe. «Schade finde ich, daß es eigentlich keinen richtigen politischen Schwerpunkt gab. Was ich dann tatsächlich gemacht hätte, weiß ich nicht, aber mir scheint, daß viele wertvolle Jahre vergeudet wurden. Ich würde liebend gern auf manche grandiosen Augenblicke auf der Bühne und auch auf tolle Erlebnisse in meiner Schauspielerkarriere verzichten, wenn ich nur mein Gewissen damit beruhigen könnte, etwas Sinnvolles für die Allgemeinheit getan zu haben!»

Das sollte allerdings nicht die Rolle britischer Popsänger in den sechziger und frühen siebziger Jahren sein. Sie hätten mit ihren Songs, die soviel beständiger sind als der meiste Pop der Siebziger, den Soundtrack der Veränderung (zumindest der versuchten Veränderung) liefern können, doch waren sie politisch nie so engagiert, wie viele ihrer Anhänger glaubten.

Als Beispiel die Rolling Stones. Mit ihrem rotzigen, individualistischen Anti-Establishment-Appeal und ihrem Geschick, fortwährend mit dem Gesetz in Konflikt zu geraten, waren sie den Umwälzungen der britischen Gegenkultur in den Sechzigern stets um einen Schritt voraus. Außerdem waren sie auch noch eine wirklich aufregende Rock 'n' Roll-Band, zumindest wenn man sie an einem ihrer besseren Abende erlebte.

Doch bewiesen sie eine erstaunliche Fähigkeit, sich von der Welt der politischen Realitäten zu distanzieren, die darauf pochte, sie ebenfalls als «Wortführer» zu vereinnahmen. Sie hatten das Image der «bösen Jungs» – dem sie wunderbarerweise sogar noch als überaus wohlhabende Herren in gesetztem Alter gerecht wurden –, doch blieben sie irgendwie immer ein Rätsel. Ihr früher Freund und Mentor Alexis Korner: «In gewisser Hinsicht benutzen die Leute sie als Chinesische Mauer, auf die sie heimlich jeden beliebigen Spruch über wen auch immer schreiben können... Ich meine, Mick und Keith sind irgendwie so was wie weiße Wände, auf die man seine Vorstellungen projizieren kann, und wenn sie sich nicht so verhalten, wie man es von ihnen erwartet, dann beklagt man sich darüber...»

Die Stones hatten die Politik am Hals, als Jagger und Richards im Sommer 1967 wegen Drogenbesitzes aufflogen und zu Haftstrafen verurteilt wurden, Richards zu einem Jahr, Jagger zu drei Monaten. Nach ihrer Verhaftung verbrachten beide eine Nacht in Gefängniszellen, bevor sie auf Kaution freikamen. Währenddessen forderten Fans, DJs und Popstars ihre Freilassung. Die Who nahmen noch am selben Abend zwei Stones-Songs auf, die schon ein paar Stunden später zum Zorn der Labour-Regierung von den in der Nordsee schwimmenden Piratensenderschiffen übers ganze Land ausgestrahlt wurden.

Angenommen, die Stones wären im Knast geblieben – hätte es dann die Hippie-Revolution gegeben, die die optimistischen Rebellen der Gegenkultur voraussagten? Mit Sicherheit nicht, aber es hätte Ärger geben können, und das Establishment reagierte rasch, um die Dinge klarzustellen. Noch vor dem Revisionsverfahren druckte die *Times* am 1. Juli einen Leitartikel mit der Überschrift «Einem flatternden Schmetterling reißt man nicht die Flügel aus», verfaßt von Chefredakteur William Rees-Mogg, der die Frage aufwarf, ob man Jagger als Inbegriff einer ganzen rebellierenden Generation bestrafen wollte: «Wenn wir jetzt aus jedem Fall ein Sinnbild des Konfliktes zwischen den gesunden traditionellen Werten Englands und dem neuen Hedonismus machen, müssen wir uns darüber im klaren sein, daß zu diesen gesunden traditionellen Werten auch Toleranz und Fairness gehören... In diesem Fall muß der Verdacht zurückbleiben, Mr. Jagger werde strenger verurteilt, als es für einen unbekannten jungen Mann als angemessen betrachtet worden wäre.»

Jagger war, ob es ihm gefiel oder nicht, zum Symbol seiner Generation geworden. Als er nach dem Berufungsverfahren ein freier Mann war, wurde er zu einem bizarren Fernsehinterview gescheucht. Dort begegnete er dem Herausgeber der *Times*, zwei Priestern und einem ehemaligen Innenminister. Die bloße Tatsache, daß sich solche Persönlichkeiten bereit erklärt hatten, bei einer derartigen Sendung mitzuwirken, zeigte deutlich, daß das Establishment zumindest besorgt war über den Zustand der rebellischen englischen Jugend und daß es den Popstars die Rolle zuerkannte, deren Sprachrohr zu sein. Natürlich kam nicht viel dabei heraus. Der Herausgeber der *Times* nannte Jagger «Symbol der Rebellion» und fragte, ob es denn in der Gesellschaft vieles gäbe, wogegen man rebellieren sollte. Der Popstar entgegnete korrekt, er habe sich nie zu einem Anführer innerhalb der Gesellschaft aufgespielt, sondern sei von der Gesellschaft in diese Position hineingedrängt worden.

Im darauffolgenden Jahr tauchte Jagger – die wohl bedeutendste politische Aktion seiner Karriere – in der vordersten Reihe der großen Anti-Vietnamkriegs-Kundgebung auf, die im Mai 1968 vor der amerikanischen Botschaft am Grosvenor Square in London abgehalten wurde. Ich nahm selbst an der Demonstration teil und erinnere mich – ich war noch Student – lebhaft an dieses Ereignis, denn es war das erste Mal, daß mir auf britischem Boden Angst eingejagt wurde. Schließlich führte man als Student in den sechziger Jahren ein umhegtes, gesichertes Leben, und der Anblick vorpreschender Polizeipferde und einer in Panik geratenden Menge war ein harter Schlag. Plötzlich schien in diesem gemütlichen England eine ähnliche Gewalttätigkeit aufzubrechen wie in den USA (wo Martin Luther King gerade ermordet worden war) oder jenen anderen europäischen Städten, wo die Studenten sich Straßenschlachten mit der Polizei lieferten. Das Schlagwort «Revolution» schien in dieser explosiven Atmosphäre etwas mehr Sinn zu machen, und Jagger fiel unvermeidlich die Rolle des Revolutionärs zu.

Seine eigenen Gefühle sahen etwas anders aus, wie er in einem Interview mit *International Times* offenbarte. Unmittelbar vom Grosvenor Square kommend, wurde Jagger von einem bekannten Underground-Journalisten befragt, der von der Idee einer «alternativen Gesellschaft» schwärmte. «Ich kann mir vorstellen», sagte Jagger, «daß Amerika sich in ein Flammenmeer verwandelt, einfach in Trümmer fällt... aber in unserem Land – es ist seltsam – läuft alles immer ein bißchen anders.

Immer etwas gemäßigter, immer etwas langweiliger, das meiste jedenfalls, die Veränderungen werden dermaßen abgewürgt...»

«Aber Künstler haben doch eine gewaltige Wirkung», deutete der Interviewer hoffnungsvoll an. «Sie wissen aber nicht, was das heißt», antwortete Jagger, «weil sie ihr Publikum nicht verstehen, weil man's gar nicht kann. Wie soll man denn ein weltweites Publikum von weiß der Himmel wie vielen Millionen verstehen können? Wie kann man denn von einem Popsänger erwarten, daß er sein Publikum analysiert oder seine Wirkung auf was auch immer durchschaut?»

In jenem Sommer brachte Jagger mit «Street Fighting Man» dem Zeitgeist ein Ständchen; der Song, der in den USA direkt nach den Chicagoer Unruhen herauskam, wurde als Aufstachelung zur Gewalt verurteilt und von vielen Radiosendern boykottiert. Obwohl der Text sehr zurückhaltend formuliert war, klang das Stück insgesamt aufreizend aggressiv, Grund genug für jene anonymen Pamphletisten aus Oakland in Kalifornien, zu einem Rolling Stones-Konzert ein Flugblatt mit folgendem «Manifest» zu produzieren:

«Seid gegrüßt und willkommen, Rolling Stones, Genossen im verzweifelten Kampf gegen die Wahnsinnigen, die an der Macht sind. Die revolutionäre Jugend der Welt hört eure Musik und wird zu immer vernichtenderen Taten angestachelt. Wir kämpfen in Guerillatrupps gegen die einmarschierenden Imperialisten in Asien und Südamerika, machen Front bei Rock 'n' Roll-Konzerten überall... Genossen, ihr werdet in dieses Land zurückkehren, wenn es von der Tyrannei des Staates befreit ist, und ihr werdet eure herrliche Musik in Fabriken spielen, die den Arbeitern gehören, unter den Kuppeln der leergefegten Rathäuser, auf den Trümmern der Polizeistationen, unter den gehenkten Leichen von Priestern, unter einer Million roter Fahnen, die über einer Million anarchistischer Kommunen flattern.»

Die überstrapazierte Chinesische Mauer. Jagger und die Stones, als Träger eines direkten politischen Mandats betrachtet, haben diese ambivalente Rolle nie gewollt. Jagger hing sie bis in die achtziger Jahre hinein an. Ich traf ihn im Oktober 1981 in Orlando, Florida, nach einem Konzert der Stones in einem riesigen Stadion vor einer Menge alternder Sechziger-Rebellen und deren Kindern. Glaubte er, auf diese Menge blickend, daß die Stones wirklich deren politische oder soziale Einstellungen verändert hätten?

«Wir könnten behaupten, die Stones hätten dafür gesorgt, daß das Marihuanarauchen in Amerika praktisch geduldet wird, aber das ist Quatsch. Die Leute, die das erreicht haben, sind die, die das Zeug rauchen. Die Leute, die es erreicht haben, daß Homosexualität geduldet wird, sind die Homosexuellen selbst... es ist die Masse von Leuten, die sich ihren Vorstellungen entsprechend verhalten und sich nicht um die Konsequenzen scheren – das ist es, was die Gesellschaft verändert.»

Und sein eigenes, von den Medien ausgeschlachtetes Knasterlebnis in den Sechzigern? Hatte das irgendeine Wirkung? «Überhaupt keine Wirkung – nur auf mich selbst.»

Das britische Establishment der sechziger Jahre betrachtete die Popmusik zunächst mit freundlichem Amüsement und applaudierte sogar. Doch als die Musiker damit begannen, den Gedanken der «permissiven Gesellschaft» zu weit zu treiben, kriegten sie eins aufs Dach – erst recht natürlich, wenn sie mit dieser abstrusen Idee von der «Revolution» kamen. Die Stones hatten ständig Ärger wegen Drogen, ein kleines Problem, mit dem sie auch heute noch immer mal wieder zu tun haben. Andere Bands brachten das Establishment noch mehr in Rage, als sie es wagten, ihre Herren zu verspotten.

Im September 1967 machte die Gruppe Move Werbung für ihre gerade veröffentlichte Popsingle «Flowers in the Rain», indem sie eine Postkarte verschickte, die den nackten Harold Wilson mit seiner Sekretärin im Bett zeigte. Das war weniger ein politisches Statement als ein billiger PR-Trick, der Kapital aus Gerüchten schlug, die zu dieser Zeit grassierten. Doch die Karte spiegelte das Ansehen des Premierministers unter dem jungen Publikum wider. Wilson rächte sich, indem er die Band und ihren Manager verklagte, dessen Haus daraufhin von einer Spezialabteilung der Polizei heimgesucht wurde. Die Platte kam, zum Teil dank der mit dieser Affäre verbundenen Publicity, bis auf den zweiten Platz der englischen Hitparade.

Später, im Laufe der Wahl von 1970, in der Wilson unterlag, kommentierte der frischgegründete «Political Trust» des Gitarristen und Sängers Edgar Broughton den Zustand der beiden britischen Parteien mit einer unmißverständlichen Karikatur. Broughton galt als typischer Hippie, doch hinter diesem Image steckte viel eher ein Punk aus dem Proletariat. Sein «Trust» feierte die Wahl mit einem großen Poster des Zeichners Ralph Steadman, das Wilson und Heath als die beiden Backen eines breiten Hinterns darstellte. Diese subtile politische Stellungnahme, die auf die geringen Unterschiede zwischen den beiden Parteien hinwies, beeindruckte die Obrigkeit wenig. Die Firma London Transport wollte nichts damit zu tun haben, und auch die sonst so am Reibach interessierten Herren über die Plakatanschlagflächen Londons ließen lieber die Finger davon. Gesetzesbruch ist eine Sache, Politiker zu verstimmen ein ganz anderes Kaliber.

Es ist bezeichnend, daß Peter Jenner, Broughtons Co-Manager und Mitverschwörer in der Schmähkampagne gegen Harold Wilson, heute der Manager von Billy Bragg ist und einer der Köpfe der Organisation Red Wedge, die Neil Kinnock und die Labour-Partei vor der Wahl von 1987 beriet. Jenner war anfangs der archetypische Hippie, obwohl er weitaus cleverer und politischer veranlagt war als die meisten. Der Enkel eines Labour-Abgeordneten und «überzeugte Labour-Anhänger» an der Westminster School war schon mit 21 Jahren wissenschaftlicher Assistent an der London School of Economics (LSE), der jüngste in der Geschichte dieser nach Oxford und Cambridge wohl renommiertesten Höheren Schule Englands. In den sechziger Jahren galt sie als Brutstätte des Sozialismus, ein Ruf, der dadurch verstärkt wurde, daß Mick Jagger dort studiert hatte (obwohl ihm in seiner Studentenzeit nicht das geringste politische Engagement anzumerken war), und der durch die Ereignisse im Frühjahr 1967 neue Nahrung erhielt.

Die LSE war Schauplatz der ersten britischen Studentenrevolte, in deren Verlauf neun Tage lang Vorlesungen und Seminare boykottiert und ein Sit-in rund um die Uhr organisiert wurden. Der Grund: Die Sprecher des Studentenausschusses und der Graduiertenvereinigung waren vorübergehend relegiert worden, weil sie sich für eine vom Rektor verbotene Vollversammlung ausgesprochen hatten. Peter Jenner unterstützte die Studenten und gab, ganz im Einklang mit dem Zeitgeist, seine Akademikerkarriere auf, um mit seinem Freund Andrew King Popgruppen zu managen. Sie begannen zunächst mit Pink Floyd, verloren dann aber – eine sicher häufig bereute Entscheidung aus ideellen Motiven – das Interesse, als Syd Barrett die Gruppe verließ.

Wie so viele aus seiner Generation hatte er Wilson unterstützt, war mittlerweile jedoch zutiefst ernüchtert und mit «persönlicher Politik» beschäftigt. Dabei ging es um Freiheiten des einzelnen, um Drogen, die Rechte der Schwulen und den Glauben, «daß ich die Gesellschaft verändern kann, wenn ich mich selbst verändere». Während die Neue Linke gemeinhin dem Pop mißtraute und ihn als gefährlich amerikanisch ansah, sollte er in den Augen Jenners, Kings und ihres Blackhill Enterprises-Teams eine wichtige Rolle in der neuen Gesellschaft spielen, deren Förderung die Gegenkultur sich zum Ziel gesetzt hatte.

Ein wichtiger Punkt war zum Beispiel die Idee der «free concerts», der Gratiskonzerte, die – wie Jenner zugesteht – «reichlich naiv und hippiemäßig war, aber das Preiskonzept und überhaupt das kapitalistische System in Frage stellte». Die Behörden konnte man damit zur Raserei bringen, wie die Edgar Broughton Band feststellt, als sie in Brighton und danach in Redcar auftauchte, ihre Musik von der Ladefläche eines Lkw abzog und dafür im Knast landete. «Wir wollten doch nur Musik machen, für die keiner was bezahlen muß», beschwerten sie sich und kriegten zu hören, sie sollten die Zeit der Polizei nicht vergeuden. In Deutschland gab es sogar noch mehr Ärger, als sie erklärten, sie seien auf einer «free tour» und forderten keine Eintrittsgelder.

In London hatten Jenner und Blackhill schon etwas mehr Erfolg. Es gab Benefizveranstaltungen für *International Times* und *Oz*. Im Hyde Park fanden kostenlose Konzerte statt, «einfach nur, damit jeder ein paar schöne Stunden hatte – das war wirklich der einzige Grund!» Die Behörden hatten keine Einwände gegen dieses neue Phänomen, und Ende der sechziger Jahre traten T. Rex, Pink Floyd, Jethro Tull und dann die «Supergruppe» Blind Faith auf, in der sich Eric Clapton und Steve Winwood zusammengefunden hatten. Blackhill brachte nach dem Tod von Brian Jones sogar die Rolling Stones zu einem Gratiskonzert auf die Bühne. Dieses Ereignis zog eine Viertelmillion Menschen in den Park, die Mick Taylors Debüt als zweiter Gitarrist der Band, Jaggers Shelley-Lesung zu Ehren Jones' und – ein Novum – afrikanische Trommler erlebten, die bei «Sympathy for the Devil» eine knallharte Percussion lieferten. Die Veranstaltung wurde vom Fernsehen aufgezeichnet. Jenner: «Ich hab aber nie 'n Penny gekriegt, nicht mal 'n Video oder Eintrittskarten für Stones-Konzerte...»

Es war eine Ära, die einfach nicht andauern konnte. Als die Tories wieder an die Macht kamen, bemerkte Jenner einen Unterschied. «Sie konnten einfach nicht verstehen, daß es Leute gab, die nicht auf Deubel komm raus Geld verdienen und aus den Hyde Park-Konzerten Kapital schlagen wollten. Deshalb bestanden sie auf Eintrittspreisen für die Konzerte. Ich hatte es immer gewußt: die Tories waren der Feind!» Doch die Konservativen hatten einen Grund. Die Zeiten hatten sich geändert, die Konzerte zogen riesige Menschenmengen an, die polizeilich gesichert sein mußten, und Jenner gibt zu, daß sich in den frühen siebziger Jahren – «als die Plattenverkäufe so richtig anzogen und die Plattengesellschaften mit Schmiergeld- und Bestechungsaktionen einstiegen» – der alte Geist verflüchtigt hatte.

Wie in den USA war auch hier der Rock zum Big Business geworden, Underground wurde rasch zum Mainstream, und die Musiker freuten sich, Bargeld zu sehen. «Wenn du dein Bewußtsein erweitert hast», erläutert Jenner, «beschließt du irgendwann, auch dein Haus und dein Bankkonto zu erweitern...»

Es gab nur einen einzigen berühmten Musiker, der es ablehnte, mit den Wölfen zu heulen, als das idealistisch-chaotische Zeitalter der Beatles von der viel langweiligeren Ära der Stadionkonzerte Led Zeppelins abgelöst wurde. Das war der Mann, der den Orden des British Empire zurückgab, der Ex-Beatles-Boss selbst, John Lennon. Seit seiner Ermordung ist er als Held in zahllosen Biographien, Bühnenshows und Filmen, ja sogar in einem religiösen Fernsehprogramm vergöttert worden. Als er noch lebte, löste er andere Gefühle aus. Er war ein brillanter, origineller, leidenschaftlicher Songschreiber, doch viele der politischen Aktivitäten dieses weitblickenden, aggressiven Rebellen standen auf einem anderen Blatt Papier. Seine Zeitgenossen sahen in ihm einen Heiligen und Visionär, viele aber auch einen Narr – und vermutlich wird letztere Ansicht in Kürze wieder in Mode kommen. Peter Jenner betrachtete Lennon als «leicht grotesk... nein, eher peinlich. Sein Leben zeigt, wie die psychedelische Bewegung in Ungnade fiel.» Pete Townshends Kommentar: «Na ja, es ist ein Vorteil, wenn man tot ist! Irgendwie hat er mich immer in Verlegenheit gebracht. Ich denke, erst in der letzten Phase seines Lebens reifte er allmählich zu einer echten Persönlichkeit heran.»

Lennons Tragödie begann, als er erkannte, daß der Traum der sechziger Jahre zerfiel. Er wollte den Fallstricken der faden, von Geldgier getriebenen Szene entfliehen, war idealistisch und politisch veranlagt, hatte aber keinen politischen Rahmen, in dem er sinnvoll agieren konnte. Und so wurde aus dem großen Songschreiber oft ein großer Harlekin, der von einem Thema zum nächsten wechselte und die Publicity genoß, die seine politischen Alleingänge begleitete.

Er war der erste bedeutende britische Star, der sich für viele der wichtigen Themen interessierte, die die Diskussion in den siebziger Jahren beherrschten: Feminismus, Rassismus in England und Südafrika, die sich verschlimmernde Situation in Nordirland (und natürlich Atomwaffen und Großbritanniens Unterstützung der US-Politik in Südostasien). Doch setzte er sich mit vielen Fragen nur kurz und oberflächlich auseinander, weil er nicht die Zeit oder die Bescheidenheit hatte, innezuhalten, zu lernen und zu verstehen. Sein Stil war den Engländern fremd und eher mit der wilden «Medienpolitik» der Yippies verwandt, mit denen er sich später zusammentat.

In den USA nahm die Tragödie ihren Lauf: Lennon entdeckte politische Freunde und eine Art, seinen Protest zu äußern, die ihm zusagte, aber er war nun weit von den Problemen entfernt, die er aus eigener Erfahrung am besten kannte (wenngleich die amerikanischen Behörden seine politische Wirkung stärker fürchteten als die britischen). Er war eben, auch wenn er es sich anders gewünscht haben mag, in Liverpool geboren und nicht in New York.

Die Ereignisse in Lennons Leben sind seit seinem Tod häufig nacherzählt worden, aber sie sind es auch wert, als tragische Chronik eines geborenen Rebellen rekapituliert zu werden, der die besten und die schlimmsten Aspekte der sechziger und frühen siebziger Jahre verkörperte, jener wirren Zeit, in der er häufig traurig umhergetrieben schien.

Die Probleme hatten ihren Ursprung natürlich darin, daß er einer der beliebtesten britischen Unterhaltungskünstler war, der Pilzkopf mit dem Orden. Aber schon 1966, ein Jahr nach der Ordensverleihung, hatten Lennon wie auch die anderen Beatles auf einer New Yorker Pressekonferenz mutig ihre ablehnende Haltung gegenüber dem Vietnamkrieg zum Ausdruck gebracht. Das war mehr, als die Stones getan hatten, doch die Beatles wurden Opfer ihrer eigenen glänzend gemanagten Publicity (und der der Stones). Die Beatles waren nette Jungs, die Stones nicht. Die Beatles wollten mit ihren Mädchen Händchen halten, die Stones die Nacht mit ihnen verbringen. Ungeachtet der Tatsache, daß beide Bands die gleichen musikalischen Wurzeln und Interessen hatten – nämlich schwarzamerikanischen Rhythm and Blues –, übernahm die Neue Linke das kräftig manipulierte öffentliche Image.

Im turbulenten Jahr 1968 schien diese Kluft tatsächlich zu existieren. Immerhin brachte Jagger «Street Fighting Man» heraus, als Lennon, der

«All You Need Is Love» verkündet hatte, sich gerade öffentlich über die Lieblosigkeit einer Zeit entsetzte, in der dieses Stück die Hitparade anführte. «Revolution» ist einer der bemerkenswertesten Songs der Sechziger, weil er zeigt, wie Lennon die psychedelische Welt hinter sich läßt in der Erkenntnis, daß die Vorgänge in der wirklichen Welt brutaler waren. Die Studentenrevolutionäre belehrte er:

> But if you want money for people with minds that hate
> All I can tell you is, brother, you have to wait.
> But if you go carrying pictures of Chairman Mao
> You ain't gonna make it with anyone, anyhow.*

Der Song enthält die Zeile «Don't you know, it's gonna be allright?» (eine Ansicht, die nach den Ereignissen von Chicago nicht gerade mit der Stimmung in den USA im Einklang stand) und den Satz «When you talk about destruction, / Don't you know that you can count me out» («Wenn du Zerstörung predigst, / Weißt du doch: ohne mich!»). Als das Stück zwei Monate später auf dem «White Album» erschien, war es langsamer und leicht verändert. Diesmal sang Lennon «you can count me out» («Ohne mich!») und fügte dann, mit etwas leiserer Stimme «in» hinzu. Als sei die Band erleichtert darüber, die Zeile bewältigt zu haben, klingt ihr «It's gonna be (shoo-bee-do) alright...» viel fröhlicher.

Diese Unentschlossenheit war peinlich, zumal sie von den bekanntesten Musikern der Welt auf einer Bestseller-LP vorgeführt wurde. Kein Wunder also, daß Nina Simone mit einem Song gleichen Titels antwortete, der Lennon ein paar bittere Wahrheiten über das schwarze Amerika erzählte. Doch 1968 war sowohl für Lennon als auch für den öden «Beatles gegen Stones»-Streit ein Wendepunkt. Jagger zog sich aus der Politik zurück, während Lennon sich kopfüber in eine wilde Reihe von Kampagnen stürzte, die ihn die nächsten vier Jahre in Anspruch nahmen.

Die Neue Linke in Großbritannien und den USA war bestürzt über «Revolution». Die linke Untergrundzeitung *Black Dwarf* startete eine Attacke gegen den Komponisten des Liedes, die sich auf den Kernpunkt

---

* Doch willst du Geld für Leute mit haßerfüllten Herzen / Sag ich dir, Kumpel, da kannst du lange warten. / Und solltest du Bilder vom Vorsitzenden Mao bei dir tragen, / Dann wirst du bald niemand mehr auf deiner Seite haben.

der Philosophie der «Ich-Generation» konzentrierte, den Lennon in der Zeile «You better free your mind instead» zusammengefaßt hatte. Die «Zwerge» wiesen darauf hin, sie seien nicht gegen «üble Typen», sondern gegen ein «repressives, brutales, autoritäres System». Lennon verteidigte seine Ansicht mit der Frage: «Wer hat denn Kommunismus, Christentum, Kapitalismus, Buddhismus und all das Zeug auf die Menschheit losgelassen? Nichts als Leute mit kranken Hirnen.»

Es war zwar keine bedeutende philosophische Debatte, doch zumindest gab es so etwas wie einen Dialog. In der Gewaltfrage stimmte Lennon allerdings nicht mit der Neuen Linken überein – als Pazifist konnte er über die Geschehnisse am Grosvenor Square nicht stillschweigend hinwegsehen – und im März 1969, nach seiner Hochzeit mit Yoko Ono und dem letzten (halböffentlichen) Auftritt mit den Beatles auf dem Dach des Apple-Gebäudes, leistete er sich etwas, das man noch heute als den bizarrsten Popprotest aller Zeiten ansehen muß.

Das Paar zog ins Amsterdamer Hilton Hotel und kündigte ein Happening im Schlafzimmer an. Die Journalisten, die sich voller Erwartungen einfanden, waren zutiefst enttäuscht, als John und Yoko, in weiße Nachthemden gekleidet, ankündigten, sie wollten zehn Stunden täglich von ihrem Bett aus mit jedem, der dazu bereit sei, über den Frieden sprechen. Die Idee, wie Lennon sie später erklärte, war nicht so lächerlich, wie sie erschien. «Der Frieden», sagte er, «wird nur durch friedvolle Methoden erreicht ... das Establishment mit seinen eigenen Waffen zu bekämpfen bringt nichts, weil es immer gewinnt ... sie verstehen sich auf das Spiel mit der Gewalt. Doch mit Humor, mit friedfertigem Humor, wissen sie nicht umzugehen.»

Doch hängt Erfolg in der Politik von praktischen Ergebnissen ab, und das «Bed-in» erreichte in dieser Hinsicht gar nichts. Die Linke fand Lennon dämlich, Establishment und Presse taten ihn als haltlosen Spinner ab, und selbst seinen Anhängern fiel es schwer einzusehen, wie diese elitäre Demonstration in einem eleganten Hotel die Leiden in Vietnam beenden sollte. Vielleicht wollte er ja nur die Medien an der Nase herumführen, aber das ganze Unternehmen machte den Eindruck, es sei ein abgehobenes Hirngespinst. Es fiel nicht leicht, zu vergessen, daß dieser Mann im Nachthemd einmal behauptet hatte, die Beatles seien bekannter als Jesus, vor allem als er das Bed-in noch einmal wie auf einer Popansichtskarte in dem Lied «The Ballad of John and Yoko» wiedergab, in dem es heißt: «Christ, you know it ain't easy» und «They're gonna crucify me».

Der Song war erfolgreicher als das Happening, das er beschrieb, und so wurde, ermutigt durch diesen kommerziellen Erfolg, die «Bed-in»-Kampagne über den Atlantik exportiert. Die USA verweigerten John und Yoko die Einreise, aber der auf sein Image als moderner, aufgeschlossener Politiker bedachte Trudeau lud die Lennons nach Kanada ein. Erneut fiel die Einsicht schwer, wie der Publicity-Rummel um Schlafzimmerszenen die Situation in Vietnam verbessern sollte, vor allem als Yoko den Zeichner Al Capp zu überzeugen versuchte, daß sie mit ihrer Taktik auch Hitler zur Räson gebracht hätte: «Wäre ich zu Hitlers Zeiten ein jüdisches Mädchen gewesen, wäre ich seine Freundin geworden. Nach zehn Tagen im Bett hätte er meine Art zu denken übernommen.» Das war eine der geschmacklosesten und tumbesten Äußerungen, die Yoko je gemacht hat, und Lennon machte keine Anstalten zu widersprechen.

John Lennon hätte bei der Musik bleiben sollen. Wenigstens nahm er im Bett in Montreal «Give Peace a chance» auf, einen seiner erfolgreicheren politischen Songs. Es ist eine wilde witzige Reihung von Namen – viele von ihnen erfunden –, unterbrochen von der Refrainzeile «All we are saying is give peace a chance». Er schien zu verschwommen und defensiv, um zum Lied einer Massenbewegung zu werden, doch am 15. November 1969, dem Vietnam Moratorium Day, stimmte bei einer gigantischen Demonstration in Washington nahezu eine halbe Million Menschen immer wieder von neuem den Sprechgesang an, bezeichnenderweise dirigiert von Pete Seeger, dem großen Veteranen des amerikanischen Protestes. Und bezeichnend war auch, daß dieses Ereignis nicht in Lennons Heimat Großbritannien, sondern in den USA stattfand.

Jetzt kam Lennons «Medienpolitik» auf volle Touren, da er sich in jede laufende Kampagne einklinkte. Er schloß sich einem Fasten für Biafra an, ließ in Großstädten der westlichen Welt Reklametafeln mit der Botschaft «Der Krieg ist vorüber» aufstellen und nahm in London an einem Marsch teil, bei dem die Untersuchung des sechs Jahre zuvor an James Hanratty wegen Mordes vollstreckten Todesurteils gefordert wurde. Doch machte er bei solchen Gelegenheiten keine «Demo-Punkte». Statt sich in den Demonstrationszug zur Downing Street einzureihen, wo die Petition für die Wiederaufnahme der Untersuchung überreicht werden sollte, ließ sich Lennon (vielleicht aber auch nur einer seiner Mitarbeiter) in einem Sack auf dem Rücksitz eines Rolls Royce versteckt, neben-herfahren. Als er am nächsten Tag ein Friedenskonzert zugunsten von UNICEF in London gab, kreischte Yoko: «Britain – du hast Hanratty umgebracht!»

Weitere Kampagnen folgten: Lennon bezahlte die Strafen für De-monstranten, die gegen die Anwesenheit eines südafrikanischen Rug-byteams in England protestiert hatten, übermittelte telefonisch seine Unterstützung einer Demonstration der CND (Kampagne für Atomare Abrüstung) und half, für den umstrittenen Londoner Black Power-Füh-rer Michael X Geld zu sammeln (der 1975 trotz unentwegter Appelle Lennons und anderer Mediengrößen in Trinidad wegen Mordes ge-hängt wurde).

All diese Ereignisse wie auch die Rückgabe seines Ordens aus Protest gegen Englands Vietnampolitik zeigen, daß er allmählich politisch weit-aus aktiver wurde als irgendein anderer Musiker jener Zeit. Doch schien er stets einen Steptanz auf der Oberfläche der Problemkomplexe zu vollführen, statt sich ernsthaft auf sie einzulassen. Der Rock-Superstar fühlte sich in keiner politischen Gruppierung und bei keinem Guru wohl.

Vielleicht hielt er den Kontakt mit der Neuen Linken aufrecht, weil er sich dieses Problems bewußt war. Er traf sich mit Tariq Ali und Robin Blackburn, zwei der bekanntesten Figuren der Bewegung, und gewährte der Zeitung *Red Mole* ein Interview, in dem er von seiner Sorge wegen des zunehmenden Rassismus sprach, die sich teilweise aus eigener Er-fahrung nährte – er hatte «schrecklich rassistische Briefe» bekommen, als er Yoko heiratete –, und sich darüber äußerte, was die Neue Linke tun solle. «Wir sollten versuchen, die jungen Arbeiter zu erreichen», sagte Lennon, «denn wer jung ist, hat noch Ideale und nicht soviel Angst.» Das mag eine richtige Einschätzung gewesen sein, aber aus dem Mund Lennons, der sich nie unters Volk mischte, um diese «jungen Ar-beiter» kennenzulernen, klang es arrogant.

Allmählich aber änderte Lennon seine Ansichten. Nach dem Treffen mit Ali und Blackburn schrieb er eine neue Hymne, die auf den ameri-kanischen Massendemonstrationen gegen den Vietnamkrieg gesungen wurde. Diesmal sang er, genau in der Gegenposition zu seiner drei Jahre zuvor eingenommenen Haltung, «Power to the People». Während in Europa der Glaube an das Nahen irgendeiner Art «Revolution» bereits passé war, verkündete Lennon nun: «Wir wollen eine Revolution... und sollten lieber gleich loslegen.» Der Song erreichte die Top Ten in Großbritannien und den elften Platz in den US-Charts.

Im Sommer 1971 schien Lennon sich über seine Vorstellungen klargeworden zu sein. Er trat nun in eine Phase ein, in der seine Energien und Ideen mit der wirklichen Welt um ihn herum in Verbindung standen. Im Juli jenes Jahres nahm er «Imagine» auf, das zu seinem wohl bekanntesten und beliebtesten Song werden sollte: die Vision eines friedlichen globalen Kommunismus, einer «brotherhood of man», einer Gemeinschaft von Menschen, die alles miteinander teilen. Dieser sanfte utopische Traum erklang immer wieder im Radio, als Lennons Tod bekannt wurde, doch sollte man ihn im Zusammenhang mit einem andern Stück der «Imagine»-LP beurteilen, das im selben Monat aufgenommen wurde.

«Give Me Some Truth» hätte eine etwas rauhere Upbeat-Begleitung vertragen können, kommt aber auch so schon als harter Schwall von Beschimpfungen an, als aufwühlender, aggressiver politischer Popsong, der an die Adresse der «kurzhaarigen, gelbbäuchigen Söhne von Tricky Dick» (Richard Nixon) gerichtet ist. «Oh My Love», ein anderes Stück des Albums, ist ein hübsches Liebeslied für Yoko, enthält aber auch Zeilen wie «Alles ist klar» und «Zum erstenmal in meinem Leben ist mein Bewußtsein weit geöffnet». Lennon spricht hier nicht ausdrücklich über seine politischen Aktionen, doch sein gelassener, zuversichtlicher Song spiegelt seine Stimmung einen Monat vor seinen bedeutendsten Auftritten in der englischen Politszene wider.

Nach den Ereignissen vom August 1971 schien die britische Neue Linke zu glauben, endlich Englands bekanntesten Songschreiber abserviert zu haben. Lennon hatte die Waffen gestreckt, hatte in seinen Songs Partei für die Neue Linke ergriffen und trat jetzt auch noch auf der Straße für sie ein. Während die Who «Won't Get Fooled Again» spielten, schloß Lennon sich in London tatsächlich einer Demonstration an.

Zugegeben, es war eine etwas verworrene Angelegenheit. Die etwa tausend Leute, die am Ulster-Verwaltungsgebäude vorbeimarschierten, protestierten teilweise gegen den Prozeß, der den Oz-Herausgebern damals gerade bevorstand. Andere wiederum protestierten gegen die Situation in Nordirland. Zwei Jahre zuvor waren wegen der auf Bürgerrechtsmärsche und Demonstrationen folgenden Zunahme der Gewalttätigkeit britische Truppen dorthin geschickt worden. Nun, nachdem in Belfast der erste britische Soldat von der IRA getötet worden und der nordirische Premierminister zurückgetreten war, hatte dessen Nachfolger die britische Regierung überredet, der Masseninternierung von IRA-Verdächtigten zuzustimmen – 342 waren bereits festgenommen worden.

Lennon unterstützte beide Protestaktionen. Er hatte einen Song mit dem Titel «Do the Oz» geschrieben und aufgenommen, um die Gerichtskosten des Oz-Teams zu decken, und zu den komplizierten Problemen Nordirlands (ein Thema, das ihn wegen seiner Kontakte zur irischen Gemeinde daheim in Liverpool emotional angesprochen haben muß) hatte er ein paar sehr dezidierte Ansichten. In Jeans und mit einer flotten schwarzen Mütze auf dem Kopf marschierte er durch London, trug ein Plakat mit der Aufschrift «Red Mole für die IRA – gegen britischen Imperialismus» und sang «Power to the People». Am darauffolgenden Tag, dem 12. August, schickte er dem Arbeitskampffonds der Werftarbeiterliga von Upper Clyde in Schottland eintausend Pfund. Dort hatten es die Arbeiter in der dramatischsten Streikaktion der Heath-Ära abgelehnt, Kurzarbeit einzulegen. Statt dessen hatten sie ihre außerhalb Glasgows liegenden Werften besetzt. Lennon hatte ihnen zuvor bereits Rosen geschickt, eine Geste, die die Arbeiter befremdet hatte. Bargeld von einem Ex-Beatle und die damit verbundene Publicity waren ihnen wesentlich lieber.

Betrachtet man das Spektrum der neuen Interessen Lennons – Englands Rassenprobleme, die Bürgerrechte daheim und in Nordirland sowie die Arbeiter- und Gewerkschaftsproblematik –, schien er plötzlich seiner Zeit voraus zu sein. Es sah so aus, als hätte er die elitären Hirngespinste eines berühmten Stars aufgegeben und könnte nun im Laufe der Zeit dazu beitragen, eine echte britische Bewegung der politischen Popmusik zu kreieren.

Doch es sollte anders kommen. Am 3. September lief Lennon in die USA und zu den Yippies über, seinem künstlerischen Niedergang und schließlich seiner Ermordung entgegen.

Als John Lennon in den USA ankam, spiegelte die einheimische Protestmusik die Stimmung der Kriegsgegner wider; die Bewegung war in Resignation verfallen, und da bot auch die berühmte «britische Invasion» nicht viel Hilfe. Die Who hatten sich zwei Beiträge geleistet, die sie weder bei den Yippies noch bei denen beliebt gemacht hatten, die sich für die Rückkehr der amerikanischen Truppen aus Vietnam einsetzten. Beim Woodstock Festival im August 1969 hatte Pete Townshend Abbie Hoffman buchstäblich mit einem Fußtritt von der Bühne befördert und ihm dabei auch noch einen Stoß mit der Gitarre versetzt. Hoffman hatte beschlossen, «Pinball Wizard» mit einer Rede zu unterbrechen, in der er sich über die brutale Behandlung seines Freundes, des White Panther-Führers und MC 5-Managers John Sinclair, beschwerte, der wegen Besitzes von zwei Marihuanajoints zu zehn Jahren Knast verurteilt worden war. Townshend fand diese Störung gar nicht komisch. «Hoffman? Ich lernte ihn nie richtig kennen», kommentiert der Gitarrist achtzehn Jahre später. «Aber er benahm sich ziemlich daneben in Woodstock.» Der andere Beitrag der Who zur amerikanischen Politszene war noch verblüffender. 1968 nahm Townshend einen Werbespot auf, der Radiohörer ermutigte, sich bei der US-Luftwaffe zu bewerben. Auf dem Höhepunkt des Vietnamkriegs war dies eine ziemlich ungewöhnliche Tat für einen Popmusiker. Townshend: «Wir waren auf einem US-Luftwaffenstützpunkt, um zu spielen, und da sagten die: ‹Kommt hier schnell rein und macht's.› Zur gleichen Zeit nahm Keith [Moon] einen Spot für die US-Marine auf…» Vietnam wurde natürlich nicht erwähnt, und Townshend machte man weis, der Spot solle junge Leute für das Wettrennen im All gewinnen. Townshends Kommentar zu diesem Abschnitt seiner Karriere: «Junge Amerikaner hatten Angst, in Vietnam draufzugehen, und ich naiver englischer Trottel kam rübergeflippt, den Beatles und Herman's Hermits dicht auf den Fersen, um mein Glück zu machen und es mit nach England zu nehmen. Und da kümmerte ich mich einen Scheißdreck darum, was mit jungen Amerikanern geschah. Kaum zu glauben, aber so war's!»

Auch die Rolling Stones setzten ihr Image als angesagte Revolutionäre und Hüter der Gegenkultur aufs Spiel. Im Dezember 1969 gaben sie als Antwort auf die Kritik an den angeblich zu hohen Eintrittspreisen auf ihrer letzten Amerikatournee ein kostenloses Konzert auf der Stock-Car-Rennpiste in Altamont, südlich von San Francisco.

Die Show war als Konkurrenzunternehmen zum Woodstock-Spektakel geplant und sollte die Glaubwürdigkeit der Band wiederherstellen, doch wurde sie – und das lag größtenteils an den Hell's Angels, die als Sicherheitskräfte angeheuert worden waren – zu einem schrecklichen

Alptraum. Einer der Angels schlug Marty Balin von Jefferson Airplane bewußtlos, nachdem die Band gerade «Revolution» gesungen hatte, und die Gewalttätigkeit verschlimmerte sich im Laufe des Stones-Auftritts, obwohl Jagger immer wieder darum bat, Ruhe zu bewahren. Und dann, während Jagger «Sympathy for the Devil» sang, wurde Meredith Hunter, ein schwarzer Teenager aus Berkeley, getötet. Es gab wenig Sympathie für die Stones, die beschuldigt wurden, den Auftritt schlecht organisiert zu haben und vor den Konsequenzen davongelaufen zu sein.

Die siebziger Jahre versprachen rauh zu werden – die Gewalt in Vietnam setzte sich auf amerikanischem Boden fort. Der Krieg ging weiter, und die Protestaktionen gegen ihn, bei denen sich auch weiterhin Musiker engagierten, nahmen ständig zu: Im Oktober 1969 sang Janis Joplin in New York vor hunderttausend Menschen, und das «Hair»-Ensemble von der Ostküste propagierte einen Monat später auf einer Kundgebung in Washington das «Wassermann-Zeitalter».

Solche Momente ausgelassenen Hippie-Frohsinns wurden immer seltener. Die Größe der Friedensbewegung war überwältigend, schien jedoch auf Nixon keinen Eindruck zu machen. Und was noch entmutigender war: Sie wurde mehr und mehr in die Defensive gedrängt und wandte sich in diesem Prozeß verstärkt innenpolitischen Problemen zu, Verstößen gegen die Bürgerrechte und schlimmeren Dingen. Am 1. Mai 1970, dem Tag nach Nixons Ankündigung, der Krieg werde auf Kambodscha ausgeweitet, hielten junge Amerikaner auf den Universitätsgeländen überall im Land Massenversammlungen ab und planten Streiks. So kam es auch an der Kent State University im nördlichen Ohio zu einer Reihe aggressiver Demonstrationen. Die Nationalgarde wurde alarmiert, nachdem ein Gebäude in Brand gesetzt worden war. Zu weiteren Demonstrationen versammelten sich am 4. Mai Studenten auf einem Platz mitten auf dem Campus. Die Nationalgarde rückte an, Tränengas wurde eingesetzt, Steine flogen als Antwort zurück. Dann begannen die Soldaten auf die Studenten zu feuern. Es gab vier Tote, viele Verletzte, einer wurde zum Krüppel geschossen.

Der Traum der sechziger Jahre war nun wirklich und wahrhaftig ausgeträumt. Selbst die harmlosen Hippies Crosby, Stills, Nash and Young mußten ihren Sound verändern. Im Monat vor den Schüssen hatten sie mit ihrer sanften, harmonisch dichten Version von Joni Mitchells Loblied auf das Schlammbad von Woodstock die Nummer elf der amerikanischen

Hitparade erreicht. Jetzt hatten sie einen neuen, vom späteren Reagan-Anhänger Neil Young geschriebenen Song: «Zinnsoldaten und Nixon sind im Anmarsch, wir sind endgültig auf uns allein angewiesen...» – «Ohio» war nicht ganz so populär – das Stück kam nur auf den vierzehnten Platz.

Ausschreitungen wie die an der Kent State University hätten doch eigentlich die Veteranen der Protestmusiker auf den Plan rufen müssen, doch die alten Kämpfer waren seit dem Desaster in Chicago in schlechter Verfassung. Country Joe McDonald war zwar in Monterey und Woodstock aufgetreten, doch bekannt – und berüchtigt – war er weniger wegen seiner Antikriegslieder als für den «FUCK»-Schlachtruf, der seinem «Feel-Like-I'm-Fixin'-to-Die Rag» vorausgeht. 1969 trug er diesen Song zum erstenmal auf dem Shaeffer-Bierfest im New Yorker Central Park vor, wurde daraufhin prompt vom Festival und der Ed Sullivan Show ausgeschlossen und stellte fest, daß seine Platten viel seltener im Radio gespielt wurden. Als er den «Rag» ein weiteres Mal in Massachusetts spielte, wurde ein Haftbefehl wegen Erregung öffentlichen Ärgernisses gegen ihn erlassen, und wenn er auch mit 50 Dollar Strafe davonkam, trug der Vorfall doch dazu bei, daß sich die Gruppe Fish auflöste. Das war es wirklich nicht wert.

McDonalds erste bedeutende Kampagne gegen den Krieg war die FTA-Tournee von 1970 (FTA bedeutete «Free the Army», manche meinten auch «Fuck the Army»). Mittlerweile spielte er nur noch mit seinem Fish-Kollegen Barry Melton zusammen. Die beiden schlossen sich den Filmstars Donald Sutherland und Jane Fonda an. Sie gaben fünfzehn Konzerte in den USA, ausschließlich für Soldaten vor den Kasernen. Jane Fonda war es gelungen, Kontakte zu Armeestützpunkten herzustellen, mit den Soldaten und GI-Zeitungen ins Gespräch zu kommen und sie nach draußen zu einer «gegenkulturellen Vaudeville-Show» zu locken, die dazu beitragen sollte, daß sie ihre Rolle im Vietnamkrieg in Frage stellten.

Der Ärger war vorprogrammiert. Ein GI-Kaffeehaus in Idaho brannte ab, nachdem sie dort aufgetreten waren. Doch auch zwischen den Darstellern gab es Meinungsverschiedenheiten. McDonald war wütend auf Jane Fonda wegen ihrer Einstellung zu den Soldaten: «Sie sagte, das sind ja nur Proleten, nicht sehr gebildet, deshalb müßten wir die Show einfach gestalten. Ich sagte, was sie da redet, ist elitäre, arrogante Scheiße.» Ihrerseits war Fonda sauer auf McDonald wegen dessen Verhalten der

Presse gegenüber. Er lehnte es kategorisch ab, mit *Time* oder *Newsweek* zu sprechen («weil ich wußte, sie würden meine Worte verdrehen»), und wollte nur der Untergrundpresse Interviews geben. Heute räumt er ein, daß sie recht hatte.

McDonald sang weiter, doch mit dem Star-Rummel war es vorbei: Es ist schmerzhaft, mit einer zu Ende gegangenen Epoche identifiziert zu werden. Zumindest im Bewußtsein seines Publikums hat McDonald niemals die psychedelischen Sechziger und den Vietnamprotest abgeschüttelt. Aber er machte weiter, häufig als Solist. Als Hippie mit Militärerfahrung engagierte er sich für die Vietnamveteranen und wurde danach aktiv für Umwelt- und Tierschutzgruppen. 1980 trat er in London bei einer Veranstaltung zur Rettung der Wale auf und trug einen neuen Song über das Abschlachten von Seehunden vor. Die Postpunk-Poppresse war nicht beeindruckt. «Wenn's nicht um die Vietnamkrüppel geht, sind Wale oder Seehunde dran... haben wir nicht schon genug solchen Mist gehört?» beschwerte sich ein Kritiker. McDonald war darüber ziemlich aufgebracht – das könnte er «niemals vergessen», sagte er.

Nach unserem Gespräch ging McDonald zum Sechziger-Jahre-Ball, um für die Ex-Hippies zu singen. Er war in Top-Form, und Songs wie «Tricky Dicky» und «Fixin'-to-Die» kamen gut an. Die einstigen Revolutionäre der Sechziger applaudierten begeistert. Ich schloß mich an – aber eigentlich war es zum Heulen.

Phil Ochs hatte in den frühen siebziger Jahren noch mehr auszustehen. Ernüchtert und entmutigt nach den Ausschreitungen und dem Gerichtsprozeß in Chicago, in Sorge auch, seine Message bei den riesigen Publikumsmassen, die die neuen Rockbands anzogen, nicht mehr loszuwerden, änderte er abrupt sein Image. In Goldlaméanzug mit Silberbesatz, so wie Elvis Presley ihn früher getragen hatte, zog er nun mit ein paar Musikern auf Tournee durch das Land. Sein Polit-Folk-Repertoire mischte er mit Songs von Presley, Buddy Holly und sogar mit Country-Melodien.

Diese Mixtur präsentierte er auch auf seiner neuen LP, die sich schlecht verkaufte. Das Elvis-Image zog nicht, das Publikum war verärgert und ratlos. Auch seine Schwester verstand ihn nicht: «Ich war total dagegen und sagte ihm: ‹Das Publikum liebte dich so, wie du warst – weshalb also machst du diese lächerlichen Maskeraden mit?› Heute weiß ich: es sollte eine politische Aussage sein, und ich denke, sie war sinnvoll, aber damals war ich überhaupt nicht damit einverstanden...»

Im April 1970 erklärte Phil Ochs dem Publikum in der New Yorker Carnegie Hall die politische Absicht hinter dem Elvis-Kostüm. «Wenn es irgendeine Hoffnung für eine Revolution in Amerika gibt», erläuterte er seinen feindselig gestimmten Anhängern, «liegt sie darin, Elvis Presley zu Che Guevara zu machen...»

Seine Analyse war goldrichtig und gleichzeitig völlig daneben. Altmodische Folk-Troubadoure schienen im Rock-Zeitalter tatsächlich überholt und hatten daher keinen Einfluß. Rockstars erreichten ungeheuer viele Zuhörer und verfügten dadurch über eine potentielle Macht, die sie noch gar nicht erkannt und zu nutzen begonnen hatten. Es war keinesfalls abwegig zu behaupten, Elvis Presley habe – ohne zu wissen, was er tat – schon in seinen frühen Jahren, als er als wilder junger Weißer die Lieder der Schwarzen sang, die amerikanische Gesellschaft stärker verändert, als Phil Ochs dies jemals möglich gewesen ist.

Dies einzusehen fiel Ochs anscheinend leicht, doch verstand er offenbar nicht, daß echte Rockstars ihrem Publikum tatsächlich gaben, was es wollte und erwartete. Sie zogen sich eben nicht das Kostüm eines anderen an und spielten Rock 'n' Roll auf der akustischen Gitarre. Und wenn sie eine Rolle spielten – so taten, als seien sie Sex-Maniacs oder Feuergötter –, ließen sie es sich nicht anmerken. Phil Ochs hingegen ließ es sich anmerken. Er verletzte die Regeln des Showbusiness, indem er hemmungslos offenbarte, was für ein Spiel er sich ausgedacht hatte, und dann – als sich das Publikum gegen ihn wandte – versuchte er sich noch über eine weitere Regel hinwegzusetzen: Er wollte den Mitschnitt der von seiner Unbeliebtheit zeugenden Krawallkonzerte in der Carnegie Hall als Live-LP veröffentlichen, was seine Plattenfirma allerdings nicht zuließ. «Gunfight at the Carnegie Hall» erschien nur in Kanada, fünf Jahre nach dem Ereignis.

Nach dem Auftritt in der Carnegie Hall erklärte Ochs die Motive seines Handelns. «Ich kam zu dem Schluß», berichtete er einem Interviewer, «daß Colonel Parker [Elvis' Manager] mehr davon versteht, Amerika zu organisieren, als Angela Davis oder SDS. Parker kennt die amerikanische Mentalität. Wenn man Amerika verändern will, muß man die Arbeiterklasse erreichen, und für mich ist Elvis Presley, im nachhinein betrachtet, Produkt der gigantischen Kommerzialisierung eines Sängers aus der Unterschicht, außerdem ein echter Vermittler zwischen schwarzer Musik und Country-Musik...»

Ochs' Überlegungen hätten Elvis Presley bestimmt entsetzt. Ironischerweise hatte zur gleichen Zeit, als Phil Ochs mit seiner «Presley trifft Guevara»-Idee den politischen Song wiederzubeleben versuchte, Elvis Presley selbst ganz andere Vorstellungen von seiner politischen Rolle. Mag er Rebellion und Befreiung wie kein anderer in der Geschichte des Rock 'n' Roll verkörpert haben, doch hinter der exaltierten Bühnenshow seiner frühen Jahre und der aufregenden spontanen Kollision weißer und schwarzer Stilelemente steckte ein Mensch, der geprägt war von der Gegend, aus der er stammte, dem konservativen Süden. Presley war ein Rebell, aber kein Revolutionär; als man ihm befahl, zum Militär zu gehen, tat er es; als man ihn überredete, schlechte Filme zu machen, fügte er sich. Bereitwillig stimmte er der Zerstörung seines außergewöhnlichen Talents und seiner Karriere zu.

Im Laufe der sechziger Jahre stieg Presley unaufhaltsam ab, und er hegte Ressentiments gegenüber denen, die seinen Platz eingenommen hatten. Von John Lennon stammte die Bemerkung: «Vor Elvis Presley gab es nichts», doch als die Beatles 1965 ihr Idol endlich kennenlernten, waren sie enttäuscht. Lennon fragte ihn, wann er denn wieder Rock 'n' Roll-Platten aufzunehmen gedenke. Das verzieh ihm Presley nie.

Am 21. Dezember 1970, acht Monate nachdem Phil Ochs in sein Elvis-Kostüm geschlüpft war, wurde Presley zum Präsidenten ins Weiße Haus eingeladen. Phil Ochs und John Lennon wären entsetzt gewesen, wenn sie gewußt hätten, was Elvis dort zu regeln hatte. Die Zusammenkunft kam auf Grund einer – für ihn ganz uncharakteristischen – Initiative zustande. Der Sänger war nach Washington geflogen, um dem «Dezernat für Narkotika und gefährliche Drogen» seine Dienste anzubieten. Obendrein hatte er einen Brief an den Präsidenten Nixon geschrieben, in dem er seine Besorgnis über «die Drogenkultur, die Hippie-Elemente, die Black Panthers etc.» ausdrückte. Dieser verblüffend schlecht geschriebene Brief, der erst 1986 an die Öffentlichkeit gelangte, hatte folgendermaßen begonnen: «Lieber Herr Präsident, zunächst möchte ich mich vorstellen: Ich bin Elvis Presley und bewundere Sie und habe großen Respekt vor Ihrem Amt...»

Presley schluckte natürlich selbst reichlich Drogen, doch hatte er sich eingeredet, daß ihm dies nicht schade. Heroin nahm er nicht, also war er auch kein Junkie oder Hippie. Er war nicht gegen Drogen an sich, sondern gegen die Drogenkultur, die ihn befremdete, mitsamt der «Gegenkultur» und linken politischen Bewegung, Entwicklungen, die ihn (so jedenfalls sah er es) aus der Hitparade herauskatapultiert hatten und nunmehr die USA mit einem Lebensstil bedrohten, den er nicht verstand.

Nixon, der damals gerade eine Anti-Drogen-Kampagne plante und die Amerikaner zu überzeugen hoffte, daß Drogen und nicht etwa Vietnam ihr größtes Problem seien, erkannte natürlich den politischen Vorteil einer solchen merkwürdigen Begegnung. Dem offiziellen Protokoll zufolge verwandte Presley viel Zeit darauf, dem Präsidenten mitzuteilen, er wünsche der Regierungskampagne für Recht und Ordnung seinen Namen zu geben, «um der amerikanischen Flagge wieder zu mehr Achtung zu verhelfen». Er sagte Nixon, er könne Einfluß auf die Hippies nehmen, keine Drogen zu benutzen, und bat darum, selbst als Bundesdrogenagent bevollmächtigt zu werden (aus einem anschließenden Treffen mit dem FBI geht hervor, daß er nicht abgeneigt schien, Spitzeldienste zu leisten). Presley hat in den sieben Jahren, die ihm noch blieben, bevor er selbst den Drogen zum Opfer fiel, niemanden wegen Drogen auffliegen lassen, doch scheint er eine spezielle Dienstmarke des Rauschgiftdezernats besessen zu haben, die Nixon für den Popstar angefordert hatte.

Der bekannteste Popsänger der Welt benutzte diese Zusammenkunft mit dem Präsidenten der USA auch, um die bekannteste Popgruppe der Welt zu diskreditieren, die Gruppe, die sich ihn zum Idol gewählt und die er einmal in sein Haus eingeladen hatte. «Presley ließ durchblicken», heißt es im Protokoll, «die Beatles seien nach seiner Auffassung Mitinitiatoren der antiamerikanischen Stimmung gewesen. Er sagte, die Beatles seien in dieses Land gekommen, hätten eine Menge Geld verdient und seien dann nach England zurückgekehrt, wo sie ein antiamerikanisches Projekt gefördert hätten.»

Dem Protokoll zufolge «nickte der Präsident zustimmend und brachte eine leichte Überraschung zum Ausdruck. Der Präsident deutete daraufhin an, daß diejenigen, die Drogen benutzen, auch in der vordersten Linie der antiamerikanischen Protestbewegung zu finden seien.»

John Lennon traf knapp neun Monate nach dieser ungewöhnlichen Begegnung in den USA ein. Es überraschte kaum, daß Nixon diesen US-Bürger *in spe* mit einem Mißtrauen behandelte, das an Paranoia grenzte. Lennon wurde überwacht, vor allem als er sich mit seinen Geistesverwandten zusammentat, alten Yippies wie Jerry Rubin und dem Rest der

Anti-Nixon- und Kriegsgegner-Clique, und die amerikanischen Behörden versuchten, ihn unter Druck zu setzen und zu schikanieren, wo sie nur konnten. Die Linke der US-Musikszene war natürlich begeistert über seine Ankunft: das war genau der Auftrieb, den sie brauchte. Auch Lennon war auf die Linke angewiesen: er war wütend und verbittert nach der Auflösung der Beatles, und er fand politische Diskussionen mit Rubin und seinen Freunden leichter als die Auseinandersetzungen mit ähnlich gesonnenen Intellektuellen in England.

Das Leben in seiner neuen Heimat schien ihm Spaß zu machen. Er und Yoko konnten unbehelligt in New York spazierengehen, sich mit Straßensängern wie David Peel anfreunden (am bekanntesten für seine Drogensongs «The Pope Smokes Dope» und «Have a Marijuana») und stundenlang über Politik reden. Die Kehrseite all dessen blieb Lennon verborgen; vieles deutet darauf hin, daß er vom Augenblick seines Eintreffens an abgehört wurde. Er wohnte mit Yoko in einem Apartment in der Bank Street in Greenwich Village, wo Ed Sanders einer ihrer Nachbarn war. Sanders hatte sich um die Installierung eines Telefons in seinem Loft bemüht und war froh, als endlich ein Apparat angeschlossen wurde. Alles andere als entzückt (und ein wenig paranoid, da er gerade ein Buch über Charles Manson geschrieben hatte) war er jedoch, als er Stimmen in der Leitung hörte.

«Da war so ein britischer Widerling am Telefon, und ich war total genervt», erinnert er sich. «Aber dann erkannte ich, daß es Lennon war. Man hatte uns beiden denselben Anschluß gegeben!» Später, als es Sanders gelang, seine FBI-Akten in die Hände zu bekommen, stellte er fest, daß er während dieses Zeitabschnitts überwacht worden war – «also muß die Polizei uns beide, Lennon und mich, abgehört haben».

Trifft dies zu, dann haben die Behörden sicher großes Interesse an dem gehabt, was sie aufschnappten. Die «Imagine»-LP mit ihrer «Give Me Some Truth»-Attacke auf «Tricky Dicky» Nixon war gerade erschienen, und zwei Monate später ließen die Lennons den Worten Taten folgen. Gemeinsam mit Jerry Rubin, Bobby Seale, Phil Ochs, Ed Sanders und vielen anderen Künstlern traten sie bei einem politisch hochbrisanten Benefizkonzert auf.

Die «Free John Sinclair»-Kundgebung, die im Dezember 1971 in der Chrysler Arena in Ann Arbor, Michigan, stattfand, wurde als «politisches Woodstock» gepriesen. Yippies und Popstars kamen zusammen, um Geld für Sinclairs Prozeßkosten zu sammeln. Die Show war ein enormer Erfolg, «eine typische glatte, gut geölte Stadionsession», so Sanders, «und ein sehr erhebender Abend». Er selbst las Auszüge aus seinem Gedicht «The Entrapment of John Sinclair», und sein Freund Phil Ochs sang über Nixon.

Der in Ann Arbor geborene Lokalmatador und spätere Superstar Bob Seger trat auf, bekannt für sein Engagement in musikalischen Antikriegsaktivitäten (so hatte er zum Beispiel die «Ballad of the Yellow Beret» als Antwort auf die «Ballad of the Green Berets» des Stabsfeldwebels Barry Sadler aufgenommen). Auf Seger folgte Stevie Wonder, der Überraschungsauftritt bei dieser Veranstaltung, von der Rubin behauptete, sie habe «Musik und revolutionäre Politik vereint, um eine Revolution im ganzen Land in Gang zu bringen».

Wenn Sanders sich heute an Wonders Auftritt erinnert, spricht er vom «Höhepunkt jenes Abends – er war unheimlich gut!» Wonder selbst ist etwas vorsichtiger, wenn er über die Schützenhilfe spricht, die er den Yippies gab. Vierzehn Jahre später sagt er in einem Londoner Hotelzimmer: «Ich lernte sie nur sehr oberflächlich kennen. Wir gaben nur das Konzert und verschwanden wieder – ich bin nur aufgetreten und lieferte meinen musikalischen Beitrag.» Und der Anlaß? Sinclair für zehn Jahre eingebuchtet wegen ein paar Joints? «Wir schlossen uns der Kampagne für seine Freilassung an. Letztlich weiß ich nicht, ob ich sagen würde: ‹Los, Leute, raucht alle Marihuana›, aber der Alkohol hat ganz bestimmt mehr Leute umgebracht, und jeder akzeptiert es...»

Lennon trat als letzter auf und sang neue Stücke, die Ereignisse in den USA aufgriffen, darunter «John Sinclair» und «Attica State», ein Song, der sich mit dem Gefängnismassaker befaßt, zu dem es Anfang des Jahres nach einer Geiselnahme und dem massiven Einsatz von Polizeieinheiten gekommen war. Es war sein erstes Konzert in den USA seit der Beatles-Zeit, was für die riesige Menschenmenge im Stadion genauso erregend gewesen sein muß wie die Tatsache, daß John Sinclair vom Gefängnis aus mit ihnen sprechen durfte. Seine Stimme dröhnte aus der gewaltigen Lautsprecheranlage. Es war ein außergewöhnliches Ereignis und dazu von Erfolg gekrönt – Sinclair wurde zwei Tage später freigelassen.

Dies Ergebnis machte Mut, und es wurden neue Pläne geschmiedet – immerhin waren seit dem Parteitag in Chicago knapp vier Jahre vergangen, und für Nixon standen in diesem Jahr 1972 ein neuer Parteikongreß und die Wahlen an. Wenn Yippies und Popmusiker es schafften, Sinclair aus dem Knast zu holen, was konnten sie dann wohl sonst noch erreichen? Nach Ann Arbor ein Gedanke, der selbst Nixon beunruhigen mußte. Lennon schien tatsächlich so gefährlich zu sein, wie Elvis Presley vorausgesagt hatte. Das Konzert von Michigan und seine Auswirkungen wurden zweifellos zur Kenntnis genommen. Ed Sanders sagt heute: «Ich habe immer eine Schwäche für John und Yoko gehabt, weil sie dies taten und das Risiko auf sich nahmen. Das hat ihnen wahrscheinlich all ihre Schwierigkeiten eingebracht.»

Nach Michigan bestritten die Lennons weitere Kampagnen. Sie spielten auf einer Benefizveranstaltung für die Familien der Opfer des Massakers im Attica-Gefängnis, führten in der «Mike Douglas TV-Show» Rubin als ihren Gast ein, der dann gegen Nixon und Vietnam vom Leder zog, und nach den Morden im nordirischen Derry am «Blutsonntag», dem 30. Januar 1972, schlossen sie sich den antibritischen Protesten in New York an. All diese Ereignisse reflektierte Lennon in seiner politisch ungeschminktesten LP «Some Time in New York City», die in jenem Sommer herauskam. Mit dieser Platte wurde ein Stück dessen Wirklichkeit, wovon Phil Ochs einst geträumt hatte – ein großes Popidol, das eine revolutionäre Weltansicht propagiert –, doch war es zugleich das schlechteste Album, das Lennon je produziert hat.

Was «Some Time in New York City» so ungenießbar machte, waren die grauenhaften Texte. Der Dichter, der «Imagine», «A Day in the Life» oder «Working Class Hero» schreiben konnte, verbriet nunmehr Slogans, die so platt waren wie «All You Need Is Love», aber hier noch naiver erschienen, da sie wirkliche Ereignisse reflektierten. Die Erstürmung des Attica-Gefängnisses war entsetzlich gewesen, doch Zeiten wie «Befreit die Gefangenen, befreit die Richter, befreit die Gefangenen überall» muteten allzu pathetisch an. Mit dem feministischen Song «Woman Is the Nigger of the World» antizipierten die Lennons eines der wichtigsten Themen der Siebziger, doch der schwerfällige Belehrungsstil war einfach peinlich.

Die Songs über Irland waren noch schlimmer. «Hättest du das Glück der Iren... würdest du bestimmt lieber Engländer sein wollen» kam einer glatten Beleidigung ziemlich nahe, und die Vorschläge am Ende von «Sunday Bloody Sunday», das Problem könne gelöst werden, indem man die Protestanten, die seit mehr als dreihundert Jahren in Ulster lebten, zurück nach England verschiffe, waren nicht mehr nur naiv, sondern hatten schon eine rassistische Färbung. Zeilen wie «Ihr Angloschweine und Scotties wurdet rübergeschickt, um den Norden zu kolonialisieren», «Kommt alle zurück nach England, die ihr es Heimat nennt» oder «Internierung ist keine Lösung, jetzt müssen jene Mütter dran glauben» waren eines Lennon einfach nicht würdig. Der Blutsonntag war entsetzlich gewesen, doch dies war keine akzeptable Antwort – zumal sie aus New York kam.

Nur zwei Stücke auf dieser unglückseligen LP waren gelungen, und das waren die beiden Songs, die Lennon allein, ohne Mitwirkung Yoko Onos, geschrieben hatte. «John Sinclair» zieht eine erhellende Parallele zwischen der zehnjährigen Gefängnisstrafe wegen zwei Joints und der Verstrickung der CIA in den internationalen Drogenhandel (solche Geschichten waren von den GIs aus Vietnam zu hören); das zweite Stück, «New York City», ist eine fröhliche persönliche Schilderung im Stil der «Ballad of John and Yoko» – allerdings mit Schleichwerbung für David Peel.

Wären alle Songs des Albums auf diesem Niveau gewesen, hätte Lennon das politische Lied möglicherweise so erfolgreich wiederbelebt wie der wesentlich poetischere und einfallsreichere junge Bob Dylan in den sechziger Jahren. Lennons erste rein politische LP war künstlerisch und kommerziell ein Flop. Warum war sie ihm so mißlungen? Vielleicht, weil er von England und den Themen, mit denen er sich wirklich beschäftigt und die er verstanden hatte, so weit entfernt war, und vielleicht auch, weil er von seinen neuen Freunden mitgerissen wurde. Ed Sanders war zutiefst enttäuscht, daß Lennon sich von David Peel und «belämmerten» Songs wie «The Pope Smokes Dope» beeindrucken ließ. «Ein Künstler der Weltklasse, wahrscheinlich ein Genie – und so einer läßt sich mit einem Schwachkopf ein... es war einfach beschämend.»

Der LP «Some Time» war eine von Lennon signierte Ansichtskarte der Freiheitsstatue beigelegt. Sie symbolisierte ein Problem, das ihn beim Erscheinen der LP verfolgte und das erst im Juli 1976 gelöst wurde. Auf den Punkt gebracht lautete es: Lennon wollte in den USA bleiben, und die Regierung wollte ihn rausschmeißen. Sein Auftritt beim «Free John Sinclair»-Konzert war genauso registriert worden wie Rubins Pläne für anschließende Rockkonzerte sowie ein Happening im Chicago-Stil beim Treffen der Republikaner in San Diego. Lennon stand unter Beobachtung, das FBI hatte eine ansehnliche Akte über ihn angelegt, und ein Dossier war bis zum Justizminister weitergereicht worden. Die Einwanderungsbehörde wurde über die Lage informiert und reagierte entsprechend: Lennon wurde das Visum entzogen, und ein Ausweisungsverfahren wurde eingeleitet.

Das nun einsetzende Bombardement von Anhörungen, Ausweisungsbescheiden, Appellen, Pressekonferenzen und Rechtsbelehrungen hätte jedem die politischen Ambitionen ausgetrieben. Daß Lennon sich schließlich gegen Präsident Nixons Wunsch durchsetzte, hatte er der öffentlichen Unterstützung zu verdanken, die er bekam, und der Tatsache, daß er die Behörden mit einer Gegenattacke überraschte. Der Bürgermeister von New York, eine Heerschar Prominenter aus der amerikanischen Kunstszene und Musikerkollegen wie Bob Dylan und Stevie Wonder setzten sich dafür ein, daß er in den USA bleiben konnte. Darüber hinaus half ihm seine eigene Publicitykampagne. Er beschuldigte die Behörden, ihn beschattet und sein Telefon abgehört zu haben, und strengte dann deswegen einen Prozeß gegen die US-Regierung an.

Doch ließ sich Lennon auf Zugeständnisse ein. Alle weiteren Konzerte, die er mit Jerry Rubin oder für politisch-musikalische Anti-Nixon-Veranstaltungen geplant haben mochte, sagte er ab. Er habe niemals beabsichtigt, Aufstände anzuzetteln oder die Revolution zu finanzieren, kommentierte er. Er nahm weiterhin Platten auf, doch nicht mehr mit Texten wie auf «Some Time in New York City», und aus jedem aktiven politischen Engagement zog er sich zurück. In gewisser Weise hatte Nixon also doch noch gewonnen. Der Kongreß der Republikaner nahm seinen Lauf, und der Präsident wurde wiedergewählt. Gestürzt wurde er dann schließlich nicht von Lennon, Rubin, den Yippies oder der Linken. Der Watergate-Skandal brachte ihn zu Fall.

Lennon bekam seine Aufenthaltsgenehmigung und zog sich, nunmehr juristisch abgesichert, in die Isolation des Dakota-Hauses zurück, wo er 1980 erschossen wurde. Er drehte der politischen Popszene nach einem klassischen Abschiedskonzert den Rücken zu. Im August 1972, unmittelbar nach dem Parteitag der Republikaner, trat Lennon bei einer Benefizveranstaltung für geistig behinderte Kinder im New Yorker Madison Square Garden auf. Zu «Come Together» sang er einen neuen politischen Text, er spielte «Hound Dog» als Hommage an den frühen Elvis (ohne die ironische Seite seines Tuns zu erkennen) und beendete seinen Auftritt, indem er sich mit Stevie Wonder zu einer ausgedehnten und (allen Darstellungen zufolge) atemberaubenden «Give Peace a Chance»-Session zusammentat. Es war angemessen, daß John Lennon seinen letzten großen Beitrag zur Synthese von Musik und Politik in Begleitung eines Superstars lieferte, dem es von den sechziger bis in die achtziger Jahre hinein gelungen war, in seinen erfolgreichen Tanznummern und Balladen Gesellschaft und Politik kritisch zu kommentieren.

Stevie Wonder mag seinem Credo treu geblieben sein, doch die politische Popbewegung insgesamt schwankte Mitte der Siebziger auf einen Stillstand zu. Lennon schaffte einen recht eleganten Rückzug, Phil Ochs dagegen starb buchstäblich mit seiner Epoche. Seine letzten Jahre sind zweifellos die traurigste Periode in der Geschichte des politischen Pop, denn er entdeckte eine ganze Welt neuer Musik – und neuer politischer Musik – und blieb dennoch entmutigt im Scheitern der Sechziger gefangen.

Nach dem peinlichen «Elvis»-Experiment war seine Karriere am Ende. Also verließ er die USA eine Zeitlang und begann umherzureisen. Der einzige Protestsänger, der schon 1965 Lieder gegen die amerikanische Intervention in der Dominikanischen Republik geschrieben hatte, fuhr jetzt Richtung Süden, um sich ein eigenes Bild von Lateinamerika zu machen.

Seit der kubanischen Revolution 1959 waren die USA in zunehmendem Maße beunruhigt über die Ausbreitung des Kommunismus auf einem Kontinent, den sie weitgehend als ihren eigenen Hinterhof betrachteten. Die Regierung schien die Situation unter Kontrolle zu haben, bis 1979 die Sandinisten die Herrschaft in Nicaragua übernahmen. Immerhin war in Brasilien und anderen potentiell bedrohlichen Regionen das Militär an die Macht gekommen, und Che Guevara, in den sechziger Jahren überall auf der Welt der Held linker Studenten, war 1967 während des Versuchs, in Bolivien eine Revolte in Gang zu setzen, gefangengenommen und getötet worden.

Ein Land paßte nicht in dieses Muster: Chile mit der ersten demokratisch gewählten sozialistischen Regierung. Die US-Behörden müssen im Sommer 1973 aufgehorcht haben, als sie erfuhren, daß zwei Aktivisten mit umfangreichen FBI-Akten planten, dieses Land zu besuchen. Phil Ochs tat sich für diesen Trip mit seinem alten Freund Jerry Rubin zusammen; laut Phils Schwester folgte ihnen das FBI.

Die Situation in Chile muß genauso gewesen sein, wie es sich ein linker Folkie vom Schlage Phil Ochs' immer erträumt hatte. Schließlich war Salvador Allende, der erste Mann im Staat, ein beliebter demokratischer Sozialist, und die Stimmung des ihn unterstützenden Volkes spiegelte sich in einer blühenden «Nueva Caución Chilena» wider. Die Bewegung war im Laufe der Sechziger gewachsen: eine moderne Version all dessen, was Woody Guthrie und Pete Seeger Jahrzehnte früher zu erreichen versucht hatten. Die Musiker trafen sich gewöhnlich bei einer *peña*, einer Künstler-Genossenschaft, wo Leute – ohne sich feinmachen oder ihre Arbeitsklamotten wechseln zu müssen – singen, essen und miteinander reden konnten. Dazu gehörte die große Sängerin Violeta Parra (sie nahm sich 1967 das Leben), die unter Arbeitern gelebt, ihre Lieder studiert und Klassiker wie «Gracias a la vida» (unter anderem von Joan Baez aufgenommen) geschrieben hatte. Auch ihre beiden Kinder Angel und Isabel gehörten zur Bewegung sowie jene Bands, die noch immer mit ihren einheimischen Instrumenten durch die Welt reisen: Quilapayun und Inti Illimani. Sie alle spielten größtenteils Folkmaterial oder schrieben ihre eigenen Songs, doch hatten sie zu einigen Vertretern der alten Schule amerikanischer Folksänger Verbindungen hergestellt, zu denen der stets begeisterungsfähige Pete Seeger und Malvina Reynolds gehörten.

Der bekannteste chilenische Sänger war Victor Jara, der seinen Stil in den sechziger Jahren allmählich von eher persönlichen auf politische Songs umgestellt hatte. Er hatte Lieder wie «El Aparacedo» geschrieben, das «E. (Ch.) G.» gewidmet war (in den Zeiten vor Allende war es undenkbar, Che Guevara auf einem Plattencover zu erwähnen). Auf Allendes Veranstaltungen oder bei Mai-Kundgebungen trat er regelmäßig auf. Nach dem Sieg der Volksfront Allendes wurde Jara politisch aktiv, um die Popularität des Präsidenten angesichts der Gewalt von rechts und zunehmend störender Boykott-Kampagnen der Geschäftswelt und anderer seine Politik bekämpfender Gruppierungen wahren zu helfen.

Dies war der Hintergrund der Situation, in der Jaras Frau Joan «zwei wie Hippies aussehende Typen mit Gitarren auf den Campusterrassen» der Technischen Universität Santiago entdeckte. Büroangestellte und Aufseher einer Kupfermine südlich der Hauptstadt waren in Streik getreten, doch viele der Allende unterstützenden Bergarbeiter machten weiter, unterstützt von den Studenten der Universität. Ochs und Rubin waren angereist, um den Bergarbeitern ihren «support» zu geben.

Die Studenten kannten sie nicht und mißtrauten ihnen, und erst nach Jaras Eingreifen durften die beiden Amerikaner die Grube betreten. Sie verbrachten den Tag mit Jara, lauschten seinem Gesang und Gespräch mit den Arbeitern und stimmten in seine Interpretation von Pete Seegers «If I Had a Hammer» ein. An jenem Abend nahm Jara sie mit in die *peña*, den Arbeiter-Folkclub. Hier wurde politischer Pop ohne große Publikumsmengen oder die Showatmosphäre von Rubins und Ochs' Auftritt in Ann Arbor gespielt, aber er war bestimmt nicht weniger wirksam.

In anderen Regionen Südamerikas war das Duo nicht so beliebt. In Uruguay hielten sie sich im Jahr der Studentenunruhen auf, als die Tupamaro-Stadtguerilla von der Armee zerschlagen wurde, was internationale Proteste wegen Menschenrechtsverletzungen hervorrief. Rubin und Ochs wurden verhaftet, die Polizei durchsuchte ihr Hotelzimmer. «Phil hatte politische Dokumente unter dem Waschbecken versteckt», erzählt seine Schwester. «Nur gut, daß das Zimmermädchen sie nicht verriet. Sie wurden in ein Flugzeug nach Paraguay gesetzt, und sie wußten, man würde sie umbringen, wenn sie dort ausstiegen. Deshalb bestanden sie darauf, an Bord zu bleiben, und flogen weiter nach Peru...»

Phil Ochs reiste nach Afrika weiter. Er sang sogar in Südafrika, wo er ein Medley aus «There but for Fortune» und einigen beliebten Countrysongs von Johnny Cash vortrug (worunter sicher auch einige seiner Gefängnissongs waren) und sein Publikum zum Staunen brachte, indem er die Lieder den Gefangenen auf Robben Island widmete. Heute, angesichts der UNO-Kulturboykotts, würde er wegen des Besuchs kritisiert werden; in den frühen Siebzigern hingegen war er mit seinem Interesse am internationalen Geschehen seiner Zeit voraus: abgesehen von Harry Belafonte wußten oder kümmerten sich nur wenige amerikanische Künstler um das Schicksal Nelson Mandelas und der anderen ANC-Führer.

Noch bemerkenswerter war Ochs' Arbeit in Ostafrika. Dreizehn Jahre vor «Graceland» schloß Ochs sich einer kenianischen Band an, um eine Single in Suaheli aufzunehmen, die nur in Ostafrika herauskam. Er war dabei, eine völlig neue Welt internationaler Musik zu entdecken, dem Mainstream des Rockbusiness um Längen voraus.

Es war ein Gebiet, mit dem er sich niemals näher beschäftigen konnte, denn sein Aufenthalt in Afrika wurde von zwei Tragödien überschattet. In der tansanischen Hauptstadt Daressalam wurde er beim Besuch eines verrufenen Stadtviertels, vor dessen Betreten er gewarnt worden war, angegriffen und ausgeraubt. Dabei erlitt er Verletzungen am Kehlkopf und verlor die hohen Tonlagen seiner Stimme. Und als sei das noch nicht genug, erfuhr er, was mittlerweile in Chile passiert war: ein Militärputsch unter Führung von General Pinochet, Allende tot, Ochs' neuer Freund Victor Jara ebenfalls. Er war verhaftet, gefoltert und mit vielen Tausenden anderen im Stadion von Santiago gefangengehalten worden. Bevor er starb, sang er «Venceremos», die Hymne der Volksfront.

Die Ausschreitungen in Chicago 1968 hatten Phil Ochs ernüchtert und deprimiert, die Vorgänge in Chile erschütterten ihn in den Grundfesten, vor allem nachdem es bald auch noch hieß, Pinochet sei von der CIA gefördert worden. Als er in die USA zurückkehrte, fand Ed Sanders ihn «mit gebrochenem Herzen am Boden zerstört».

Ochs reagierte auf die Ereignisse in Chile, indem er Benefizkonzerte für chilenische Flüchtlinge organisierte, ein «Abend mit Salvador Allende» im Felt Forum, New York. Er lud all die gestandenen Folkprotestmusiker ein, Arlo Guthrie, Pete Seeger und Dave van Ronk, doch es wurden kaum Karten verkauft, bis Ochs seinen einstigen Freund Bob Dylan zum Auftritt überredete. «Phil zwang ihn geradezu», berichtete die Schwester Sonny, «er flehte ihn an, es zu tun, um die Show zu retten. Er muß zwanzig Stunden mit ihm telefoniert haben...»

Dylan willigte schließlich ein, und das Publikum strömte in Massen zur Show. Ochs hatte gehofft, daß die Veranstaltung nicht nur gute Musik bieten würde, sondern auch politische Aufklärung, so daß das Publikum auf diese Weise von Jara und den Vorfällen in Chile erfuhre. Joan Jara und Allendes Witwe waren im Publikum. Der schwedische Botschafter hielt eine Ansprache, Dennis Hopper las Allendes letzte Rede, Dylan sang Woody Guthries «Deportees» und stimmte mit Arlo Guthrie, Phil Ochs, Dave van Ronk, Melanie und Pete Seeger in «Blowin' in the Wind» ein.

Doch verfehlte die Veranstaltung den würdevollen Charakter einer Ehrung, der ihr zugedacht war. Ochs' Schwester erzählt, sie sei vom Publikum enttäuscht gewesen, denn es waren «Leute, die Bob Dylan hören wollten und nicht unbedingt Allendes Vorstellungen unterstützten». Und: «Ganz offensichtlich herrschte Trunkenheit auf der Bühne», erinnert sie sich, «und bei ‹Blowin' in the Wind› reichten sie sogar einen Krug herum. Es war schrecklich, wo doch gleichzeitig in Chile Menschen starben...»

Ein Jahr später, 1975, hatte die linke Musikerszene endlich Grund zum Feiern. Der Vietnamkrieg war endgültig vorbei. Die USA hatten ihre Truppen abgezogen und Ende März 1973 mit der Bombardierung Nordvietnams aufgehört. Allerdings blieben «Berater» zurück, um der Regierung Thieu zu helfen. Sein Regime konnte nicht von Dauer sein. Im April 1975 durchkämmten die Streitkräfte der provisorischen Revolutionsregierung Südvietnam und eroberten alle wichtigen Städte, bis nur noch Saigon übrigblieb. Der erste große Krieg in der Rock 'n' Roll-Ära war fast zu Ende. Nur zwei Wochen vor der Einnahme Saigons saß ich dort in einer Bar, während der zehn Jahre alte Animals-Hit «We Gotta Get out of This Place» aus einem Grammophon plärrte. Die Musik paßte zur Situation. Die Amerikaner flohen schließlich am 30. April über eine Hubschrauber-Luftbrücke vom Dach ihrer Botschaft.

Phil Ochs half, die Feiern in New York zu organisieren. Das Gratiskonzert «War Is Over» fand am Muttertag im Central Park statt, und erneut kam die ganze Clique der Folkprotestszene der Sechziger zusammen. Pete Seeger war natürlich dabei, zusammen mit Odetta, Joan Baez und einigen ganz erfolgreichen Newcomern wie Paul Simon. John Lennon blieb im Dakota-Gebäude, das direkt am Rand des Central Park liegt.

Es war ein Tag zum Feiern und Nachdenken, ein Tag, an dem die Künstler, die ihre Musik als Medium des Protestes verstanden, endlich spüren konnten, daß sie etwas erreicht hatten, daß die Kundgebungen, die Demos und die Lieder zu dem enormen Druck beigetragen hatten, der zum Rückzug der US-Truppen aus Vietnam geführt hatte.

Der Krieg war zu Ende, Nixon war zurückgetreten, doch der Eifer, der revolutionäre Geist und die sprühenden Hoffnungen auf einen fundamentalen Wandel in den USA hatten sich in dem langen, schmerzhaften Prozeß erschöpft. Lennon hatte sich von politischer Arbeit zurückgezogen, und seine zunehmende Isolation schien das Ende jeglichen erneuten Interesses der Rockwelt an politischer Musik zu markieren. Für einen aus der Mode gekommenen Protestsänger mit einer verpatzten Karriere war es eine unerbittliche Zeit. Als die Vietnamfeier vorüber war, war Phil Ochs mit ernsthaften Problemen konfrontiert.

Selbst im Niedergang kam er auf gute Ideen. Sein letztes Projekt war der verrückte Plan, New York City vor dem drohenden Bankrott zu bewahren. Er wollte eine spektakuläre Show mit all den bedeutenden Stars auf die Bühne stellen, die auf irgendeine Weise einmal in New York zu Ruhm gekommen waren. In dieser urbanen Version von Live Aid sollten Sinatra wie auch sein frühes Idol Elvis Presley auftreten. Presleys Manager, Colonel Parker, schickte sogar einen Assistenten, doch der reiste bald wieder ab, als er erkannte, daß Ochs nicht länger in der Lage war, irgend etwas zu organisieren. Der gewitzte Songschreiber der sechziger Jahre war ein Wrack. Vielleicht litt er an Depressionen wegen Chile oder seiner eigenen gescheiterten Karriere, aber auf jeden Fall war ihm jetzt deutlich anzumerken, daß er sich in argen Nöten befand. Er fing an, sich heftig zu betrinken, er hatte Nervenzusammenbrüche und schlief in Gassen. Er wurde verprügelt, litt darunter und weigerte sich, Leute zu treffen oder das Haus seiner Schwester zu verlassen, wo er wohnte. Es gab Zeiten, wo auch sie nicht damit fertig wurde; er wurde gewalttätig und ziemlich gefährlich. Als sein Bruder vorschlug, ihn zur Behandlung in ein Heim einzuweisen, drohte Phil, ihn umzubringen. Es war eine Drohung, die ernstgenommen wurde.

Far Rockaway, New York, wo Sonny lebte, ist eine rauhe, trostlose Einöde aus Backsteinbauten am Meer. Die U-Bahn kommt unter der Stadt hervor und rattert über der Erde an den Sümpfen und Lagunen der Jamaica Bay am Rand des Kennedy-Flughafens vorbei, wo deplacierte langbeinige Vögel den Jumbos hinterherstarren. Rockaway Beach, von den Ramones berühmt gemacht, liegt am äußersten Ende des Damms. Hier, im Haus seiner Schwester, erhängte sich Phil Ochs am 9. April 1976.

Er starb, ohne zu erkennen, welchen Einfluß er gehabt hat und wieviel Freunde, die immer zu ihm hielten. Ed Sanders unternahm eine Pilgerreise nach Rockaway «bis hin zu dem Nagel an der Tür, an dem er sich erhängte».

Seine Schwester Sonny befaßte sich jetzt in einer Intensität mit Musik, wie sie es nie getan hatte, als Ochs noch lebte. Sie organisiert die jährlichen Phil Ochs Song Nights in Greenwich Village, die auf alle eine große Anziehungskraft ausüben, von Tom Paxton bis zu Stars der achtziger Jahre wie Suzanne Vega. Außerdem ist sie Moderatorin von «Folk music and other stuff», einer Rundfunkshow, die darauf abzielt, neue politische Songschreiber zu fördern. Auch als Lehrerin hat sie alles in ihrer Macht Stehende getan, um die Lieder ihres Bruders lebendig zu halten. Als ich sie in Far Rockaway kennenlernte, bat sie ihre dreizehn- bis fünfzehnjährigen Schüler, für mich zu singen, und sie stimmten eine temperamentvolle Version von Phils «Power and Glory» an.

5 Rebellenmusik: Trinidad, Jamaika, Simbabwe, England

Am Tag, als Phil Ochs starb, schien es auch mit der politischen Popmusik vorbei zu sein. Die USA erholten sich mit Gerald Ford an der Spitze von Vietnam und Nixon, Großbritannien kam nach den aufregenden sechziger Jahren mit einer erneuten Kandidatur Harold Wilsons wieder zu sich, und die Rockmusik war ein Spiegelbild dieser selbstzufriedenen Zeit – sie flüchtete in den Glamour-Rock und in immer profitablere und bombastischere Bühnenshows. Selbst die schwarze Musikszene verlor das Interesse an sozialem Engagement. Fünf Jahre nach der Aufnahme des politischen Klassikers «What's Going On» widmete sich Marvin Gaye wieder ebenso klassischen Liebesliedern. Nur wenige Künstler wie Gil Scott-Heron und Stevie Wonder stachelten mit Songs über das Leben in den Gettos oder in Südafrika auch weiterhin die amerikanische Öffentlichkeit an. Es war die Zeit des großen Geldes und der maßlos übertriebenen Werbung. Selbst Bruce Springsteen, der beste Newcomer der Epoche, litt bei seiner ersten Europatournee unter der lächerlich großkotzigen Promotion.

Die Popmusik benötigte dringend neue Impulse, neue Energie und eine neue Richtung. Das Engagement und der Idealismus der alten Troubadoure wie Guthrie und die flippige Spontaneität der Sechziger mußten in einer Periode, in der die Musik zum großen Geschäft geworden war, irgendwie miteinander verbunden und am Leben erhalten werden. Phil Ochs hätte nur noch ein paar Monate länger leben und nach England reisen müssen, um die Stile zu hören, die eine mögliche Lösung bieten sollten: Punk und Reggae.

Womöglich hätte er sie beide zu schätzen gewußt. Punk basierte immerhin zum Teil auf Brachial-Sound der Detroiter Garagenbands der Sechziger wie der Stooges oder John Sinclairs Band MC 5, die im Tränengasnebel von Chicago gespielt hatten. Reggae, die Musik Jamaikas, wurde dank einer glänzenden, 1975 in London aufgenommenen Live-LP Bob Marleys in England bereits populär. Ochs, der als einziger Star der sechziger Jahre ausgiebig durch die Dritte Welt gereist war, hätte sich über Marleys Erfolg bestimmt gefreut und erkannt, was ihm gelungen war: mit einer neuen Musikkultur in die westliche Popwelt einzudringen.

Wie so viele Elemente amerikanischer und britischer Popmusik ist Reggae ein schwarzer Stil, entstanden aus afrikanischer Musik, die zur Zeit der Sklaverei über den Atlantik gekommen war. Er ist dann in der Karibik weiterentwickelt worden, einer Kultur, die mühelos all das erreicht hat, was Phil Ochs teuer gewesen war. Dort gehörte der kommentierende Bericht über soziale und politische Mißstände schon lange zur Tradition populärer Musik. Dies änderte sich auch nicht, als sich jetzt zu den herkömmlichen akustischen Instrumenten elektrische Gitarren und Synthesizer gesellten. Dieser Stil kam einer «Musik des Volkes» viel näher als ein großer Teil britischer und amerikanischer Folkmusik, die dies jetzt für sich beanspruchte.

Bis Bob Marley auftauchte, war karibische Musik im Westen hauptsächlich durch Harry Belafonte populär gemacht worden. Die Musik Trinidads und der östlichen Karibik wurde, zum Teil wegen Belafontes Erfolg, als fröhliche Unterhaltungsmusik betrachtet. Es bedurfte schon einer neuen Generation von Calypsomusikern wie David Rudder, um den Westen an die Traditionen und an die politische Bedeutung dessen zu erinnern, was Rudder «die Mutter der karibischen Musik» nennt, «ein Stil, der die Funktion der Zeitung einnahm».

Calypso entwickelte sich im Laufe der zwanziger Jahre aus dem *kaiso*, als Trinidad noch eine britische Kolonie – die Unabhängigkeit kam erst vierzig Jahre später – und Musik die einzig mögliche Form der Gesellschaftskritik war. Die Sänger berichteten nicht nur über die Geschehnisse, sondern agierten zudem als Satiriker, betrieben investigativen Journalismus und brachten Geschichten ans Tageslicht oder gaben Nachrichten und Klatsch weiter, die die Behörden gern zensiert hätten, wobei sie sich vor Verfolgung schützten, indem sie Personen und Ereignisse in den Texten anders benannten.

Wie Journalisten konnten sie den Politikern nutzen. Als 1925 (in sehr eingeschränktem Sinne) regionale Wahlen eingeführt wurden, waren die

Kandidaten auf die Sänger als ihre Wortführer angewiesen. Sie ließen «Zelte» aufstellen, grobe Bambusbuden für den Auftritt, und die Menschen kamen dort zusammen, um sich über die neuesten Geschichten und Skandale zu informieren. Selbst die Oberen Zehntausend von Trinidad mischten sich dort unters Volk, um die aktuellsten Neuigkeiten zu hören. Die Calypsomusiker legten sich gefährlich klingende Namen zu – Lion, Attila the Hun, Executor, Growling Tiger –, stiegen in exotische Kostüme und rangen in Sängerwettbewerben, die noch heute bei den jährlichen Karnevalsfeiern auf Trinidad und anderen karibischen Inseln üblich sind, um die Gunst des Publikums.

In frühen Calypsos gab es nur zwei, drei Grundmelodien, aber die waren auch gar nicht so wichtig. Ein Calypsomusiker wurde an Hand der Texte beurteilt, die von fast allem handeln konnten, von Untreue bis zu bedeutenden politischen Ereignissen. Als Eduard VIII. 1936 auf den britischen Thron verzichtete, um die Amerikanerin Wallis Simpson zu heiraten, berichteten die Calypso-Musiker:

> It's love and love alone,
> That caused King Edward to leave the throne. *

Und als Großbritannien während des Zweiten Weltkriegs der US-Armee Stützpunkte auf Trinidad verpachtete – ein Schritt, der den Inselbewohnern natürlich gar nicht behagte –, kommentierte Lord Invader den Eindruck, den die amerikanischen Neuankömmlinge machten, mit «Drinking Rum and Coca-Cola». In den USA hatten die Andrew Sisters damit einen Hit, und in den Achtzigern gaben die Fugs dem Stück mit einer auf den neusten Stand gebrachten Version den ursprünglichen Biß zurück: «Working for the Yankee Dollar».

Die Calypsosänger hatten großen Einfluß und waren deswegen auch gefürchtet, doch konnten sie sich selbst in ernsthafte Schwierigkeiten bringen, wenn sie zu weit gingen. In den vierziger Jahren versuchten die Behörden die Aktivitäten der Sänger zu bremsen, indem sie anordneten, daß für jeden neuen Song eine Lizenz beantragt werden mußte. Es sollten sogar Polizisten auf der Bühne in der Nähe eines Calypsosängers sitzen und jedes Wort kontrollieren.

---

* Es ist Liebe, nur die Liebe, / Die König Eduard abdanken ließ.

In den Jahren nach der Unabhängigkeitserklärung wurde der Calypso ein Riesengeschäft. Aus den «Zelten» wurden solide neue Gebäude, wo die bekanntesten Sänger wie Mighty Sparrow in der Vorkarnevalszeit riesige Menschenmengen anzogen. Sparrows Repertoire umfaßte Liebeslieder und witzige sozialkritische Songs, die plötzlich durch Rufe wie «Boykottiert Südafrika!» unterbrochen wurden. Darunter waren auch Songs wie «Slave», der die Zuhörer daran erinnerte, unter welchen Umständen ihre Vorfahren nach Trinidad gekommen waren.

In den Achtzigern wurden Soul-Elemente mit Calypso vermischt, woraus Soca entstand, eine tanzbarere Form dieser Musik, die in der Ostkaribik und in den Clubs von New York populär wurde. Das war Partymusik, aber selbst als solche konnte sie immer noch eine Message transportieren. Selbst auf der seriösen Touristeninsel Barbados ließ der einheimische Soca-Star Mighty Gabby mit «The Beach Is Mine» Tiraden auf die Regierung los. Es ging in seinen Liedern um die Sperrung öffentlicher Strände, die private Hotels an sich gerissen hatten, oder um die Kosten einer unnötigen Armee. «Boots» war ein furioser Partysong mit einem anstachelnden Refrain: «Links, rechts, links, rechts, die Regierungsstiefel, die Regierungsstiefel ... müssen Soldatenstiefel denn wirklich mit dem Geld der Steuerzahler geputzt werden?»

Auf Trinidad setzten sich die Sänger mit den enormen Problemen auseinander, die das Land jetzt bewältigen mußte. In den Siebzigern war die Insel dank ihrer Ölreserven zur reichsten Region in der Karibik aufgestiegen. Als der Weltölpreis fiel, verkündete die Regierung, Trinidad sei pleite, und führte Sparmaßnahmen ein. Die Calypso-Musiker brachten den Volkszorn zum Ausdruck, als sie nach dem Verbleib des vielen Geldes fragten. Das Land hatte eine glänzende neue Stahlindustrie, aber keinen Exportmarkt, und es war viel Geld in den Aufbau eines großen medizinischen Komplexes investiert worden, der nun wegen Personalmangels nicht mehr funktionierte. Über all dies dachte der Calypso «Capitalism Gone Mad» von 1983 nach, der in Grenada gerade zur Zeit der amerikanischen Invasion ein Top-Hit war.

Die Sänger machten weiter Druck. 1986 gehörte zu David Rudders Nummern ein Song von Gypsy, «The Sinking Ship», den das Publikum in endlosen Reprisen bei Cricketspielen sang (besonders populär war er, als England verlor). Doch Premierminister George Chambers beunruhigte der Song am meisten, denn das «Schiff», das Gypsy meinte, war

Trinidad selbst. Chambers versuchte gute Miene zum bösen Spiel zu machen. Er lud den Calypsosänger sogar zu einer Party ein und tanzte zu dem Song, doch die musikalische Attacke hatte ihre Wirkung im Land bereits getan.

Ein paar Monate später wurde George Chambers bei den Wahlen auf Trinidad geschlagen. Seine Partei war dreißig Jahre lang an der Macht gewesen.

Die politische Musik Trinidads fand ihr Echo in der konkurrierenden Popmusik Jamaikas. Hier war der Mento die aufkommende Tanzmusik und zugleich Medium der Kritik. Wie der Calypso hat er seine Wurzeln in den Liedern der Sklaven auf den Zuckerrohrplantagen und war dann unter lateinamerikanischen Einfluß geraten, was darauf zurückzuführen ist, daß viele Jamaikaner in den kubanischen Plantagen gearbeitet hatten. Der Mento wurde auf Parties und Tanzveranstaltungen gespielt, und wie beim Calypso handelten die Songs von Liebe, lokalen Ereignissen und Neuigkeiten und waren das einzige populäre Vehikel, um soziale und politische Verhältnisse zu kommentieren. In den Tagen der Sklaverei und der Kolonialherrschaft konnte man mit Liedern Informationen übermitteln, die keiner anderen Form der Weitergabe zugänglich waren.

Neben dem Mento entwickelten die Jamaikaner den wilderen Burru, eine rhythmusbetonte Trommelmusik, die ebenfalls politische Informationen transportiert. Die Burru-Musiker lebten in eigenen Gemeinschaften und hatten eine Art Gesetzlosen-Status. Ihre musikalische Darstellung aktueller Angelegenheiten konzentrierte sich häufig auf bekannte Gesetzesbrecher. Die Burru-Trommeln feierten bisweilen die Freilassung eines Gangsters aus dem Knast.

Als Jamaika 1962 unabhängig wurde, hatte sich die Musik verändert. Mento war trotz des Erfolgs witziger Stars wie Lord Flea and Lord Fly im Abstieg begriffen, weil er sich nicht an die neuen Zeiten und Umstände angepaßt hatte und vielen Stadtbewohnern nicht mehr hart genug war. In zunehmendem Maße wurde er als Schlagermusik angesehen, die den Touristen in den Urlaubsorten an der Nordküste aufgetischt wurde. Doch der Geist des Mento lebte weiter. In Kingston verschmolz er mit amerikanischem Soul und Gospelmusik und wurde mit Posaunen und anderen Blechinstrumenten aufgehellt. Dadurch entstand ein neuer Stil: Ska, eine hypnotisierende Tanzmusik, deren Texte ebenfalls vorwiegend die gesellschaftlichen Verhältnisse kritisieren und von Entbehrung und Ungerechtigkeit berichten.

Musik und Politik waren in Jamaika, wie in Trinidad, miteinander verflochten. Nach zwei Jahren Unabhängigkeit versuchte die neue Regierung, die Musik der Insel ins Ausland zu exportieren. Der Verantwortliche des Projekts, ehemals Anthropologe, dann Schallplattenproduzent und schließlich Politiker, war Edward Seaga. Nach den von Gewalttätigkeiten begleiteten Wahlen von 1980 wurde er Premierminister Jamaikas. Seaga war ein vorsichtiger Geschäftsmann. Als einer der Ersten auf der Insel, die das kommerzielle Potential der einheimischen Musik erkannten, fing er an, Schallplatten aufzunehmen, die eher für den öffentlichen Verkauf bestimmt waren als für die mobilen «Soundstationen» der DJs, die die Songs auf öffentlichen Discoparties aus den mächtigen Lautsprecheranlagen dröhnen ließen.

Es gehört zu den Kuriositäten jamaikanischer Politik, daß die Jamaica Labour Party (JLP) die konservative ist, während die People's National Party (PNP) eher linke Tendenzen zeigt. Als Jamaika 1962 unabhängig wurde, übernahm die JLP die Macht, und Edward Seaga, zu dessen Wahlkreis die schlimmsten Slums in Kingston gehörten, wurde Entwicklungsminister. Als Kenner der einheimischen Musik beschloß er 1964, eine Gruppe Musiker zur Weltausstellung nach New York zu schicken, um den neuen Ska vorzuführen. Dieser Schritt provozierte den ersten Krach zwischen Musikern und Politikern auf Jamaika. Weitere sollten folgen.

Der konservative Seaga gab nicht Kingstons besten Bands, den Skatalites oder den Wailing Wailers, den Vorzug, sondern wählte statt dessen ein komplettes Sängerensemble aus, mit Byron Lee and the Dragonaires als Begleitband. Die übergangenen Bands waren wütend, und selbst die nach New York entsandten Musiker, zu denen Prince Buster und Jimmy Cliff gehörten, zeigten sich enttäuscht. «Seaga dachte wie ein Geschäftsmann, nicht wie ein künstlerischer Mensch», sagt Cliff zweiundzwanzig Jahre später. «Wenn er wirklich was für die Musik tun wollte, hätte er die Leute nehmen müssen, die sie erfunden haben. Die Sänger waren gut, aber Byron Lees Begleitband haute nicht hin. Seaga wollte gutaussehende Oberstadttypen; statt dessen hätte er Leute schicken sollen, die mit der Musik verwurzelt waren.»

Seaga ließ sich auf keinen neuen Versuch mehr ein, weil es bald unmöglich werden sollte, mit Hilfe der Musik ein «flottes Image» Jamaikas zu präsentieren. Jimmy Cliff: «Die danach einsetzende Entwicklung der Musik ließ einfach nicht mehr zu, daß ein regierender Minister Musiker auf Tournee schicken oder fördern konnte, denn sie richtete sich gegen das Establishment.»

In den sechziger Jahren verlangsamte sich der jamaikanische Ska und wurde zum Rock Steady. Danach legte er eine härtere Gangart ein und entwickelte sich zum Reggae. Wieder einmal hatte die neue Musik Wurzeln im traditionellen Folk; diesmal war Burro der Haupteinfluß, die Musik der Gettorebellen und Gesetzlosen. Wie jede große Popmusik spiegelten die Songs die Gegenwart wider – und die war für viele einfache Jamaikaner voller Entbehrungen.

Die Unabhängigkeit hatte der Armut und Arbeitslosigkeit kein Ende gesetzt, wie viele es sich erhofft hatten. In den fünfziger Jahren war die Situation so schlimm gewesen, daß 125 000 Westinder, viele davon aus Jamaika, nach England ausgewandert waren. Sowohl ihre neuen Rechte unter dem Nationalitätengesetz von 1948 als auch die Anwerbungskampagnen der Firma London Transport und der British Hotels and Restaurants Association hatten sie dazu verlockt. Auch in den Sechzigern blieben viele der Probleme bestehen, die die Jamaikaner zur Ausreise gezwungen hatten. Unterdessen hatten die Black Power-Bewegung und die Nachwirkungen der Bürgerrechtskampagnen zu Aufständen und Zerstörung in den Schwarzen-Gettos geführt. Die Stimmung beeinflußte junge Jamaikaner, und in den Slums von Kingston bildete sich ein neuer Typ aggressiver und gewalttätiger Bandenrebellen heraus, «rude boys» genannt.

Diese explosive Atmosphäre wurde durch die Rastafarians, Anhänger einer religiösen Erlösungsbewegung, noch weiter aufgeheizt. In den sechziger Jahren galten sie als der Abschaum der jamaikanischen Gesellschaft, als Hippies aus den untersten Schichten. Schließlich ließen sie ihr Haar in langen, verfilzten «Dreadlocks» wachsen, rauchten Marihuana und behaupteten, dies gehöre zu ihrer Religion. Es schien undenkbar, daß aus dieser Gruppierung jemals politischer Einfluß erwachsen und der Superstar der Dritten Welt hervorgehen sollte – und doch war es so.

Bob Marley war Sänger bei den Wailers, einer der Bands, die Seaga nicht nach New York hatte reisen lassen. Wie alle Rastas hielt Marley an Glaubensgrundsätzen fest, die, so abwegig sie einem Nichtgläubigen oftmals vorkommen mögen, eine Neuinterpretation der Bibel aus der Sicht der Schwarzen darstellen. Die Rastas waren von Marcus Garveys Lehren beeinflußt, eines in Jamaika geborenen Predigers und erfolglosen Geschäftsmannes, der 1917 die Universal Negro Improvement Association gründete. Garvey hatte Massenversammlungen organisiert und geleitet (wie zum Beispiel 1924 im Madison Square Garden), aber als er 1940 starb, schien seine «Zurück nach Afrika»-Bewegung nichts erreicht zu haben.

Doch Garveys Vorstellungen faßten allmählich Fuß auf Jamaika. Man schrieb ihm die Prophezeiung zu: «Haltet in Afrika Ausschau nach einem schwarzen König, der gekrönt wird. Er wird der Erlöser sein.» Als Ras Tafari Makonnen 1930 zum Kaiser von Äthiopien gekrönt wurde, hielten viele Anhänger Garveys die Prophezeiung für erfüllt. Selassie war für sie die Inkarnation Gottes und sein Reich in Afrika die Heimat, zu der sie zurückkehren sollten, weit weg von der korrupten, dekadenten westlichen Zivilisation, die sie als Sklaven der Heimat entrissen hatte.

Die Rastas kannten ihre Bibel, und beim Studium der Schrift fanden sie einen Beweis nach dem anderen für ihren Glauben. Für sie war der Westen (zu dem auch die Machthaber auf Jamaika gehörten) Babylon, ein Babylon, das den Rastas das Leben schwer machte, vor allem, nachdem eine Gruppe von ihnen 1963 in eine brutale Schießerei in Carol Gardens nahe der Montego Bay verwickelt war.

Gegen Ende der sechziger Jahre hatte sich der Reggae zur neuen Musik Jamaikas entwickelt und war, so der größte vom Reggae beeinflußte schwarze Lyriker und Sänger Englands, Linton Kwesi Johnson, «zu *der* zeitgenössischen Protestmusik geworden, zur modernen Version eines alten Stils, der bis in die Zeiten der Sklaverei zurückreicht». Für Außenstehende war der Protest manchmal schwer verständlich, denn Sprache und Metaphorik waren die der Rastafarians, die ihre Ansichten über die Ereignisse in Jamaika häufig mit Bildern und Begriffen aus dem Alten Testament verschleierten. Themen wie Bandenkriege, Lebensmittelknappheit, Wahlbetrug oder Notstand waren stets mit einem apokalyptischen Akzent versehen und wurden aus biblischer Sicht betrachtet.

Die politische Reggae-Kampagne kam erstmals zur Zeit der Wahlen von 1972 ins Rollen. Die Labour-Partei Jamaikas war seit der Unabhängigkeit nunmehr ein ganzes Jahrzehnt an der Macht gewesen und hatte die Unterstützung der meisten Musiker verloren, was sicher auch auf Seagas New York-Fiasko zurückzuführen war, vor allem aber auf den

Eindruck der Rastas, von der konservativen Regierung schlecht behandelt worden zu sein. Ihre Unterstützung galt Michael Manley, dem charismatischen Führer der Nationalpartei PNP. Als früherer Gewerkschaftsfunktionär und Sohn Norman Manleys, des Vaters der jamaikanischen Unabhängigkeit, befürwortete er eine eher sozialistische Politik. Bei den Rastas fand er besonderen Anklang, denn er trug einen «Marschallstab», den Kaiser Haile Selassie ihm bei einem Besuch auf Jamaika persönlich überreicht hatte. Viele Rastas scheuten die Politik, doch dieser Stab machte aus Manley etwas Besonderes. Große Erwartungen verbanden die Rastas mit einem Sieg der PNP.

Deshalb ließ Manley sich auf eine «Reggae-Wahl» ein. Die Kampagne begann schon 1971, als Manley einige Wochen lang durch Jamaika reiste und Bob Marley ihm musikalische Unterstützung gewährte. Auch Bunny und Peter Tosh, die anderen Matadoren der Wailers, gehörten zum PNP-«Bandwaggon», wie auch Max Romeo (der «Let The Power Fall on I» aufnahm) und Clancy Eccles, der sein Engagement mit dem Song «Rod of Correction» (Marschallstab) deutlich zum Ausdruck brachte. Der PNP-Wahlkampfsong war Delroy Wilsons «Better Must Come».

Die Labour-Partei JLP bekam erheblich weniger musikalische Unterstützung und verbot die PNP-Songs im Radio. Es half nichts. Michael Manley gewann. Jetzt brauchte er nur noch den Sozialismus in Jamaika einzuführen und mußte die Rastas bei Laune halten – keine einfache Aufgabe. Die Reggae-Musiker verfolgten seine Politik aufmerksam, und er kam ihrer Meinung nach nicht allzu gut voran. Noch bevor zwei Jahre um waren, beschwerte sich Marley über das andauernde Elend im Land mit «Them Belly Full (But We Hungry)» (Ihre Bäuche voll, wir aber hungrig), und in «Rebel Music» fragte er, warum die Rastas weiterhin schikaniert würden:

> Why can't we roam this open country
> Oh why can't we be what we want to be?
> We want to be free.
> Three o'clock – road block!*

---

* Warum können wir nicht ungehindert reisen? / Warum können wir uns nicht entfalten? / Wir wollen frei sein. / Drei Uhr – Straßensperre!

Andere Sänger stellten fest, daß ihre Arbeit von den Behörden argwöhnisch überprüft wurde. Bob Andy, früher bei den Paragons, erzählte Linton Kwesi Johnson, das «politische Direktorat» habe ihn aufgefordert, seinen Song «Fire Burning» zu erklären, der in biblischer Metaphorik einen Aufstand heraufbeschwört.

Jamaika war bereits von extremer Gewalttätigkeit bedroht, denn Michael Manleys Wahl und seine Schritte auf den Sozialismus zu hatten das Land durch alle Schichten hindurch in zwei Lager gespalten. Der neue Führer der JLP, Edward Seaga, hatte seinen Stützpunkt im Westen von Kingston durch die Errichtung neuer Wohnsiedlungen wie Tivoli Gardens gefestigt, die, so hieß es, an seine Anhänger vergeben und so zu JLP-Hochburgen geworden waren. Allmählich begann Kingston Belfast zu ähneln: es spaltete sich in verfeindete Gemeinden, die vielfach von politischen Banden beherrscht wurden. «War Inna Babylon» (In Babylon herrscht Krieg) verkündete Max Romeo, als Plünderer und Aufständische Manley in Verlegenheit brachten, indem sie Gettos im westlichen Teil der Stadt ausgerechnet an einem Tag in Brand steckten, als seine schwer gebeutelte Regierung Delegierte des Internationalen Währungsfonds zu Gast hatte.

Als die Wahl von 1976 näherrückte, nahm die Gewalttätigkeit zu. Zwanzig Mitglieder der PNP-Jugendorganisation wurden im westlichen Kingston ermordet – eine Aktion der JLP, hieß es, mit dem Ziel, Manleys Anhänger zu erschrecken. Nachdem im Sommer die Zahl der Toten auf hundert angewachsen und ein geheimes Waffenlager in Trenchtown entdeckt worden war, rief Manley den Ausnahmezustand aus.

Das Land befand sich jetzt in einer Krise, die sich noch verschlimmerte, als Manley die Beziehungen zu Kuba ausbaute und dadurch westliche Investoren in die Flucht schlug. Die Lebensmittel wurden knapp, die Arbeiter streikten, und der Premierminister mußte seine Wähler an die Rolle der CIA beim Sturz Allendes erinnern. So etwas könne auch auf Jamaika geschehen, verkündete er. Zur gleichen Zeit erfanden die Graffiti-Künstler in Kingston einen neuen Namen für den Oppositionsführer: «CIAga».

In all der Aufregung hatte Manley ganz vergessen, Marihuana zu legalisieren oder die Rückkehr der Rastas nach Afrika zu arrangieren, wie er es versprochen hatte, aber die Musiker übten nicht nur Kritik an der Regierung. Einige der Hitsongs spiegelten Michael Manleys Haltung zu weltpolitischen Ereignissen und die Rolle der USA wider. In «We Should Be in Angola» von Pablo Moses oder «MPLA» von den Revolutionaires ging es um den brutalen Dreifrontenkampf, der in dem gerade unabhängig gewordenen Staat im südlichen Afrika stattfand.

Auch Bob Marley nahm genauso an internationalen wie an jamaikanischen Problemen Anteil, was zwei außergewöhnliche Tracks seiner neuen LP «Rastaman Vibration» bewiesen. Mit «War» setzte er eine ungewöhnliche Rede Haile Selassies um, in der dieser über die besondere Lage in Südafrika und über Rassismus im allgemeinen gesprochen und zur Toleranz aufgerufen hatte. Die Zeile «Bis die Hautfarbe eines Menschen keine größere Rolle spielt als die Farbe seiner Augen, muß ich weiter Krieg führen» ist vielleicht nicht gerade ein flotter Poptext, doch bringt sie das Motto eines ganzen Lebens zum Ausdruck. Marleys Bearbeitung macht den Text zu einem der eindrucksvollsten Zeugnisse seiner politischen Musik.

«Rat Race» war ganz anders, ein ungeschminkter Kommentar der Zustände auf Jamaika vor den Wahlen. Die Zeile «When the cat's away the mice will play» (Wenn die Katze nicht zu Hause ist, tanzen die Mäuse) bezog sich auf die Behauptung, Seaga habe zum Ungehorsam gegen die Regierung aufzurufen begonnen, als Manley nicht im Land war. «Don't involve Rasta in your say-say / Rasta don't work for the CIA» (Zieh nicht den Rasta in deine leeren Versprechungen hinein, für die CIA arbeitet der Rasta nicht) spricht für sich selbst.

Eine Folge des Ausnahmezustands von 1976 war das Verbot von Songs im Radio, die offen Sozialkritik übten. Zu den Betroffenen gehörte auch Jimmy Cliff, der seit dem Seaga-Treck nach New York ein bedeutender Star geworden war. In den späten sechziger Jahren hatte er «Vietnam» geschrieben, einen aggressiven persönlichen Protestsong, der Bob Dylan wie auch Paul Simon stark beeindruckt hatte (Simon besuchte später Jamaika, um mit Reggaekünstlern Aufnahmen zu machen). In den frühen Siebzigern hatte er sich mit der Starrolle des unverschämten jungen Mannes in dem Film «The Harder They Come» auch als Schauspieler einen Namen gemacht. 1976 wurde Cliffs Song «Sons of Garvey» wegen einer einzigen Zeile im Radio verboten: «Kirchenfürsten und Politiker werden in Hungerszeiten immer reicher». «Man befürchtete, ich wollte eine Revolution anzetteln», sagt Jimmy Cliff.

Als die Wahl näherrückte, war vor allem ein Reggaesong nicht vom

Sendeverbot betroffen und entsprechend häufig im Radio zu hören. «Smile Jamaica» von Bob Marley hatte wenig mit den zornigen Liedern auf der LP «Rastaman Vibration» zu tun – im Gegenteil: es stellte Jamaika voller Optimismus als friedlichen, liebenswürdigen Ort dar. Sollte dieses Lied etwa die PNP unterstützen? Viele Jamaikaner und auch Linton Kwesi Johnson glaubten dies (Johnson geriet deswegen heftig mit Marleys Manager aneinander).

Falls Marley Manley tatsächlich unterstützte – und vieles spricht dafür –, dann tat er dies auf subtile Weise, denn er war sich der heiklen Situation der Gewaltbereitschaft und der Bedeutung seiner eigenen Rolle sehr bewußt. Als er die Wahlkampagne Manleys in den frühen Siebzigern unterstützte, war er einfach nur ein Reggaesänger gewesen, jetzt aber war er ein internationaler Star, der wohl bekannteste Jamaikaner der Welt. Er besaß enorme Macht, und ihm war klar, daß er sie sorgsam einsetzen mußte. Doch er war nicht vorsichtig genug.

Bob Marley plante ein Gratiskonzert unter dem Motto «Smile Jamaica», das einigen Berichten zufolge ursprünglich im Jamaica-House, dem Wohnsitz des Ministerpräsidenten, stattfinden sollte. Doch da dieser Plan Wahnsinn gewesen wäre, einigte man sich schließlich auf den National Heroes Park als Veranstaltungsort. Marley und die Wailers machten sich Sorgen wegen des Konzertes, da sie Drohanrufe erhalten hatten und nur eine Woche später die Wahl stattfinden sollte.

Die Situation gipfelte schließlich in dem wohl ersten politisch motivierten Attentat auf einen bedeutenden Popstar. Bewaffnete Männer drangen in Bob Marleys Hauptquartier in der Hope Road in Kingston ein und feuerten auf den Sänger und seine Band. Ein Wunder, daß außer Marleys Manager niemand ernsthaft verletzt wurde – und eine Gelegenheit für Marley, seinen Mut unter Beweis zu stellen, indem er ein paar Tage später das angekündigte Konzert dennoch gab. Eine Woche darauf gelangten Michael Manley und die PNP erneut an die Macht. Diesmal hieß ihr Wahlkampflied «Under Heavy Manners» (Unter schwierigen Umständen).

Die Identität und die Motive der Schützen, die Bob Marley zu töten versuchten, wurden niemals aufgedeckt, und in einer Hinsicht war der Attentatsversuch erfolgreich: er vertrieb Marley aus Jamaika, und er engagierte sich nie wieder für jamaikanische Parteipolitik. Im darauf folgenden Jahr befragte ich Marley nach einem Konzert in Paris zu dem

Vorfall. Er hütete sich, zuviel preiszugeben. «Wenn was faul ist, ist es eben faul», sagte er. «Es fällt mir schwer, mich zurückzuhalten, aber sie können mich nicht mehr in politische Geschäfte verwickeln. Ich bin Rasta, kein Politiker. Zur Zeit der ‹Smile Jamaica›-Aktion hatte ich jahrelang kein Konzert mehr gegeben und wollte gern eine Gratis-Show veranstalten. Klar – man konnte denken, ich unterstützte politische Ansichten, aber das stimmte gar nicht.»

Ein paar Stunden später, nach dem Konzert, bei einer Feier in einer Pariser Nobel-Disco, war er ein wenig gesprächiger. «Ich möchte nicht nach Jamaika zurückgehen und mit der Polizei zusammen herausfinden, wer auf mich schoß», sagte er. «Es ist mir egal, weil sie nicht aus eigenem Antrieb handelten. Der Auftrag kam von höheren Stellen. Die führenden Köpfe sollten bestraft werden und nicht diese Leute. Wir wollen etwas Abstand von Jamaika gewinnen, Gras über die Sache wachsen lassen, aber wir wollen keine Rache nehmen. Ich habe keine Angst um mich, ich fürchte nur, ich könnte selbst zur Knarre greifen.»

Bestimmt habe er doch seine eigenen Theorien über das Attentat? Er lachte. «Yeah... aber das ist streng geheim! Wir werden der Sache nicht nachgehen, aber vielleicht kommt es dennoch zur rechten Zeit ans Licht. Selassie beschützt mich. Die Rastafari beschützen mich. Das ist keine Witz, Mann! Was geschehen soll, geschieht auch...»

Bob Marley war an jenem Abend in guter Stimmung, und es leuchtete unmittelbar ein, daß jeder jamaikanische Politiker scharf auf seine Unterstützung war, denn er schien das Unmögliche erreicht zu haben. Er war ein selbstbewußter Weltstar – und dennoch ein nachdenklicher «Rasta Man» geblieben. Er hatte im Pariser Hilton Verwirrung gestiftet, als er in seinem Zimmer ein I-Tal-Rasta-Essen zubereitet hatte, und nun feierte er in einer eleganten Disco. «Ich fühle mich nicht als internationale Berühmtheit», sagte Bob Marley. «Ich bin ein Bauer, der ein Lied auf der akustischen Gitarre singt. Ich sein armes Mann, ich sein Mann von Straße.»

Ein Jahr später, 1978, kehrte er zum erstenmal seit der Schießerei nach Jamaika zurück, um zu demonstrieren, wieviel Macht der arme Mann von der Straße haben konnte. Seit Manleys Wiederwahl war das Leben in Jamaika noch härter geworden. Die Gewalt zwischen den «politischen» Banden hatte zugenommen. Wilde Gerüchte über einen Militärputsch oder einen Bürgerkrieg waren im Umlauf, und selbst die Bandenführer machten sich allmählich Sorgen.

Die Situation spitzte sich dermaßen zu, daß zwei dieser Gangster, Bucky Marshall von der PNP und Claudie Massop von der JLP, Marley baten, nach Hause zu kommen, um die Schirmherrschaft über ein Friedenskonzert zu übernehmen, das einen Waffenstillstand zwischen den Banden bekunden und obendrein Geld für dringend benötigte sanitäre Anlagen sowohl in PNP- als auch in JLP-Gettos einspielen sollte. Marley war einverstanden, und die Reggae-Boten verbreiteten die Nachricht: Jacob Miller von Inner Circle nahm «The Peace Treaty Special» auf, und Dillinger sang «The War Is Over».

Auf den Straßen von Kingston kam es einem am Morgen des 22. April nicht gerade so vor, als sei der Krieg zu Ende. Als ich die Hauptstraße entlangflanierte, hielt mich die Polizei an und fragte mich: «Was machen Sie hier? Sind Sie lebensmüde? Gehen Sie zurück in Ihr Hotel.» Ein anderer Besucher, der weniger Glück gehabt hatte, war knapp einer Bande entkommen, die mit Nägeln gespickte Knüppel schwangen.

In der Betonschüssel des Nationalstadions herrschte zum Glück eine entspanntere Atmosphäre. Das Publikum war auf drei Abschnitte verteilt: die «Gesellichkeitssitze» (mit 2 Dollar die billigsten), die «Liebessitze» und die «Friedenssitze» (die die teuersten waren). Ihnen gegenüber war die mit einem Regenbogen und dem Slogan «One Love» geschmückte Bühne aufgebaut. Ein Priester der Äthiopischen Orthodoxen Kirche rezitierte Gebete, und dann folgte ein umwerfendes neunstündiges Reggaekonzert mit achtzehn verschiedenen Bands.

Auf halber Strecke wurden zwei Nichtmusiker auf der Bühne vorgestellt – «Bruder Mike und Bruder Eddy» –, die sich als Premierminister und Oppositionsführer entpuppten. Jacob Miller und dessen Band Inner Circle besangen daraufhin mit «Streets Of Loredo» den Bandenboss Claudie Massop, bevor sie diesen und andere Mitglieder des «Friedenskomitees» höchstpersönlich auf der Bühne begrüßten, damit sie unter Manleys Augen in die «Friedensvertragshymne» einstimmen konnten. Es war schon etwa so, als würde Al Capone vor dem amerikanischen Präsidenten auftreten.

An diesem Abend schien es den Musikern und nicht den Politikern gelungen zu sein, Jamaika den Frieden zu bringen, und deshalb konnten sie sich auch einiges erlauben. Der massige Jacob Miller sprang auf die Ehrentribüne des Premierministers, bot ihm einen Joint an (den der selbstverständlich ablehnte) und kletterte, mit einem Polizeihelm auf dem Kopf, zurück auf die Bühne. Und auch Peter Tosh, mittlerweile Solist bei Rolling Stones Records, juckte es, das Optimale aus diesem Ereignis herauszuholen, bei dem Manley, Seaga und Mick Jagger zu Gast waren.

Drei Jahre zuvor war er von der Polizei übel zusammengeschlagen worden, und nun bekam er die Gelegenheit, es der Obrigkeit heimzuzahlen. Er sang «400 Years» und das aufrüttelnde «Stepping Razor» und begann dann, den vor ihm sitzenden Politikern eine immer aggressiver werdende Standpauke zu halten. «Alle wollen Frieden, aber keiner fragt nach Gerechtigkeit», rief Tosh, «und ich will den Frieden erst, wenn meine Brüder die gleichen Rechte bekommen.»

An diesem Abend befand er sich in einer unangreifbaren Position, und er war sich dieser Tatsache wohlbewußt. Hätte es irgend jemand gewagt, gegen ihn vorzugehen, ein Chaos wäre im Stadion ausgebrochen, in dem auch die Politiker ihres Lebens nicht mehr sicher gewesen wären. Deshalb ließ Tosh eine ausgedehnte Rede vom Stapel. Zunächst befaßte er sich mit der Situation in Südafrika, danach mit dem Hunger und der Brutalität der Polizei in Jamaika, und schließlich beschwerte er sich direkt beim Premierminister über die Belästigungen der Rastas wegen des Rauchens von Marihuana. Riesige Joints wurden auf der Bühne angezündet, als er sein verbotenes «Legalize It» sang und danach die alte Hymne aus der Zeit, als er noch bei den Wailers spielte: «Get Up, Stand Up».

Es war ein historischer Auftritt und ein knallharter Akt der Rebellion. Als Bob Marley um ein Uhr nachts auf die Bühne kam, wurde deutlich, daß er das Publikum nicht aufwiegeln, sondern die Lage beruhigen und etwas Einigkeit auf dieser tief gespaltenen Insel schaffen wollte. Im Laufe von «Jamming» holte er Manley und Seaga auf die Bühne. Der Premierminister und der Oppositionsführer schüttelten sich über seinem Kopf die Hände und schauten dabei etwas verlegen drein, während Marley sang. Bei «One Love», dem nächsten Song, kamen die Politgangster zu den Profipolitikern auf die Bühne, begleitet von einem Haufen Rastas, die Feiertagsjoints rauchten. Es war einer der großartigsten und verrücktesten Augenblicke in der Geschichte der politischen Popmusik.

«Auf Jamaika», sagt Linton Kwesi Johnson, «müssen die Politiker auf die Songs achten. Die Musiker haben Macht.» Die One Love Show demonstrierte diese Macht, doch führte sie zu keinen Veränderungen auf Jamaika. Das «Friedensabkommen» hielt nicht lange an. Schon bald kehrte die Gewalt in die Gettos von Kingston zurück. Claudie Massop von der JLP wurde im Frühjahr 1979 von der Polizei erschossen, und ein Jahr später wurde Bucky Marshall auf mysteriöse Weise bei einer Tanzveranstaltung in Brooklyn ebenfalls durch Schüsse getötet. Als die Wahlen von Oktober 1980 nahten, wurde der Bandenkrieg schlimmer als je zuvor. Mindestens sechshundert Menschen kamen ums Leben.

Die Wähler entschieden sich gegen Manley, und erster Mann im Land wurde nun der frühere Schallplattenproduzent Edward Seaga. Im Land wie in der ganzen westlichen Welt wurden hohe Erwartungen in den neuen Premier gesetzt; er, so hieß es, könne der entsetzlichen wirtschaftlichen Probleme Jamaikas Herr werden, und Kingston trat in eine ruhigere Phase ein, was auch ein neuer Musikstil anzeigte: Politische Songs waren nun – zumindest bis zum Ablauf von Seagas «Probezeit» – nicht mehr gefragt.

Marley befand sich zum Zeitpunkt der Wahlen außerhalb Jamaikas und litt bereits an Krebs. Ein Jahr später starb er. Sechs Monate zuvor, im April 1980, gab er sein letztes Konzert, nicht auf Jamaika, sondern in Afrika, dem Kontinent, zu dem er – wie alle Rastas – zurückzukehren hoffte.

Marley orientierte sich in seinen Liedern aber keineswegs nur am mystifizierenden Afrikabild der Rastas, sondern zeigte sich genauso interessiert am realen Kampf gegen die von Weißen dominierten Regime im Süden. «War» war sein erster musikalischer Beitrag zum Kampf gegen die Minderheitsherrschaft. 1979 ließ er mit «Zimbabwe» sein wohl wichtigstes politisches Stück folgen; es befaßt sich mit den Auseinandersetzungen in dem damals noch Rhodesien genannten Land.

Seitdem Premierminister Ian Smith 1965 einseitig die Unabhängigkeit Rhodesiens erklärt hatte, war die Situation immer schlimmer geworden. Vertreter der wechselnden Regierungen in England, Labour-Politiker wie Konservative, hatten sich mit Smith getroffen, Vorschläge waren gemacht und abgelehnt, UNO-Sanktionen verhängt und umgangen worden und all das hatte zu einer Verschärfung des Guerillakrieges geführt. Unter dem Druck von Robert Mugabes Zimbabwe African National Union (ZANU) und Joshua Nkomos Zimbabwe African People's Union (ZAPU), die heute in der Patriotic Front vereint sind, wurde Smith schließlich zu Zugeständnissen gezwungen. Er schlug die sogenannte «interne Lösung» vor, eine Koalition mit den zu Verhandlungen

bereiten schwarzen Politikern im Land gegen die militanten Befreiungs-
bewegungen.

1979 fanden «interne Wahlen» statt, die von der Patriotic Front boykottiert wurden. Deren Mitglieder kämpften lieber weiter, als einem Abkommen zuzustimmen, das die militärische und politische Macht in den
Händen der weißen Minderheit ließ. Der Sieger, Bischof Abel Muzorewa, hatte ganz offensichtlich nicht die Zustimmung des ganzen Landes,
doch eine Zeitlang sah es so aus, als würde die neue konservative Regierung in England die neue konservative Führung in Rhodesien anerken-
nen, dem Land die Unabhängigkeit gewähren und die UNO bitten, die
Sanktionen aufzuheben.

In dieser angespannten Zeit brachte Marley «Zimbabwe» heraus,
einen Song, den er schon ein Jahr zuvor zu schreiben begonnen hatte.
Wahrscheinlich hat er den Verlauf der Auseinandersetzung nicht beeinflußt, aber es muß den Anhängern und Guerillas der Patriotic Front einen
enormen Auftrieb gegeben haben, als sie ihn im Radio hörten. Marley
ging darin nicht auf die Komplexität der «internen Lösung» ein, doch
wurde deutlich, auf welcher Seite er stand. Der Titel des Songs war der
Name, den die Patriotic Front dem Land geben wollte (Muzorewa war mit
dem Kompromiß «Simbabwe-Rhodesien» einverstanden), und der Text
rief dazu auf, den Kampf um die Unabhängigkeit fortzusetzen. «Jeder hat
das Recht, über sein eigenes Schicksal zu entscheiden», sang Marley.
«Schafft das kleine Problem aus der Welt... wir müssen für unsere
Rechte kämpfen.»

Schwarzafrika, der Commonwealth und die meisten Staaten der Welt
signalisierten ihr Einverständnis, was die neue britische Regierung zur
Kenntnis nahm. In London wurde eine von Außenminister Lord Car-
rington geschickt geleitete Verfassungskonferenz abgehalten, und
schließlich führte die Übereinkunft 1980 zu Wahlen unter britischer
Aufsicht und zu einem Sieg für die ZANU und Robert Mugabe.

Bei Simbabwes Unabhängigkeitsfeierlichkeiten im Rufaro-Stadion in
Harare traten auch Bob Marley and the Wailers auf. An diesem Abend,
inmitten der Aufregung und des Tränengases, muß ihm seine Erkran-
kung schmerzlich bewußt gewesen sein, aber er muß ebenso klar gesehen
haben, in welchem Maße er die politische Musikkultur Jamaikas in eine
weltweit wirkende Kraft verwandelt hatte. «Schlagt alles kurz und klein
in Simbabwe, Afrikaner, befreit Simbabwe», sang er, und das Echo sei-

ner Stimme hallte hinüber zu den Tabaklagerhäusern, die eine so entscheidende Rolle bei den Verletzungen gegen das Embargo gespielt und damit zur Fortdauer des Smith-Regimes beigetragen hatten.

Unter den Zuschauern im Rufaro-Stadion, die Bob Marley zujubelten, befand sich Thomas Mapfumo, ein im Westen kaum bekannt gewordener Sänger aus Simbabwe, der sich mit seinen politischen Liedern bei der Obrigkeit sehr unbeliebt gemacht hatte. Er wurde zum Opfer einer bezeichnenden Kampagne, die Popmusik zur politischen Gegenaufklärung mißbrauchte.

In Kriegszeiten ist Musik eine Waffe, die eingesetzt wird, um den eigenen Reihen Mut zu machen und den Feind mit Spott zu überhäufen, und die Auseinandersetzungen in Rhodesien – 1978 war das Kriegsrecht verhängt worden – bildeten da keine Ausnahme. Die ganzen späten siebziger Jahre hindurch, als sich der Kampf verschärfte, übertrug der Regierungssender Botschaften zur moralischen Unterstützung der «troopies», die die «terrorists» im Busch bekämpften, und die Grüße waren kräftig mit hausgemachten Kriegsliedern gewürzt.

LPs wie «Troopiesongs» konnte man in Läden in Salisbury kaufen. Auf den Plattenhüllen grinsten weiße Soldaten, mit Gitarren und Biergläsern in der Hand. Besonders beliebt waren Songs wie «The Gunship Calypso» (der den Calypso-Anhängern in Trinidad einen Schock versetzt hätte) oder «We Stand Alone» eines gewissen John Edmond. Der Refrain war nicht gerade sehr feinsinnig, brachte aber die Trotzhaltung der Rhodesier auf den Punkt:

> No bastion of steel and stone
> No massacre of flesh and bone
> But the right to fight for what we own
> We stand alone, we stand alone.[*]

Das für abgesetzt erklärte Regime Smiths wurde trotz der UNO-Sanktionen mittels eingeschmuggelter Gewehre und Flugzeuge aufrechterhalten, und es gab Popmusiker, die willens waren, ihren Teil dazu beizutra-

---

[*] Keine Bastion aus Stahl und Stein / Kein Massaker aus Fleisch und Bein / Doch das Recht, um unseren Besitz zu kämpfen / Wir stehen allein, wir stehen allein.

gen. Der Trompeter Eddie Calvert war in den fünfziger Jahren ein bedeutender britischer Star gewesen, der Nummer-Eins-Hits wie «Oh, mein Papa» landete. Fast genauso erfolgreich war er 1956 mit einem Lied auf einen Fluß in Simbabwe, «Zambesi», an dem er nun, zwanzig Jahre später, auftrat, um für das Smith-Regime zu werben. Calverts neue Songs drückten seine politischen Sympathien aus. Zu seinem Programm gehörte eine Fassung von «Amazing Grace», die er «Amazing Race» (Herrliche Rasse) nannte.

Über den grünen Hügeln Afrikas tobte eine Musikschlacht. Nachts lauschten in den Stammesgebieten und in den Slums von Harare die Anhänger der Patriotic Front den Songs und politischen Parolen in Solidaritätssendungen von Guerillasendern im mittlerweile befreiten Moçambique. So wie das «Radio Freedom» des ANC noch heute von Äthiopien, Tansania, Angola und Sambia aus Sendungen nach Südafrika ausstrahlt, versuchte damals der ZANU-Sender Voice of Zimbabwe der schwarzen Bevölkerung von Rhodesien moralischen Auftrieb zu geben.

Natürlich wurden auch die Lieder von Thomas Mapfumo, dem führenden Sänger und Komponisten des rhodesischen Befreiungskrieges, von der ZANU-Guerillastation gespielt, denn schließlich spiegelte sich in seiner eigenen musikalischen Entwicklung und in seinem Kampf um die Etablierung eines einheimischen Musikstils in mancher Hinsicht der vielfältige politische Kampf wider, der das Land erschütterte. Hätte es die einseitige Unabhängigkeitserklärung Smiths nicht gegeben, wäre seine Karriere wohl anders verlaufen.

Mapfumo sang zunächst auf harmlosen Tanzveranstaltungen eine Mischung aus Soul und britischem Pop. Seine Band hieß «The Springfields», und in keinem ihrer Stücke ging es um das Leben, das junge schwarze Afrikaner zu führen gezwungen waren. «Dabei konnte ich beobachten, daß Leute verhaftet wurden oder daß ihnen der Zugang zu einem Hotel verwehrt wurde, das nur für Weiße war», sagt Mapfumo. «Mir wurde klar: die einseitige Unabhängigkeitserklärung bedeutete Unterdrückung.»

Er veränderte seine Musik. Für seine neue Band, die «Halleluja Chikken Run», begann er Texte in Schona, seiner eigenen Sprache, zu schreiben, und er verwendete elektrische Gitarren in einem Rockband-Setting, um in einem elektrisch verstärkten, härteren Sound die traditionelle Musik zu spielen, die er als Kind gehört hatte, als er bei seinen Großeltern auf dem Land aufgewachsen war. Er imitierte den Klang der *mbira*, des «Daumenklaviers», auf der Gitarre und arbeitete an einem neuen einheimischen Stil, der sich nicht am westlichen Pop oder an der populären Musik Südafrikas oder Zaïres orientierte. «Das war ziemlich schwierig», erzählt er, «weil westlicher Pop sehr beliebt war.» Als sich jedoch der Guerillakrieg weiter ausdehnte, änderte sich die Meinung der Menschen allmählich. «Die Leute erkannten, wer sie waren und was ich für sie zu tun versuchte. Und die Texte handelten größtenteils von der Unterdrückkung, von Leuten, die auf dem Marktplatz schlafen müssen oder von den Soldaten in den Verwaltungsgebieten umgebracht werden.»

Solche Songs hätte das Smith-Regime niemals toleriert. Deshalb mußten ihre Aussagen verhüllt werden, wozu Mapfumo verschwommene Begriffe und «tiefsinnige Schona-Worte» benutzte, die nur sein Publikum verstand. Es gab Zeiten, sagt er, in denen «sogar Leute, die Schona sprachen, manches nicht verstanden», doch zumindest hielt er sich dadurch die Obrigkeit – wenn auch nur für eine Weile – vom Hals.

Jetzt befand sich Thomas Mapfumo in einer seltsamen Lage. Seine sogenannten Chimurenga-Songs (*chimurenga* bedeutet «zweiter Befreiungskrieg») fanden sowohl bei den «Jungs im Busch», den Guerilla-Armeen, als auch bei den schwarzen Angehörigen der Smithschen Armee und Polizei großen Anklang. Letztere verstanden vermutlich ihre Bedeutung und Absicht nicht oder zogen es vor, sie zu ignorieren. Ein Song wie «Butsu Mutandarika» hätte die Behörden bestimmt verblüfft. Der Refrain bedeutet (wörtlich übersetzt) «viel zu große spitze Schuhe». Mapfumo erklärt: «Es ist ein politischer Song über marschierende Soldaten und Guerilla.»

Trotz aller Camouflage schöpfte das Smith-Regime Verdacht – viele seiner Songs durften nicht im Radio gespielt werden. Aufnahmen wie «Trouble in the Communal Lands» wurden nie öffentlich in den Läden gespielt, dafür aber um so mehr unter dem Tresen verkauft. Vertreter der ZANLA, des militärischen Flügels der ZANU, erhielten Exemplare, die über die Grenze nach Moçambique geschmuggelt wurden, wo man sie als Gegengift zu Eddie Calverts Trompetendröhnung im Guerillaradio spielte.

Unterdessen war die versteckte Message in den Chimurenga-Songs für die Mächtigen im Lande fast nebensächlich geworden; viel schlimmer war, daß die ZANU Mapfumos Musik für ihre Zwecke nutzte, also mußte der Sänger zum Schweigen gebracht werden. 1978 wurde er verhaftet und beschuldigt, er habe junge Leute dazu angestachelt, sich Gewehre zu besorgen und sich gegen die Regierung zu wenden. Mapfumo wurde im Hochsicherheitstrakt des Chikurubi-Gefängnisses in Salisbury eingesperrt. Neben ihm, in den Todeszellen, kauerten die gefangenen Guerillas. Hier blieb er, bis ihm die Behörden ein Angebot machten; er sollte freigelassen werden unter der Bedingung, daß er auf einer Kundgebung für Bischof Muzorewa spielte.

Mapfumo war damit einverstanden, was einige Mitglieder seiner Band entsetzte. «Wir sind nicht bewaffnet und befinden uns auf feindlichem Territorium», argumentierte er und wiederholte damit die Losung, die die ZANLA an die schwarze Bevölkerung ausgegeben hatte: «Wenn man dich zwingt, lehn dich nicht auf – geh hin und gib Muzorewa deine Stimme.» Deshalb traten 1979, zur Zeit der «internen Lösung», Mapfumo und seine Band bei einer Massenkundgebung für den Bischof in Bulawayo auf. Sie stifteten einige Verwirrung, als sie Chimurenga-Lieder sangen (und dem Bischof nicht sehr überzeugend erklärten: «Wir werden schon bald unsere Unabhängigkeit bekommen»), aber insgesamt war die Veranstaltung ein rauschender Propagandasieg für Muzorewa und somit auch für das Smith-Regime. Bilder von Mapfumo und Muzorewa, die sie nebeneinanderstehend zeigten, wurden im ganzen Land in Umlauf gebracht. Doch damit waren die Behörden noch nicht zufrieden. Bald darauf flogen Hubschrauber in niedriger Höhe über die ländlichen Gebiete und schmetterten aus Lautsprechern Mapfumos Song über die zu großen Schuhe. Unterlegt war die Musik mit Pro-Muzorewa-Slogans. Es war ein brillantes Stück schwarzer Popmusik-Propaganda, eine Desinformationskampagne, die viele Anhänger Mapfumos verwirrte, die daraus folgerten, er habe sich an Muzorewa und das Smith-Regime verkauft. «Die Kampagne war echt effektiv», gibt er zu. «Ich war mit meiner Karriere fast am Ende.»

Vollständig aufgeklärt wurde der Fall erst, als das Land wirklich unabhängig geworden war und, wie Mapfumo berichtet, Premierminister Robert Mugabe selbst über den Vorfall sprach. Der Sänger wurde rehabilitiert; noch heute kann man ihn im Garten des Queen's Hotel und an anderen Veranstaltungsorten in Harare hören, wenn er sich nicht gerade im Westen auf Tournee befindet.

Mapfumos Erfolg machte den Weg für jüngere Bands aus Simbabwe frei, etwa die Bhundu Boys, die sich nach den im Befreiungskrieg kämpfenden Guerillas benannten. Biggie Tembo, der Sänger und Gitarrist, hatte als Bezirksjugendsekretär der ZANU im westlichen Maschonaland gearbeitet. In ihrer «Jit-Jive»-Musik brachte die Band *mbira*, Tanzrhythmen und Rock zusammen. Darunter befanden sich politische, sozialkritische Stücke wie «Kuroje Chete», das die Probleme im Zusammenhang mit dem Wohnungsmangel in Harare aufgreift. Im Sommer 1987 spielte diese lebhafte Band von Mugabe-Anhängern als Madonnas Vorgruppe im Londoner Wembley-Stadion.

Die Musik war zum Spiegelbild der politischen Veränderungen in der Dritten Welt geworden. Die Folkstile von Jamaika bis Simbabwe waren mit dem elektrisch verstärkten Sound der Rockmusik verschmolzen, ohne ihre soziale und politische Bedeutung einzubüßen. In den sechziger Jahren waren beide Länder in unterschiedlichem Ausmaß von westlichem Pop und Soul überschwemmt worden, doch nun begann sich allmählich eine unabhängige «Roots»-Musik zu entwickeln. Als in den siebziger und achtziger Jahren dem Rock allmählich die Ideen und die Inspiration ausgingen, gewann diese neue Musik aus der Dritten Welt im Westen zunehmend an Bedeutung. Wieder einmal ließen sich weiße Musiker von schwarzen Musikern anregen, doch diesmal kamen diese nicht nur aus den USA, sondern auch aus der Karibik und aus Afrika. Im Gepäck hatten sie die Traditionen der populären politischen Musik ihrer Länder.

Für den Westen war Bob Marley der erste Superstar der Dritten Welt, und es lag nahe, daß er Großbritannien als erstes Territorium außerhalb der Karibik eroberte, denn hier waren ihm Zuhörer sicher: die Westinder, die während der fünfziger Jahre nach England gezogen waren, und deren Kinder, eine neue Generation dunkelhäutiger britischer Staatsbürger. Als Marley und die Wailers 1973 zu ihren ersten Konzerten nach England kamen, war die Musik der Karibik dem weißen Publikum zwar nicht unbekannt, aber doch alles andere als in Mode.

Der Ska hatte einige Verbreitung gefunden, speziell unter jenen knallharten Kids aus der Arbeiterschicht, die sich Skinheads nannten, und der ehemalige Ska-Star Jimmy Cliff war wegen seiner sanften Balladen und seiner Rolle in «The Harder They Come» ziemlich bekannt geworden. Dennoch kam Marley beim Publikum nicht so gut an, weder bei den Schwarzen und Skinheads in den Vorstadtsiedlungen von Edmonton, noch bei der etablierten weißen Popszene im Nachtclub Speakeasy.

An jenem Abend schien er jedenfalls nicht zufrieden zu sein, und erst als er im Sommer 1975 zurückkehrte, um sein berühmtes Live-Album im Lyceum aufzunehmen, erlebte das Londoner Publikum Marley in absoluter Hochform. Inzwischen sah er ziemlich furchterregend aus mit seinen Dreadlocks, und er sang wütende politische Lieder wie «Get Up, Stand Up» («stand up for your rights») und «Them Belly Full» neben rebellischen Hymnen wie «Burnin' and Lootin'». Sein Thema, das bittere Leben der Farbigen in Kingston, mag an diesem glühend heißen Abend wenig mit dem Lebensgefühl des weißen Publikums gemein gehabt haben, aber die Botschaft war klar. Dies war innovative, aufregende Popmusik, die echte Probleme ansprach. Zu einem Zeitpunkt, als die interessantesten Entwicklungen im britischen Pop beim Glam-Rock passierten, den theatralischen Experimenten von Bowie und Roxy Music, war dies der bedeutende Beitrag Marleys: Er gab der neuen, politisch gefärbten britischen Popmusik kräftigen Anschub zu einem Senkrechtstart.

Betrachtet man die Geschehnisse der unmittelbar folgenden Jahre, erscheint es einem als tiefe Ironie der Pop-Geschichte, daß Marleys Erfolg in England ausgerechnet von Eric Clapton, dem weißen Superstar der Bluesgitarre, so ungeheuer gefördert wurde. 1974 verschaffte er dem Reggae und seiner Karriere einen gewaltigen Auftrieb, als er eine angenehm lockere Fassung von Marleys «I Shot the Sheriff» einspielte. Es wurde Claptons erste Top Ten-Single in England und seine erste Nummer Eins in den USA.

Clapton hat verdientermaßen ein Vermögen mit schwarzer Musik gemacht, doch Mitte der siebziger Jahre zeigte er eine groteske Unfähigkeit, die Auswirkungen seines Handelns, seine Verantwortung als Star zu erkennen. Im August 1976 verblüffte der wohl mittlerweile bekannteste westliche Interpret von Bluesmusik und Reggae die Popwelt mit einer seltsamen Rede bei einem seiner Konzerte. Er sprach über ein aktuelles Thema, das auch direkt mit seiner Musik zusammenhing: Englands schwarze Einwanderer. Eric Clapton stand auf der Bühne und verkündete seinem Publikum, er stimme vollkommen mit dem rechten Parlamentsmitglied Enoch Powell, dem strammen Kämpfer für ein reinrassiges England, überein: Man solle die Schwarzen doch nach Hause schicken. Bestimmt kein Zufall war es, daß Clapton diese Rede in Birmingham hielt. Denn genau in dieser Stadt hatte Powell, damals noch Abgeordneter des benachbarten Wolverhampton, acht Jahre zuvor seine berüchtigte Rede über Einwanderung gehalten, die zu seiner Relegation aus dem Heath-Kabinett geführt hatte. «Wie den Römern», hatte Powell orakelt, «scheint mir der Tiber von Blut gerötet.» Er plädierte für einen Einwanderungsstopp und für die Planung von Repatriierungsprogrammen und verteufelte in gewürzten Formulierungen die Gesetze gegen Rassendiskriminierung.

Powells Bemerkungen hatten zu wütenden Reaktionen einiger Musiker geführt, und Eddy Grant, damals Sänger der Equals, einer gemischtrassigen Band, hatte Powell zu einer öffentlichen Debatte herausgefordert. Und nun ergriff plötzlich Althippie Eric Clapton Partei für Powell. Seine Äußerungen an diesem Abend haben viel Nachhall in der britischen Musikszene verursacht. Unter den schwarzen Zuhörern, die an diesem Abend gekommen waren, um eines ihrer Idole live zu erleben, war auch Caryl Phillips, der sich später in den achtziger Jahren einen Namen als Romancier und Dramatiker machen sollte. Damals, 1976, besuchte er noch die Schule. Er war mit ein paar weißen Freunden ins Odeon gegangen.

Wie viele schwarze Teenager war Phillips ein Fan weißer Popmusik. In Birmingham glaubte er, einen Musiker hören zu können, «dessen Feeling genauso schwarz war, wie ich es beim Hören seiner Musik immer empfunden hatte». So wartete er gespannt direkt vor der Bühne. Was dann passierte, war eine der schmerzhaftesten Erfahrungen seiner Schulzeit.

«Clapton stieg in einen Rap über Enoch ein», erinnert sich Phillips. «Seine erste Zeile lautete: ‹Enoch hat recht – ich meine, wir sollten sie alle zurückschicken›. Ich glaube nicht, daß er ‹Nigger› sagte, ich meine, er sagte ‹Kaffer›. Auf jeden Fall sagte er, England soll weiß bleiben. Niemand klatschte, aber nach dem nächsten Stück fing er wieder damit an. Es war unglaublich – da stand er und entpuppte sich als unverblümter, widerlicher Rassist. Mir war total schleierhaft, warum dieser Mann, der schwarze Musik spielte, sich derart verhielt.»

Als Clapton in den sechziger Jahren seine Karriere begann, galt Popmusik als befreiende, vereinende Kraft. Mitte der siebziger Jahre wurden solche vagen Vorstellungen inzwischen als naiv belächelt, zumal sich der Hippietraum in ein Riesengeschäft verwandelt hatte. An jenem Abend in

Birmingham demonstrierte Clapton seinem Publikum eine banale Wahrheit: daß Popmusik von jeglicher Gruppierung – egal ob rechts oder links – benutzt werden kann. Neu in den Siebzigern waren Ruhm und Reichtum, die einem Sänger plötzlich zuteil wurden. Hinzu kam das Privileg, auf der Bühne stehen, über absolut alles reden und dabei die Wirkung der Worte noch gefühlsbetont durch die Musik unterstreichen zu können. Eine solche Machtfülle kann sich natürlich gegen den Künstler wenden, wenn er mit seinem Publikum nicht in Verbindung steht. An diesem Abend wurden Claptons Äußerungen zwar nicht bejubelt, aber es ging auch niemand raus oder verweigerte den Applaus.

Caryl Phillips erzählt, seine Schulfreunde hätten nie mit ihm über Claptons Ausfälle gesprochen, doch der Schaden war sowieso nicht mehr zu beheben. «So muß es den jüdischen Kids in den dreißiger Jahren nach Hitlers Machtergreifung ergangen sein – das Gefühl, gute Freunde zu haben und dann zu merken, daß man selbst anders ist. Ich begriff, daß die Welt viel feindseliger ist und daß ich mich dagegen wappnen mußte.»

Claptons Kommentare hatten einem Schuljungen aus Birmingham die Augen für die Gesellschaft geöffnet, in der er aufwuchs. Popfans und Linke waren gleichermaßen entsetzt, als sie von dem Vorfall erfuhren. In London setzte der Fotograf Red Saunders einen öffentlichen Protestbrief auf, den viele Freunde und Bekannte aus der linken Szene unterzeichneten, darunter sein Kollege Syd Shelton und David Wiggery, der *Oz* und die linke Zeitung *Socialist Worker* herausgab. Der Brief endete mit den Worten: «Wir wollen eine Basisbewegung gegen das rassistische Gift in der Musik organisieren. Wir bitten dringend um Unterstützung für Rock Against Racism. P. S.: Wer hat den Sheriff umgelegt, Eric? Du jedenfalls ganz bestimmt nicht!»

Der Brief wurde sowohl im *Socialist Worker* als auch in den drei wichtigsten englischen Popzeitschriften veröffentlicht, und die Reaktion war erstaunlich. Eine Flut zustimmender Leserbriefe setzte ein, Bands äußerten den Wunsch, sich zu engagieren, und Rock Against Racism (RAR), Großbritanniens erste von Popmusikern gegründete politische Interessengruppe, wurde ins Leben gerufen. Die Bewegung wäre niemals zustande gekommen, hätten nicht Mitglieder der Socialist Workers' Party (SWP) so viel Energie, Enthusiasmus und Haß auf die National Front ausgelöst, und es lag daher nahe, daß die Rechten RAR später als Frontorganisation der SWP hinzustellen versuchten, die den Idealismus der Popmusik ausbeute und für ihre trotzkistischen Umsturzpläne benutze.

In den fünf Jahren, die RAR existierte, wurde die politische Poplobby häufig in Streit und Chaos verwickelt. Im Rückblick erscheint es bemerkenswert, daß sie überhaupt so lange überlebte und so viel erreichte, denn sie versuchte das nahezu Unmögliche. Es ist eine Bewegung, die nur im Kontext der britischen Polit- und Musikszene Mitte der siebziger Jahre verstanden werden kann. Und in beiden Bereichen ging es ziemlich chaotisch zu.

1976 kam die Labour-Partei wieder an die Macht; sie war noch immer nicht imstande, die Lage in Rhodesien zu klären, führte einen absurden «Kabeljaukrieg» gegen Island und bereitete, wichtiger noch, gerade einen Volksentscheid über den Gemeinsamen Europäischen Markt vor. Harold Wilson hatte längst seinen Reiz für junge Wähler verloren. Kaum jemand weinte ihm eine Träne nach, als er im April jenes Jahres zurücktrat und James Callaghan ans Ruder ließ. Die Mißerfolge der Labour-Partei und das immer vordringlicher werdende Arbeitslosenproblem führten zu unangenehmen Gegenreaktionen in der Lokalpolitik. Hier setzte das Engagement von RAR ein. Der extreme rechte Flügel der National Front gewann allmählich an Popularität und schien mittlerweile genausoviel Einfluß zu haben wie Oswald Mosleys British Union of Fascists in den dreißiger Jahren, als die letzte große Arbeitslosigkeit geherrscht hatte.

Die National Front war 1967, ein Jahr vor Enoch Powells Rede in Birmingham, aus einer Lumpensammlung rechtsextremistischer Gruppierungen zusammengeflickt worden, darunter die League of Empire Loyalists, die British National Party und die Racial Preservation Society. Der Vorsitzende John Tyndall hatte auf einer Kundgebung in den frühen sechziger Jahren Hitler gelobt und die Juden diffamiert, und doch führte er gegen Mitte der Siebziger die viertgrößte Partei in England an.

Mit dem Slogan «Make Britain Great Again» und dem Union Jack als Emblem stellte die National Front 91 Kandidaten für die Wahl von 1974 auf. Keiner von ihnen schnitt dabei besonders gut ab, doch als die Labour-Partei wieder an der Macht war, setzten sie die Offensive fort. Im Juni inszenierten sie einen Protestmarsch in London, um sich über eine Amnestie der Regierung für bestimmte Einwanderergruppen zu beklagen.

Der linksgerichtete Council of Liberation arrangierte eine Gegendemonstration, und das Resultat war eine heftige Prügelei auf dem Red Lion Square. Unter den Verletzten befanden sich 46 Polizisten, ein Student wurde getötet. Eine öffentliche Untersuchung schrieb später einer marxistischen Gruppe die Schuld an dem Aufruhr zu.

Die National Front hatte jetzt die gewünschte Publicity und schaffte sich damit allmählich Rückhalt auf kommunaler Ebene. Zu ihren Slogans gehörten zum Beispiel «Zwei Millionen Arbeitslose – zwei Millionen Einwanderer» oder «80 Prozent der Straßenräuber sind Schwarze, 85 Prozent ihrer Opfer Weiße».

1976 war für die Briten ein Jahr der Aggression. In London gab es brutale Szenen, als der Notting Hill Gate Carnival in einen Aufruhr eskalierte. Er begann, hieß es später, als die Polizei einrückte, um Taschendiebe zu verhaften, und entwickelte sich rasch zu einer ausgewachsenen Schlacht mit 250 Verletzten, die Hälfte von ihnen Polizeibeamte. Ein paar Tage danach konstatierte ein Beamter, daß bei weitem zu viele uniformierte Polizisten im Einsatz gewesen seien und daß dies junge Schwarze zu Überreaktionen veranlaßt habe.

Nur wenige Tage zuvor hatte Eric Clapton in Birmingham seinen Lobgesang auf Enoch Powell angestimmt. Er verhallte nicht in einem politischen Vakuum, sondern fand Resonanz in einem hinsichtlich der Rassenfrage sehr angespannten Jahr. Gerade hatte David Bowie die glorreiche Idee gehabt, Großbritannien mit dem Hitlergruß vor den Kopf zu stoßen, und die jungen Schmuddelkinder der neuen Punk-Bewegung versuchten absichtlich ihre Eltern zu schockieren, indem sie sich mit Hakenkreuzen schmückten.

Rock Against Racism wollte diesen Entwicklungen Einhalt gebieten. Die Bewegung zielte darauf ab, die National Front zu stoppen, den Mißbrauch von Musik als Medium für rassistische Politik zu verhindern, «das Hakenkreuzsymbol des Punk zu zerstören», wie Gründer Red Saunders es formulierte, und ihr Vehikel sollte eine Popmusikfusion über alle Rassengrenzen hinweg sein. Dies wollte man durch einen einfachen Kunstgriff erreichen: weiße und schwarze Bands sollten gemeinsam unter der Schirmherrschaft von RAR spielen. Britischer Reggae, Ableger der politisch-musikalischen Tradition der Karibik, angefeuert von Bob Marleys internationalem Erfolg, sollte mit der ungestümen Energie des Punk kollidieren und verschmelzen, und im Laufe der Zeit sollte der

Punk aus seiner anarchisch-faschistoiden Einstellung herausgeführt und in ein Instrument sozialen Wandels umgeformt werden.

Das war der Plan, Teil einer umfassenden Kampagne der SWP, die die Ausbreitung des Faschismus in England verhindern (und gleichzeitig einen neuen revolutionären Geist unter der britischen Jugend fördern) sollte. Daneben griff die SWP aber auch zur direkten Aktion gegen die National Front und feierte ihre Siege gegen die verhaßten Rechten, etwa nach einer Schlägerei im Süden von London.

SWP-Aktivisten initiierten zudem eine weitere Organisation, die Anti-Nazi League (ANL), die darauf ausgerichtet war, auch jene anzusprechen, denen zwar der Zuwachs der National Front schlaflose Nächte bereitete, die aber zugleich davor zurückschreckten, sich direkt für die SWP zu engagieren. Mitglieder der Labour-Partei traten der Liga bei, und Neil Kinnock wurde ins leitende Komitee der ANL berufen.

Die Initiative Rock Against Racism, die es sich zum Ziel gesetzt hatte, eine Bewegung auf breiter Basis zu werden, warb Ende 1976 für ihr erstes Popkonzert mit schwarzen und weißen Künstlern im Londoner Royal College of Art mit der Reggaeband Matumbi und der Sängerin Carol Grimes als Hauptattraktion. Es war der Beginn einer Reihe von Konzerten und Happenings, die die britische Musikszene bis zum Ende des Jahrzehnts beleben sollte. RAR mag zwar denen zahm erschienen sein, die Prügel von den Rassisten bezogen und sich fragten, wie Popkonzerte dies verhindern sollten. RAR-Anhänger hingegen argumentierten, sie seien bemüht, die Einstellungen der Menschen zu verändern, die Verständigung zwischen Schwarz und Weiß zu fördern und dabei ein neues politisches Interesse zu wecken. Zunächst mußten sie zwischen den neuen schwarzen Reggaebands und den weißen Punkbands in England vermitteln, als diese unsicher nebeneinander zu spielen und neue Formen des politischen Pop zu erkunden begannen.

Es waren in dieser Zeit vor allem die schwarzen britischen Musiker, die – inspiriert vom Reggae und dem Erfolg Bob Marleys – den Ton angaben. Linton Kwesi Johnson: «Wir übten eine ungeheure Wirkung auf die Gesellschaft aus! Die Leute sagten: Wenn die Schwarzen das können, können wir das auch. Es würde mich nicht wundern, wenn sich der damals stattfindende Übergang zu gesellschaftskritischen Texten in populären Songs direkt auf den Einfluß des Reggae zurückführen ließe.»

Der britische Reggae, an dem sich die neue politische Popmusik orientierte, war vor allem von Linton Kwesi Johnson beeinflußt, obwohl er sich selbst stets als Lyriker und nicht so sehr als Musiker betrachtet hat. 1952 in Jamaika geboren, seit seinem elften Lebensjahr in England aufgewachsen, geriet er in die Black Panther Youth League, eine Black Power-Organisation. Es war die politische Erfahrung, die ihn zum Schreiben brachte. «Ich schrieb, um meine Gefühle als junger Mensch, der in diesem Land aufwuchs, auszudrücken und unsere Erfahrungen als Schwarze weiterzugeben.» Er hatte die Schriften amerikanischer Black Power-Poeten gelesen, doch war es der Sound und der Beat jamaikanischer DJs wie Big Youth und U Roy, die seinen Stil am meisten beeinflußten. Er entwickelte eine «Dub-Lyrik», jamaikanische Mundart, unterlegt mit Reggaebeat, Gedichte, die für lautes Vorlesen geschrieben und wesentlich forscher und direkter waren als die Texte irgendeiner anderen englischen Reggaemusik in den frühen siebziger Jahren. Johnson dazu: «Ich war auf mich selbst angewiesen.»

Er befaßte sich mit der Brutalität der Polizei, der Gewalttätigkeit der Rassisten und der Gewalt innerhalb der schwarzen Szene, mit Angriffen der National Front auf Asiaten und (in den Achtzigern schließlich) mit den Unruhen in Brixton. Er schrieb in der Sprache der Schwarzen über alltägliche Ereignisse in England, in einer ganz unvertrauten Form, die allzu simple Parolen vermied. «Sonny's Lettah», ein Song über einen schwarzen Jugendlichen im Knast von Brixton, ist eines der ausdrucksvollsten Stücke in der Geschichte des Reggae.

Da Linton Kwesi Johnson bei Lesungen Reggaerhythmen verwendete, lag es nahe, daß er seine Texte schließlich auch mit Reggaemusik unterlegte. Die LP «Dread Beat An' Blood» setzte neue Maßstäbe für den britischen Reggae, ja für den gesamten Politpop der siebziger Jahre. Auch konventionellere britische Reggaekünstler, die an einem neuen Stil arbeiteten, wurden in die RAR-Konzerte einbezogen. Bands wie Aswad, Merger und Steel Pulse fanden im Reggae den geeigneten Sound, um die miesen Umstände ihres Lebens zu schildern (Hymnen an Jah und die Rastafarians gehörten jetzt selbstverständlich dazu), und stellten verwirrt fest, daß diese verrückt gekleideten weißen Kids, die sich Punks nannten, auf ihre Musik standen.

Anfangs waren viele Reggaebands skeptisch gegenüber dieser unerwarteten Anhängerschaft. 1978 erzählte mir Michael Riley von der heute sehr erfolgreichen Band Steel Pulse: «Viele Punks wissen eigentlich gar nicht, wie wir drauf sind, obwohl sie kommen und behaupten, sie würden genauso unterdrückt wie wir. Weißen Punkbands hat häufig Mami die Anlage gekauft, was bei schwarzen Bands nicht passieren kann, denn Mami ist pleite.» Barry Ford von der weniger erfolgreichen Gruppe Merger sieht das großzügiger: «Reggae ist – wie der Blues – sozialkritische Musik, und die Punks versuchen das gleiche aus weißer Sicht zu tun. Mag sein, daß sie ihre Instrumente nicht beherrschen, aber sie können ihre Gefühle ausdrücken.» Brinsley Ford von der Gruppe Aswad empfand seine Musik als überlegen: «Reggae hatte die Antwort parat, und deshalb mochten ihn die Punks. Sie wußten nämlich nicht, was sie an die Stelle der von ihnen abgerissenen Gebäude setzen sollten.»

Und in der Tat war RAR genau dadurch beunruhigt. Die Punk-Explosion von 1976 war zwar laut und aggressiv, aber die Ansichten, die sich in den Parolen der Punks abzeichneten, waren noch verschwommener als die der Hippies, wenn es um ideologische Fragen ging. Klar war, was der Punk nicht wollte: er war eine Reaktion auf all die «Supergruppen», die mittlerweile in riesigen Hallen auftraten, Roadie-Legionen für sich schuften ließen und sich monatelang aufs Land zurückzogen, bevor sie ein Dreifach-Konzeptalbum produzierten. Normale Sterbliche, speziell diejenigen, die unter der Wirtschaftsflaute zu leiden begannen, fühlten sich von solchen Bands entfremdet. Punk bot einen simplen Ausweg an: «Nimm eine Gitarre und laß raus, was du zu sagen hast.»

Der Punk war wie eine neue, wilde, laute Form von Skiffle und vom Konzept her hochpolitisch, da er einer völlig neuen Szene aggressiver Kids die Möglichkeit gab, die selbstzufriedene Popszene aufzumischen und selbst Stellung zu nehmen. Auch in seiner Sprache und Metaphorik, mit den Rufen nach «Anarchie», den Hakenkreuzsymbolen oder den Songs, die die Queen zur Feier ihres Silbernen Jubiläums verspotteten, hatte er einen starken politischen Impetus. Was aber steckte dahinter? War es wirklich nur eine Zurschaustellung des Nihilismus und der Anarchie um ihrer selbst willen? Sollte die Rechte durch die Hakenkreuze ermuntert oder die Linke durch die wütenden Anti-Establishment-Hymnen ermutigt werden, den Punk als die steinige Straße zur Revolution willkommen zu heißen?

Es gab keine eindeutige Antwort, weil beinahe jede Punkband ihre Rolle anders sah. Sie alle hatten heillos verschiedene Einstellungen, und die meisten haßten anscheinend ihre Rivalen. Was auch immer Punk gewesen sein mag, er hatte keine einheitliche Szene.

Die Stranglers, Veteranen und Überlebende der Punkbewegung, machten sogar den Rolling Stones Konkurrenz, wenn es darum ging, mit dem Gesetz in Konflikt zu kommen. Die Linke jedoch verabscheute sie und beschuldigte sie des Sexismus, der Gewalttätigkeit und rechter Ansichten. Bassist J. J. Burnel gibt zu, kein Sozialist zu sein: «Die übliche linke Pose ist bequem, aber nicht wirklich fortschrittlich.» Sein Hauptanliegen ist vielmehr ein vereintes Europa, was er auf der Solo-LP «Euroman Cometh» zum Ausdruck brachte. Er sagt, die Stranglers seien zu Beginn ihrer Karriere für kein spezielles Ziel eingetreten, hätten jedoch «ein paar fixe Ideen gehabt – in welche Schublade soll denn auch ein von der europäischen Einheit Besessener mit Hippieflausen im Kopf und eine Band passen, die bereit ist, sich eine blutige Nase zu holen?»

Burnel berichtet, sie seien nie gebeten worden, für Rock Against Racism zu spielen, und hätten es auch nicht getan. Deshalb ist es schon eine Ironie des Schicksals, daß diese für ihre Schlägereien berüchtigten Lederfetischisten ihrem Publikum eine Schnellektion zum Thema Rassenbeziehungen und Toleranz gaben, als sie gemeinsam mit Steel Pulse auftraten. Die Reggaeband spielte das erste Mal bei einem großen Punkkonzert, und das Publikum machte ihnen die Hölle heiß, bis schließlich die Stranglers die Bühne enterten und verkündeten, Steel Pulse sei in Ordnung und jeder, der etwas dagegen habe, solle zum Bühnenrand kommen – dort werde man dann die Angelegenheit klären. «Danach», sagt Michael Riley, «war alles anders.»

Die Fähigkeit der Stranglers, für sich selbst zu sorgen, war den Sex Pistols fremd. Johnny Rotten, dem berühmtesten Punk – er nennt sich heute wieder schlicht John Lydon –, ist die Epoche viel mehr wegen ihrer Gewalttätigkeit in Erinnerung als wegen ihrer politischen Entwicklungen. Nie habe er, erzählt er mir, den kulturellen Wirbelsturm unter Kontrolle gehabt, den er mit entfesselte. Wenn es eine politische Botschaft hinter dem gegeben habe, was er tat – so sagt er jedenfalls heute –, existierte sie allein in der Einbildung seines damaligen Managers Malcolm McLaren.

«Hatten die Pistols eine politische Wirkung?» Lydon setzt sein berühmtes höhnisches Grinsen auf. «Natürlich nicht! Malcolm versuchte zwar, diesen Eindruck zu vermitteln, aber ich denke, er hatte keinerlei

Einfluß auf uns. Wir waren keine Anarchisten, sondern einfach nur verwahrloste Typen! Ich glaube, Malcolm stellte sich die Sex Pistols als so 'ne Art Labour-Partei-Version der Bay City Rollers vor...»

Und warum dann das ganze Geschrei nach Anarchie und die Angriffe auf die Queen, die Rotten, und nicht Ihre Majestät, zum eigentlichen Star des Jubeljahres 1977 machten? «Gewalttätigkeit, allein darum ging's. Wenn wir ‹God Save the Queen› spielten, versuchte immer irgendein Arschloch, mir 'ne Flasche über die Rübe zu ziehen. Die ganze Zeit war ziemlich peinlich. Wir hätten es besser im Griff haben sollen, dann hätten wir vielleicht mehr Spaß dran gehabt.»

Die Pistols traten nie für RAR auf, aber Rotten ließ sich auf ein Interview mit der Zeitschrift der Organisation, *Temporary Hoarding*, ein, bei dem er deutlich machte, daß er die National Front verachtete. Hinter dem diabolischen Grinsen und den Hakenkreuzen lauerte ein Punk, der (wie sein späteres Werk zeigte) den Reggae und andere schwarze Stilrichtungen sehr bewunderte. Seine Ansichten waren stärker von seinen irischen Wurzeln geprägt als von irgendeiner Punkphilosophie. «Ich finde die Arschlöcher zum Kotzen, die Bombenattentate begehen, bloß weil die Opfer einer anderen Konfession angehören», erzählte er mir 1986. «Ich hasse Rassenvorurteile und überhaupt jedes Vorurteil. Ich bin ein geborener Pazifist.»

Was auch immer Lydon heute sagen mag, die Pistols hatten einen eindeutigen politischen Effekt: zum einen brachten sie die wachsenden Frustrationen der langweiligen siebziger Jahre mit einer Reihe klassischer Rock 'n' Roll-Singles auf den Punkt, und zum anderen gelang es ihnen, das Rock-Establishment aus der Fassung zu bringen. Immerhin erreichte «God Save the Queen» im Jubiläumssommer Platz zwei der Hitparade, obwohl es im Radio verboten war. In dieser Zeit genügte ein ungehobeltes Auftreten der Pistols im Fernsehen, um zwei Plattenfirmen dazu zu bringen, sich überstürzt von dieser Band zu trennen, der sie gerade ziemlich viel Geld für einen Vertrag garantiert hatten. Die peinlichen Rückzieher von EMI und A & M im Frühjahr 1977 bewiesen, daß die Schallplattenindustrie einen Denkzettel nötig hatte, und bereiteten den «Indies» den Weg, den kleinen Independent-Plattenfirmen.

Malcolm McLaren, der all dies in sein Kalkül einbezog, war ein verrückter Witzbold, der es bisweilen liebte, sich in einer politischen Rolle darzustellen. Er kam aus der Kunst- und Modewelt, hatte, offenbar ein

Mann der Tat, an vielen der mit größeren Ausschreitungen verbundenen Demonstrationen der Sechziger teilgenommen, und liebte Konfrontationen. 1980 erzählte er mir: «Auf dem Grosvenor Square habe ich mit Zwillen auf Bullen geschossen und die Hintertüren der südafrikanischen Botschaft eingetreten. Ich war bei jedem großen Ereignis dabei, das mich politisch in Fahrt bringen konnte.»

War er also ein Anarchist? Er dachte sehr lange nach, bevor er mir antwortete. «Es macht mir einfach Spaß, 'ne Menge Unruhe zu stiften. Könnte sein, daß es mein Traum ist, Anarchist zu sein... aber die politische Aktion ist für mich eine Art zu leben, die sehr aufregend sein kann. Das hat nicht viel mit Bücherlesen zu tun, sondern viel mehr damit, draußen zu sein und Kreativität in der Aktion zu zeigen. Die Straße ist die Leinwand, und ich kümmere mich um die Farbenpracht.»

Du kreierst also Situationen? «Ja, ganz genau, ich glaube, nur darum geht's... ich liebe es, im Chaos zu arbeiten, und finde, dies ist die beste Möglichkeit, denn da kannst du die meisten Lügen auftischen und die Dinge so drehen, wie du sie haben willst... weißt du, das ist genauso, als wenn du zu EMI gehst und kriegst fünfzigtausend Pfund für eine Aufnahme, von der sie noch nicht mal den Text kennen! 'ne tolle Sache, find ich.»

Für McLaren war Punk ein Abenteuer, «ein ziemlich romantischer Impuls» und Musik, die – wie er betont – «nichts mit Arbeitslosigkeit zu tun» hatte. Andere Bands, die bei weit aufgedrehten Verstärkern simple Gitarrenriffs droschen und aggressive Texte grölten, verabscheuten alles, wofür McLaren stand.

In Hersham, einer kleinen Industriestadt in Surrey, brachte der Punk den ungelenken Jimmy Pursey hervor, der als Leader von Sham 69 für kurze Zeit ein Star war. Pursey war der Ansicht, McLaren «verarsche jeden» und mache Punk zu einem Schickimicki-Spektakel, indem er versuche, mit Hilfe der Musik den Verkauf gestylter Punkklamotten in seinem Laden in der King's Road zu steigern. Den gleichen Haß schleuderte er Punks entgegen, die auf der Kunsthochschule gewesen waren (wie die meisten Musiker der großen Bands der Sechziger), denn «Punk sollte sich eigentlich um die Kids aus den Hinterhöfen drehen. Eigentlich geht's mir nur darum, denn die meisten Typen, die uns sehen wollen, sind auf der Straße zu Hause.»

Es gab nichts Ausgefallenes an Pursey oder seiner Musik. Seine Themen waren der Kampf, Borstal, das Familienleben und die Auseinandersetzung mit den Eltern. Zu diesem Aufguß servierte er ein Punkvarieté zum Mitsingen, das auf kuriose Weise altmodisch war. «Beeil dich, Harry», sang er, «wir gehen in die Kneipe» oder, weniger realistisch: «Wenn die Kids sich einig sind, kann man sie nicht mehr entzweien.»

Doch wer waren die Kids, die vereint werden sollten? Pursey stärkte denen den Rücken, die nicht die Mode mitmachten, die Sex Pistols zu bewundern. Er erkannte, daß für viele von ihnen Politik etwas mit Klassenkampf zu tun hatte. «Wenn die College-Knaben bei Rock Against Racism mitmachen», sagte er, «dann gucken sich die anderen Kids nach Alternativen um. Unser Londoner Stammpublikum kommt aus den rauhen Gegenden im East End, wo die National Front ihre Anhängerschaft hat. Wenn Typen aus dieser Ecke zu den Konzerten kommen, kriegst du zwangsläufig ein Stammpublikum mit solchen Ansichten.» Dieses «Stammpublikum» machte sich bei einem Sham 69-Konzert im Londoner Rainbow Theatre bemerkbar, als ein strammer Trupp des extrem rechten British Movement auf die Bühne sprang, um Nazilieder zu singen und den «deutschen Gruß» zu entbieten.

Die Organisation Rock Against Racism bat Pursey um einen Auftritt bei einem ihrer Konzerte in Londons Central Polytechnic. Es war ein Versuch, seinen Anhängern die Liebäugelei mit dem Faschismus madig zu machen. Pursey ließ es sich nicht nehmen, bei diesem RAR-Konzert aufzukreuzen, und es war seiner starken Ausstrahlung zu verdanken, daß es keinen Ärger gab. Zum Schluß sang er mit der Reggaeband Misty In Roots «The Israelites», und das Publikum war begeistert. Wie die Stranglers beim Steel Pulse-Konzert redete er auf die Verstockten ein. Vielleicht war es ja nur ein kleiner Sieg für Rassengleichheit in England, aber es war immerhin ein Sieg.

Pursey war also kein Rassist, aber er war beunruhigt über die Politik von RAR. Seiner Ansicht nach «waren die Kids politisch nicht gemäßigt», sondern wurden gezwungen, zwischen den Extremen zu wählen: entweder die National Front oder die Socialist Workers' Party. Im September 1978 kündigte er an, er werde beim zweiten RAR-ANL-Carnival nicht mitmachen. Allerdings hatte er dann doch noch einen ganz kurzen Auftritt. Der «gemäßigte» Punk war darüber nicht allzu glücklich.

Gegen Ende des Jahres traf ich Pursey in seiner Wohnung in Hersham. «Manchmal», sagte er, «habe ich Angst davor, umgelegt zu werden. Einmal saß ich die ganze Nacht draußen im Grünen. Ich finde des verständlich, warum jemand wie ich zum Alkohol oder zu Drogen greift. Die National Front versuchte, Leute in Sham einzuschleusen, die dann behaupten sollten, ich sei Kommunist, aber vor der Linken habe ich sicher die meiste Angst. Die Kommunisten haben mehr Macht, als irgend jemand ahnt... bist du etwa Kommunist?»

Auf dem linken Flügel dieser buntgewürfelten Punk-Szenerie standen diejenigen, die die rebellische Haltung und die wie von einem Schnellfeuergewehr ausgestoßenen Songsalven mit Aufrufen zur Revolte verbanden. Pursey verachtete die Clash, die aufregendste Band der Epoche, nicht nur weil auch diese Musiker von der Kunsthochschule kamen, sondern vor allem weil sie ihren «Streetflash»-Stil mit linksextremistischem Zierat schmückten. Als sie 1978 beim ersten RAR-Carnival spielten, lief Joe Strummer in einem T-Shirt mit den Emblemen der italienischen Roten Brigade und der Roten Armee Fraktion herum. Die Rote Brigade hatte in jenem Jahr den ehemaligen italienischen Premierminister Aldo Moro ermordet.

Das war eine typische Punk-Geste, die die Leute schockieren und verärgern sollte – aber war sie wirklich nötig? RAR hatte bestimmt nichts dagegen. Andere, die die Punk-Protagonisten als Rädelsführer der «Kids» ansahen, nahmen diese Geste weitaus ernster. In Hersham beklagte sich der junge Mr. Pursey: «Sie reden von Anarchie und sind dann über die gewalttätigen Kids beunruhigt, die mir folgen. Sie schwelgen in ihren Anarcho-Phantasien, sehen aber nicht die andere Seite der Medaille: die Wirklichkeit nämlich. Sie sind wie die Studenten mit der roten Fahne in der Hand. Wenn sie an Baader-Meinhof glauben, warum spielen sie dann nicht in Deutschland und geben den Terroristen Geld?»

Die Clash-Crew war selbst offenbar völlig verwirrt. Ende 1978 traf ich sie in ihrem Lieblingsrestaurant, dem Metropole Café in der Londoner Edgware Road. «Ich kriege jetzt wirklich Angst wegen der Baader-Meinhof-Sache», sagte Strummer. «Ich habe einfach nur so dahingesagt, daß ich ihre Aktionen gut finde, und die Leute haben mich deswegen ins Gebet genommen. Das brachte mich dazu, noch mal darüber nachzudenken. Ich weiß jetzt, daß ich mich mit meiner Zustimmung zurückhalten sollte.»

Joe Strummer war wenigstens ehrlich, als er von den Problemen der

Band sprach. «Man nennt uns eine politische Gruppe», sagte er, «aber wir verstehen überhaupt nichts von Politik. Wie sollten wir auch? Wir sind doch nur ein paar arme Irre. Die Leute sagen, wir sind naiv, aber was erwarten sie denn? Wir versuchen wenigstens, unsere Meinung zu sagen. Vielleicht ist das ein Fehler, aber jetzt ist es zu spät, damit aufzuhören.»

Die Clash sangen über London, über Langeweile, über Probleme, welcher Art auch immer. «White Riot» («Ich will Aufruhr... meinen eigenen Aufruhr») brachte mehr Leute auf die Palme als alles, was die Stones je geschrieben hatten. Statt über ihre Einstellung zum Straßenkampf nachzudenken, wollten die Clash ihn anzetteln. Auch in späteren Songs, wie «Tommy Gun» und «Guns on the Roof», klangen immer wieder seltsam romantisierte Gewaltobsessionen durch, doch Strummer beharrte darauf, solche Tracks seien moderne Versionen dessen, was Dylan vollbracht habe. «Protestsongs sind das, nichts anderes», meinte er, «Folksongs mit elektrischem Gitarrensound.»

Das war eine mutige Äußerung aus dem Munde eines Punkmusikers (vor allem, wenn man in Betracht zieht, daß Sid Vicious von den Sex Pistols die Clash damit aufzuziehen pflegte, sie würden einmal als Folkband enden), aber sie war keineswegs so abwegig, wie sie in den Ohren vieler klingen mag. Zumindest hatten Punk und Folk das Do-it-yourself-Ideal gemeinsam, und als ich Strummer fragte, an welchen Dylan-Liedern er sich orientierte, antwortete er: «Das sind Protestsongs wie ‹Masters of War›... obwohl ich zugeben muß, daß Gewehre und so 'n Zeug eine morbide Faszination auf uns ausüben.»

Viele Punks mögen sich in den Glauben hineingesteigert haben, sie würden alles Überkommene niederreißen; Strummer dagegen war mehr daran interessiert, musikalische Schranken aufzubrechen. Er hat zwar «I'm So Bored with the USA» (Die USA langweilen mich) gegrölt, aber viele seiner Idole waren Amerikaner. Auch Jamaikaner gehörten dazu. Die Clash signalisierten, daß sie den Einfluß des Reggae auf den britischen Pop anerkannten, indem sie Junior Murvins «Police and Thieves» für ihre erste LP einspielten, und Reggae im Clash-Stil war viel ungeschliffener und aufregender als Eric Claptons Verschnitt.

1987, zehn Jahre nach der ersten Clash-LP, bat ich Joe Strummer, mir seine heutige Sicht zu schildern. Seine Antwort kam in Form eines Briefes, dessen Überschrift eine Zeile von Chuck Berry war: «Gelobt seist du,

Rock 'n' Roll, erlöse mich von der Vergangenheit». Er schrieb, er sei von «all den phantastischen Blueskünstlern (inklusive Bo Diddley und Bukka White) und der Woody Guthrie-Clique (inklusive Bob Dylan) inspiriert worden», und die Clash hätten an eine «Mission» geglaubt: «Für die Menschenrechte und gegen den Rassismus, für Demokratie und Frieden und gegen den Faschismus, für das Gute und gegen das Böse», und er fügte hinzu: «Würde nicht jeder für diese Ideale eintreten, wenn man diese Worte in großen Konzertsälen VERSTÄRKT oder auf Vinyl PRÄGT?»

Die Clash betrachteten sich selbst als linke Gruppe, doch haben sie nie eine bestimmte Organisation unterstützt oder einer Partei angehört. Die SWP schickte ihnen Glückwunschtelegramme mit der Botschaft: «Wir stehen auf Eurer Seite», aber die Clash ließen sich nicht bekehren. «Wir dachten einfach nur: Was ist denn das für 'n Club?» berichtet Strummer. «Wir kannten sie nicht und kümmerten uns nicht weiter drum.» Aber sie freuten sich, für RAR auftreten zu können («sehr inspirierend»), und versuchten, ein paar der eher rechtsgerichteten Punks zu ihren Ansichten zu bekehren.

Die weiße Truppe, die am häufigsten mit RAR identifiziert wurde und mit den Clash den linken Flügel des Punk bildete, war die Tom Robinson Band. Wie die meisten Punks war sie alles andere als bequem. Sie sang zwar unbeschwerte kommerzielle Songs wie «2–4–6–8 Motorway», doch enthielt ihr Repertoire auch viele Stücke, die die Zuhörer in Wallung brachten. In ihnen ging es nicht nur um Rassismus oder die Brutalität der Polizei – Probleme, denen gegenüber sich mittlerweile Liberale und sogenannte Revolutionäre gleichermaßen aufgeschlossen zeigten –, sondern vor allem um Themen, die noch immer tabu waren und die Leute schockierten. Robinson bekannte sich zu seiner Homosexualität und trat für die Rechte der Schwulen, aber auch für feministische Belange ein.

Als sich Tom Robinson (für kurze Zeit) zu einem weiteren «Wortführer einer ganzen Generation» aufschwang, hatte er schon einen schmerzvollen Weg hinter sich. Aufgewachsen in einer Mittelschichtfamilie, in der nur der Erfolg etwas galt, war er früh in einem Heim für «schwer erziehbare Jungen» gelandet und hatte dort lange Zeit zugebracht. Café Society, seine erste Band – eine ziemlich langweilige Combo, die sich in akustischer Musik versuchte – war bei einem Label unter Vertrag, das von Ray Davies, einem der Idole Robinsons, gemanagt wurde. Es scheint keine allzu glückliche Verbindung gewesen zu sein: Robinson brachte den Gründer der Kinks einmal in Verlegenheit, indem er unverblümt in aller Öffentlichkeit den Song «Tired of Waiting for You» an seine Adresse richtete. Davies entgegnete in scharfer Form, Robinson sei undankbar.

1976 änderte er plötzlich seinen Stil. «Es war der Sommer, als die Gegenbewegung einsetzte», erklärt er. «Die Polizei provozierte den ersten Krawall beim Notting Hill Carnival, die Sex Pistols kamen gerade ganz groß raus, und ich war nur von politisierten Leuten umgeben.» Er war kein Mitglied irgendeiner Fraktion oder Gruppierung, und doch galt er als konstruktiver Wortführer der Linken. Das lag einerseits daran, daß er leidenschaftliche, eingängige Reden schwingen konnte, andererseits an seinen Songs, dem sarkastischen Gassenhauer «Glad to Be Gay» zum Beispiel.

Tom Robinson verschreckte selbst jene Plattenfirmen, die mutig ganz oben auf der neuen Punkwelle zu schwimmen glaubten. Unternehmen wie die «angeblich unabhängigen» Virgin und Stiff lehnten die Tom Robinson Band ab, berichtet er, ebenso Managementagenturen wie Blackhill, die bezweifelten, daß Popsingles mit Schwulenthematik in der Öffentlichkeit Anklang finden könnten. Paradoxerweise nahm sie dann EMI, die etablierteste Firma überhaupt, unter Vertrag. Die Plattenabteilung, die noch immer unter der demütigenden Anweisung ihres Aufsichtsrates litt, die Sex Pistols fallenzulassen, war entschlossen, zurückzuschlagen und zu beweisen, daß sie noch immer am Ball war. «EMI war hauptsächlich daran interessiert, Umsatz zu machen», sagte Robinson. «Solange eine Platte gut lief, waren denen die Texte ziemlich egal.»

Wie erleichtert müssen die EMI-Offiziellen gewesen sein, als «2–4–6–8 Motorway» in die Top Ten segelte, und wahrscheinlich waren sie verwirrt, als Robinson mit «Rising Free», einer EP, die seine umstrittene Schwulenhymne enthielt, dann gleich noch einen weiteren Hit landete. Auf der ersten LP der Band befanden sich neben einem fröhlichen Lied über ein Auto auch ein paar Tracks, die sich mit Unterdrückung und Intoleranz in der englischen Gesellschaft und dem zu erwartenden Horror beschäftigten, den ein Rechtsruck auslösen würde. In «The Winter of '79» malt er aus, wie England sich innerhalb eines Jahres entwickelt haben könnte; er schildert eine Gesellschaft, in der die allgemeine Wehr-pflicht wieder eingeführt ist, Schwule in den Knast wandern und die National Front gewaltigen Zuwachs findet. Es war eine seltsame Mischung aus Paranoia und Dramatisierung einer Situation, die glücklicherweise nicht existierte.

Das Album war einzigartig, nicht allein wegen Robinsons extremer Ansichten über eine polarisierte britische Gesellschaft oder wegen seiner Phantasien über deren mögliche Weiterentwicklung, sondern auch weil er die Plattenhülle als Werbeplakat benutzte. Das RAR-Emblem war auf ihr abgebildet, und daneben stand die Erklärung: «Rock Against Racism ist eine Kampagne, die von Rockfans und Musikern gleichermaßen unterstützt wird – auch von der Tom Robinson Band: ‹Wir wollen rebellische Musik, Straßenmusik. Musik, die die Furcht der Menschen voreinander abbaut. Krisenmusik. Jetztmusik. Musik, die weiß, wer der Feind ist.›» Das war die dickste Reklame, die je für RAR gemacht worden ist, und bezahlt hat sie EMI.

Tom Robinson hatte sich RAR angeschlossen, weil er befürchtete, daß die National Front an Einfluß gewinnen, sich organisieren und als glaubwürdige politische Partei behandelt werden könnte. «Ich war echt schockiert», erinnert er sich, «als ich während der Wahlen von 1977 in meinem Briefkasten unter den Programmen anderer Parteien auch eines der National Front fand. Ich dachte: Verdammte Scheiße, wir müssen was gegen die Nazis tun.» Mit ein paar Bandmitgliedern fuhr er nach Lewisham, wo sie sich einer Initiative der Anti-Nazi League anschlossen, die National Front-Demonstration aufzuhalten. «Wenn du diese Typen gesehen hättest, wie sie mit ihrer Vision einer Rasse von blonden, blauäugigen Herrenmenschen die Straße langmarschierten, hättest du gewußt, daß sie es ernst meinten...»

Blickt man auf RAR zurück, darf man sich ruhig die Frage erlauben, wie die Konzerte (im Gegensatz zu den direkten Aktionen der ANL) der National Front geschadet haben sollen, und auch Linton Kwesi Johnsons Einschätzung, RAR sei vor allem ein guter Vorwand für die Kids gewesen, sich zu amüsieren, muß bedacht werden.

Immerhin bestand die Hauptaktivität von RAR darin, Rockkonzerte zu organisieren, bei denen schwarze und weiße Bands gemeinsam auftraten. RAR würde sicher für sich beanspruchen, daß die Konzerte nicht nur dem Punk das Swastikasymbol entrissen, sondern auch die Propaganda der

National Front bekämpften, indem sie einem weißen Publikum schwarze Musik und dadurch auch schwarze Kultur und Geschichte nahebrachten. Brinsley Ford von der Band Aswad: «Der Rassismus ist das Werk von Ignoranten, die andere Kulturen nicht kennen. Vor der Gründung von RAR hätten sich viele Weiße nicht getraut, zu einem Reggaekonzert zu gehen. Außerdem bot die Bewegung ein Forum für Tabuthemen. Mit RAR begannen viele Bands überhaupt erst ein politisches Bewußtsein zu entwickeln.»

Die dramatischsten RAR-Konzerte fanden anläßlich der Karnevalsfeste von 1978 statt. Sie wurden in Zusammenarbeit mit der Anti-Nazi League organisiert und brachten eine Viertelmillion Menschen gegen den Rassismus auf die Beine. Das erste Konzert im Victoria Park von Hackney begann mit einer ANL-Kundgebung am Trafalgar Square, der eine Demonstration durch Londons East End zum Schauplatz des Konzertes folgte. Es war die gewaltigste Antifaschismus-Demonstration in England seit vierzig Jahren, und die rechte Presse begegnete ihr mit Mißtrauen.

«Trotzkisten wollen Anti-Nazi League übernehmen», trompetete der *Sunday Express* am Morgen des Ereignisses und zitierte aus einem «vertraulichen Bulletin der Socialist Workers' Party»: «Der Kampf gegen die Nazis veranlaßt die Menschen, über den Rassismus und die Art und Weise nachzudenken, wie dieser von der Politik der Labour-Regierung gefördert wird ... Von da aus ist es nur ein kleiner Schritt, bis man versteht, daß es notwendig ist, den kapitalistischen Staat zu zerschlagen.» Die Labour-Partei war 1978 nicht beliebt, schon gar nicht unter den Schwarzen Londons, die natürlich die Polizeiübergriffe auf das Konto der Regierung schrieben. Die Massen jedoch marschierten für ein allen Völkern geöffnetes Großbritannien und nicht für die Revolution; zwanzigtausend hatte man erwartet, achtzigtausend kamen. Tom Robinson eröffnete den musikalischen Teil der Veranstaltung, bei der auch Steel Pulse und Clash auftraten.

Wenig später fand in Manchester eine Karnevalsfeier mit den Gruppen Fall und Steel Pulse und in Brixton ein grandioser zweiter Londoner Carnival mit Aswad, Elvis Costello und Stiff Little Fingers statt. Das Ereignis wurde durch Schlägereien gestört, ausgelöst von Skinheads, die die Bühne stürmten. Jake Burns, der Sänger der Stiff Little Fingers, verdrückte sich und wurde prompt von einem der RAR-Organisatoren des «Verrats» beschuldigt. «Also haute ich ihm eine rein», sagte Burns. «Was hätt ich denn sonst tun sollen?»

Als die großen Feste vorüber waren, beschloß RAR, sich die Vorbereitung auf die allgemeinen Wahlen von 1979 auf lokale Veranstaltungen zu konzentrieren. Die National Front wurde weiterhin als Hauptgegner betrachtet, aber RAR beschäftigte sich jetzt auch zunehmend mit der Frage, wie eine Regierung der Konservativen zu verhindern sei. Schließlich hatte die Oppositionsführerin Margaret Thatcher im Januar 1978 deutlich Stellung zur Rassenproblematik in England bezogen: «Ich glaube, die Bürger haben Angst davor, dieses Land könne von Menschen anderer Kulturen überschwemmt werden.»

Der Wahlkampagne von Rock Against Racism lag ein ausgefeilter Aktionsplan zugrunde, zu dem eine insgesamt dreißig Bands umfassende «Anti-Racist Tour» gehörte. Hunderttausend Flugblätter, dreißigtausend Plakate und zehntausend Exemplare der Zeitschrift *Temporary Hoarding* kündigten das Ereignis an. Einige Konzerte waren Benefizveranstaltungen, auf denen Spenden für die Prozeßkosten vor Gericht gestellter Anti-Nazi-Demonstranten gesammelt wurden. Bei zwei der besten Konzerte im Londoner Rainbow kamen fünftausend Pfund für die Angeklagten zusammen, die während der Gewalttätigkeiten bei einem provozierenden «Wahlmeeting» der National Front im überwiegend von Asiaten bewohnten Außenbezirk Southall verhaftet worden waren. Die Polizei hatte sich wütende Zusammenstöße mit Anti-National-Front-Demonstranten geleistet, und in der darauf folgenden Schlacht wurde ein Demonstrant namens Blair Peach getötet.

War RAR unterm Strich eine erfolgreiche Initiative oder ein Fehlschlag? Beide Antworten sind möglich, je nachdem, von welchen Zielen man ausgeht. Red Saunders, der all dies in Bewegung gesetzt hat, vertritt den optimistischen Standpunkt. «Wir haben unseren Beitrag geleistet! Es war zu keinem Zeitpunkt mehr als eine Kampagne, und wir haben unseren Feind besiegt.» Die Mitte der siebziger Jahre noch so stark und gefährlich scheinende National Front lieferte bei der Wahl von 1979 eine erbärmliche Vorstellung. Sie erhielt derart wenig Stimmen, daß sie nicht länger behaupten konnte, eine Volkspartei zu sein.

Dieser «Sieg» wurde durch den Wahltriumph der Konservativen unter der Führung Margaret Thatchers erheblich getrübt. RAR hatte auch sie aufhalten wollen, war jedoch bei dem Versuch, die Wähler für die

Labour-Partei einzunehmen, kläglich gescheitert. Und die Angriffe der Socialist Workers' Party auf die Labour-Partei werden auch nicht gerade geholfen haben.

Die National Front war also im Abseits, die konservative Partei an der Macht – und RAR am Ende. Das neue politische Klima erforderte neue Ansätze. Die Labour-Partei mußte überdies ihr Image und ihre Taktik verändern, wollte sie von Popmusikern erneut Unterstützung bekommen. Die Abschiedsfete von RAR fand 1981 in Leeds statt. Misty In Roots und die Specials spielten vor 39 000 Zuhörern. Ganze 42 Ewiggestrige schlossen sich der Gegendemonstration der National Front an, «und die kriegten am Bahnhof ordentlich eins auf die Nuß», erzählte Red Saunders.

Was also hatte Rock Against Racism tatsächlich erreicht, abgesehen von Kopfnüssen für die National Front und einigen grandiosen, wenn auch manchmal chaotischen Konzerten? Fünf Jahre nach dem Aus für die Bewegung traf ich Saunders in seinem Studio in Stoke Newington, wo er mit den RAR-Reggaeveteranen von Aswad arbeitete. Seine Einschätzung: «Schwarze Musik, der schwarze Stil fingen allmählich an, die Weißen zu beeinflussen. Der enorme Einfluß schwarzer Musikkultur auf die letzten beiden Generationen muß erst noch seinen Platz in der Geschichte zugewiesen bekommen.» – «RAR war der Ausgangspunkt», sagt Drummie Zeb von Aswad. «Sound und Rhythmus von Reggae und Dub werden heute als selbstverständlich betrachtet.» Nur Linton Kwesi Johnson bleibt skeptisch: «Punk und Reggae hätten sich sowieso gefunden, denn die Kids wuchsen zusammen auf. Und schwarze Kids hätten auch so eine Affinität zum Punk gehabt, denn er ist gegen das Establishment gerichtet.»

Wie dem auch sei – RAR hatte zumindest einen Brennpunkt für die Energien des Reggae und des Punk geschaffen und gezeigt, daß musikalischer Idealismus auch in einer Zeit, da Rockmusik sich in ein Riesengeschäft verwandelt hatte, noch immer möglich war. Gegen Ende der RAR-Ära gab es in Großbritannien eine neue, teils schwarze, teils weiße, bunte und politisch äußerst rege Popszene.

Es gab weitere Erfolge. RAR bot auch den Rockveteranen neue Möglichkeiten, an den längst verlorenen, viel vageren Idealismus der sechziger Jahre anzuknüpfen und sich, inspiriert von der Postpunk-Szene, erstmals politisch zu engagieren. Pete Townshend spielte im Rainbow beim

RAR-Benefizkonzert für die Angeklagten von Southall und noch einmal anläßlich eines «Volksmarsches für mehr Arbeitsplätze» in Brixton. Wie er später erklärte, war es ein Zeichen dafür, «daß sich die Zeiten ändern – und ich mich mit ihnen».

RAR hat solche Veränderungen sicher nicht allein herbeigeführt, doch hat diese Bewegung ihnen zumindest ein günstiges musikalisches Klima und den Rahmen geschaffen, sich zu entfalten. Townshend meint, er könne sich nicht an ein einzelnes Ereignis erinnern, das ihn dazu gebracht habe, sich aktiver für politische Belange zu engagieren, «aber es kann auch etwas Entlegenes, etwa Steve Bikos Tod, gewesen sein».

Biko war ein schwarzer Südafrikaner, ein Studentenführer, der in den späten sechziger und frühen siebziger Jahren schwarze Kommilitonen dazu gebracht hatte, sich von der gemischtrassigen Union of South African Students zu trennen, um die ausschließlich aus Schwarzen bestehenden Verbände South African Students Organization und Black People's Convention zu gründen. 1977 war er verhaftet, in Port Elisabeth «verhört» und danach nackt und fast zu Tode gefoltert auf der Ladefläche eines Landrovers die siebenhundert Meilen ins Gefängnis von Pretoria gekarrt worden, wo er im September desselben Jahres starb.

Er war bei weitem nicht der einzige schwarze Aktivist, der im Gefängnis umgekommen ist, doch wurde er zum dauerhaften Symbol für die Schrecken der Apartheid. Peter Gabriel, der ehemalige Sänger von Genesis, schrieb seinen «ersten unmittelbar politischen Song» zum Gedenken an Biko und half dadurch den musikalischen Anti-Apartheid-Kampagnen der achtziger Jahre auf die Beine. «Ich hatte die Geschichte von Bikos Inhaftierung verfolgt», berichtet Gabriel, «und ich glaubte, ihm würde wegen der Publicity nichts passieren. Deshalb traf mich die Nachricht von seiner Ermordung wie ein Schock, und das brachte schließlich alles ins Rollen.»

Gabriels eindringliches Stück «Biko» wurde 1987 neu aufgenommen und kam in dieser Version zeitgleich mit Richard Attenboroughs Biko-Film «Schrei nach Freiheit» heraus. Es war erstmals auf seiner LP von 1980 zu hören, erschienen ein Jahr nachdem er gemeinsam mit Tom Robinson «Bully for You» geschrieben und dadurch sein Interesse an den RAR-Punk-Kreisen gezeigt hatte. Diesen Song nahm die Tom Robinson Band für ihr zweites Album auf, dessen Covertext auch Gabriels «D. I. Y.» (Do-it-yourself) zitierte. Der Veteran glanzvoller Mammut-

Rocktheatershows – ein Repräsentant dessen also, was der Punk anfangs bekämpfen wollte – hatte es geschafft, die D-i-y-Philosophie des Punk in einer Weise auf den Punkt zu bringen, die selbst Robinson nur bewundern konnte.

Seit diesem Aufbruch in RAR-Tagen hat Gabriel sich auch weiterhin sozial und politisch engagiert. In den achtziger Jahren förderte er Musikstile der Dritten Welt durch Festivals, Tourneen und Plattenaufnahmen für WOMAD (World Of Music, Arts And Dance) und setzte sich aktiv für Organisationen wie Amnesty International und AAA (Artists Against Apartheid) ein.

Ein anderer von dieser neuen Stimmung beeinflußter Veteran war Robert Wyatt. Das Jazzrock-Percussion-Idol der Hippie-Ära war Mitte der Siebziger bei einem Unfall schwer verletzt worden und seitdem an einen Rollstuhl gefesselt. Gegen Ende des Jahrzehnts fing er an, ein sehr eigenwilliges Repertoire politischer Songs aufzunehmen. Wie Townshend fällt es auch Wyatt schwer, seinen Gesinnungswandel zu erklären –«aus welchem Grund genau diese Texte plötzlich auf meinen Platten erschienen». Es habe ihm damals Sorgen bereitet, was Geld und Erfolgsstreben aus der Popmusik gemacht hatten. «Rockmusik war so etabliert geworden, mit Sattelschlepperkonvois für das Konzertequipment und Managern, die über den Atlantik hinweg Verhandlungen führten», erklärt er, «und ich konnte keinen Zusammenhang zwischen diesem Zustand und der Bereitschaft zu Kampf und Widerstand erkennen.»

Darüber hinaus setzte er sich nach dem mysteriösen Tod seines Freundes Mogazi Feza, eines aus Südafrika emigrierten Trompeters, verstärkt mit Rassismus in Großbritannien auseinander. Er wandte sich wieder seinen alten Lieblingsplatten zu – politischem Jazz aus den Fünfzigern wie Max Roachs «Freedom Now Suite» und «Fables of Forbus» von Charlie Mingus – und begann, nach einer Musik zu forschen, die «wahrhaftig Widerstand gegen das Establishment leistete». Das Ergebnis war eine Reihe von Singles, die 1977 auf dem Independent-Label Rough Trade erschienen und später auf der LP «Nothing Can Stop Us» kompiliert wurden.

Zum Repertoire gehörten der Doo-Wop «Stalin Wasn't Stallin'» (Stalin hat nicht lange gefackelt), den schwarzamerikanische Sozialisten 1940 sangen, ebenso wie ein Lied von Violetta Parra aus Chile und sein eigenes Stück «Born Again Cretin» (einer der ersten Songs, der den Aufstieg der religiösen Neuen Rechten in den USA kritisch kommentierte) sowie seine Überarbeitung von «Strange Fruit», jenes Jazzklassikers über Rassenmord im amerikanischen Süden.

Eine ganze Reihe von Anregungen holte sich Wyatt außerhalb des konventionellen westlichen Rock, ähnlich wie Peter Gabriel auf die Dritte Welt blickte und die Punks und RAR-Bands sich an karibischer Musik orientiert hatten. Gegen Ende der Siebziger entwickelte sich allmählich ein neuer internationaler politischer Musikstil, getragen von der experimentierfreudigen D-i-y-Haltung des Punk und von der Freiheit, die die neuen D-i-y-Independent-Labels eröffneten. Sie machten Fehler und waren nicht immer risikofreudig (wovon Tom Robinson ein Lied singen kann), doch schufen sie einen Freiraum für die Popmusik, in dem kommerzielle Interessen zurückgestellt waren. Es ist höchst unwahrscheinlich, daß Robert Wyatt seine Songs für ein «bekanntes großes» Label hätte aufnehmen können.

Das neue soziale Engagement im Pop wurde vom Musik-Establishment aufgegriffen. Eines der wichtigsten musikalischen Ereignisse in England 1979 war eine Reihe von Konzerten, deren Einnahmen einem Kampuchea-Fonds zugute kamen. Vier Jahre zuvor hatten die Roten Khmer die Macht im früheren Kambodscha an sich gerissen. Seither, hieß es, war die Hälfte der Bevölkerung durch Krieg, Hunger und Krankheiten umgekommen. Kurt Waldheim, damals Generalsekretär der UNO (und noch nicht konfrontiert mit seiner Nazi-Vergangenheit), hatte die Situation mit dem früheren Beatle Paul McCartney diskutiert, der scharf darauf war, bei einer Benefizveranstaltung mitzumachen, die handfestere Ergebnisse liefern würde als George Harrisons «Concert for Bangla Desh» acht Jahre zuvor. (Es hatte nicht allzuviel unmittelbar Gutes bewirkt, da der größte Teil der Einnahmen nahezu zehn Jahre lang von den Behörden einbehalten worden war, die die Finanzen der Beatles prüften.)

Die Kampuchea-Konzerte wurden als «die größte Versammlung britischer Rocktalente» beschrieben, «die jemals zu einer Einzelveranstaltung zusammengekommen sind». Mit dabei war die Punk- und Post-Punk-Avantgarde, zum Beispiel die Specials und die Clash, aber auch Oldies wie Paul McCartney, Queen und Who.

Gegen Ende der siebziger Jahre hatte England eine neue konservative Regierung und eine Popszene, die, größtenteils dank RAR, weitaus politischer war als in den angeblich so revolutionären Sechzigern.

RAR hatte für die Labour-Partei gefochten, aber die hatte die Wahl nicht gewonnen. Was würde jetzt mit der politischen Popmusik unter einer konservativen Regierung geschehen? In den Achtzigern mußten sich britische Musiker zum erstenmal eingehender mit Parteipolitik befassen.

6 Rebellenmusik: Irland

Unmittelbar außerhalb von Belfast befindet sich auf dem Gelände des ehemaligen US-Luftwaffenstützpunktes Long Kesh ein niedriger Gebäudekomplex aus Mauern, Baracken, Wellblech und Stacheldraht, bekannt als Maze-Gefängnis.* Jenseits der Mauern liegen ein paar H-förmige Gebäude, die sogenannten H-Blöcke. Hier sind die meisten Gefangenen untergebracht, die wegen terroristischer Verbrechen in Nordirland verurteilt sind. Manche sind Mitglieder protestantischer paramilitärischer Gruppen, die Mehrzahl gehört der IRA an.

Im Maze gibt es zwei Arten von Gebäuden. In den Baracken sitzen Männer, die zwischen 1972 und 1976 verurteilt wurden, in den Jahren, als paramilitärischen Gefangenen ein besonderer Status zugestanden wurde und sie wie Kriegsgefangene ihr eigenes Leben führen und ihre eigene Kleidung tragen durften. Direkt daneben stehen die H-Blöcke, mit den Zellen für die seit 1976 verurteilten Männer. Hier kämpften die IRA-Gefangenen in den späten siebziger und frühen achtziger Jahren mit einer ungewöhnlichen Form des Protestes um die Anerkennung ihres politischen Status.

Zunächst hüllten sie sich in ihre Decken und verweigerten die Gefängniskleidung. 1978 begannen sie mit dem «schmutzigen Protest»: Sie lehnten es ab, sich zu waschen, und beschmierten die Wände mit ihren Exkrementen. Der Gestank im Block war entsetzlich, obwohl die Beamten die Männer immer wieder in andere Zellen brachten und die Gebäude mit Desinfektionsmitteln zu reinigen versuchten. Die Protestierenden selbst boten – wie sie in ihren braun befleckten Zellen standen, in Decken gehüllt und mit langen Haaren und Bärten – einen Anblick, den man nicht wieder vergessen konnte. Sie mochten ja wegen terroristischer

---

* Engl. *maze* = Labyrinth.

Verbrechen verurteilt worden sein, doch wurden sie hier zu einem Symbol des leidenden Irlands. Für viele Menschen im Norden und Süden waren sie so etwas wie Volkshelden.

Ende 1980 begannen einige der «Deckenmänner» mit einem Hungerstreik. Der erste starb am 5. Mai 1981. Es war Bobby Sands, ein Songschreiber und Folkmusik-Enthusiast, der die Musik Ewan MacColls geliebt hatte und der zum Abgeordneten von Fermanagh und South Tyrone gewählt worden war. Neun weitere Männer folgten ihm in den Tod.

Schon bald wurde den Deckenmännern und Hungerstreikenden in der irischen Musik ein Denkmal gesetzt. Immer wenn Christy Moore aus Kildare ein Konzert gibt, sei es in Irland, den USA oder Australien, singt er Sands' Ballade «Back Home in Derry» oder sein bezauberndes Lied «McIlhatton», und auch die Wolf Tones, diese Veteranengruppe von «Berufsiren» aus dem Süden, haben bei jedem ihrer Auftritte Songs mit Anspielungen auf die Hungerstreikenden in ihrem Repertoire, dazu beliebte alte Rebellenlieder wie «Till Ireland a Nation» und «Rifles of the IRA».

1985 gastierten die Wolf Tones in der großen Tanzhalle einer irischen Siedlung im Norden Londons. Wenn man bedenkt, daß die Band bereits seit einundzwanzig Jahren existierte und mit Pfeifen, Mandoline, Banjo und ohne Schlagzeug Folksongs spielte, war die Resonanz, die sie fanden, geradezu umwerfend. Die wuchtige Halle war brechend voll mit etwa dreitausend schwankenden, singenden Gestalten. Viele Leute winkten mit irischen Fahnen, und selbst Teenies, die so jung waren, daß sie die Kinder der Bandmitglieder hätten sein können, kannten die vollständigen Texte von Songs über James Connolly oder die Hungerstreikenden auswendig. Ich kam mir vor wie ein ungebetener Gast auf einer Privatfeier und wurde auch gefragt, was ich denn hier als Nichtire zu suchen hätte.

Die Wolf Tones sind wahrlich nicht die neuesten oder gefragtesten politischen Musiker in Irland. In der Schallplattenbranche gelten sie als so etwas wie eine kuriose Schlagercombo; ein paar Tage nach ihrem Konzert in London trällerten sie ihre neue Single «My Heart Is in Ireland» auf einer «Produktkonferenz» von Schallplattenhändlern vor. Und doch demonstrieren solche Bands recht gut, warum irische Musik etwas ganz Besonderes ist.

Irland hat, wie Jamaika und im Gegensatz zu England, eine lebendige

Folktradition. Die Iren vergessen die Vergangenheit nicht, wie jeder weiß, der einmal durch Belfast spaziert ist. Protestantische Graffiti und Slogans erinnern an «King Billy» (Wilhelm III. von Oranien) und die Schlacht am Boyne im Jahre 1690, während die Katholiken auf den Bürgerkrieg in den frühen zwanziger Jahren oder auf die Hinrichtung James Connollys im Jahre 1916 anspielen. Beide Seiten können Songs vorweisen, die ihr Traditionsbewußtsein und ihre Identität bestärken, und es sind die Rebellen – die Katholiken –, die die besten Lieder haben. Die Folkkultur ist quicklebendig, und sie ist Triumph und Tragödie zugleich. Irland hat sich viele seiner Traditionen bewahrt, doch die ständigen Reminiszenzen erschweren in heutiger Zeit bisweilen den Fortschritt.

Irlands aktuelle Probleme resultieren aus dem Vertrag von 1921, der sechs nördliche Counties, die unter britischer Herrschaft blieben, von dem neu geschaffenen Freistaat Irland abtrennte. Ein Bürgerkrieg folgte, die IRA spaltete sich und die in Nordirland lebenden Katholiken beklagten sich bitter über die politische Dominanz der Protestanten. Der Vertrag führte auch zu den noch immer andauernden Versuchen, eine Veränderung mit Gewalt herbeizuführen.

Der augenblickliche Zwist in Nordirland begann 1968, dem Jahr der katholischen Bürgerrechtsdemonstrationen. Ein großer Marsch in Londonderry wurde trotz Verbotes durchgeführt und von der Polizei aufgelöst. Seitdem hat sich die Situation permanent verschlimmert. 1969 bezogen britische Truppen in Nordirland Stellung, 1971 wurde die Internierung eingeführt, und im darauffolgenden Jahr kam es zu den Morden am «Blutsonntag» (Bloody Sunday).

Der wieder entflammte Nationalismus fand seinen Ausdruck in neuartiger Musik, die auf alte Stile zurückgriff und ihnen eine zeitgemäße Form gab. Als die Wolf Tones Mitte der sechziger Jahre anfingen, Musik zu machen, betrachteten sie sich selbst als Irlands Antwort auf die Folkprotest-Bewegung in den USA. Die amerikanischen Musiker, argumentierten sie, kämpften für die Bürgerrechte der Schwarzen, so wie sie selbst für die Bürgerrechte der Katholiken kämpften und darüber hinaus «ein Sprachrohr für die Menschen im Norden» schaffen wollten, «die sich in ihrem eigenen Land als Fremde fühlen».

Ihren Namen leitete die Gruppe von Wolf Tone ab, einem Protestanten, der sich Ende des 18. Jahrhunderts der Bewegung United Irishmen angeschlossen, Napoleon um Hilfe gebeten und ein französisches Expeditionskorps nach Irland geführt hatte, bevor er gefangengenommen wurde und sich, kurz vor Vollstreckung des Todesurteils, das Leben nahm. Wolf Tones Namen lebendig zu halten, ist allein schon eine politische Demonstration, und die Band unterstützt offensiv sein Ziel eines vereinten Irlands. Fragt man sie aber nach ihrer Einstellung zur IRA und nach ihrem umfangreichen Repertoire an IRA-Songs, antworten sie: «Gewalttätige Haltungen unterstützen wir nicht.»

Die Wolf Tones landeten zehn Bestseller-LPs in Irland, größtenteils mit «Rebellenliedern, die man in jeder Kneipe hören kann». Sie stellten den kommerziellen Abschluß einer politischen Folktradition dar, die während des Bürgerkrieges geblüht und für regelmäßige musikalische Reportagen und Kommentare über IRA-Aktivitäten gesorgt hatte. Einer der besten Songs von 1959 war «The Patriot Game» gewesen, geschrieben von dem Sänger, Autor und Redner Dominic Behan, dem jüngeren Bruder Brendan Behans. Der Song gedachte zweier Männer, die zwei Jahre zuvor bei einem Angriff der IRA auf die Kasernen von Dungannon getötet worden waren – ein subtiles Stück über Tapferkeit, Treulosigkeit und «Patriotismus als letzter Zuflucht des Schurken». Text und Melodie waren traditioneller Musik entlehnt, und Bob Dylan fühlte sich frei, das gleiche zu tun, als er den frappierend ähnlichen Song «God on Our Side» schrieb. Behan beklagte sich später, Dylans Song sei eine «totale Parodie» seines Stückes.

Vielleicht hat ja Dylan in den fernen USA die Ereignisse in Nordirland genau registriert –, Englands Musiker der «radikalen» Sechziger jedenfalls, die lieber in Hippiemanier das Leben genießen wollten, taten sich schwer mit entsprechenden Kommentaren. Eigentlich ignorierte die britische Folkszene das Thema Irland, selbst als am Bloody Sunday dreizehn Demonstranten getötet wurden, nachdem die britischen Truppen das Feuer auf sie eröffnet hatten.

Die Reaktion blieb dem Rock-Establishment überlassen, und dabei kam, so scheint es, nur Banales und Unangemessenes heraus. Paul McCartney wagte zumindest einen Versuch mit dem Stück «Give Ireland Back to the Irish», das im Frühjahr 1972, kurz nach dem Blutsonntag, die britischen Top Twenty eroberte, obwohl er im Radio verboten war, und John Lennon folgte mit «Luck of the Irish» und «Sunday Bloody Sunday». Aus Nordirland war in den Sechzigern nur ein einziger Rockstar von Bedeutung gekommen: der brillante Van Morrison. Er konzentrierte sich auf seine originelle Musik und äußerte sich vermutlich deshalb nicht zu den Problemen, weil er als Zeuge Jehovas erzogen worden war und daher zu keiner der Parteien so recht paßte. Er verließ einfach das Land, sobald sich die Gelegenheit ergab.

Mitte der Siebziger, als die Punk-Ära begann, war das Leben in Nordirland für junge Leute sehr bedrückend. Die beiden Konfessionen waren tiefer gespalten denn je, und es schien noch schlimmer zu kommen, als die Gefangenen im Maze ihren Protest ausweiteten. Die sechs nordirischen Counties waren nicht gerade mit großartiger Popmusik gesegnet: es gab Folkbands und Showbands, die Country and Western und aktuelle Hits anderer Musiker nachspielten, und es gab Dana aus Derry, Gewinnerin des Eurovision-Schlagerwettbewerbs. Deshalb kam es für viele überraschend, als im Winter 1978 die Clash ihr Herz für Nordirland entdeckten. «Die haben katholische und protestantische Schulen», erzählt Paul Simenon, «aber als wir da spielten, tauchten Typen von beiden Seiten auf, und es gab keinen Streit. Sie haben sich sogar untereinander verständigt!» Die Clash waren sicher die aufregendste Band, die seit Jahren in Belfast gespielt hatte. Sie brachten die Stimmung vieler junger Leute in der Stadt auf den Punkt, als sie den Text zu «London's Burning» ein wenig variierten: «Belfast brennt jetzt vor Langeweile...»

Wahrscheinlich hat der Punk die kulturelle Szene von Ulster nicht verändert, aber wenigstens für kurze Zeit schien es, als könne Popmusik eine Brücke zwischen den jungen Leuten auf beiden Seiten schlagen. In Belfast entstanden Bands wie Stiff Little Fingers und Ruefrex (beide aus der protestantischen Gemeinde), und aus dem katholischen Derry kamen die Undertones mit ihrem brillanten Sänger Feargal Sharkey. Wie immer in der Punkwelt, hatten die Bands unterschiedliche Vorstellungen, und keine von ihnen kam damit allzugut zurecht, doch konnte in Nordirland schon jede kleine Gemeinschaftsaktion, die sich gegen die Macht der Behörden richtete, als ein Sieg angesehen werden.

Jake Burns, der Gründer von Stiff Little Fingers, war ein Buchhalterlehrling, der beschloß, Popmusik zu machen, die seine Mami abscheulich fand. Er schrieb Songs wie «Alternative Ulster», «Bloody Sunday» und «Suspect Device», in denen es, abgesehen von gelegentlichen Attacken gegen Armee, repressive Gesetzgebung und Polizei, eher um die allgegenwärtige Langeweile als um Politik ging. Seine Kritik an der Polizei in «Alternative Ulster» schöpfte aus bitterer Erfahrung: das Stück kommentierte die «Schläge auf den Schädel» bei einem Sitzstreik nach einem abgesagten Clash-Konzert – der Veranstalter hatte vergessen, eine Versicherung abzuschließen.

Burns beschreibt das Leben in Belfast, schildert, was dabei herauskommt, «wenn man sich nicht nach irgendeiner Parteilinie richtet – dann kriegst du nämlich ganz schnell Ärger. Politik empfand ich als lächerlich – die Politiker ritten jedesmal auf den alten Ängsten herum.» Burns und seine Band überlebten, wie er sagt, «weil uns beide Seiten für sich beanspruchten», doch gerieten sie in eine prekäre Situation, als sie aggressive Songs in einem Land sangen, wo «die Leute unglaublich freundlich sind. Wenn du dann einen bestimmten Nerv triffst, bringen sie dich um.»

In Belfast setzte die Band durch, daß sie regelmäßig im Stadtzentrum – auf neutralem Territorium – spielen konnte; so schufen sie eine Enklave, in der junge Protestanten und Katholiken zusammentrafen. «Manchmal kamen nach dem Konzert ein paar Leute zu uns und erzählten, daß die Texte bestimmter Songs sie dazu gebracht hätten, nicht in die UDA [die paramilitärische protestantische Ulster Defence Association] einzutreten.»

Ruefrex, ein Haufen politisch gemäßigter Punks, versuchten ebenfalls, mit Popmusik beide Seiten zusammenzubringen. Sie bestanden darauf, sowohl in protestantischen als auch in katholischen Gemeindezentren zu spielen. Ihr Sänger Paul Burgess erinnert sich, daß die beiden Veranstaltungsorte «beinahe identisch waren – Baracken aus Fertigbauteilen –, und die Kids sahen auch alle gleich aus. Nur die Bilder an den Wänden stimmten nicht überein – hier King Billy und dort irgendein Märtyrer von 1916.» Ein paar Jahre später, nach den Hungerstreiks, sagt er, sei es dann allerdings für seine Band zu gefährlich geworden, in der katholischen Gegend zu spielen.

Laut Burgess hat Ruefrex versucht, «den schwierigsten Weg zu gehen, nämlich den der Mitte», und zeigen wollen, daß es «in Irland auf *beiden* Seiten eine Menge zu klagen gibt». Sein bekanntester eigener Song, der fünf Jahre nach seiner Entstehung in England populär wurde, ist «The Wild Colonial Boy», eine wütende Attacke gegen jene Amerikaner, die auf ihre irische Abstammung stolz sind und Spenden für paramilitärische Gruppen sammeln. Mit den protestantischen und katholischen Terroristen habe er nichts am Hut, sagt er, doch wenn er die Verse «It really gives me quite a thrill / To kill from far away» singt, läßt er keinen

Zweifel daran, daß er sich auf NORAID eingeschossen hat, die Spendenorganisation der IRA in den USA. «The Wild Colonial Boy» war ein irischer Politsong, der häufig im englischen Radio gespielt wurde, was jedoch nicht heißt, daß Burgess die Sympathien der Loyalisten oder der Konservativen gehören. Seine politischen Anschauungen stehen «Mittelinks. Wir belegen eine ziemlich rätselhafte Position.»

In der katholischen Gemeinde von Derry etablierten sich die Undertones als *die* Punk/Pop-Matadoren. Auch sie hatten schlicht aus Langerweile zu spielen begonnen und schienen weit mehr daran interessiert, sich selbst einen Kick zu geben, als sich um Politik zu kümmern. Die wenigen Kids, denen es gelang, sich in die Portacabin-Bar zu quetschen, die als Casbah bekannt war, wollten die rauhbeinige Band hören, wie sie ihr «Jimmy, Jimmy» und «Teenage Kicks» runterdrosch. Hier konnten Katholiken und Protestanten zusammenkommen, aber Feargal Sharkey machte sich keine Illusionen hinsichtlich irgendeiner verändernden Kraft des Punk. «Normalerweise kommen die Leute für ein paar Stunden zusammen und kehren dann in ihre Gettos, ihre abgeschotteten Gemeinden zurück. Es gab echt nichts anderes, was man machen konnte, keine Jugendzentren oder irgendso'n Mittelschichtzeug.»

Sharkey kam aus dem Creggan Estate, einer Gegend, die wegen ihrer Schlachten zwischen der IRA und der britischen Armee berüchtigt war. Seine Eltern waren beide politisch aktive Mitglieder der Labour-Partei von Derry und hatten ihren damals zwölfjährigen Sohn mit auf den Marsch für die «Volksdemokratie» von Belfast nach Dublin genommen. Dieser Protest gegen den Status quo im Norden wie im Süden war eine nicht zu überhörende Mahnung, die klarmachte, daß nicht alle, die ein freies Irland wollten, auch willens waren, in der Art von Gesellschaft zu leben, die Dublin in Aussicht stellte. Als der Marsch die Landesgrenze erreichte, stellten die Demonstranten ein Buch von Edna O'Brien und eine Packung Verhütungsmittel zur Schau – beides war in Eire verboten.

Wer die Texte der Undertones nach Hinweisen auf solche Ereignisse durchforstet, wird eine Enttäuschung erleben. Die Undertones protestierten einfach durch ihre bare Existenz – und indem sie einen kräftigen Schauer frischer Melodien auf das von seiner hausgemachten Musik so ausgetrocknete Derry niederregnen ließen. Trotzdem, meint Sharkey, tauchen in den Songs politische Bezüge auf, «wenn wir auch wahrscheinlich zu subtil waren. Ich habe es nie für richtig gehalten, die Leute zu überfahren – das bringt sowieso nichts. Diese Pose ‹Hier stehe ich auf den Barrikaden hinter dem Stacheldraht mit einer Granate in der Hand› ist doch nichts weiter als ein dämlicher Witz! Es ist viel effektiver, den Leuten etwas bewußt zu machen und sie dann ihre eigenen Entscheidungen treffen zu lassen.»

Die Untertones unternahmen wichtige Schritte, ihre katholischen und protestantischen Fans in großem Stil zusammenzubringen und in der vom Krieg gezeichneten Stadt ein wenig dringend benötigte Freude zu verbreiten. 1980 planten sie ein Mini-Festival in Derry mit den Clash als Publikumsmagneten. Vierzigtausend wurden erwartet. Es fand niemals statt. Die Handelskammer geriet in Panik, da sie befürchtete, die Stadt könne von Punks überrannt werden, und die Armee sorgte sich um die Sicherheit. Laut Sharkey «bestanden sie darauf, in der Nähe des Veranstaltungsortes ein Rollkommando in Bereitschaft zu halten».

Nordirlands kleiner Punk-Tagtraum war vorüber, und die meisten seiner Protagonisten folgten Van Morrisons Beispiel – sie verließen das Land, Feargal Sharkey startete eine Solokarriere, wurde zum internationalen Star und kam nie wieder nach Derry zurück. Heute trifft man ihn in Kalifornien oder London, das inzwischen auch Jake Burns' Heimat geworden ist.

Nach dieser auch dank Musikerinitiativen etwas entspannteren Phase harmonierten die beiden Gemeinden in Nordirland weniger denn je miteinander. Auf beiden Seiten gab es Morde aus konfessionellen Motiven. Nach Unterzeichnung des Anglo-Irish Agreement, das Dublin erstmals ein Mitbestimmungsrecht gegenüber der Ulster-Regierung einräumte, setzte eine Kettenreaktion von Gewalt und Gegengewalt ein, an der IRA und Protestanten gleichermaßen beteiligt waren.

Die mit musikalischen Mitteln geführte Debatte über Nordirland ging weiter, wurde nun aber eher von London statt von Belfast aus geführt. In ihr spiegelte sich die polarisierte Situation wider. Wie immer hatten die Republikaner die besseren Lieder, und einige von ihnen stammten aus der Feder früherer Mitglieder der Undertones, die sich nun That Petrol Emotion nannten. Ihre neue, jetzt eindeutig republikanische Haltung brachten sie durch aggressive englandfeindliche Parolen auf der Hülle ihrer ersten LP und durch herbe Kritik am Einsatz britischer Gummigeschosse in Nordirland (auf dem Cover von «It's a Good Thing») zum Ausdruck.

In England trafen sie auf Post-Punk-Bands der extremen Linken, die ihre Unterstützung der Republikaner – wenn auch aus sicherer Entfernung – noch weiter trieben. Angesichts der offensichtlich festgefahrenen Situation in der Provinz und der mittlerweile sowohl von den protestantischen Extremisten als auch von der IRA enttäuschten britischen Öffentlichkeit trat die Revolutionsromantik, trotz IRA-Greueltaten wie dem Mord an Lord Mountbatten oder den Bombenanschlägen auf dem britischen Festland, allmählich in den Hintergrund. Bands wie Fire Next Time und Easterhouse versuchten ohne nennenswerten Erfolg, neue Sympathien für die republikanische Sache zu wecken.

Popmusiker hatten zwar die Situation in Nordirland nicht verändert, aber sie hatten die düstere Realität wenigstens geschildert. Ein Mittelweg, der eine Lösung geboten hätte, war nicht in Sicht. «Musik als politische Äußerung ist in Nordirland aus der Mode gekommen», beklagt sich Burgess von der Gruppe Ruefrex. «Die Menschen wollen nicht an die Situation erinnert werden, aber wir werden es weiterhin versuchen.»

Im unabhängigen Süden Irlands mußte man einfach damit rechnen, daß viele Musiker die Situation im Norden viel oberflächlicher betrachteten, vor allem weil die neuen politischen Songs zum großen Teil von der nationalistischen Folk-Bewegung der sechziger Jahre inspiriert waren. Interessante Künstler wie die Clancy Brothers, die Dubliners und die McPeakes hatten die irische Folkszene wiederbelebt und andere ermutigt, auf ihre eigene Tradition zurückzugreifen statt auf die wilde neue Popmusik Englands oder Amerikas. In Irland ist Folk keine bloße Mode, und deshalb ging diese Musik dort nicht unter, als Dylan der Protest langweilte und er zur elektrischen Gitarre griff.

Der Solo-Troubadour Christy Moore, der in den Achtzigern als Irlands bester und bekanntester Promoter unter den Musikern für republikanische Ideale eintrat, war noch ein Teenager, als er zum erstenmal die Clancys hörte. Sie waren eine Offenbarung für ihn, etwa so wie Chuck Berry für John Lennon oder Joe Strummer für Billy Bragg. Von diesem Augenblick an wollte er Folkmusik machen.

Mitte der sechziger Jahre bekam er seine Chance, als er seinen Job als Angestellter wegen eines Bankenstreiks aufgeben mußte. Er zog nach England, wo er vier Jahre blieb, auf Ölbohrinseln in der Nordsee arbeitete und lernte, sich in der Londoner Folkszene als professioneller Sänger zu behaupten. Sein erstes Album wurde 1969 aufgenommen und von Dominic Behan produziert.

Als Moore nach Irland zurückkehrte, geriet er in die Zeit der Bürgerrechtsdemonstrationen und wachsenden Spannungen im Norden, aber er war davon nicht allzusehr beeinflußt. Seine Vorbilder als politische Liedermacher waren der romantische Woody Guthrie und Ewan MacColl. Dieser und die ganze engagierte Folkszene, die er repräsentierte, gehörte längst – jedenfalls nach dem Urteil der britischen Musikszene – zum alten Eisen, doch der junge irische Sänger war von dem linken Veteranen enorm beeindruckt. Für ihn war MacColl noch immer wichtig, «weil seine Songs Agit-Prop waren, weil sie aktuell waren und weil er sich einfach hingestellt und losgesungen hatte».

Christy Moore, seit 1970 wieder in Irland, wurde Mitglied von Planxty, der besten irischen Folkband der zweiten Generation. Sie war keine politische Gruppe («Unter den Mitgliedern von Planxty herrschte eine *schlimme* politische Paranoia», sagt Moore), und doch gehörte zu ihrem Repertoire Michael MacConnells düsteres «Only Our Rivers Run Free», einer der wenigen Nontraditionals von Planxty und ein kraftvoller Ausdruck des neu erwachten irischen Nationalgefühls. Moore hätte einerseits gern mehr solche Songs eingespielt, doch sagte er sich: «Warum sollte ich wegen meiner politischen Neigungen so wunderschöne Musik aufgeben, wie wir sie jetzt spielen?»

Als sich Mitte der Siebziger die Mitglieder von Planxty trennten, nahm Moore seine Solokarriere auf. Dabei wurde ihm bewußt, daß sich die meisten seiner politischen Songs mit historischen Themen auseinandersetzten. «Ich erkannte, daß sie nicht unbedingt in die Vergangenheit schweifen mußten, daß ich mit meiner eigenen Musik ins Zeitgeschehen eingreifen konnte.»

Sein politisches Engagement wurde bei einer Veranstaltung geweckt, die Sean MacBride leitete, ein Politiker und Rechtsanwalt, der sich durch seine außergewöhnliche Karriere als Stabschef der IRA, Mitglied des irischen Parlaments, Mitbegründer und danach Vorsitzender der Menschenrechtsorganisation Amnesty International und Friedensnobelpreisträger einen Namen gemacht hatte. An diesem Abend rief er zum Kampf gegen Pläne auf, die Atomenergie in Irland einzuführen. Moore war beeindruckt und beteiligte sich an der Kampagne gegen den Bau eines Atomkraftwerks in der wunderschönen Landschaft von Carnsore Point im Wexford County. Er wurde einer der Organisatoren des ersten Carnsore-Festivals (1977), bei dem sich 25 000 Menschen auf dem als AKW-Bauplatz vorgesehenen Gelände versammelten.

Für Christy Moore war Carnsore «ehrfurchtgebietend. Es war eine Zusammenkunft von Menschen, wie ich sie nie zuvor bei irgendeinem Festival oder einer politischen Kundgebung, in welchem Land auch immer, erlebt habe.» Es gab Theateraufführungen, Lesungen und Musik von Clannad und der Bothy Band, und als ein Sonderkommando der Polizei eintraf, folgten die Leute, immer wieder «Kommando raus!» rufend, den Beamten so lange auf den Fersen, bis diese abzogen.

1978 und 1979 fanden weitere Carnsore-Festivals statt. Inzwischen hatte sich die Kampagne so weit ausgedehnt, daß in ihrem Rahmen eine «Anti-AKW-Tournee» stattfand, bei der die Musiker und Redner im Bus durch Irland reisten und nach jeder Aufführung den Hut herumgehen lassen mußten, um Geld für die Fahrt in die nächste Stadt zu sammeln. «Dabei beeinflußten wir das Denken der gesamten Bevölkerung», sagt Moore. «Manche Leute sind – in ihren Köpfen – noch immer mit dem Bus unterwegs.» Der Plan, in Irland Atomkraftwerke zu bauen, wurde aufgegeben.

Während der Reise im Carnsore-Bus wurde Moore in umfassendere Diskussionen verwickelt – über Englands Option, in Nordirland Atomkraftwerke zu bauen oder Atomwaffen aufzustellen, und über die allgemeine politische Situation in den sechs Counties.

Moore kam in Kontakt mit zwei «Deckenmännern», die gerade aus dem Maze entlassen worden waren, und erhielt über sie eine Einladung, ins Gefängnis zu kommen, um den IRA-Führer Brendan McFarlane kennenzulernen. McFarlane verbüßte eine lebenslange Strafe wegen Mordes an fünf Menschen bei einem IRA-Anschlag auf eine Bar der Regierungstreuen in Belfast im Jahre 1975. Seine Bedeutung innerhalb der IRA trat zutage, als er während des Hungerstreiks Bobby Sands' Nachfolge als Befehlshaber des militanten «provisorischen Flügels» im Gefängnis antrat. 1984 entkam er bei einem Massenausbruch, wurde aber bald darauf in Holland wieder einkassiert. Nach der Begegnung mit McFarlane wurde Moore der einflußreichste Anhänger der Republikaner unter den Musikern.

Moore, ein stämmiger Mann Mitte Vierzig, ähnelt eher einem Lkw-Fahrer als einem Sänger. In seiner Jugend hatte er den Ruf, ein Säufer und Rabauke zu sein, doch mit wachsendem Erfolg nahm er auch seine Arbeit immer ernster. Als ich ihm in seiner Heimatstadt Dublin begegnete, fuhr er mit mir fast eine Stunde lang durch die Straßen, um einen angemessenen Platz zum Reden zu finden. Bei den Grand Canal Docks, am Ufer des Liffey, einer hübschen, aber verfallenden Lagerhausgegend im Stadtzentrum, hielt er schließlich an. Die Umgebung symbolisierte recht treffend die Veränderungen in dieser romantischen Stadt, die heute mit Problemen wie Arbeitslosigkeit und Heroinsucht unter Jugendlichen konfrontiert ist. Hier erzählte er, wie er sich für republikanische Politik eingesetzt hatte.

Sein erster republikanischer Song und erste Soloarbeit als Songschreiber war «90 Miles Away from Dublin Town». Er schrieb das Stück 1979 für die «Deckenmänner», angeregt durch das Treffen mit McFarlane. Die erste Zeile lautet: «Ich bin neunzig Meilen entfernt von Dublin, ich sitze in einer H-Block-Zelle.» Die Absicht war, sagt Moore, «den Leuten klarzumachen, daß es nicht weit ist von hier bis Long Kesh. Es war der Versuch, die unfaßbare Gleichgültigkeit gegenüber dem ganzen Deckenprotest zu durchbrechen – eine Gleichgültigkeit, die ihre Ursache hatte in der Art, wie die Medien und die Regierung die Situation und im Endeffekt auch das Denken der Menschen unter ihrer Kontrolle hatten.» Es war nicht verwunderlich, daß der Song im irischen Radio und in den Fernsehprogrammen verboten wurde.

Moore ließ eine ganze LP folgen, das unmittelbar vor dem Beginn des Hungerstreiks erschienene «H-Block Album», das treffende Schilderungen der Situation im Norden der Insel liefert und dessen Erlöse teilweise den Verwandten der Streikenden zugute kamen. Die irische Sicherheitspolizei führte bei der Party anläßlich der Veröffentlichung der Platte eine Razzia durch und notierte die Namen aller Anwesenden. «Heutzutage ist es in Irland leichter, Heroindealer zu werden als Republikaner», beklagte sich Moore. Obwohl er heute ein internationaler Star ist, kann man diese Platte in keinem Dubliner Laden, geschweige denn in England kaufen. Es scheint, als sei das Dubliner Büro von Sinn Fein, dem politischen Flügel der IRA, der einzige Ort, wo die Platte erhältlich ist.

Als Moore das «H-Block Album» aufnahm, war ihm noch nicht in vollem Umfang klar, in welchem Ausmaß es als historisches Dokument politische Bedeutung hatte. Der Text des Stücks «A Retort» stammte von einem der Deckenmänner; darin ist von «Marcella» die Rede. Erst später sollte Moore erfahren, daß «Marcella» der Codename war, den Bobby Sands benutzte, wenn er seine auf Zigaretten- oder Toilettenpapier gekritzelten Botschaften aus den H-Blocks schmuggelte.

Moore vollzog einen weiteren musikalischen Richtungswechsel. Er schloß sich den Moving Hearts an, einer neuen siebenköpfigen Band, die mit Planxtys feingesponnener akustischer Musik nichts im Sinn hatte. Die Moving Hearts waren eine Folk-Rock-Band mit politischem Einschlag, die elektrische Gitarren, Bouzoukis, Synthesizer, *uileann pipes* (den irischen Dudelsack) und Saxophon einsetzte und Popsongs mit politischen Liedern aus aller Welt mischte. In den USA und Großbritannien mag der Folk-Rock in den frühen Achtzigern ein alter Hut gewesen sein, doch das schreckte die Moving Hearts keineswegs ab. Sie sangen über Chile, den Atomkrieg und über die politischen Gefangenen in aller Welt und spielten auch Songs über Nordirland, zum Beispiel «On the Blanket» und «Irish Ways and Irish Laws». Es war die Zeit der Hungerstreiks, die Zeit, in der Bobby Sands starb. Moore: «Wir waren die einzigen Musiker im Land, die etwas dazu sagten.»

Seitdem die Moving Hearts sich aufgelöst haben, strickt er weiter an seiner Solokarriere. Bei Konzerten verbindet er traditionelle Melodien mit seinen eigenen Songs und neuen Liedern anderer Komponisten. Kritik und Witz stehen gleichberechtigt nebeneinander. Auch Balladen über Mittelamerika und den spanischen Bürgerkrieg gehören zu seinem Programm, und immer wird er in seinen Stücken auf die Situation in Irland zurückkommen.

Zwei der ergreifendsten politischen Songs aus seinem Repertoire sind in ihrer Thematik nicht unmittelbar politisch. Es sind die beiden Stücke von Bobby Sands. Moore lernte sie von zwei gerade aus den H-Blöcken entlassenen Männern. Eines Abends brachte ihm derselbe Ex-Gefangene, der ihm Sands' «Marcella»-Identität verraten hatte, «Back Home in Derry» bei, Sands' Ballade über irische Gefangene, die im 19. Jahrhundert nach Australien geschickt worden waren. Am folgenden Abend lernte er «McIlhatton» kennen, Sands' viel lustigeren Song über einen illegalen Schnapsbrenner; die Melodie, erfuhr er, stammte von Brendan McFarlane, seinem ursprünglichen IRA-Kontaktmann.

Dieser Musiker geht einen schwierigen Weg. Nicht immer hat er es leicht gehabt in England, vor allem als der Start einer britischen Tour zufällig mit dem Bombenanschlag von Brighton zusammenfiel. Rufe wurden laut, die forderten, seine Konzerte zu boykottieren, und «die Sicherheitspolizei kam zu vielen meiner Auftritte». Christy Moore arbeitet im hochprofessionellen modernen Musikbusiness, und das ist eine andere Welt als die der alten Folkgarde, doch ist er sich der Tradition, in der er steht, sehr bewußt. Das Ziel ist, «Lieder zu singen, die die Dinge aus anderer Sicht darstellen, als sie in den britischen Medien präsentiert werden, und auszudrücken, was ich als Wahrheit einer Situation erkenne. Das ist immer die Rolle eines Balladensängers in der Gesellschaft gewesen: ein treffendes Bild zu zeichnen und Neuigkeiten bekannt zu machen.»

Musiker üben politischen Einfluß aus, indem sie dafür sorgen, daß sich Ideen ausbreiten und Spenden zusammenkommen und gezielt eingesetzt werden. Moore hat für vielfältige Belange in Nordirland Benefizkonzerte gegeben und dadurch geholfen, Beratungszentren, eine gälische Schule in Belfast und die Besuchsfahrten nach Long Kesh für Verwandte von Gefangenen zu finanzieren. Er ist von Nordirland besessen und gibt kaum Benefizkonzerte aus anderen Beweggründen, da er befürchtet, sich sonst zu verzetteln.

Es liegt deshalb eine bittere Ironie in der Tatsache, daß ausgerechnet das Benefizkonzert und das Lied, das die meisten Kontroversen auslöste, nichts mit Nordirland und der IRA zu tun hatte, sondern sich um den Tod von 48 jungen Menschen in Dublins Stardust-Disco am Valentinstag 1981 drehte. Vier Jahre nach dem Ereignis schrieb Moore, angeregt durch einen Fernsehbericht, in dem behauptet wurde, es hätte Verzögerungen bei der Auszahlung von Entschädigungen gegeben, einen Song über die Tragödie. «They Never Came Home» auf seiner Bestseller-LP «Ordinary Man» schildert Schrecken der modernen Welt im Stil einer guten alten Guthrie- oder MacColl-Ballade. Die Reaktion auf Moores Anklagen war alles andere als altbacken. Das Oberste Gericht Dublins verbot den Song nach einem Prozeß, bei dem Sean MacBride Moore verteidigte. Dessen Argumente reichten nicht aus, um zu verhindern, daß das Stück als Mißachtung der Würde des Gerichts gerügt wurde. «Es gibt keinen Grund», begründete Richter Frank Murphy das Urteil, «warum ein Lied nicht genauso den Tatbestand der Verleumdung erfüllen sollte wie ein Leitartikel oder eine akademische Studie. Die Art, wie Informationen weitergegeben werden, spielt dabei keine Rolle.»

Die LP mußte aus den Läden zurückgeordert, der beanstandete Song durch einen neuen ersetzt werden. Darüber hinaus mußte Moore die Gerichtskosten tragen. «Das war für die eine gute Gelegenheit, mir endlich eins auszuwischen», lautet sein Kommentar.

Wir verließen den Grand Canal und fuhren zurück zu O'Donoghue's Bar, dem Folk-Mekka im Zentrum von Dublin. Christy Moore, der bekannteste Solosänger in Irland, hatte hier vor zwanzig Jahren Lokalverbot bekommen, weil seine Haare zu lang waren. Er ist jetzt Mitte Vierzig, doch seinen rebellischen Gestus hat er nicht verloren.

In einem verfallenden Hafenviertel am Ufer des Liffey fuhren wir an einem modernen Gebäudekomplex von Studios und Büros vorbei, die zeigen, daß Dublin nicht nur von der Vergangenheit geprägt ist. Hier kann man, inmitten eines Labyrinths von Aufnahmestudios und Video-Schneideräumen, eine messianisch aussehende Gestalt mit langem Haar und durchdringend blickenden hellblauen Augen antreffen. Bono, der Sänger und Texter von U 2, ist nicht nur der bekannteste Rocksänger Irlands; Ende der achtziger Jahre wurde er zu einem der bekanntesten Sänger der Welt. Er ist ein Superstar und hat fast den Status eines Bruce Springsteen oder des frühen Dylan.

Bono ist eine Ausnahmeerscheinung in der irischen Musikszene, nicht allein wegen seines großen Erfolgs und seiner leidenschaftlichen, eingängigen Songs, sondern vor allem wegen seiner Herkunft. Er stammt aus einer protestantisch-katholischen Familie und wurde an der ersten «progressiven Gesamtschule» Irlands erzogen, wo auch die anderen U 2-Mitglieder Schüler waren. Die Kenntnis seiner Herkunft erleichtert es, seine politische Haltung zu verstehen. Er hat zwangsläufig Texte über Nordirland geschrieben, aber in völlig anderer Form als Christy Moore, und er ist enttäuscht darüber, daß seine persönlichen Ansichten häufig mißverstanden worden sind. Von Irland aus zum internationalen Superstar avanciert, hat er in den USA einen größeren politischen Einfluß als in seiner Heimat.

Als Sean MacBride Bono bat, Amnesty International zu unterstützen, reagierte der mit dem größten Feuerwerk kostenloser Publicity in der Geschichte der Organisation. Es waren nicht allein die vielen Superkonzerte, die U 2 im Sommer 1986 zusammen mit Sting, Peter Gabriel und anderen bedeutenden Stars gaben, sie machten Amnesty auch auf ihrer LP «Joshua Tree» bekannt, die zu einem der größten kommerziellen Erfolge des Jahres 1987 wurde. Der letzte Song, «Mothers of the Disappeared», handelt von «verschwundenen» politischen Gefangenen. Der Text auf der Plattenhülle endet mit der Aufforderung: «Tritt Amnesty International bei.»

U 2 ist eine gefühlsbetonte, grandiose altmodische Gitarrenrock-Band, die gegen die klimpernde Synthesizermode der frühen achtziger Jahre anspielte. Etwas von diesem Geist hat auch ihr politisches Engagement beflügelt, das mit einem recht unorthodoxen und äußerst unbefriedigenden Eintritt in die irische Politik begann. Für jamaikanische oder amerikanische Popmusiker mag es selbstverständlich gewesen sein, Politiker zu unterstützen, aber in England oder Irland gab es diese Tradition nicht, bis Bono sich für den Führer von Fine Gael und früheren irischen Premierminister Garret FitzGerald kurz vor Beginn des Wahlkampfes erwärmte.

So wie Bono die Geschichte erzählt, war sein kurzfristiges Engagement für das politische Establishment Irlands Folge einer impulsiven Handlung. Auf dem Londoner Flughafen Heathrow erkannte er FitzGerald und beschloß, mit ihm zu sprechen, «weil sein Gesicht nicht so harte Züge hatte, wie sie mir bei anderen Politikern aufgefallen waren».

Er kämpfte sich an den Leibwächtern vorbei und begann ein provozierendes Gespräch über die von Politikern benutzte Sprache und die, wie er behauptete, häufig bei ihnen anzutreffende Unfähigkeit, mit gewöhnlichen Menschen zu reden. «Ich klopfte Sprüche in der Art von ‹Du siehst doch eh keine Sonne, Kumpel› und so weiter – ich war ganz schön arrogant.»

FitzGerald schien die Unterhaltung zu faszinieren, denn sie wurde über der Irischen See fortgesetzt. Das seltsame Paar blieb in Kontakt, wobei Bono betont, er habe FitzGerald als Person und nicht als Politiker gemocht: «Seine Partei ist genauso schlimm wie die anderen.» Doch eine Wahl stand ins Haus, und zu solchen Zeiten wenden Politiker jede ihnen zur Verfügung stehende Taktik an, Punkte zu machen. Daher war es keine Überraschung, daß Garret FitzGerald am Freitag vor der Wahl in den Windmill Lane Studios, unten am Liffey, auftauchte, wo U 2 damals gerade das «War»-Album aufnahmen.

Der Besuch des ehemaligen Premiers war die Wahlkampfschlagzeile des Tages und wurde in der irischen Presse reichlich ausgeschlachtet. Eine willkommene Abwechslung im Wahlkampfeinerlei: Zum erstenmal hatte ein führender irischer Politiker ein Aufnahmestudio betreten und höfliche Fragen zu Mischpulten und Tourneeplänen gestellt. In der Zeit danach wurde Bono als eifriger Anhänger von FitzGeralds Fine Gael hingestellt (obwohl er aus einer Familie stammt, die die Labour-Partei unterstützt). FitzGeralds Besuch bei U 2 war zwar kaum das Schlüsselereignis des Wahlkampfes, aber er paßte sehr gut zum Image, das er vermitteln wollte, nämlich das eines fortschrittlichen Politikers, den Kopf voller Pläne, die Republik Irland mit sozialen Reformen zu beglücken. In der darauffolgenden Woche kam er wieder an die Macht. Fine Gael erzielte das beste Wahlergebnis seit ihrem Bestehen.

Der neue Premierminister konnte nun Bono in die offizielle Politik hieven, und als er es tat, ergaben sich daraus neue Probleme. FitzGerald wollte Irland in die achtziger Jahre führen, das Land liberalisieren und es für den protestantischen Norden attraktiver machen. Eine Möglichkeit, dies zu verwirklichen, sah er darin, ein Diskussionsforum einzurichten, das sich mit den Problemen des Landes befassen sollte. Bono wurde gebeten, einem Komitee zur Untersuchung der Probleme Jugendlicher und der Arbeitslosigkeit beizutreten. Diese Bitte brachte ihn dazu, seine politische Rolle neu zu überdenken. «Ich wurde mit einer Frage konfrontiert, für die ich keine richtige Antwort parat hatte. Wozu ist ein Künstler verpflichtet, wenn er jemanden aufs Korn nimmt, der den Hunger der Leute nicht stillt, während er selbst keine Probleme hat, sich den Bauch vollzuschlagen? Ist seine Musik nur der Soundtrack zur Veränderung oder verändert er sich selbst? Läßt er sich selbst auf den Veränderungsprozeß ein?»

Er entschied sich, dem Komitee FitzGeralds beizutreten, war jedoch nicht allzu glücklich über das, was ihm dort widerfuhr. Die Beziehung zu FitzGerald hatte ja mit Bonos Klage über die Sprache der Politiker begonnen, und nun, «als ich zum Komitee kam, bemerkte ich, daß dort eine andere Sprache gesprochen wurde, nämlich ‹Komiteesprache›, und die verstand ich genausowenig». Er hielt eine leidenschaftliche Rede über Heroin, Arbeitslosigkeit und weitere Probleme, die Irland betrafen, und besuchte dann den Ausschuß nie wieder.

FitzGerald seinerseits versuchte weiterhin, die Situation in Irland zu verbessern, aber er scheiterte. Zwar unterzeichnete er das Anglo-Irische Abkommen, doch die katholischen und konservativen Lobbies setzten durch, daß die rigiden Abtreibungs- und Scheidungsgesetze nicht angetastet wurden.

1987 war Charles Haughey wieder an der Macht. Kurz nach der Wahl trat er gemeinsam mit Christy Moore, den Pogues und U 2 in einer Fernsehshow zu Ehren der Dubliners auf. Der neue Premierminister in spe erschien mit allen Musikern auf der Bühne. Zuvor hatten U 2 zur Überraschung der Zuschauer nicht, wie erwartet, ein Stück von der Bestseller-LP «The Joshua Tree» gespielt, sondern einen ruppigen Song von Pete Seeger über Ausbeutung und ein Grubenunglück, «The Ballad of Springhill». Im Publikum waren viele Leute, die es angemessen fanden, daß sich der Spitzenpolitiker diesen Song anhören mußte.

Neben den Schwierigkeiten, sich für irische Mainstream-Politik zu engagieren, hatten U 2 gleichermaßen Probleme, dem Publikum die politische Haltung verständlich zu machen, die in ihren Songs zum Ausdruck kam, denn ihre Ansichten über Nordirland unterscheiden sich erheblich von den Parolen der Parteien. Sie versuchten es auf dem Album «War». Direkt von John Lennon beeinflußt und energische Entgegnung auf «die ganze Ära der Cocktail-Mentalität» in den frühen Achtzigern, ist diese LP, so Bono, «die erste apolitische Politplatte». Kein Wunder, daß er mißverstanden wurde.

Das Album enthielt zwar Songs wie «Sunday Bloody Sunday», doch dieses Stück war ganz anders als Lennons Song mit dem gleichen Titel. Lennon war geradeaus gewesen, wütend und aggressiv, Bono dagegen wollte mit dem Song «die Idee des offensiven Pazifismus und die Prinzipien der Kapitulation» erforschen. In Nordirland kann mit solchen Konzepten niemand etwas anfangen, und Bono machte sich nicht gerade beliebt mit folgender Erklärung: «Die Situation ist festgefahren, weil die Menschen auf beiden Seiten im Recht zu sein glauben und an ihren Prinzipien festhalten. Wirkliche Liebe bedeutet, die eigene Meinung um des Fortschritts willen zurückzustellen ... Die Menschen müssen lernen, zurückzustecken und zu kapitulieren.»

Das Stück ist von Verzweiflung geprägt («How long must we sing this song?»), durch die hindurch Hoffnung aufflackert: «Tonight we can be as one.» Das mag vielen hoffnungslos idealistisch und naiv erschienen sein, aber es war ein Vorstoß, vor allem die Einstellung derjenigen Amerikaner zu verändern, die die Gewaltakte der IRA unterstützen. «Sie haben es einfach nicht begriffen», sagt Bono. «Als Bobby Sands im Hungerstreik starb, warf das amerikanische Publikum wirklich Geld auf die Bühne. Ich wollte kein Rebellenlied schreiben, sondern ausdrücken, daß wir die Nase voll davon haben.» Die Premiere von «Sunday Bloody Sunday» fand bei einem Konzert in Belfast statt. U 2 hatten beschlossen, den Song nicht aufzunehmen, falls er beim Belfaster Publikum durchfallen sollte. Aber die Zuhörer waren außer sich vor Begeisterung – «nur ein paar Männer von der UDA gingen raus. Ich hatte Tränen in den Augen.»

Weniger erfreut war Bono über die Reaktion im Dubliner Sinn Fein-Büro. Dort hing ein Werbeplakat für das «War»-Album an der Wand, die Platte wurde gespielt und «ganz offensichtlich als eine republikanische Hymne angesehen, als ein Aufruf, zu den Barrikaden zu eilen. Ich glaube, die wirkliche Bedeutung des Songs ging über ihren Horizont.» Niemand hatte dem politischen Flügel der IRA erzählt, daß dies ein Album über Hingabe und Kapitulation war, das religiöse Metaphern verwendete, die sowohl den Protestanten als auch den Katholiken vertraut waren. Einerseits ging es um den Auferstehungsmythos des Ostersonntags, andererseits um die blutigen Ereignisse in Derry.

Wenn es Bono schon schwerfiel, seine Texte zu erklären, so hatte er noch größere Probleme, wenn er seine theatralischen, symbolträchtigen Gebärden auf der Bühne und seinen Einsatz von Flaggen erläutern sollte. Er ließ nicht nur weiße Kapitulationsfahnen auf der Bühne wehen. 1985, während der Amerika-Tournee von U 2, stimmte ihm die Menge brüllend zu, als er verkündete, er habe Union Jack und Hammer und Sichel satt, geriet dann aber in Verwirrung, als er hinzufügte, daß es ihm mit dem Sternenbanner nicht anders gehe. Zu Hause in Irland nahm er bei einem Auftritt die irische Trikolore, riß zuerst den Streifen des «ruhmreichen Smaragdgrüns» und dann «das Gold des Oraniers» ab, so daß nur noch das Weiß in der Mitte übrigblieb. «Ich denke schon, daß dies eine Straftat war», sagt er, «und ich weiß nicht, ob diese symbolischen Gesten so gut ankommen, aber ich glaube an sie.»

Ob das Publikum verstand, was da vor sich ging, ist eine ganz andere Sache. Die Aktion des Sängers, der sich für ein vereintes Irland, aber auch für ein vereintes Europa ausspricht, zielte natürlich darauf ab, den Haß zu demonstrieren, der von «Grenzen jeglicher Art» erzeugt wird, doch ein Rockkonzert in einem Stadion ist ein ganz und gar ungeeignetes Medium, dem Massenpublikum Ideen wie die des «offensiven Pazifismus» zu vermitteln.

Diese etwas verschwommenen Konzepte wurden auf dem nächsten U 2-Album, «The Unforgettable Fire», ausführlich erläutert. Der «offensive Pazifismus» stand im Mittelpunkt zweier Songs über Martin Luther King: im leidenschaftlichen «Pride» und im langsamen, nachdenklichen «MLK». Bono war fasziniert von dem Bürgerrechtsführer, was mit seinem Interesse an Lennon, Dylan und den Ereignissen der sechziger Jahre zusammenhing, aber auch mit der Tatsache, daß er sich gut mit einem Mann identifizieren konnte, «der aggressiv war und in seinen Reden weit ausholte». Wichtiger noch: Bono sah King als die Verkörperung des politischen Ideals an, das er in Songs wie «Sunday Bloody Sunday» auszudrücken versucht hatte. «Ich dachte: mein Gott, hätten wir doch nur in unserem geplagten Irland jemanden mit dem Mut eines Martin Luther King, einen Mann, der so stark an seine Sache glaubt, daß er bereit ist, für sie zu sterben, und es nicht nötig hat, ihretwegen zu töten.»

Als «The Unforgettable Fire» 1984 erschien, waren U 2 bereits eine Rockband von internationaler Bedeutung mit einer riesigen Anhängerschaft in den USA. Bonos Interesse an King war ein Anzeichen dafür, daß die Themen des Sängers mittlerweile auf eine breite internationale Basis gründeten. Die Band behauptet zwar, ihr Hauptziel sei es, «die Musik zu machen, die wir mögen, und nicht, irgend etwas ‹klarzustellen›», doch wird sie mit den meisten bedeutenden Musikkampagnen der achtziger Jahre in Verbindung gebracht. U 2 sangen gegen Nuklearwaffen, Apartheid, Folter in Mittelamerika und traten für die Menschenrechte (durch Amnesty) und Weltfrieden (durch Live Aid) ein – und doch sagt Bono, er habe es als «absurd» empfunden, daß die *New York Times* schrieb, die Band habe das politische Leben in Amerika stark beeinflußt und damit ein Klima gefördert, das liberalen Demokraten gut zu Gesicht gestanden hätte.

Der Ansatz der Gruppe ist oft subtil gewesen. Der Titel «The Unforgettable Fire» war einer Ausstellung mit Bildern entlehnt, die Überlebende der Atombombenexplosionen von Hiroshima und Nagasaki gemalt hatten. Die Band nahm diese Bilder, zusammen mit einer Ausstellung über das Leben Martin Luther Kings, mit auf ihre Tournee. Zum Thema Südafrika hat Bono sich direkter geäußert. «Wir spielten vor Hunderttausenden von Menschen, und jeden Abend, bevor wir anfingen, machten wir Stimmung gegen die Apartheid.» Erzbischof Tutu rief ihn an und dankte der Band für ihre Unterstützung. Auf die Wirkung angesprochen, meint Bono: «Es gibt ein Umfeld, in dem soziale Verantwortung und soziales Bewußtsein wachsen. Musik kann dazu beitragen.»

Der christlich erzogene Sänger, der zunächst davor zurückschreckte, bei einer Rockband mitzumachen, «weil ich Rock 'n' Roll zu häßlich und sinnlos fand, um mich damit abzugeben», drückt mit seinen Songs Vorstellungen aus, die weit über den normalen Rahmen der politischen Debatte hinausgehen. Er sagt, er befasse sich auch «mit all den Themen, die unter den Tisch fallen – echte Beziehungen und die Gewalt von Liebe und Sexualität. Daran bin ich interessiert, und das ist der Beitrag von U 2, eine merkwürdige Mischung aus Liebe und Wut.»

Mit ihren großen Idealen und Visionen brachten U 2 eine erregende Mischung von traditionellem Gitarrenrock und irischer Melodiösität in die großen Stadien der Welt, wobei sie häufig auch Songs früherer politischer Sänger einstreuten, von Lennon bis zu Dylan und Peggy Seeger. Andere Bands, die ihnen in die musikalische Renaissance Irlands folgten, hatten eine etwas rauhbeinigere Auffassung davon, was es heißt, ein Ire zu sein. Die Pogues, die verrückte Folk-Punk-Truppe, deren Aufstieg in Londoner Clubs begonnen hatte, wo sie, oft volltrunken, Rebellenlieder sangen, nahmen mit «If I Should Fall from Grace with God» eine der herausragenden LPs von 1988 auf. In ihr geht es zum Teil, in bittersüßen Songs wie «Fairytale of New York» (den Shane MacGowan mit Ewan MacColl und mit Peggy Seegers Tochter Kirsty im Duett sang), um die Erfahrungen von Iren in den USA. «Thousands Are Leaving» befaßt sich mit dem Exodus irischer Arbeitsloser, die in den USA Arbeit suchen, «dem Land der unbegrenzten Möglichkeiten, die viele niemals haben werden».

Als irische Band in London waren die Pogues auch an den Erfahrungen von Iren in England interessiert, und mit «Birmingham Six» schrieb Shane MacGowan seinen bisher aggressivsten, umstrittensten und kritischsten Song. 1975 waren sechs Iren zu lebenslanger Haft verurteilt worden, weil sie im Jahr zuvor Bombenanschläge auf Pubs in Birmingham verübt und dabei 21 Menschen getötet und 162 verletzt hatten. Es war ein schreckliches Ereignis, Höhepunkt eines Jahres blutiger IRA-Aktivitäten auf dem britischen Festland und Auslöser einer aggressiven antiirischen Welle. Doch in den dreizehn Jahren nach dem Verfahren mehrten sich Anzeichen dafür, daß die falschen Männer in den Knast geschickt und zuvor übel zugerichtet worden waren. Ein Mitglied des britischen Parlaments behauptete sogar, jene kennengelernt zu haben, die wirklich für die Bluttaten verantwortlich waren.

Das Gericht mußte den Fall wiederaufnehmen, und der Song der Pogues über die «Gequälten und zu Unrecht Beschuldigten», die «noch immer sitzen müssen, weil sie am falschen Ort und zur falschen Zeit Iren waren», wurde kurz vor der Gerichtsentscheidung veröffentlicht. Die Berufung wurde, zur Bestürzung der Dubliner Regierung und anderer Beobachter, abgewiesen, doch MacGowans Song auf einer inzwischen an die Spitze der Bestsellerliste gerückten LP sorgte dafür, daß die Sechs von Birmingham nicht vergessen wurden. Irlands politische Poptradition lebte weiter.

7 Kampagnen: Atomwaffen, Nicaragua und Südafrika

In den späten Siebzigern waren die USA ein hartes Pflaster für einen politischen Sänger. Gil Scott-Heron erzählt mit bitterem Witz: «Es war so, als wäre man der einzige Typ in einem Mädchenpensionat. Wir glaubten immer, ganz allein dazustehen, auch wenn das gar nicht stimmte.» Und das Publikum? «Ich kam mir vor wie ein Gorilla, der Auto fährt. Die Leute kommen, um sich das anzusehen, aber sie glauben nicht, daß du einen Führerschein hast.»

Nach Vietnam und Watergate, diesen schmerzhaften Umbrüchen in der Geschichte der Vereinigten Staaten, nach den erregten und so sinnlosen Aufrufen zur Revolution, war – niemanden überraschte das – eine politische Ruhepause in den USA angesagt, und die Schallplattenindustrie wollte Geld verdienen. Es war die Ära der Eagles und Fleetwood Mac, der Platinalben, der seichten West-Coast-Country-Rock-Ohrwürmer, des Glam-Rock und Disco. Aufdringliches, Beunruhigendes – politische Lieder oder Musik, deren Message Emotionen anheizt – war nicht gefragt. Galt die Popmusik früher als Ausdruck eines ungeduldigen Idealismus, ging es nun um Marketing, Umsatz und Profit. Die Stars der sechziger Jahre kassierten, aber manche blickten mit nostalgischen Gefühlen zurück. Art Garfunkel 1973: «Diese Gier und das große Geschäft machen die Musik kaputt. Im Geschäft setzt sich immer der kleinste gemeinsame Nenner durch, und dieser neue Trend hat die wirklich großen Talente verdrängt. Vor sechs, sieben Jahren war das anders...»

Garfunkel war mit seinem gutgemeinten Engagement ein typischer Star der Siebziger geworden. Er hatte 1972 für McGovern gespielt (zusammen mit seinem früheren Partner Paul Simon und den Grateful Dead) und wie viele seiner Landsleute seinem Kongreßabgeordneten geschrieben und Nixons Amtsentlassung gefordert. Als aufrechter Demokrat glaubte er daran, «daß wir die Entwicklung des Landes fördern sollten, die sich die meisten Leute wünschen», und er unterstützte die «Common Cause»-Bewegung, die öffentliche Meinungsumfragen durchführte und verschiedenen Gruppen half, Einfluß im Kongreß zu gewinnen.

Was wollten die amerikanischen Rockfans in den siebziger Jahren, abgesehen von der Freiheit, zu Hause zu hocken und den Tracks von «Stairway to Heaven» und «Rumours» zu lauschen, die die immer konservativer werdenden Rundfunksender in endlosen Wiederholungen durch den Äther säuseln ließen? Politischer Pop mit seinen revolutionären Ideen von Aufruhr und Umwälzung schien aus der Mode gekommen zu sein, aber manche derjenigen, die in den Jahren des Vietnamkriegs den Widerstand organisiert hatten, wandten sich nun anderen Problemen zu.

In den sechziger Jahren hatte es zwei große Themen gegeben: Vietnam und die Bürgerrechte. In den Siebzigern und Achtzigern wurde die Szene viel bunter. Jetzt ging es um Umweltverschmutzung, Atomkraft und Abrüstung, um Abtreibung und die Forderungen der feministischen Bewegung, um die Armut in den Slums amerikanischer Großstädte und den Hunger in der Welt, um die Südafrika- und Mittelamerika-Politik der USA und vieles andere mehr. Für zusätzliche Verwirrung sorgte in den siebziger Jahren die typisch amerikanische Mentalität, die dem Motto «Zieh dein eigenes Ding durch» folgt. Es gab Hunderte verschiedener Organisationen über das Land verstreut, die für die eine oder andere Sache kämpften. Der Sänger Holly Near in einem Interview: «Es widerstrebt den Amerikanern, alles unter einen Hut zu bringen. Sie haben lieber ihre eigenen Organisationen und gehen ganz individuell vor.»

Die verschiedenen Bewegungen zogen gleichermaßen verschiedene Musiker an, die noch immer politisch aktiv waren. Einige hatten, wie Holly Near, in der Folkszene begonnen und führten, unbeeindruckt von Popmoden und Publicity, die kompromißlose politische Tradition Pete Seegers fort. Andere, vor allem weiße Popmusiker, stellten fest, daß es sie auf Dauer anödete, die schönen Seiten des Lebens zu besingen. Eine dritte Gruppe bestand aus schwarzen Künstlern, die in den Fußstapfen von Marvin Gaye, dem größten schwarzen Musiker des Jahrzehnts, über die Frage «What's Going on» nachdachten.

Auch für schwarze Künstler mit politischem Anspruch waren die Zeiten schwerer geworden, denn die Schwarzen in den USA wollten genauso wie die Weißen zur Ruhe kommen und das Leben genießen. Die Jahre des Kampfes um Gleichberechtigung, für «Power to the People», für das Coming-out waren vorüber. Jetzt war es doch endlich einmal an der Zeit zu feiern – nur ja keine Party verpassen! Im fernen London kommentiert Linton Kwesi Johnson die Veränderungen, die jenseits des Atlantiks stattfanden. «Da gibt es eine schwarze Mittelschicht, die an die Macht gekommen ist – ein Ergebnis der Entwicklungen in den sechziger Jahren. Viele Radikale von damals haben ihre Schäfchen ins trockene gebracht und sitzen jetzt in der Staatsbürokratie. Die schwarze Arbeiterklasse steht noch da, wo sie immer gestanden hat, aber das ganze Ethos des Protestes ist verschwunden...»

Ende 1986 tourte Johnson durch die USA und las Gedichte an der Seite eines Mannes, den er – was den musikalischen Protest betrifft – als «Oase in der Wüste» betrachtete: Gil Scott-Heron. Die beiden Männer hatten eine Menge gemeinsam. Scott-Heron hatte ebenfalls westindische Wurzeln und war natürlich von den karibischen Traditionen politischer Musik beeinflußt. Und beide versuchten – der eine in Großbritannien, der andere in den USA –, mit diesen Traditionen den politischen Pop in den Siebzigern anzuregen. Allerdings brachte Scott-Heron noch ein ganzes Arsenal anderer Stilelemente mit ein, was ihn zu einem einzigartigen schwarzen Künstler machte, der eine ganz neue Form anspruchsvoller politischer Popmusik schuf, während die meisten seiner Zeitgenossen in die entgegengesetzte Richtung eilten.

Kurzum, Gil Scott-Heron war kein typischer Amerikaner. Sein Vater stammt aus Jamaika und war Profi-Fußballer in Schottland, bevor er beschloß, nach Detroit zu ziehen («Ich weiß nicht warum», sagt sein Sohn, «da war's genauso kalt»). In seiner High School-Zeit versuchte sich Scott-Heron zunächst am Klavier und spielte in einheimischen Bands. Als er aufs College in New York kam, schrieb er bereits Gedichte und Romane. Sein erster Roman, «The Vulture», wurde 1969 veröffentlicht, als er gerade neunzehn war. In New York schloß er sich Soul-Bands an, stellte jedoch fest, daß er mit den Texten nichts anfangen konnte. So begann er, seine eigenen zu schreiben.

Die schlaksige, bärtige Gestalt, die auf der Bühne gewöhnlich in Schlabberklamotten und mit einem Hut erscheint, präsentiert seinem Publikum ein musikalisch-politisches Potpourri. Scott-Heron redet, liest

Gedichte vor oder sitzt vor seiner Band an den Keyboards. Balladen, Blues, Cool Jazz, Reggae und Salsa wechseln einander ab, hinzu kommt eine Prise Funk und Rap, Reminiszenzen seiner Kontakte zur ersten Garde der politischen Rapper New Yorks, beispielsweise den Last Poets.

Scott-Heron ist sicher von den aggressiven schwarzen Lyrikern der sechziger Jahre beeinflußt worden, doch geht er in seinem Werk eigene Wege, mischt Wut mit einem verrückten Sinn für Humor. «Man muß es in einer Form tun, die die Menschen mit einbezieht, statt sie zu schelten, zu maßregeln oder herabzusetzen. Das Ziel ist, die Leute zu informieren.» Nur wenn schwarze Amerikaner besser informiert sind, sagt Scott-Heron, können sie sich eine eigene Meinung bilden. «Unsere Ansichten werden uns noch immer von den smarten Fernsehkommentatoren aufgezwungen, und solange das so ist, werden wir politisch unmündig bleiben.»

Seine Themen reichen von politischer Satire, die zunächst auf Nixon und später auf Reagan zielte («B-Movie» und «Re-Ron»), bis zu Songs über die beiden Problemkreise, die in den siebziger Jahren häufig mit seinem Namen verbunden waren: Südafrika und Atomkraft. 1975, zu einer Zeit, als Apartheid trotz all der Arbeit von Masekela und Makeba in den Sechzigern auf der Tagesordnung der politischen Popkultur nur noch unter «Ferner liefen» notiert war, schrieb Gil Scott-Heron einen mitreißenden Funk-Track mit einem Text über die streikenden Bergarbeiter in Südafrika. Der Refrain lautete: «What's the word? – Johannesburg!» Als in den achtziger Jahren die Situation in Südafrika immer kritischer und brutaler wurde und Musiker plötzlich über ihre Einstellung zu dem Land nachzudenken begannen, gehörte «Johannesburg» zum Repertoire eines jeden Protestmusikers. «Ich habe diese ganze Scheiße in Südafrika kommen sehen», sagt Scott-Heron, «und ich versuchte, etwas Einfluß auszuüben, mich gegen die Gewalt zu stellen, die ich vorausgesehen habe.»

Auch in der Frage der Atomkraft war Scott-Heron den anderen um Längen voraus. Die zusammen mit Brian Jackson aufgenommene LP «From South Africa to South Carolina» enthielt neben «Johannesburg» ein Stück mit dem Titel «South Carolina (Barnwell)», das sich mit den Plänen auseinandersetzte, in Barnwell eine kommerzielle Wiederaufarbeitungsanlage für Rückstände aus Kernkraftwerken zu bauen. Der Refrain des Songs stellt pointierte Fragen zum Leben in den Siebzigern:

Whatever happened to the protests and the rage?
Whatever happened to the voices of the sane?
Whatever happened to the people who gave a damn?
Or did that just apply to dyin' in the jungles of Vietnam?*

Zwei Jahre später schrieb er einen weiteren Anti-Atomkraft-Song, in dem er seine Haltung begründete. «We Almost Lost Detroit» (Fast wäre Detroit draufgegangen) beschäftigt sich mit einem Unfall im südlich von Detroit gelegenen Schnellen Brüter «Enrico Fermi-1», der 1966 fast zur Kernschmelze und damit zum GAU geführt hätte. Der Unfall war so schwerwiegend, daß, einigen Berichten (nicht jedoch den offiziellen Verlautbarungen) zufolge, die Behörden eine Evakuierung Detroits planten.

1979, zwei Jahre nach der Veröffentlichung des Songs, gerieten die USA erneut an den Rand einer Atomkatastrophe. Im Block 2 des Atomkraftwerks auf Three Mile Island im Fluß Shenandoah bei Harrisburg, Pennsylvania, versagten die Kühlwasserpumpen. In dem darauffolgenden Chaos wurde eingeräumt, daß auch diese Anlage nur knapp am Alptraum einer Kernschmelze mit den einer Atombombenexplosion ähnelnden Folgen vorbeigeschrammt war.

Der Unfall geschah zu einem für die Atomindustrie denkbar ungünstigen Zeitpunkt. Der Film «Das China-Syndrom», in dem eine Reporterin den Verschleierungstaktiken der Atombranche auf die Schliche kommt, war gerade angelaufen, und das öffentliche Interesse an dem mysteriösen Tod Karen Silkwoods, fünf Jahre zuvor, nahm beständig zu. Die Gewerkschaftsfunktionärin war bei einem Autounfall ums Leben gekommen, als sie sich gerade auf dem Weg zu einem Reporter befunden hatte, dem sie von angeblichen ungesetzlichen Praktiken in der Plutoniumfabrik, in der sie arbeitete, berichten wollte. 1979 wurde der Fall wieder aufgerollt, und vier Jahre später spielte Meryl Streep die Hauptrolle in dem Film «Silkwood», der Hollywood-Version dieser Geschichte.

Während der siebziger Jahre hatten überall in den USA Umweltgruppen gegen Atomkraft gekämpft, mit wenig Erfolg allerdings, denn sie galt bei den meisten als *die* Energiequelle der Zukunft. Diese Ansicht begann

---

* Wo sind die Proteste und die Wut geblieben? / Wo sind die Stimmen der Vernünftigen? / Was ist mit den Leuten passiert, die sich nicht kleinkriegen ließen? / Oder hatte sich alles nur auf den Tod im Dschungel von Vietnam bezogen?

sich nun allmählich zu ändern, und selbst die unpolitischen Rockmusiker der siebziger Jahre horchten langsam auf, was zum Teil MUSE zu verdanken war, dem Zusammenschluß Musicians United for Safe Energy.

Verschiedene Gruppierungen hatten MUSE gegründet, um eine Reihe von «No Nukes»-Konzerten (vergleichbar mit «Atomkraft – nein danke») im Madison Square Garden zu organisieren, die, unterstützt durch ein Triple-Album und einen Film, für viel Publicity sorgten. Natürlich war Gil Scott-Heron mit von der Partie, verständlicherweise stolz darauf, das Problem als erster aufgeworfen zu haben.

Die MUSE-Konzerte fanden 1979 an fünf Septemberabenden statt. Zur Besetzung gehörten die alten Hippies Crosby, Stills, Nash and Young ebenso wie Jackson Browne, James Taylor und die damals noch relativ unbekannten Tom Petty und Bruce Springsteen. Mit auf dem Programm stand ein phantastischer schwarzer Frauenchor, der nicht den kommerziellen Erfolg dieser Rockstars hatte: Sweet Honey in the Rock, geleitet von Bernice Johnson Reagon, der einstmaligen Initiatorin der SNCC Freedom Singers zur Zeit der Bürgerrechtskampagnen in den frühen sechziger Jahren.

Bernice hatte mit Scott-Heron einiges gemeinsam: Beide waren altmodisch genug zu glauben, politische Musik könne in den siebziger Jahren noch irgendeine Bedeutung haben, und es war bei beiden etwa gleich unwahrscheinlich, daß man ihre Musik im amerikanischen Radio zu hören bekam – und das, obwohl Sweet Honey in the Rock zweifellos das beste A-Cappella-Quintett des Landes war. Bernice hatte die Gesangsgruppe 1973 gegründet und war entschlossen, die schwarzamerikanische Chor-Tradition fortzusetzen, die sie mittlerweile auf viele verschiedene Musikstile übertragen hatte und natürlich auch als Medium der Sozialkritik nutzte.

Leuten, die die siebziger Jahre einfach als politische Flaute abschreiben, tritt sie deshalb entschieden entgegen: «Viele sagen, dies sei das Jahrzehnt des Tiefschlafs gewesen, aber bei den Frauen gab es einen echten Aufbruch. Viele Themen drehten sich um Frauen – deshalb sagt man natürlich, es ist nichts passiert!» Ihre eigene Gruppe engagierte sich für die – so Bernice – «drei wichtigen Kampagnen» der Ära: sie spielte bei Solidaritätskundgebungen für Angela Davis, für die Zehn aus Wilmington und Joan Little.

Alle drei Kampagnen hatten mit den Rechten von Schwarzen oder

Frauen zu tun. Angela Davis hatte ihre Stelle als Philosophie-Dozentin an der University of California in Berkeley verloren, nachdem sie öffentlich als Kommunistin bezeichnet worden war, und sie befand sich auf der Flucht, seit sie beschuldigt wurde, Waffen für eine Entführung besorgt zu haben, die Bestandteil eines Plans war, «Soledad Brother» George Jackson aus dem Soledad-Gefängnis zu befreien. Das Komplott scheiterte kläglich und endete mit einer blutigen Schießerei, doch inspirierte dieser Vorfall Lennon zu dem Song «Angela» und Jagger zu «Sweet Black Angel». Selbst von Bob Dylan kam ein unerwarteter Kommentar mit dem Titel «George Jackson». Die anderen Fälle dagegen fanden in der Popwelt wenig Beachtung: Kein Superstar schrieb über die Zehn von Wilmington, schwarze Studenten, die man in Carolina eingebuchtet hatte, nachdem – aus Rache, wie es hieß, für die seit Aufhebung der Rassentrennung in den Schulen und Hochschulen zunehmenden Schikanen gegen Schwarze – ein Laden niedergebrannt worden war; und auch der Name Joan Littles, die wegen Mordes an einem Gefängniswärter angeklagt war, der versucht hatte, sie in einer Zelle zu vergewaltigen, tauchte in keinem Songtext auf.

Bernice Johnson Reagon und ihre Gruppe kämpften in den Siebzigern auch für die Rechte der Homosexuellen und protestierten in ihren Liedern gegen die Zustände in Soweto und Chile. Das MUSE-Konzert im Madison Square Garden war allein schon wegen der Größe der Veranstaltung und der Tatsache, daß sie die einzige Folktruppe in einem von bedeutenden Rockstars dominierten Programm waren, etwas völlig Ungewohntes für sie. «Man steht diese großen Auftritte gerade mal so durch und hofft, daß man ohne allzu viele blaue Flecken davonkommt», gesteht Bernice. «Aber wir dachten, es sei wichtig, deshalb sagten wir uns, wir versuchen es, mal seh'n, ob wir uns wiedererkennen, wenn wir auf die Bühne kommen.»

Sweet Honey kriegten zwar ein paar blaue Flecken ab, aber es war nicht allzu schlimm. Sie traten zu einem Zeitpunkt auf, als das Publikum schon auf den Star des Abends, Bruce Springsteen, wartete; Chaka Khan hatte gerade empört die Bühne verlassen, weil sie die Rufe nach «Bruuuce» für «Buuuhs» gehalten hatte. Bernice war enttäuscht, daß MUSE nicht mehr Geld einnahm – einige der Superstars hatten saftige Spesen und die Verwaltung des Madison Square Garden zusätzliche Kosten für die zu langen Auftritte in Rechnung gestellt –, und es ließ ihr auch keine Ruhe, daß die

Konzerte einem «unglaublichen Ereignis» draußen im Battery Park die Show stahlen. Dort demonstrierte, abseits der Kameras und Journalisten, eine Viertelmillion Menschen gegen Atomkraft. Bernices alter Freund Pete Seeger, der sich inzwischen immer mehr den Umweltproblemen widmete, unterhielt die Menge.

Bernice hat gute Gründe für ihre Skepsis gegenüber Rocksängern und deren große Veranstaltungen, die «nützlich sind für die Publicity und den Plattenumsatz und bei denen du, solange du nicht selbst als hitverdächtig giltst, schamlos ausgebeutet wirst». Für die Rockstars hingegen war das Ereignis ein Anzeichen dafür, daß sozialkritisches und politisches Engagement nicht völlig mit dem Protest gegen den Vietnamkrieg und die Präsidentschaftswahlen von 1976, wo fast jeder Kandidat eine Schar von Anhängern aus dem Rockgeschäft um sich hatte, verschwunden waren.

Für die Reichen und Berühmten war MUSE eine willkommene Gelegenheit, sich mit garantierten Publicity-Schüben und Zusatzgeschäften hinter der Bühne ganz bequem politischen Aktionen zu widmen. Es war nur angemessen, daß «Stay» einer der Höhepunkte war: ein Duett zwischen Bruce Springsteen und Jackson Browne, zwei Stars, deren Aktivitäten in den achtziger Jahren auf ganz verschiedene Art zeigen sollten, daß sie ihre Verantwortung als Prominente ernst nahmen. Springsteen führte auf dieser MUSE-Veranstaltung vor, wie man mit Musik politisch wirksam werden kann, ohne in den Songs direkt politische Themen anzusprechen. Sein ganzer Auftritt war seine Message.

Jackson Browne war einer der Musiker im MUSE-Vorstand. Seit Mitte der siebziger Jahre engagierte er sich in Anti-Atomkraft-Initiativen – eine Aktivität, die so gar nicht zu seinem Image paßte, denn seine Songs brachten in vollkommener Form die Nabelschau der «Ich-Generation» in den Siebzigern zum Ausdruck, ihre kunstfertige Lebensangst und ihre exquisiten Geständnisse nach West-Coast-Art. Seine Karriere begann Ende der sechziger Jahre als Gitarrist bei Nico. «Entgeistert» war er über die verrückte Schwulenszene, in der er verkehrte, und «verblüfft», wenn Lou Reed ihn zu Konzerten britischer Bands wie Cream und The Who mitschleppte, doch nahm er nie an den politischen Events jener Epoche teil. In Kalifornien Mitte der siebziger Jahre waren seine Platten Odysseen der Gefühle, in denen sich seine eigene Verzweiflung ebenso spiegelte wie das Verwelken des in den sechziger Jahren aufgekeimten Optimismus. Ihm war klar, daß dieser Stil irgendwann «nach hinten losgehen» mußte, weil sein Publikum zuviel über ihn und seine Freunde erfuhr und seine gesamte Musik als autobiographisch betrachtete, während er doch in Wirklichkeit über Probleme zu schreiben versuchte, die die ganze Welt betrafen.

Möglicherweise war es eine Flucht vor alldem, als er sich der wachsenden Umweltbewegung anschloß. Der verletzlich und jungenhaft wirkende Komponist und Sänger fing mit lokalen Benefizkonzerten an, «wenn sie beispielsweise aus einem heiligen Berg der Indianer ein Wintersportgebiet machen oder Redwood-Bäume fällen wollten – mehr so diese Sachen», und Mitte der Siebziger begann er sich für die Anti-Atombewegung zu engagieren. Zu Hause in Kalifornien schloß er sich der Initiative für den «Antrag 15» an, mit dessen Hilfe ein Baustop für nukleare Anlagen im Bundesstaat erreicht werden sollte, bis die Behörden die Technologie als sicher einstufen und es ein zufriedenstellendes Programm für die Atommüllagerung geben würde. Förderer des Antrags 15 sammelten Hunderttausende von Unterschriften, doch ihre Kontrahenten in der Atomindustrie gaben Millionen von Dollar für eine Gegenkampagne aus. Der Antrag wurde abgelehnt.

Doch die Kampagne ging weiter. In Seabrook, New Hampshire, trat Jackson Browne für die «Clamshell Alliance» auf, die gegen die Pläne für ein Atomkraftwerk auf einem bestimmten Küstenabschnitt protestierte, der wegen seiner Venusmuscheln bekannt war. Diese lokale Kampagne geriet im Oktober 1976 in die internationalen Schlagzeilen, als 1414 Protestierende bei der ersten großen gewaltlosen Anti-Atomkraft-Demonstration verhaftet wurden. Browne sang auch für die Demonstranten an der Wiederaufbereitungsanlage Barnwell, Carolina. 1979 tourte er zusammen mit Graham Nash durch Kalifornien, um Geld für den Kampf gegen den Bau eines Atomkraftwerks im Diablo Canyon zu sammeln, der auf halber Strecke zwischen Los Angeles und San Francisco an der Küste liegt.

Überall in den USA kämpften diverse Gruppen gegen Atomkraftprojekte. In Kalifornien war die «Alliance for Survival» die wichtigste Kampagne. 1977 gegründet, kämpfte die Initiative nicht nur für den Ausstieg aus der Atomenergie, sondern auch für die Beendigung des Rüstungswettlaufs und die Abschaffung nuklearer Waffen. Browne und Nash gehörten zu den Musikern, die sich daran beteiligten.

Die Alliance organisierte Demonstrationen, Zusammenkünfte und Lobbies sowie riesige Veranstaltungen an sogenannten «Survival Sundays» – «Überlebenssonntagen» –, wo Popmusiker auftraten und Reden gehalten wurden – wie auf den Vietnamdemos der Sechziger. Beim ersten Konzert im Jahre 1978 trugen Minnie Ripperton sowie Peter, Paul and Mary ihre Songs vor, die Reden hielten Cesar Chavez und Daniel Ellsberg. 1979 spielten Jackson Browne und Joan Baez auf der Veranstaltung, und beim «Friedenssonntagskonzert» 1982 schlossen sich ihnen Gil Scott-Heron, Linda Ronstadt, Stevie Nicks und sogar Stevie Wonder an. Zu den Rednern gehörten mittlerweile Muhammad Ali, Jesse Jackson und Patti Davis, die jüngste Tochter von Ronald und Nancy Reagan. Um sie alle zu hören, quetschten sich hunderttausend Menschen in das Rose Bowl-Stadion von Los Angeles.

Insgesamt organisierte die Alliance for Survival fünfzig Konzerte, unter anderem mit Bette Midler, Bob Dylan und Bruce Springsteen. Jede Show hatte einen besonderen Anlaß, beispielsweise den Protest gegen ein spezielles Atomprojekt oder die Unterstützung einer UNO-Sondersitzung zum Thema Abrüstung.

Laut David Lumian, dem Vorsitzenden und Mitbegründer der Alliance (später dann Manager der Untouchables und von Concrete Blonde), war die Rolle der Musiker dabei begrenzt: «Ihre Funktion bestand darin, die Leute zum Demonstrieren zu bewegen, die Aufmerksamkeit auf ein Problem zu lenken, die Presse anzulocken und bei der Geldbeschaffung zu helfen.» Letzteres konnten sie am besten: allein die Rose Bowl-Veranstaltung brachte 300000 Dollar ein. Sie wurden zur Finanzierung eines zwanzigköpfigen Mitarbeiterstabs der Alliance, für Anzeigenkampagnen und anhaltenden Druck auf die Politiker verwendet. Für Jackson Browne war das nicht genug: «Was ist das schon, ein Konzert, das ich umsonst gebe... es ist fast genauso wie ein Konzert, für das ich Gage kriege.» Deshalb schloß er sich vor Ort im Diablo Canyon den Demonstranten an, was für ihn mit vier Tagen Haft endete. Und als er sich weigerte zu versprechen, daß er nicht mehr dorthin zurückgehen würde, lochte man ihn erneut ein. Schließlich ließ ihn ein sympathischer Richter frei, «der zuhörte, wie wir ihn im Gerichtssaal beschimpften, und dann einfach nur sagte: ‹Ich verstehe.›»

Fünf Jahre lang beherrschte die Atomproblematik die Pop-Politik in den USA. Und was kam dabei heraus? Überraschend viel, sehr zum Unwillen der Atomindustrie. Aus dem MUSE-Film waren zwar viele Protestszenen herausgeschnitten worden, doch die Triple-LP enthielt eine gut aufgemachte Anti-Atomkraft-Broschüre, ähnlich denen, die in Kalifornien für die «Survival Sundays» hergestellt wurden. Und dank dieser Publicity und der Meldungen über Störfälle wie im Reaktor Three Mile Island sowie Bauverzögerungen und Fehler im Diablo Canyon und bei anderen Anlagen verlor die amerikanische Öffentlichkeit das Vertrauen in die Atomenergie. «Wir waren ziemlich erfolgreich», sagt Lumian. «1977 gab es Pläne für zweihundert Atomanlagen in Kalifornien, heute sind nur acht oder neun in Betrieb.»

Das gleiche spielte sich überall in den Vereinigten Staaten ab; der letzte Auftrag für ein neues Atomkraftwerk wurde 1978 erteilt. 1982 war der Bau jedes einzelnen Kraftwerks, das seit 1974 in den USA in Auftrag gegeben worden war, entweder ganz eingestellt oder auf unbestimmte Zeit verschoben worden. Der Pop-Protest gegen die Atomkraft konnte zwar nicht den ganzen Verdienst dafür in Anspruch nehmen, hatte aber zweifellos einen großen Anteil daran.

Allerdings scheiterten die Musiker – was niemanden überraschte – daran, irgendeinen Einfluß auf die Atomwaffenpolitik auszuüben. Lumian zu diesem Thema: «Ein realistisch denkender Mensch muß seine Ziele begrenzen, und da im Rüstungsgeschäft direkt oder indirekt fünf Millionen Menschen beschäftigt sind, macht man sich eine große Industrie zum Gegner.» Auch machte ihm der Stimmungsumschwung in den USA zu schaffen, als Ronald Reagan 1980 zum Präsidenten gewählt wurde. Bei den Survival Sunday-Konzerten wurden die Teilnehmer eindringlich gebeten, zu zeigen, daß Anti-Atom-Politik nicht gegen die USA gerichtet sei, doch diese Taktik funktionierte nicht. Und als Reagan 1984 wiedergewählt wurde, begann die Alliance zu zerbröckeln. «Die Wiederwahl brachte die Linke ins Schleudern», sagte Lumian, «und wenn das passiert, fängt sie an, sich selbst zu zerfleischen.»

Die Präsidentschaftswahlen hatten die üblichen Spaltungen im Poplager herbeigeführt. James Taylor und Stephen Stills unterstützten Mondale, Carole King stärkte Gary Hart den Rücken, während Neil Young (der Nixon in «Ohio» angegriffen hatte) mittlerweile aus dem Takt mit seinen früheren Kollegen gekommen war: er sprach sich für Reagans Waffenpolitik aus.

Neil Young teilte die Gefühle vieler Amerikaner, die davon überzeugt waren, Reagan habe der Nation die Zuversicht wiedergegeben, die in Vietnam verlorengegangen war. Die USA brauchtes ein Erfolgserlebnis, und vielen Amerikanern reichte schon die erfolgreiche Invasion auf der winzigen Karibik-Insel Grenada im Jahre 1983.

Die Invasion der US-Truppen fand während eines Militärputsches gegen den linken Premierminister Maurice Bishop statt, «um amerikanische Interessen zu wahren». Bei dieser Gelegenheit wurden auch gleich Kubaner, Libyer, Sowjets und Ostdeutsche aus diesem besonderen Hinterhofrevier der USA vertrieben. Die militärische Aktion war gleichzeitig eine Warnung, die dem Land in der Region galt, von dem (neben Kuba) für die USA eine gewisse Bedrohung ausging: Nicaragua. Dessen Schicksal wurde jetzt immer häufiger von den Popmusikern aufgegriffen.

Das Volk von Nicaragua fühlt sich zu Recht von der Geschichte betrogen. Im Juli 1979 stürzte die Revolution der Sandinisten die Diktatur der Familie Somoza, die dieses reizvolle dünnbesiedelte mittelamerikanische Land dreiundvierzig Jahre lang regiert hatte. César Augusto Sandino, der in den Dreißigern einen Guerillakrieg geführt hatte, gab der 1962 gegründeten Sandinistischen Nationalen Befreiungsfront (FSNL) ihren Namen. Es war ihm gelungen, die US-Truppen aus dem Land zu vertreiben, doch löste er seine Armee auf, bevor irgendein politischer oder wirtschaftlicher Rahmen für einen Neuanfang geschaffen worden war. Nach seiner Ermordung im Jahre 1934 übernahm die Somoza-Familie mit Unterstützung der von Amerikanern ausgebildeten Nationalgarde die Macht.

Nun endlich waren die Somozas nach einem grauenhaften Bürgerkrieg geflohen, doch sahen sich die Sandinisten gleich wieder mit einem alten Feind konfrontiert. Die USA warfen ihnen vor, die Rebellen in El Salvador mit Waffen beliefert zu haben, und begannen, die Armee der antisandinistischen Contras zu unterstützen, die sich zu einem großen Teil aus Mitgliedern der alten Nationalgarde zusammensetzte. Nicaragua hatte kein streng kommunistisches Regime – viele Anhänger der Revolution (und Regierungsmitglieder) waren radikale Priester. Die Wahlen von 1984, obwohl von vielen angefochten, hatten bewiesen, daß die Sandinisten beachtliche öffentliche Unterstützung hatten. Als jedoch die Contras mit amerikanischer Hilfe ihre Angriffe fortsetzten, bekamen die

Sandinisten zunehmend Schwierigkeiten, ihre ehrgeizigen Erziehungs- und Gesundheitsprogramme durchzuführen.

Als sie die Macht übernahmen, feierten die Clash ihren Sieg mit dem «Sandinista!»-Dreifachalbum. Viele Amerikaner wurden nicht von Journalisten oder Politikern auf Nicaragua aufmerksam gemacht, sondern von einem Popstar, der sie dazu aufforderte, sich Gedanken über die Unterstützung der Contras durch ihre Regierung zu machen. Dieser Popstar hieß Jackson Browne, der Veteran der Anti-Atomkraft-Kampagnen. In den achtziger Jahren wurde er zum bekanntesten Popkontrahenten der Mittelamerika-Politik von Präsident Reagan.

Jackson Brownes Interesse am Geschehen in Nicaragua wurde 1983 geweckt, dem Jahr, in dem er auf seiner LP «Lawyers in Love» ein paar «halbwegs durchdachte» politische Songs herausbrachte. Er hatte begonnen, sich über Mittelamerika zu informieren, und stellte fest, daß dort im Laufe seiner Karriere bedeutende Ereignisse stattgefunden hatten, über die er nie etwas erfahren hatte. Wie wenig wußte er zum Beispiel über das Leben des 1976 von der Nationalgarde ermordeten Sandinistenführers Carlos Fonseca, «obwohl er doch erstmals in den späten Sechzigern verhaftet wurde, etwa zu der Zeit, als ich nach New York kam... Unglaublich, was alles so passiert, und wir kriegen es nicht mit.»

Fortan nahm Browne an Debatten über Mittelamerika teil und trat bei öffentlichen Veranstaltungen zum Thema Nicaragua auf. 1984 fuhr er zum erstenmal selbst nach Nicaragua, um sich vor Ort über die Lage zu informieren. In der Hauptstadt Managua besuchte er den «Feuerwehrmann vom US-Außenministerium – den Typen, den sie zur Beschwichtigung der Leute schicken, die von der amerikanischen Politik die Schnauze voll haben und wissen wollen, was da läuft». Der erzählte Browne, die Sandinisten hätten ebenso viele Grausamkeiten und Menschenrechtsverletzungen begangen wie die Contras. Er riet ihm, sich mit ein paar amerikanischen Journalisten zu unterhalten, die – wie er behauptete – seine Ansichten bestätigen würden. Browne sagt, die Journalisten hätten dies nicht getan.

Nach seiner Rückkehr aus Nicaragua versuchte Browne, die USA zu einer Änderung ihrer Politik gegenüber den Sandinisten zu bewegen. Er knüpfte Kontakte mit der Gesellschaft für nicaraguanische Kulturarbeit, lud Guardabarranco, eine Band aus Nicaragua, zu Plattenaufnahmen nach Los Angeles ein und nahm den Sänger und Gitarristen «Little Steven» Van Zandt (der sich bei Springsteen einen Namen gemacht hatte) mit auf seine zweite Mittelamerikareise. Das wichtigste Ergebnis seiner Auseinandersetzung mit dieser Region war jedoch eine Reihe politischer Stücke auf «Lives in the Balance», seiner LP von 1986, die ganz Amerika aufhorchen ließ.

Verglichen mit dem Protest der Sechziger oder gar mit der politischen Musik der Postpunkära in England scheint es kein besonders gewagtes Album zu sein, doch für Browne markierten die Songs eine mutige Akzentverschiebung. Bisher hatte er seine politischen Aktivitäten und seine Karriere als Musiker weitgehend voneinander getrennt. Jetzt setzte er sich als berühmter Popstar mit seinen Liedern ein, um die Aufmerksamkeit auf die Situation in Nicaragua und El Salvador zu lenken und seinem Publikum eine Lektion in schmerzhafter Realität zu erteilen, die es aus der Zeitung und vom Fernsehen offensichtlich nicht bekam. «Es ist so ungeheuer wichtig geworden», sagte er, «eine kritische Situation. Wir führen praktisch Krieg mit zwei mittelamerikanischen Ländern, und das amerikanische Volk weiß nichts davon. Sie sehen es nicht als einen Krieg an, sie denken, wir verteidigen uns gegen die Rote Flut oder so was.»

In Stücken wie «For America», «Soldier of Plenty» und «Lives in the Balance» (worin er Präsident Reagan der Lüge bezichtigt) geht es vor allem um die Haltung der USA gegenüber Mittelamerika, weniger um spezielle Ereignisse in den betreffenden Ländern. Browne gab sich Mühe zu zeigen, daß er keine subversiven Absichten hatte, sondern als verantwortungsbewußter Amerikaner schrieb, der entschlossen war, sein Land wieder auf den richtigen Weg zu bringen: «Meine Texte sind patriotisch, aber eben auch sehr kritisch. Die beste Form von Patriotismus.»

Browne war der erste namhafte Rockstar, der Nicaragua besuchte, doch war er nicht der erste amerikanische Musiker, der nach Mittelamerika gegangen war, um sich selbst ein Bild von der Situation zu machen. Der unermüdliche Pete Seeger war dort gewesen, Folk-Enthusiasten älterer Jahrgänge wie Peter Yarrow und jüngere wie Holly Near. Später kamen noch Bruce Cockburn aus Kanada, Australiens hochpolitische, von Peter Garrett geleitete Band Midnight Oil sowie Billy Bragg und Joe Strummer aus England. Der ehemalige Kopf der Clash kam im Sommer 1987 ins Land der «Sandinista!» und arbeitete dort mit dem Filmregisseur Alex Cox. Bono von U 2 hatte Nicaragua bereits ein Jahr zuvor besucht. Sein Eindruck: «Die geilste Revolution gewesen, die es je gab!»

Diese Künstler wurden nicht nur geduldet, sondern herzlich willkommen geheißen. Denn in diesem Land, das unter den Folgen des US-Wirtschaftsboykotts leidet und durch den Kampf gegen die Contras geschwächt ist, wo sechzig Prozent des nationalen Haushalts für die Verteidigung ausgegeben werden und ambitionierte Gesundheits- und Erziehungsprogramme wegen des Krieges zurückgeschraubt werden mußten, wird die populäre Kultur sehr gefördert. Schließlich ist Vizepräsident Sergio Ramirez ein hervorragender Romancier, die Frau des Präsidenten Ortega Lyrikerin und zugleich Generalsekretärin der Gesellschaft für Kulturarbeit und Carlos Mejia Godoy, einer der bekanntesten Sänger des Landes, Abgeordneter der Nationalversammlung.

In Nicaragua spielte der kommerzielle Aspekt der populären Musik nie eine besonders große Rolle, sie wurde stets als Nationalvermögen betrachtet und als Waffe, die besonders im Kampf gegen Somoza wirkungsvoll eingesetzt worden war. Pop und Politik fanden, wie im Krieg um Simbabwe oder in Chile, auf natürliche Weise zueinander.

Gemeinsam mit seinem Bruder Luis hatte Carlos Mejia Godoy während der letzten Jahre des Somoza-Regimes eine breite politische Songbewegung initiiert. Als Sohn eines Zollbeamten, der nahe der Grenze zu Honduras lebte, beschloß er damals, daß es an der Zeit sei, «unser Erbe und unsere nationale Würde zurückzugewinnen». Zu diesem Zeitpunkt hatte Somoza noch die gesamten Medien des Landes bis hin zur Schallplattenindustrie und den Preßwerken unter Kontrolle. Amerikanische Songs prägten die Musikprogramme, so daß Godoy einige Aufmerksamkeit erregte, als er in seinen Stücken, die er im Radio sang, Alltagssprache verwendete, die «auf subtile Weise» die Diktatur verurteilten.

Allmählich wurde er politischer. Songs, die im Radio verboten waren, wurden bei Studententreffen gesungen, draußen in den Armenvierteln, den *barrios*, oder in den Kirchen radikaler Priester. Einer dieser Songs, «Maria of the National Guard», ein brisantes Stück über eine zum Beischlaf mit Mitgliedern der Nationalgarde gezwungene Frau, wurde fast durch Zufall zum Hit: In den Ruinen des vom Erdbeben zerstörten Rundfunksenders wurde eine Archivaufnahme des Liedes gefunden, die dann als Single in Costa Rica erschien. Auf der B-Seite befand sich ein Stück, das noch provozierender war. Ein Volksmärchen diente als Camouflage, um Somoza wegen des Diebstahls von Erdbeben-Spenden zu attackieren.

Die Musik Godoys wurde vielfach verboten, doch fanden seine Stücke auch weiterhin zu ihren Adressaten dank eines heimlichen Verteilungssystems für Platten und Tonbänder, die mittlerweile in Costa Rica hergestellt und über die Grenze geschmuggelt wurden. 1974 wurde er, zusammen mit der Frau des jetzigen Präsidenten, kurzfristig verhaftet, nachdem sie GRADES, eine kulturelle Untergrundorganisation, gegründet hatten. Sie wurden bald wieder freigelassen, «denn das Volk demonstrierte spontan für uns. Da erkannten wir, was für eine wirksame Waffe wir hatten – deshalb sangen wir weiter.»

Die Bewegung gegen Somoza bekam Aufschwung. 1975 erhielt Godoy von linken Pastoren den Auftrag, die «Bauernmesse von Nicaragua» zu schreiben, ein volkstümliches religiöses Werk, das gleich nach Erscheinen von Kardinal Obando, damals Kirchenfürst Nicaraguas, heute Lobbyist der Contras, verboten wurde. Inspiriert von Victor Jara und den chilenischen Schriftstellern schrieb Godoy Songs, die Pinochet attackierten. Als die Sandinisten ihn baten, für ihre Sache im Ausland zu werben, erklärte er in aller Öffentlichkeit, daß er den schwelenden Guerillakrieg gegen Somoza unterstützte. In seinen Kriegssongs, wie «Guitarra Armada», gab er den Guerillanovizen nützliche Hinweise, wie man Kontaktbomben bastelt oder die Gewehre reinigt, auseinandernimmt und wieder zusammensetzt. Sie finden sich auf einem der direktesten, subversivsten und politischsten Alben, die je produziert wurden.

Godoy ist sich der Tatsache natürlich bewußt, daß man mit Musik allein keinen Krieg gewinnt. «Wenn es also keine revolutionäre Vorhut gegeben hätte, wäre es sinnlos gewesen. Doch als die Songs, die Sandinisten und die Volkskirche aufeinandertrafen, wurde aus diesem Bündnis eine nationale Freiheitsbewegung.»

Im nachrevolutionären Nicaragua ist die Popmusik weiterhin politisch, und Godoy, der inzwischen im Parlament sitzt, gehört wegen seiner Lieder zur Prominenz des Landes. An einem heißen Abend im Frühjahr 1986 konnte man den Abgeordneten in einem von den Kubanern gestifteten Zirkuszelt sehen, einem der wenigen Veranstaltungsorte in der Hauptstadt Managua, die auch heute noch schwer vom Erdbeben gezeichnet ist. Als er für sein Publikum sang – mehrere tausend Menschen und ein halbes Dutzend Bären in Käfigen –, wirkte der revolutionäre Politiker eher wie ein konservativer Schnulzensänger – bis er die seinerzeit von Somoza verbotenen Songs vortrug, die der Revolution musikalische Inspiration gegeben hatten. «Kleines Nicaragua», sang er, «jetzt, da du frei bist, lieb ich dich um so mehr.» Danach unterbrach er seinen Vortrag, um einen schwarzen Gospelchor aus Seattle vorzustellen, der gekommen war, um das Land kennenzulernen. Der Chor begrüßte das Volk von Nicaragua mit einer peinlichen Version von «We Are the World».

Musik kann unerwarteten Nutzen haben. In Nicaragua fördert sie das Einheitsgefühl und stellt den Kontakt zur Außenwelt her. Gegenüber vom Wohnsitz des Präsidenten befindet sich eine behaglich wirkende Ansammlung von Büros: das Hauptquartier der Gesellschaft für Kulturarbeit. Sieben Gewerkschaften, unter anderem für Schauspieler und Zirkusartisten, haben hier ihren Sitz. Allerdings kann nicht jeder beitreten. Die Künstler müssen von ihresgleichen als Mitglieder vorgeschlagen werden. Sind sie aufgenommen, bekommen sie die Materialien, die sie für ihre Arbeit brauchen. Als Gegenleistung wird von ihnen erwartet, daß sie sich den «Kulturbrigaden» anschließen, die durchs Land touren und in den Fabriken, den *barrios* oder in den Militärlagern in den Bergen und im Dschungel nahe der Grenze zu Honduras auftreten.

Als sich der Krieg mit den Contras verschärfte, stellten die Künstler (und speziell die Popmusiker) eine wichtige Verbindung zwischen den kampfbereiten Sandinisten und den Menschen im Westen her, die deren Politik unterstützten. Carlos Godoy und sein Bruder tourten durch Europa und führten unter anderem in einer Londoner Kirche ihre verbotene «Misa Campesina», die Bauernmesse, auf. Im Gegenzug gaben britische Musiker eine Reihe von Benefizkonzerten mit den Stars Elvis Costello, Linton Kwesi Johnson, den Communards, Billy Bragg und Tom Robinson, und der «radical chic» Londons fand sich jede Woche im Sandino Club ein, wo Musik aus Nicaragua gespielt wurde.

Unterdessen erklärte Holly Near in den USA, es dürfe amerikanischen Musikern nicht genügen, nach Managua zu fahren. «Wir müssen», sagte sie, «die Nordamerikaner dazu bringen, sich in Nicaragua zu verlieben. Wenn Godoy hier ein beliebter Star wird, werden es sich die Leute zweimal überlegen, ob sie Gewehre dort hinschicken, um sein Volk zu töten.» Im Sommer 1987 trat Luis Mejia Godoy gemeinsam mit den 10000 Maniacs, Paul Kantner (bekannt als Mitglied von Jefferson Airplane) und Billy Bragg bei einem Benefizkonzert auf, dessen

Reinerlös der medizinischen Versorgung in Nicaragua zugute kam. Der Krieg ging unterdessen weiter.

In Managua zeigte sich Carlos Godoy zuversichtlich. «Reagan mag den Contras so viel Dollars geben, wie er will – das Volk ist stärker als Geld oder Waffen.» Und weshalb war er so sicher, daß die Contras keine echte Unterstützung hatten? «Weil sie keine eigenen Sänger haben – das ist ein deutliches Zeichen.»

Die Freiheitskämpfer in Nicaragua nutzten die Musik des Landes als politische Waffe, und das gilt auch für die zweite bedeutende internationale Popkampagne der achtziger Jahre, den Kampf gegen die Apartheid in Südafrika, nur wurden hier ganz andere Taktiken angewendet.

Wieder einmal nutzten Musiker ihre privilegierte Stellung, um Spenden zu sammeln, über die Verhältnisse zu informieren und ihr Publikum zu aktivieren, als die Anti-Apartheid-Kampagne in Südafrika zu mehr Blutvergießen und Unterdrückung führte. In diesem Fall jedoch wurde die ganze Frage des kulturellen Austausches zum Thema einer aggressiv geführten Debatte. Sollten denn auch die Musiker zur Isolation Südafrikas beitragen und die Musik in einen totalen Kulturboykott einbeziehen, oder sollten sie Verbindungen zu jenen progressiven Kollegen aufbauen, die darum kämpften, einen Wandel im Land selbst zu erreichen? Das klingt nach einer für Popmusiker arg abgehobenen Kontroverse, doch im Frühjahr 1987 kannte die Popwelt kein brisanteres politisches Thema als dieses.

In den sechziger und siebziger Jahren gab es nicht viele Popsongs über die Situation in Südafrika. Den Protest führte damals unter anderem Ewan MacColl an, dessen Ballade über das Massaker von Sharpville von der Decca zensiert wurde – das Stück durfte Ende der Sechziger auf der LP «Angry Muse» nicht erscheinen. In den Siebzigern gab es mehr Songs, darunter Gil Scott-Herons «Johannesburg» und Peter Gabriels «Biko», außerdem eine ganze Reihe Reggae-Stücke von Bob Marley und anderen. In Jamaika war der Kampf gegen Apartheid nie der Kurzlebigkeit einer Modeströmung unterworfen gewesen.

Es war daher nicht verwunderlich, daß in der amerikanischen Anti-Apartheid-Lobby größtenteils Westinder oder Leute mit Verbindungen zur jamaikanischen Kultur den Ton angaben. Gemeinsam mit Gil Scott-Heron waren Stevie Wonder, der am nachhaltigsten von Bob Marley beeinflußte amerikanische Superstar, und der kampferprobte Calypso-könig Harry Belafonte aktiv. In den siebziger Jahren hatte Belafonte die Bewegungen Trans-Africa und Free South Africa gegründet, Initiativen, die für eine andere Politik der USA gegenüber Südafrika und der Dritten Welt eintraten.

Im Dezember 1980 gelangte das Thema Südafrika dank der Resolution 35/206 der UNO-Vollversammlung plötzlich auf die Tagesordnung der Popmusiker. Die Resolution unterstützte einen Appell, den Bischof Trevor Huddleston sechsundzwanzig Jahre zuvor formuliert hatte. Er hatte gefordert, einen Kulturboykott gegen Südafrika zu verhängen, um zu zeigen, daß Rassismus sündig und falsch sei, und um den Weißen in Südafrika «die Gelegenheit zu geben, die Medizin zu kosten, die sie so großzügig an ihre schwarzen Mitbürger austeilen: die Medizin der Entbehrung und Frustration». Huddlestons Bemerkungen lösten «Zank und Streit» in der Kirche von England aus, doch nach einer, so Huddleston, «verdammt langen Zeit» entschied die UNO, daß er recht hatte.

Die UNO-Resolution spielte in der bevorstehenden Kontroverse über Popmusik und Südafrika eine entscheidende Rolle. Es lohnt sich deshalb, einen Teil der Empfehlungen zu zitieren:

> Die Vollversammlung der Vereinten Nationen
> *bittet* alle Staaten, Schritte zu unternehmen, um jeglichen kulturellen, akademischen, sportlichen und sonstigen Austausch mit Südafrika zu verhindern;
> *appelliert* an Schriftsteller, Künstler, Musiker und andere Persönlichkeiten, Südafrika zu boykottieren;
> *ersucht* alle akademischen und kulturellen Institutionen, ihre Verbindungen mit Südafrika abzubrechen.

In New York begann das UNO-Zentrum gegen Apartheid mit der Veröffentlichung einer «Namensliste von Unterhaltungskünstlern, Schauspielern und anderen, die im Apartheidstaat Südafrika aufgetreten sind»; sie sollte jedes Jahr aktualisiert werden. Die so angeprangerten Darsteller bekamen plötzlich Angst. Ein frühes und unschuldiges Opfer war Jimmy Cliff, der Reggae-Stücke wie «Majority Rule» geschrieben hatte; er war 1980, kurz vor der UNO-Resolution, in Südafrika gewesen.

Er sagt, er sei von dort ansässigen schwarzen Gruppen eingeladen worden und es sei sein Ziel gewesen, «da hinzugehen und meinen Teil zur Zerschlagung der Apartheid beizutragen». Zwei Jahre später erfuhr er, in einem Hotelzimmer in Simbabwe, jenseits der Grenze sitzend, aus den Nachrichten im Fernsehen, daß er wegen seines Afrikabesuchs Einreiseverbot für die karibische Insel Antigua habe. Cliff war verwirrt: immer hatte er sich deutlich gegen die Apartheid ausgesprochen, und selbst Sambias Präsident Kenneth Kaunda, der bekannte Gegner Südafrikas, hatte für Cliff ein Staatsbankett gegeben und ihm eines seiner Gedichte gewidmet. Cliff steht zu seinem Südafrika-Besuch: «Ich bin froh, erlebt zu haben, was Apartheid bedeutet.»

Als Harry Belafonte und der Tennisstar Arthur Ashe die Organisation «Athletes and Artists Against Apartheid» (Sportler und Künstler gegen Apartheid) gründeten, betonten sie, daß sich die Künstler der UNO-Resolution bewußt seien und diese Politik in den USA unterstützten. Die Organisation begann Informationen über Südafrika zu veröffentlichen, war Anlaufstelle zur Organisation von Benefizkonzerten und tat alles, um Sportler oder Künstler am Besuch Südafrikas zu hindern. Das Ziel war, so Belafonte, der «Welle von falschen Informationen und Desinformation» über dieses Land zu begegnen.

Die Kampagne gewann an Einfluß, und weitere Musiker beteiligten sich. Stevie Wonder brachte auf seinem Album «In Square Circle» von 1985 den Anti-Apartheid-Song «It's Wrong» heraus und wurde vor der südafrikanischen Botschaft in Washington verhaftet. «Man behauptete, ich würde den Frieden stören», sagte er, «dabei habe ich doch nur gesungen.»

Dank Stevie Wonder erfuhren die Amerikaner jetzt durch die leicht konsumierbaren Rockprogramme der Radiosender etwas über die Rassenproblematik in Südafrika. 1985 war ein außergewöhnliches Jahr für politischen Pop, das Jahr von Live Aid und «We Are the World», in dem einen Moment lang ein Schuß Realismus und Idealismus den kommerziellen Mainstream belebte. Die neue Stimmung kam der Anti-Apartheid-Kampagne zugute. Im Herbst desselben Jahres gaben die Radiostationen und Fernsehkanäle wohl oder übel mittels einer vielgespielten Single Informationen über den Kulturboykott und den riesigen Unterhaltungsindustriekomplex Sun City im sogenannten «Homeland» Bophuthatswana weiter. Normalerweise ist so etwas kein Thema für einen

Popsong, andererseits können die meisten Platten auch nicht mit einer Besetzung aufwarten, zu der Dylan und Springsteen, Jackson Browne, Bono, Lou Reed, Jimmy Cliff (dem mittlerweile die politische Bedeutung der Situation klargeworden war), Bobby Womack, Pete Townshend, Bob Geldof, Linton Kwesi Johnson und der australische Anti-Atomkraft-Star Peter Garrett ebenso gehören wie die schwarzen Rap-Künstler Kurtis Blow, Run DMC und Afrika Bambaataa.

Der Song war eine clever verpackte politische Lektion: es geht in ihm um das Schicksal von Millionen schwarzer Südafrikaner, ihre «Umsiedlung in falsche Homelands» und die Weigerung, ihnen das Wahlrecht zuzugestehen. Der Text greift die Politik des «konstruktiven Engagements» und der «stillen Diplomatie» der Reagan-Regierung an und weist immer wieder darauf hin, daß die Herrschenden in Südafrika scharf darauf seien, internationale Stars in jenes Sun City-Stadion zu locken, das sie in solch einem Homeland, eben Bophuthatswana, gebaut hatten, und die versammelten Superstars antworten darauf mit dem donnernden Refrain «I ain't gonna play Sun City».

Nach der «Sun City»-Single kamen ein Video und eine LP heraus, die weitere Stars wie Gil Scott-Heron, Miles Davis, Herbie Hancock und Peter Gabriel präsentierten. Auf den Rat der UNO wurden die Einnahmen an den Afrikafonds geschickt, eine Organisation, die politische Gefangene in Südafrika und deren Familien unterstützt und sich um die Ausbildung von Exilanten kümmert.

Der Mann, der die Idee zu diesem Projekt hatte, den Hit schrieb und die LP mitproduzierte, war «Little Steven» Van Zandt, dessen Interesse an Südafrika durch Peter Gabriels «Biko» geweckt worden war. Zunächst, sagt er, habe er keine Ahnung gehabt, worum es in Gabriels Song ging, doch war er davon so sehr beeindruckt, daß er begann, sich über die Lage im Süden Afrikas zu informieren. Da ihn die Lektüre nicht zufriedenstellte, beschloß er, den Kontinent selbst zu besuchen. Zuerst flog er nach Simbabwe und dann nach Südafrika. Dort hielt er sich eine Zeitlang auf, nicht als Popstar, der Konzerte gab, sondern als Reisender, der sich bemühte, «mit den Leuten ins Gespräch zu kommen».

Er erfuhr, «daß die Schwarzen in Südafrika diesen Kulturboykott gutheißen – gar kein Zweifel! Ich fragte sie, was sie davon hielten, wenn ich käme und als eine Geste der Solidarität ein Konzert gäbe. Sie wiesen das zurück. Der letzte Künstler, den sie eingeladen hätten, sagten sie, sei

Jimmy Cliff gewesen – jetzt wollten sie sich an den Boykott halten. Es ist an uns, das zu respektieren.»

Die Idee zu dem Song über Sun City kam ihm, nachdem er dieses Vergnügungszentrum besucht hatte, das so unerhörte Gagen anbietet, um westliche Unterhaltungskünstler anzulocken. «Es ist wie Las Vegas aus der Wüste gestampft», erzählt Little Steven, «und es ist ein Gefängnis für die Leute dort. Da gibt es ein Hotel, ein Schwimmbad und ein Stadion, und dann, nur eine Meile entfernt, fängt das Getto an. Der Gedanke, daß diesen Leuten ein Job mehr wert sein könnte als ihre Freiheit, ist ein schlechter Witz. Hast du Bock auf einen Job im Gefängnis, oder willst du rauskommen?»

Little Steven wollte aber nicht nur die Aufmerksamkeit auf Südafrika lenken, sondern genauso auf die weiterhin bestehenden Rassenprobleme in den USA. In der Hoffnung, die Einstellung der Musikindustrie zu verändern, brachte er die schwarzen, weißen und lateinamerikanischen Stile Jazz, Rap, Rock und Salsa zusammen, die in den USA normalerweise nur auf verschiedenen Radiosendern zu hören sind. «Kein Künstler empfindet sich als ‹nur lateinamerikanisch› oder ‹nur Reggae-orientiert›. Wenn sie zusammenkommen, sind sie einfach Künstler. Wir müssen unsere eigene Apartheid überwinden.»

In den USA gefiel so manchen diese Ansicht ebensowenig wie die Anti-Apartheid-Message, und «Sun City» hatte es daher nicht leicht auf dem Weg in die Hitlisten. «Die Leute sind Opfer der Propaganda», beklagt sich Little Steven. «Überall witterte man Kommunisten am Werk. Aber schließlich hat es auch noch keine Platte gegeben, auf der die Reagan-Regierung derart offen kritisiert wurde. Im Süden hatten wir echte Probleme. Radiostationen, die die Platte spielten, wurden von weißen Herrenmenschen bedroht und aufgefordert, die Platte aus dem Programm zu nehmen. Und sie wurde tatsächlich rausgenommen.» Dennoch wurde die Aufnahme zu einem Bestseller, und zumindest auf einigen Ebenen kam die Botschaft an. «Südafrika ist zu einem Thema geworden», sagt er, «aber, Mann, ist das schwer gewesen, alles in Bewegung zu setzen und richtig zu koordinieren.»

Auch in Großbritannien gewann die Musiker-Kampagne gegen Apartheid an Einfluß. Die englische Musikergewerkschaft hatte bereits 1961 eine Boykottpolitik unterstützt, und Bands wie die Beatles und die Rolling Stones hatten sich lange vor Beginn des offiziellen Kulturboykotts geweigert, in Südafrika aufzutreten. Wer jetzt trotzdem dort spielte, geriet unter zunehmenden Druck, darunter auch Musiker, die tatsächlich von der Sun City-Propaganda genarrt worden waren, wie die schwarze britische Band The Real Thing, die 1983 als Vorgruppe von David Essex dort auftrat. Sie kehrten zurück und klagten, sie seien auf die Vorstellung hereingefallen, Bophuthatswana sei ein «unabhängiger Staat». Die Tour habe sich zu einem Alptraum entwickelt – sie seien als Farbige ständig belästigt worden.

Andere spielten dort aus Geldgier oder schlicht, weil es ihnen egal war. Sie bekamen alle kräftigen Gegenwind zu spüren. Als Barclay James Harvest von einer Südafrika-Tournee zurückkamen, mußten sie feststellen, daß alle Studentenvertretungen ihnen Buchungen verweigerten, so daß sie auf keinem Universitätsgelände mehr auftreten konnten, und dabei blieb es, bis sie öffentlich erklärten, sie würden nie wieder dorthin zurückkehren. Andere Bands sahen sich mit der Tatsache konfrontiert, daß verschiedene lokale Behörden, zum Beispiel der Greater London Council, es Boykottbrechern nicht gestattete, in den Sälen aufzutreten, die ihrer Aufsicht unterstanden.

Die Schlüsselfigur in der britischen Kampagne war Jerry Dammers, der scheue, höchst originelle Kopf der Specials, der besten aus schwarzen und weißen Musikern bestehenden Band in der Zeit, als Rock Against Racism aktiv war. Im Sommer 1983 besuchte er im Norden Londons eine zwölfstündige Anti-Apartheid-Session mit der etwas schwunglosen Bezeichnung «Festival afrikanischer Klänge zur Feier von Nelson Mandelas Geburtstag». Präsentiert wurde südafrikanische Musik, und Hugh Masekela war der Star des Festes. Nach diesem Erlebnis setzte sich Dammers zunehmend mit der Situation in Südafrika auseinander, und im darauffolgenden Jahr veröffentlichte er «(Free) Nelson Mandela», seinen eigenen Tribut an den inhaftierten ANC-Führer; Elvis Costello und Dave Wakeling stimmten in den Refrain ein.

Es war eine der schönsten politischen Popnummern der achtziger Jahre, ein aufregender Knaller zum Mitsingen, mit einem unvergeßlichen Refrain, ein solcher Ohrwurm, daß er selbst unter schwarzen Südafrikanern populär wurde. Sicher war es eine ungewöhnliche Erfahrung für einen weißen Songschreiber aus Coventry, die Fernsehnachrichten einzuschalten und die Demonstranten in Soweto sein Lied singen zu sehen. Mit einemmal konnte man überall auf der Welt im Radio die in

Musik gekleidete Forderung hören, Mandela freizulassen. Um klarzustellen, daß man sein Lied nicht wie einen gewöhnlichen Popsong betrachten sollte, bot Dammers neben der Musik auch Information. Auf
der Hülle der Maxi-Version standen ausführliche Kommentare, die die
Anti-Apartheid-Bewegung beigesteuert hatte, darunter die außergewöhnliche Geschichte von Mathews Ntshiwa, eines südafrikanischen
Fabrikarbeiters, der zu achtzehn Monaten Knast verurteilt worden war,
weil er in seinen Teebecher die Worte «Laßt Nelson Mandela frei» ein-
graviert hatte.

Dammers würde nun unauflöslich mit den Zielen der Anti-Apartheid-
Bewegung identifiziert, und im Jahr darauf erhielt er den Auftrag, ein
Stück für die Widerstandsbewegung SWAPO (South West African People's Organization) aufzunehmen, die gegen die Präsenz Südafrikas in
ihrer Heimat Namibia kämpfte. Diesmal arbeitete er zusammen mit Robert Wyatt, dem Veteranen aus den sechziger Jahren, und den SWAPO
Singers, einer Gruppe namibischer Studenten, an einem neuen Arrange-
ment eines SWAPO-Songs. Der Titel «The Wind of Change» war einer
berühmten Rede des konservativen Premierministers Harold Macmillan
aus dem Jahre 1958 entlehnt, in der dieser seine Unterstützung für die
afrikanischen Unabhängigkeitsbewegungen zum Ausdruck gebracht
hatte; auf dieser Platte allerdings gab es wenig, dem zeitgenössische Konservative zustimmen konnten. Die Anmerkungen auf der Plattenhülle
schilderten die Situation in Namibia, das Elend der politischen Gefangenen, und sie beleuchteten die Rolle der britischen Industrie in der Wirt-
schaft und speziell im Uranbergbau Südafrikas. Die Erlöse der Platte (die
auf dem Independent Label Rough Trade veröffentlicht wurde) gingen
direkt an die SWAPO. Konnte man mit diesem Geld Gewehre anschaffen
und den Guerillakrieg gegen Südafrika finanzieren? Wyatt dazu: «Es
gibt keine einzige Regierung auf der Welt, die keinen Militärapparat
hat.»

Ein Veteran wie Wyatt hatte keine Illusionen über die Nützlichkeit
und die Grenzen des politischen Pop in den achtziger Jahren. «Ich kann
nur zynisch sein, wenn es um die Popindustrie geht. Aber jede Kunst-
form ist immer auch eine politische Waffe, und wenn man sie nicht bewußt einsetzt, ist sie eine politische Waffe, die das Establishment begün-
stigt und den Status quo aufrechterhält.»

Zum Zeitpunkt der Veröffentlichung des Songs gab er ein kurzes Manifest mit dem Titel «On Politics, Pop and Namibia» heraus, in dem er davor warnte, «daß Popmusik für die Entwicklungsländer eher eine zerstörerische als eine kreative Kraft sein kann. Und solange die großen Schallplattenfirmen ein Monopol auf unsere Gehörgänge haben, müssen Musiker, die nicht mit dem Establishment übereinstimmen, mittels einer Art Mundpropaganda hinter den Linien des Feindes Guerillakrieg führen.» Für ihn zumindest war der Feind nicht allein Südafrika, sondern jede größere Plattenfirma, die dort Geschäfte machte.

Was die britische Kampagne jetzt dringend brauchte, war ein Zentrierungspunkt, und Jerry Dammers war offensichtlich die Persönlichkeit, die ihn schaffen konnte. Am 15. April 1986 wurde bei einem feierlichen Sektfrühstück im Londoner Covent Garden eine neue musikalische Lobby gegründet: Artists Against Apartheid (AAA). Das Donmar Warehouse Theatre war vollgestopft mit einer ganzen Heerschar von Musikern, darunter Reggaebands, südafrikanische Interpreten im Exil und Mitglieder von Ultravox, den Pogues und Scritti Politti. Bob Geldof war anwesend und wurde von Harry Belafonte herzlich umarmt, und Billy Bragg erzählte, daß Belafonte «am Tag meiner Geburt die Nummer eins in den Charts war».

Der Impuls zur Gründung von AAA war von Dammers und Dali Tambo ausgegangen, dem Sohn des ANC-Präsidenten und früheren Managers von Amandla, dem vom Posaunisten Jonas Gwangwa geleiteten Kulturverband des ANC. Gwangwa spielte auch die Musik bei der Eröffnungszeremonie – wie Hugh Masekela hatte er als Star von Trevor Huddlestons Jazzband in Sophiatown, den Slums von Johannesburg, angefangen.

Wie Belafontes Athletes and Artists Against Apartheid und Little Stevens Sun City-Kampagne setzte sich auch AAA das Ziel, die wirksame Durchführung des Kulturboykotts so zu gewährleisten, wie es Huddleston bereits vor Jahren gefordert hatte. «Der Boykott ist nicht politisch motiviert», beharrte Dammers, «denn dies geht weit über Alltagspolitik hinaus. Apartheid ist unmenschliches Verhalten.» Er plante die neue Gruppe als Kollektiv, das auf Ideen von Künstlern reagieren und als Ansprechstelle fungieren sollte, um sicherzustellen, daß einzelne Künstler nicht mit Benefizwünschen überschwemmt werden würden. Die Absicht sei, so Dammers, «Kultur als Waffe im Kampf gegen die Apartheid zu benutzen. Wir können nicht zulassen, daß weiße Kids in Südafrika mit

Frankie-Goes-to-Hollywood-T-Shirts rumlaufen oder in Discos gehen, als befänden sie sich in einer völlig normalen Umgebung.» Etwas unklug und viel zu optimistisch fügte er hinzu: «Wenn es dort keine Musik, keine Filme und kein Fernsehen aus dem Westen gäbe, wäre die Apartheid in ein paar Monaten abgeschafft.»

Leider ist der Sieg über die Apartheid nicht ganz so unkompliziert, doch zumindest machte Dammers einen praktischen Anfang. Zur Gründung entwarf er einen Vertragstext, den «die Künstler ihren Plattenfirmen und Rechtsanwälten zeigen sollten». Er sollte gewährleisten, daß ihre Platten nicht in Südafrika hergestellt und verkauft werden konnten. Dammers schlug vor, daß Popmusiker ihren Plattenfirmen jede weitere Produktion verweigern sollten, bis diese Klausel in ihre Verträge eingefügt worden sei. Harry Belafonte, der die aufwühlendste Rede der Veranstaltung hielt, stellte in Aussicht, daß der Boykott sich über die Musik hinaus auf Kinofilme ausdehnen könnte. Seine eigene Organisation hatte kurz zuvor ein «wichtiges Treffen» im Hause Jane Fondas abgehalten, zu dem Studiobosse aus Hollywood, Filmstars und Agenten angereist waren, um den Johannesburger Erzbischof Desmond Tutu persönlich eine solche Bitte vortragen zu hören. Tutu gehörte seit der Auszeichnung mit dem Friedensnobelpreis selbst zur Prominenz von Los Angeles.

Der Anti-Apartheid-Bandwagon kam in Schwung, und Ende Juni inszenierte AAA ein achtzehnstündiges Marathonkonzert im Clapham Common, das beste politische Gratis-Popkonzert, das es je in London gegeben hat. Das Programm war fast so beeindruckend wie das von Live Aid, nur waren hier weit mehr schwarze Musiker zu sehen, unter ihnen Hugh Masekela, Gil Scott-Heron und Sade. Sting, Peter Gabriel, Boy George, Elvis Costello, Billy Bragg, Paul Weller und Style Council sowie Big Audio Dynamite machten ebenfalls mit. Vertreter des ANC und der SWAPO sowie der Boykottpionier Bischof Trevor Huddleston hielten Reden. «Mich treibt die Tatsache an, daß ich jetzt dreiundsiebzig bin», sagte der Bischof, «und ich will noch das Ende der Apartheid erleben, bevor ich sterbe.»

Nach Masekelas Auftritt führte Jerry Dammers als Höhepunkt des Konzertes alle beteiligten Musiker durch eine triumphale Fassung von «(Free) Nelson Mandela». Danach trug Peter Gabriel eine feierliche Version seines Songs «Biko» vor. Ein großer, unvergeßlicher Augenblick.

Und was hatten nun all diese Kampagnen gebracht? Im fünfunddreißigsten Stockwerk des UNO-Gebäudes in New York zeigten die Unterlagen des UNO-Zentrums gegen Apartheid, wie sich die Superstars aus Südafrika zurückzogen. Rod Stewart sagte, er würde nie wieder dort spielen. Das gleiche erklärten später Elton John und die Mitglieder von Queen. Ihre Namen wurden von der Liste gestrichen. In der siebentausend Menschen fassenden Sun City-Arena von Bophuthatswana spielten jetzt keine bedeutenden westlichen Stars mehr. Wer immer dort hinfuhr, wußte mittlerweile, daß er mit schmerzhaften Konsequenzen rechnen mußte, wenn er in die Heimat zurückkehrte.

Die Kampagne lief gut, und doch begann Dammers sich Sorgen zu machen. Zwar konnte er Künstler davon überzeugen, nicht nach Südafrika zu fahren, doch wenn er sie aufforderte, auch dafür zu sorgen, daß ihre Platten dort nicht verkauft wurden, stellten sich viele quer. Einige Bands argumentierten, sie würden durch eine solche Maßnahme die Apartheid unterstützen. «Sie nehmen sich selbst so schrecklich wichtig!» klagte Dammers. «Manche glauben, ihre revolutionäre Musik unterstütze den Kampf. Aber was wir brauchen, ist nicht noch mehr Larifari-Freiheitsmusik, sondern Taten. Aber Musiker werden oft von Schwachköpfen beraten, und niemand außer Belafonte diskutiert mit ihnen!»

Im September mußten sich Dammers und Belafonte mit einem anderen Problem auseinandersetzen. Es hatte nicht direkt mit der sich verschlimmernden Situation in Südafrika zu tun, wo die wütenden Proteste in den Townships auf zunehmende Gewalt stießen, was zur Ausrufung des Notstands und zu Zensurmaßnahmen gegenüber denen führte, die darüber zu berichten versuchten. Vielmehr betraf es die Aktivitäten eines unscheinbar und verletzlich wirkenden, jungenhaften Musikers Anfang Vierzig, der gerade das erfolgreichste Album seiner langen Karriere aufgenommen hatte.

Bis zum August 1986 schien es ziemlich unwahrscheinlich, daß ausgerechnet Paul Simon die Anti-Apartheid-Bewegung der Popmusik erschüttern sollte. Schließlich war er seit den sechziger Jahren ein geachteter Star allein schon wegen all der Simon and Garfunkel-Hits. Auch im Laufe seiner Solokarriere war sein Liebäugeln mit karibischen und lateinamerikanischen Stilelementen gut angekommen. Was seine politische Gesinnung anging, schien er ein solider, liberaler Demokrat zu sein.

All dies wurde anders, zumindest in den Augen seiner Kritiker, nachdem Paul Simon ein Bootleg-Band* mit Musik aus einem südafrikanischen Township gehört hatte: «Gumboots Accordion Jive Vol. 2». Er beschloß daraufhin, solche Klänge in seine eigene Musik zu integrieren, und ließ sich von seinem politisch zweifelhaften Plan, nach Südafrika zu reisen, um mit einheimischen Musikern Aufnahmen zu machen, nicht mehr abbringen.

Es war ein Schritt, der sich unmittelbar gegen die erfolgreiche Boykottkampagne richtete und die Anti-Apartheid-Brigade der Popmusiker entsetzte. Hinzu kam, daß Paul Simon die afrikanischen Musiker und deren Künste lediglich als subtilen Hintergrund für seine eigenen, größtenteils introvertierten Texte einsetzte. «Graceland» war eine künstlerische Hochleistung und eine echte Neuheit in der Welt des amerikanischen Mainstreampop, doch in keinem einzigen Text, nicht einmal in den Notizen auf der Plattenhülle, war irgendeine kritische Bemerkung über das rassistische Regime zu entdecken, auf dessen Territorium die Musik zum Teil aufgenommen worden war.

Was also glaubte er zu tun (abgesehen von der Wiederbelebung seiner Karriere, der Produktion einer exzellenten LP und der Anhäufung eines Vermögens)? Im September 1986 fragte ich ihn auf einer Pressekonferenz anläßlich der Veröffentlichung von «Graceland» in London, ob er vor diesem Schritt irgend jemanden um Rat gefragt habe. Paul Simon gab ein wenig zögernd zu, er habe mit Harry Belafonte gesprochen. «Er hatte gemischte Gefühle... es war das erste Mal, daß er es mit jemandem zu tun hatte, der nicht dort auftreten, sondern die dortige Musik festhalten wollte.» Später hieß es, Belafonte habe Simon geraten, «mit dem ANC zu sprechen».

Sollte dies zutreffen, dann hat Simon den Rat jedenfalls nicht befolgt. Als ich versuchte, ihn nach Details auszuquetschen, ließ er unvermittelt eine Rede über künstlerische Freiheit und Politik vom Stapel, die die Aufnahme einer Popschallplatte wichtiger erscheinen ließ als die feindselige Politik des südlichen Afrikas.

«Ich persönlich», sagte Simon, «fühle mich mit den Musikern verbunden. Ich stehe zu den Künstlern. Ich habe den ANC, Buthelezi, Desmond Tutu oder die Regierung in Pretoria nicht um Erlaubnis gefragt.» Und als sei das noch nicht genug, deutete er an, der Sturz des südafrikanischen

* Ohne Lizenz aufgenommene und unter der Hand verkaufte Aufnahme. *D. Übers.*

276

Regimes müsse sich für die schwarzen Musiker des Landes nicht unbedingt als vorteilhaft erweisen. «Um ehrlich zu sein, ich habe das Gefühl, bei einem radikalen Machtwechsel, egal ob von links oder von rechts, sind die Künstler immer die Angeschissenen. Die Typen mit der Knarre sagen, wo's langgeht, die Typen mit der Gitarre haben keine Chance.»

Das war kein besonders durchdachter politischer Kommentar und mehr als genug, um Jerry Dammers in Rage zu bringen. «Für wen hält der sich eigentlich?» tobte er. «Er hilft vielleicht dreißig Leuten und schadet dem einmütig gefaßten Sanktionsbeschluß. Er glaubt, die Sache der Freiheit zu unterstützen, aber er ist naiv. Er richtet mehr Schaden an, als daß er Gutes bewirkt.»

Die letzten Monate des Jahres 1986 grollte der Streit weiter, während «Graceland» ein Kassenschlager wurde und Kritikerlob erntete, doch war Simon sichtbar besorgt über die stärker werdende Kampagne gegen ihn. Deshalb bat er einen anderen kampferprobten Popmusiker um Hilfe, der wesentlich mehr Erfahrungen mit Pop und Apartheid hatte – den südafrikanischen Exilanten Hugh Masekela.

Die beiden Männer waren sich erstmals 1964 begegnet und 1967 gemeinsam beim Popfestival in Monterey aufgetreten, als Masekela sich seiner ersten Erfolge als amerikanischer Star erfreute und Simon noch mit Art Garfunkel zusammenarbeitete. Seitdem war Masekelas Karriere (wie die von Simon) heftigen Schwankungen unterworfen gewesen, und er hatte sich zunehmend mit der Förderung afrikanischer Musik befaßt. In den frühen achtziger Jahren tat er sich mit Miriam Makeba zusammen, um Konzerte in Lesotho zu geben, dem unabhängigen Staat, der vollständig von südafrikanischem Territorium umgeben ist. Später ließ er sich selbst in Botswana nieder, einem weiteren Land, das an die Heimat grenzt, aus der er verbannt war. Hier begann er mit einheimischen Musikern zu spielen. Er erkannte, daß diese Region gesegnet war mit unbeachteten, auf sich gestellten Talenten, und gründete deshalb die Botswana International Music School, die er als «Zentrum für das südliche Afrika» konzipierte, das Musiker aus benachbarten Ländern und natürlich jene Südafrikaner anziehen sollte, denen es gelang, über die Grenze zu kommen. Um Geld für das Projekt zu sammeln, wandte sich Masekela an seinen alten Lehrer Bischof Trevor Huddleston und an Musiker wie Harry Belafonte und Quincy Jones. Masekela tat also etwas für den Staat Botswana, und Botswana revanchierte sich dafür; mit seiner neuen Band Kalahari, zu der einheimische Musiker gehörten, gewann Masekela allmählich das internationale Publikum und das Interesse großer Schallplattenkonzerne zurück, das er in den siebziger Jahren verloren hatte.

Betrachtet man Masekelas Geschichte und all seine Bemühungen, südafrikanische Musiker zu unterstützen, überrascht es einen nicht, daß er Paul Simons Aktivitäten mit Sympathie gegenüberstand. Masekela war keineswegs entsetzt über Simons Besuch in Südafrika; vielmehr beeindruckte es ihn, daß er es geschafft hatte, südafrikanische Stile derart populär zu machen.

«Er bat mich um meine Ansicht, ob er im Recht sei», erinnert sich Masekela, «und ich sagte ihm: ‹Ich weiß nicht – aber wenn du im Unrecht bist, dann verdienen Elton John, Rod Stewart, Ray Charles und George Benson die Todesstrafe, denn die haben 'ne Menge Geld aus Südafrika rausgeholt, ohne auch nur ein Plektrum zurückzulassen.›» Sie gehörten zu den Musikern, die (im Gegensatz zu Simon) in Sun City spielten, sich jedoch später entschuldigten und versprachen, es nicht wieder zu tun.

Simon fragte Masekela, was er jetzt tun solle, und Masekela machte einen kühnen Vorschlag: «Ich sagte, wir sollten Miriam ausfindig machen, eine Revue draus machen und zusammen spielen, denn das würde deine Sache legitimieren, und wir erreichen Leute, die wir vorher nicht erreicht haben.»

So kam es also, daß im Januar 1987 eine recht außergewöhnliche Gruppe von Musikern sich zu Proben in einem verfallenden Lagerhaus versammelte, nur ein paar hundert Meter vom Pentonville-Gefängnis im Norden Londons entfernt. In einem Raum arbeitete das gesamte zehnköpfige Team der südafrikanischen Gesangsgruppe Ladysmith Black Mambazo, berühmt für ihre schier unglaublichen Harmonien und Tanznummern an der Bühnenfassung von «Diamonds on the Soles of Her Shoes». Mitglieder der südafrikanischen Band Stimela und Masekelas Band begleiteten die Gesangsgruppe. Mit ernster Miene überwachte Paul Simon das Geschehen. Im nächsten Raum probte Masekela mit einem Frauenchor, zu dem Miriam Makeba gehörte, die den «Soweto Blues» sang.

Das Konzept der Tournee bestand darin, die «Graceland»-Bestsellersongs zusammen mit der schwarzen südafrikanischen Musik zu präsentieren, von der sie inspiriert waren. «Von streng traditioneller Musik bis zu modernen Balladen war alles vertreten.» Bis dahin hatte Masekela nie die Gelegenheit gehabt, zeitgenössischen südafrikanischen Musikern wie Ladysmith Black Mambazo zu begegnen, und man sah es ihm an, wie aufgeregt er war, wenn er durch die Proberäume eilte. «Wegen der Apartheid-Diskussion lag südafrikanische Musik geradezu in der Luft», sagt er. «Das Exil und die Gesetze haben uns voneinander getrennt. Hätten wir all die Jahre ungehindert zusammensein können, wer weiß, was wir erreicht hätten!» Und auf die Argumente von Paul Simons Kritikern angesprochen, wurde Masekela richtig bissig. «Es ist unsere Musik und unser Land. Was bilden sich die Leute in London eigentlich ein? Wollen die uns vorschreiben, wie und mit wem wir zusammenarbeiten dürfen? Wenn sie wirklich was erreichen wollen, sollten sie Druck auf die europäischen Regierungen ausüben und nicht die Musiker schikanieren.»

Zu diesem Zeitpunkt war klar, daß die «Südafrikanische Revue» von Simon und Masekela den Streit über den Fall Simon nicht entschärfen, sondern mit zusätzlichen Komplikationen belasten würde. Simon hatte es erreicht – ob beabsichtigt oder nicht, sei dahingestellt –, daß die Aufmerksamkeit von seiner eigenen Mißachtung des Kulturboykotts auf einen anderen Aspekt dieser Verweigerungstaktik gegenüber Südafrika gelenkt wurde, den auch entschiedene Anti-Apartheid-Aktivisten, jedenfalls in privaten Äußerungen, als heikel betrachteten: Bei strenger Interpretation bedeutete der Boykott ja nicht nur, daß Musiker nicht in Südafrika spielen durften, sondern zugleich auch, daß es südafrikanischen – weißen *und* schwarzen – Musikern nicht erlaubt war, im Ausland zu arbeiten.

Masekela verurteilte diese Politik leidenschaftlich, richtete sie sich doch gegen all das, wofür er gekämpft hatte, als er die Musik der Schwarzen Südafrikas in die Welt hinaustrug. Er behauptete, «Graceland» sei ein Hit in Soweto und die an den Aufnahmen beteiligten Musiker würden im Gegensatz zu denen, die wirklich die südafrikanische Regierung unterstützt hätten, als Idole angesehen werden.

Es gab ein anderes strategisches Argument gegen ein Verbot für südafrikanische Musiker, im Ausland zu arbeiten – denn dies taten sie ja häufig, indem sie sich an Anti-Apartheid-Projekten beteiligten. Die Malopoets hatten bei der «Sun City»-LP mitgewirkt, und eine unter dem Namen South African Artists United bekannte Gruppe war Anfang Januar 1987, kurz vor Beginn der «Graceland»-Proben, in Simbabwe aufgetreten, um in einer Show «die verlorene Geschichte der letzten siebenundzwanzig Jahre zu erkunden». Masekela hatte mit ihnen auf der Bühne gestanden, und angesichts der Verwirrung wegen des Boykotts betonte er immer wieder, daß der ANC-Führer Oliver Tambo höchstpersönlich gekommen sei, um die Band zu beglückwünschen.

Paul Simon war in ein Terrain getappt, in der die Anti-Apartheid-Politik nicht konsequent durchdacht war. Durch seine Tournee wurde das Chaos nur noch schlimmer. Bei den Proben schwankte Simon unsicher zwischen Aggressivität und Versöhnlichkeit hin und her. Beklagte er sich zunächst: «Wir geben zwar Benefizkonzerte für Politiker, aber sie scheinen zu glauben, daß Musiker nicht selbst nachdenken können», gab er im nächsten Augenblick zu bedenken: «Dies sind ernstzunehmende und komplexe Fragen. Sie sollten diskutiert werden, ohne die Leute zu polarisieren oder sie zu Angriffen ausarten zu lassen. Im Grunde sitzen wir doch alle in einem Boot.»

Hugh Masekela quälten düstere Gedanken: «Eins frage ich mich schon lange: Wenn die Leute derart emotional reagieren, warum schicken sie uns dann keine Gewehre?» Paul Simon, der ursprünglich nach Südafrika gegangen war, weil ihm die Musik gefiel, schaute genervt drein. «Das werden sie tun», sagte er, «wenn du sagst, schickt uns Gewehre, wirst du sie tonnenweise kriegen.»

Von nun an blickte keiner mehr durch. Der ANC in Lusaka schickte seinem schwedischen Büro ein Telex, worin er die «Boykottaktion» gegen die Tournee unterstützte (trotz der Tatsache, daß Masekelas Schwester die Kulturabteilung des ANC leitete). Paul Simon konterte mit einer Pressekonferenz, an der auch Masekela und Makeba teilnahmen und die ihn zu der Behauptung verleitete, er habe vom ANC eine Unbedenklichkeitserklärung bekommen. Am 30. Januar erklärte er im Londoner Veranstaltungszentrum ICA, der ANC habe seine Kritik an «Graceland» zurückgenommen. Harry Belafonte habe ihm mitgeteilt, der sich gerade in den USA aufhaltende Oliver Tambo würde dies am kommenden Montag auf einer Pressekonferenz in Los Angeles klarstellen. Um seine Position zu stärken, veröffentlichte er außerdem den Inhalt eines Briefes, den er am Tag zuvor an Generalmajor Garba, den Vorsitzenden des Apartheid-Sonderausschusses der UNO, geschickt hatte. Darin drückte er seine Opposition zur Apartheid aus und schloß etwas zweideutig: «Als Künstler, der es abgelehnt hat, in Südafrika aufzutreten, wiederhole ich hiermit meine Absicht, diese Position im Rahmen des UNO-Kulturboykotts zu wahren.»

Der Brief genügte, um Simon vor einem Eintrag in die UNO-Liste der Boykottbrecher zu bewahren, doch seine Behauptung, der ANC habe «seine Kritik zurückgenommen», stimmte einfach nicht. Tambo gab auf seiner Pressekonferenz in Los Angeles keinen Kommentar zu Simon ab. Nach dreiwöchigem eisigem Schweigen veröffentlichte Tambos Sohn Dali über die britische AAA eine Erklärung, in der es hieß, der ANC habe seine Haltung zum Kulturboykott keineswegs geändert und Oliver Tambo habe «niemals die Absicht gehabt, Simon zu ‹entlasten›».

Unter diesen widrigen Umständen lief Paul Simons Südafrikarevue weiter. In Europa, Simbabwe und den USA gab es kaum Ärger, dafür um so mehr in Großbritannien. Als Simon und seine Truppe Anfang April in die Londoner Royal Albert Hall kamen, wurden sie von Anti-Apartheid-Demonstranten auf den Straßen begrüßt. Bevor Simon auf die Bühne ging, wurde ihm ein offener Brief überreicht, der von Paul Weller, Billy Bragg, dem Dub-Lyriker Benjamin Zephaniah und Jerry Dammers unterzeichnet war. Er forderte Simon auf, sich bei der UNO-Vollversammlung zu entschuldigen und zu versichern, den Boykott «in keiner Form» jemals wieder zu brechen.

Zur «Graceland»-Show gehörte an diesem Abend auch eine mitreißende Version von «Bring Him Back Home», Masekelas Song über Mandela. Als Finale sangen alle beteiligten Musiker «Nkosi Sikelel iAfrika», den Song, der zur Nationalhymne des ANC und des schwarzen Südafrika geworden ist. Es war ein aufwühlender und deprimierender Abend – ein merkwürdiges Gefühl, an Anti-Apartheid-Demonstranten vorbeigehen zu müssen, um solche Songs hören zu können. Wenn Paul Simon nur etwas weniger arrogant und politisch ein wenig klüger gewesen wäre oder sich die Mühe gemacht hätte, von Anfang an die UNO und den ANC zu konsultieren, hätte die ganze leidige Angelegenheit zu einem gemeinsamen Triumph der afrikanischen Popmusik und der Anti-Apartheid-Bewegung werden können. Die Botha-Regierung wird sich die Hände gerieben haben.

Die «Graceland»-Tournee ging zu Ende, und Paul Simon zog sich zurück, um sein nächstes Projekt zu planen, doch der Streit grummelte weiter, angeheizt von der cleveren südafrikanischen Regierung, die unterdessen das Ministerium für Nationale Erziehung angewiesen hatte, professionelle Gruppen, die Auslandstourneen planten, finanziell zu unterstützen, damit diese «kulturelle Kontakte knüpfen und die Bande internationaler Freundschaft festigen» könnten. Inzwischen kamen die großen westlichen Schallplattenkonzerne, die bisher fast kein Interesse an schwarzer Musik aus Südafrika gezeigt hatten, zu dem Schluß, daß man, auf der «Graceland»-Welle schwimmend, gute Umsätze machen könne. Nahezu über Nacht priesen Warner's, EMI und Virgin südafrikanische Künstler an – und mußten sich damit auf Gegenwind gefaßt machen.

Die Politik bezüglich südafrikanischer Popmusik mußte schnellstens geklärt werden, doch statt dessen nahm die Verwirrung zu. Die erste bedeutende südafrikanische Band, die im Dunstkreis von «Graceland» nach England kam, war eine bemerkenswerte Truppe: Johnny Clegg and Savuka, deren bloße Existenz den Anhängern einer strikten Kulturboykottpolitik weitere Kopfschmerzen bereitete. Denn Clegg hatte in seiner langjährigen Arbeit als Musiker immer Widerstand gegen die Apartheid geleistet, und in seiner Band spielten schwarze wie auch weiße Musiker, die es ablehnten, vor einem nach Rassen getrennten Publikum aufzutreten. Sollte man eine solche Gruppe boykottieren?

In Südafrika selbst war Clegg bereits aller Hindernisse zum Trotz ein – wenn auch umstrittener – Star. Der in England geborene Universitätsdozent hatte, fasziniert von Zulumusik und -tänzen, seine akademische Karriere aufgegeben, um mit einem alten Freund, einem schwarzen Gärtner und Wanderarbeiter, in Südafrika eine Band zu gründen. Er hatte Sipho Mchunu schon in seiner Jugend kennengelernt, als er, ständig im Konflikt mit den Behörden wegen Mißachtung der Rassenschranken, hinausgegangen war zu den Wanderarbeitern, um deren Tänze und Gitarrenspiel zu erlernen. Mchunu war von Cleggs Lerneifer tief beeindruckt gewesen, und in den späten siebziger Jahren hatten sie Juluka gegründet (das Zuluwort für Schweiß).

Juluka war keine dezidiert politische Band, doch allein schon ihre Existenz, die Tatsache, daß schwarze und weiße Musiker zusammenspielten, war eine Herausforderung für das Apartheidsystem. Die südafrikanische Regierung argumentierte, die Rassen sollten getrennt leben, «weil wir uns genetisch und kulturell voneinander unterscheiden», und Clegg setzte alles daran, mit «unwiderlegbaren, gußeisernen Argumenten» zurückzuschlagen. Er erlernte Zulutänze exakt in der Form, wie sie traditionell vorgeschrieben sind, und nutzte sie als Ausdrucksmittel zur Kritik der herrschenden Verhältnisse, ohne auch nur ein Wort sagen zu müssen. Der Tanz, so Clegg, sei eine wirksame Sprache, denn «selbst ein Rassist kapiert ihn auf einer gewissen Ebene. Er dringt leichter ins Gehirn, weil er emotionaler und visueller Natur ist.»

Die Band wurde ständig von der Polizei belästigt. Ihr Lkw wurde leergeräumt und durchsucht. Es gab Probleme mit Konzertgenehmigungen; einmal kam die Polizei mit Schrotgewehren auf die Bühne und trieb die Zuhörer nach der Hälfte des Konzertes mit Gewalt aus dem Saal.

Als Juluka 1983 nach England kamen, setzten sich ihre Probleme fort. Obwohl sie eine aus Farbigen und Weißen bestehende Anti-Apartheid-Band waren, weigerte sich die britische Musikergewerkschaft, ihre Konzerte zu billigen, weil sie dadurch den Kulturboykott untergraben würden. «Auf Grund dieser Position können wir dem Austausch musikalischer Ensembles und Gruppen zwischen Südafrika und dem Vereinigten Königreich nicht zustimmen.» Die Konzerte durften schließlich fortgesetzt werden, doch das ganze Geld, das Juluka in England einnahm, mußte der Anti-Apartheid-Bewegung gespendet werden. Man drohte Clegg mit dem Ausschluß aus der Musikergewerkschaft, falls er beabsichtige, nach Südafrika zurückzukehren und dort weiterzuarbeiten. Er entgegnete, es sähe so aus, als wäre die Musikergewerkschaft glücklicher, wenn sich die Gruppe auflöse und einige oder alle ihre Mitglieder zu politischen Flüchtlingen würden.

Er ging nach Südafrika zurück und setzte seine musikalische Kampagne fort. Juluka löste sich auf, nachdem Sipho die Gruppe verlassen hatte, um Bauer zu werden. Clegg gründete eine neue Band, Savuka, die in stärkerem Maße Synthesizer einsetzte und nicht mehr Zulumusik, sondern einen glatteren panafrikanischen Stil spielte. Mit Savuka schrieb er jetzt viel direktere und unverblümtere politische Stücke, und er erklärte: «Ich sehe es als Teil meiner Verantwortung an, meine Songs auf der Bühne zur Diskussion zu stellen und die Probleme direkt anzuschneiden, die Toten zum Beispiel oder die Festnahmen.»

Cleggs neuer Ansatz entwickelte sich in einer Zeit, als die südafrikanische Regierung in der Krise steckte: Überall in den schwarzen Townships des Landes kochte der Haß auf das System allmählich über. Es gab Boykottaktionen, Mietstreiks und immer blutigere Konfrontationen mit den

Behörden, die im Herbst 1984 einsetzten und das ganze nächste Jahr hindurch andauerten. Über einige Gebiete wurde der Ausnahmezustand verhängt, und es wurde brutal durchgegriffen. Man schätzt, daß 23000 Menschen in Haft gehalten wurden, darunter einige tausend Kinder und Jugendliche. Der Außenwelt war es wegen der unerbittlichen Zensur unmöglich zu erfahren, was genau vor sich ging.

Der politische Brennpunkt im Lande war jetzt die United Democratic Front (UDF), die aus sechshundert verschiedenen, aus allen Völkern und Teilen des Landes zusammengezogenen Organisationen gebildet worden war. Auch Gewerkschaften und Kirchen gehörten dazu. Die Kampfparole der UDF lautete: «Eine Person, eine Stimme». Zu ihrer ersten Konferenz im Jahr 1983 schickte Mandela seine Grüße. Zwei Jahre später, im Juni 1985, plante die UDF eine Kundgebung zur Feier von Mandelas siebenundsechzigstem Geburtstag, an der Popgruppen und Lyriker beteiligt sein sollten. Sie wurde verboten. Ein geplanter Marsch zu Mandelas Gefängnis fand ebenfalls nicht statt; über dreißig UDF-Führer wurden verhaftet.

Vor dieser angeheizten Szenerie präsentierten Clegg und Savuka ihre verschiedene ethnische Einflüsse verschmelzende Musik. Die Band spielte nur auf Konzerten, die jedem, ob schwarz oder weiß, zugänglich waren, wobei Clegg «ein normales weißes Publikum» den politisch aufgeklärten linken Zuschauern vorzog – «das sind nämlich die Leute, die die Apartheidregierung hartnäckig und wirksam manipuliert hat, um deren Sinne abzustumpfen». Als die Band Hits landete, zog sie allmählich immer größere Massen an – und bekam Schwierigkeiten mit denen, die ihre Musik mochten, aber die Texte haßten. Und es gab natürlich Ärger mit den Behörden, vor allem als Clegg die Zuschauer über die Massenverhaftungen, die Internierung von Kindern und die neuen Zensurgesetze informierte, die besagten, daß weder er noch andere Künstler oder Journalisten die Freiheit hatten, vollständig über die Ereignisse im Land zu berichten.

Doch er und Savuka standen nicht allein, denn inzwischen gab es eine neue, wachsende Bewegung, die Popmusik als Waffe gegen die zunehmende Unterdrückung einsetzte. «Eine neue Energie ist da», behauptete Clegg in einer leidenschaftlichen Rede im Frühling 1987, «ein neues Verlangen, anderen Ideen als den von der Regierung gewünschten nachzugehen. Mitten im Feuer und Kugelhagel erleben wir gerade eine Wiedergeburt, und es ist eine ungeheuer aufregende, traurige, bewegende, entsetzliche und herrliche Zeit, an der wir teilhaben.»

Die südafrikanische Regierung war nicht so begeistert, vor allem als Savuka «Asimbonanga» aufnahm, ein Stück, das an Mandela, Biko und andere erinnert, die wegen ihres Widerstands gegen die Apartheid verhaftet oder getötet worden waren. Der Song wurde im Radio verboten (die Sicherheitspolizei führte bei einer Station, die ihn dennoch gespielt hatte, eine Razzia durch), der Vertrieb des Videos beschränkt und die Plattenfirma unter Druck gesetzt. Auch für das von der Regierung so gepriesene «unabhängige Homeland» Bophuthatswana galt das Verbot.

Aus Cleggs Sicht hatten er und all die anderen Künstler das gemeinsame Ziel, «eine demokratische, nichtrassistische Gesellschaft, eine nationale Kultur» zu schaffen. «Die Rassentrennung ließ nicht zu, daß wir uns zusammentaten. Deshalb sind kulturübergreifende Bands auch politisch so brisant.» Der von Lusaka aus im Exil operierende ANC gab seine Zustimmung zu den Aktivitäten. Tom Sebina, Leiter der Informationsabteilung des ANC, erzählte mir, er betrachte Clegg und seine Band als «fortschrittlich und in der vordersten Front des künstlerischen Kampfes tätig, so daß wir kein Problem in ihrer Haltung sehen». Er machte den Unterschied zwischen Clegg und Paul Simon deutlich, den er wegen seiner Reise nach Südafrika, ohne vorherige Rücksprache mit dem ANC, als «arrogant und herablassend» bezeichnete. Zudem habe Simon den Eindruck zu erwecken versucht, südafrikanische Musik wäre ohne seine Hilfe niemals bekannt geworden.

Nach alldem hätte man erwarten können, daß Clegg und Savuka bei ihrer Ankunft in London, kurz nachdem die «Graceland»-Tournee durch die Stadt gezogen war, mit offenen Armen empfangen wurden. Doch das war ganz und gar nicht der Fall. Die britische Musikergewerkschaft war nicht in der Lage gewesen, Paul Simon aufzuhalten – der hatte schlauerweise seine südafrikanischen Musiker bei der American Federation of Musicians unter Vertrag genommen und dadurch ihre Einreise ermöglicht –, und nun versuchte sie alles, um wenigstens Clegg mit der alten Begründung zu stoppen, Besucher aus Südafrika seien «gemeinhin unerwünscht».

Clegg und Savuka spielten trotzdem weiter – das Arbeitsministerium hatte die «Empfehlung» der Gewerkschaft ignoriert und ihnen eine Arbeitserlaubnis erteilt. Die Auftritte waren derart erfolgreich, daß die

Band zurückkehrte und im Laufe des Sommers 1987 weitere Konzerte gab, doch war damit die Angelegenheit noch nicht vom Tisch. 1988 wurde Clegg von der britischen Musikergewerkschaft «gewerkschaftsschädigenden Verhaltens» beschuldigt, weil er weiterhin in Südafrika auftrat.

Die UDF in Südafrika war von der Aktion der britischen Musikergewerkschaft gegen einen ihrer Anhänger nicht sonderlich beeindruckt. Auf einer Konferenz in Amsterdam, an der auch der ANC teilnahm, wurde beschlossen, bestimmte Künstler vom Kulturboykott zu befreien. Sie werden von der UDF empfohlen, die sich wiederum zuvor «mit der demokratischen Massenbewegung beraten» muß. Nach Ansicht der UDF sollten «progressive» Künstler wie Clegg bei der Arbeit im Ausland eher unterstützt als behindert werden. Diese Entscheidung stellt natürlich den Schwerpunkt des Boykotts nicht in Frage, nämlich ausländische Künstler daran zu hindern, in einem Südafrika zu spielen, in dem die Apartheid noch nicht abgeschafft ist.

Dies bedeutete nicht, daß die Künstler, die an Paul Simons Tournee teilgenommen hatten, jetzt entlastet waren, denn sie hatten niemanden konsultiert, bevor sie Afrika verließen. «Graceland» mag in Soweto vielleicht populär gewesen sein, doch selbst eine Band wie Stimela, die in Simons Show mitgewirkt hatte und bei den südafrikanischen Behörden nicht beliebt war, fürchtete inzwischen den Boykott ihrer eigenen Konzerte daheim.

Die Streitereien um den Kulturboykott waren peinlich, traurig und unnötig. Eine hervorragende Politik hatte Schrammen bekommen, weil sie nicht gründlich genug durchdacht worden war und weil manche, die außerhalb Südafrikas lebten und diese Politik durchzusetzen versuchten, den Wandel in der südafrikanischen Musikszene nicht bemerkt oder sich nicht die Mühe gemacht hatten, mit den Betroffenen zu sprechen. Paul Simon, der zufällig auf Südafrika gestoßen war, ohne zuvor den ANC zu fragen, hatte unabsichtlich ein umfassenderes Problem offengelegt. Seine Karriere kam dadurch zwar wieder in Schwung, für alle anderen jedoch war das Erbe von «Graceland» ein heilloses Durcheinander.

Es war unvorteilhaft, weil Apartheid ein Thema ist, zu dem Popmusiker in der ganzen Welt eindeutig Stellung bezogen haben (auch wenn Status Quo, Black Sabbath und einige andere britische Bands im Herbst 1987 zum Entsetzen der AAA in Sun City spielten). Zur musikalischen

Kampagne gehörten Reggae-Nummern von Bob Marley, Jimmy Cliff und Peter Tosh, Punk-Eruptionen wie Microdisneys Song mit dem subtilen Titel «We Hate You White South African Bastards», oberflächlichere Proteste von Working Week und Latin Quarter, Gospel- und Soulkommentare von den Winans und Jeffrey Osborne und buchstäblich Dutzende von Folk-, Rock- und Popsongs. Im Frühjahr 1988 meldete sich der Anti-Apartheid-Protest mit Eddy Grants «Gimme Hope Jo'Anna» in der britischen Hitparade zurück.

Der Kampf gegen Apartheid ist ein Schlüsselelement in der Geschichte der politischen Popmusik. Man kann den Musikern nicht vorwerfen, nicht für die Songs, die Energie und die den Kampf vorantreibende Wut gesorgt zu haben. Aber welche konkreten Auswirkungen hatten sie? Lieder sind keine Bomben; es ist unmöglich, ihre Einflüsse genau zu beurteilen. Man kann nur auf das Wachstum der Anti-Apartheid-Bewegung in Großbritannien und den fortgesetzten Druck auf die amerikanische Geschäftswelt verweisen, sich aus Südafrika zurückzuziehen. Es sind Zeichen, die darauf hindeuten, daß das öffentliche Bewußtsein über den andauernden Schrecken der Apartheid zumindest nicht geschwunden ist. Musik hat in diesem Prozeß eine bedeutende Rolle gespielt.

8 Rock gegen Thatcher:

«Red Wedge»

Mit Margaret Thatchers Wahlsieg im Jahre 1979 trat etwas ein, das früher undenkbar gewesen wäre: er brachte Popmusiker dazu, sich für eine etablierte politische Partei, nämlich die Labour-Opposition, einzusetzen. Englands politische Sänger – von Ewan MacColl bis hin zu Lennon, den Punks und RAR – hatten sich bisher nur außerhalb des Mehrheitsparteiensystems engagiert. Für amerikanische Musiker mochte es selbstverständlich sein, politische Kandidaten zu unterstützen: Frank Sinatra hatte Franklin D. Roosevelt Rückhalt gegeben, Woody Guthrie und Pete Seeger hatten für Henry Wallace und die Allman Brothers für Jimmy Carter gespielt. Doch etwas Vergleichbares hatte es bis dahin in England nicht gegeben. Die Vorstellung, daß Popstars den Wahlkampf von Wilson, Heath, Thorpe oder Callaghan musikalisch umrahmen könnten, schien grotesk.

Es dauerte eine Weile, bis Margaret Thatcher sich diese musikalische Opposition «verdient» hatte und die Labour-Partei auf die Unterstützung der Musiker zählen konnte. Der angesehene, aber alternde Michael Foot, der die Labour-Partei von James Callaghan übernahm, war bestimmt nicht der Mann, um die Jungwähler für sich zu gewinnen. Außerdem gab es einen Umbruch in der Musik. Ein neuer, glatterer und modebewußterer Pop kündigte den Beginn der Achtziger an. Mit dem Aufkommen der New Romantics fuhren narzißtische Popmusiker auf schicke Klamotten ab. Weiße Soulmusik, coole Post-Bowie-Klons und Synthesizer waren plötzlich in und viele der alten Stars von Rock Against Racism out.

In der frühen Thatcher-Ära schien politischer Pop im Schwinden begriffen, da sowohl RAR als auch der Punk in ihrer Wirkung nachgelassen hatten. Tom Robinson ging, wie er heute zugibt, wohl deshalb schneller unter als die meisten, «weil es eine schmale Grenzlinie zwischen einem zornigen jungen Mann und einem zornigen jungen Langweiler gibt. Wahrscheinlich habe ich sie überschritten.» Er ging nach Berlin und tauchte wenig später mit einer neuen Band namens Sector 27 auf. Nach deren Pleite kehrte er nach Deutschland zurück und lebte eine Zeitlang in der damaligen DDR.

In diesen Jahren machte er ein paar herbe Erfahrungen bezüglich der Rolle eines politisch engagierten Popstars. In den späten Siebzigern war er sehr gefragt gewesen – so trat er beispielsweise bei Benefizkonzerten für Amnesty International auf –, doch als sein kommerzieller Erfolg verblaßte, war es auch mit seiner politischen Popularität vorbei. Und als er dann 1983 mit «War Baby», definitiv keinem Punk, in die Hitlisten zurückkehrte, stellte er mit gewisser Bitterkeit fest, daß er nun auch in der politischen Arena wieder gefragt war.

Andere RAR-Heroen bliesen zum Zapfenstreich auf die neue Regierung. Danach beschlossen sie, die Richtung zu ändern, einen Gang langsamer zu schalten oder sich aufzulösen. Die Bands, deren handwerkliches Können sich auf zwei Akkorde beschränkte, hielten den Druck noch ein, zwei Jahre aufrecht. Die Gruppe Beat kündigte beispielsweise die von den Konservativen geprägten Achtziger mit dem von vornherein aussichtslosen Appell «Stand Down Margaret» (Verzichte, Margaret) an, während die Specials im Laufe des hitzigen Sommers 1981 mit «Ghost Town» an die Spitze der Hitparade kamen, einem jener seltenen beschwörenden Songs, die einen historischen Augenblick auf den Punkt bringen. Als die Arbeitslosenzahlen stiegen und Englands Stadtzentren von Aufständen erschüttert wurden, wurde dieses Lamento über die Schließung von Fabriken und Nachtclubs zur meistverkauften Platte im Land. Es war eher ein Song der Verzweiflung als der Rebellion, und kurze Zeit nach diesem Erfolg löste sich die Band auf. Drei Jahre später tauchte Jerry Dammers mit der Special AKA wieder auf, bevor er sich mit AAA auf den Rassismus im Ausland konzentrierte.

Wenn in der Epoche von Adam Ant und der Human League schon die Twotone-Bands nach und nach scheiterten, so kamen die übriggebliebenen Punks erst recht nicht klar. In ihren Songs und Interviews hielten die Clash ihr linkes Rebellenimage aufrecht, doch hatten sie sich immer weiter von den ursprünglichen hochpolitischen Do-it-yourself-Idealen des Punk entfernt. Peter Jenner, ihr Manager zwischen 1979 und 1981, beklagte sich darüber, daß ihre politischen Äußerungen zu bloßen «Parolen» verkümmert seien. Schuld daran sei die Planlosigkeit ihrer Aktivitäten. Sie wollten zwar einerseits von ihrem Label unabhängig sein, verschuldeten sich andererseits aber immer mehr bei CBS, weil sie schlicht zuviel Geld ausgaben.

Wenn sie auf Tournee gingen, berichtet Jenner, lebten sie wie die Fürsten. Gleichzeitig aber bestanden sie auf niedrigen Eintrittspreisen und «wollten immer noch am Hintereingang die Kids umsonst ins Konzert lassen». Die gleichen verworrenen Vorstellungen von Wirtschaftlichkeit im Rockbusiness entwickelten sie, als es um die Schallplattenaufnahmen ging. Mit «Sandinista!», ihrem Triple-Album zum Sonderpreis, verschuldeten sie sich noch mehr, stießen dabei allerdings auch auf die Kritik, sich bereits wie all die zügellosen Supergruppen der Siebziger zu benehmen, gegen die sie doch aufbegehrt hatten.

Die Clash waren eine aufregende Liveband und natürlich noch immer die geborenen Rebellen. Aber während sie sich allmählich zu einer großen Rockband mauserten, die Stadien füllte, erweckten sie zugleich mehr und mehr den Eindruck, ihre Handlungen oder die Richtung, in die sie steuerten, nie wirklich durchdacht zu haben. Trotz all ihrer linken Parolen und Posen gab es zwangsläufig einen Widerspruch zwischen dem politischen Anspruch der Gruppe und ihrem erklärten Ziel, «die beste Band der Welt» zu sein. «Hier gibt's anscheinend eine Menge Widersprüche», gibt Joe Strummer zu, «aber wir hatten noch immer das Bedürfnis, am Ball zu bleiben.»

Die Clash hauten also rein, und wenngleich sie nicht die beste Band der Welt wurden, eroberten sie doch zumindest die USA. Das Album «Combat Rock» drang bis in die US-Top Ten vor und wurde mit Platin ausgezeichnet. Im Herbst 1982 eröffnete die Band das New Yorker Abschiedskonzert der Who im riesigen Shea-Stadion. Es hätte ein triumphaler Erfolg sein können; statt dessen stellte sich beim Zuhören das Gefühl ein, hier werde das Ende einer Ära eingeläutet, als die alten Helden des Punk eine öde Melange aus Rock, Blues und Reggae für das Massenpublikum fabrizierten und dabei zahmer klangen als die Hauptattraktion, die Veteranen einer älteren Generation.

Als Mick Jones im darauffolgenden Jahr aus der Band flog, verloren die Clash eines ihrer Gründungsmitglieder. «Politische Differenzen» hätten zu diesem Schritt geführt, hieß es damals, doch heute sagt Strummer, Bernie Rhodes, der Manager der Band, sei dafür verantwortlich gewesen.

«Die beiden kamen nicht miteinander klar», schrieb Strummer in seinem Brief an mich. «Bernie machte deutlich: entweder er oder ich.» Als 1985 die letzte Clash-LP *Cut the Crap* erschien, wurden alle Songs Strummer und Rhodes zugeschrieben, aber die Nummern, die noch einmal britische Verzweiflung aufwärmten, waren nichts als ein schwacher Abglanz der früheren Leistungen der Band, und das dämliche «Clash Communiqué» auf der Platteninnenhülle setzte allem noch die Krone auf: «Weise MÄNNER und Kids von der Straße sind ein GROSSARTIGES TEAM... aber kann das alte System ZERSCHLAGEN werden?... nein, nicht ohne EURE Mitwirkung... RADIKALE gesellschaftliche Taten beginnen auf der STRASSE!! ... sucht ihr also ein wenig ACTION... dann LASST DEN SCHEISS und zeigt euch DRAUSSEN.»

Das war pseudorevolutionäre Pose schlimmster Couleur. Strummer gibt heute zu: «Bernie hat es geschrieben... mir war sowohl das ‹Communiqué›, als auch der Plattentitel egal.» Als die Clash schließlich auseinanderbrachen, wanderte er ab, um wieder Songs mit Mick Jones (mittlerweile bei Big Audio Dynamite) zu schreiben und sich einer zweiten Karriere als Filmschauspieler zu widmen. Was hatten er und die Clash letztendlich erreicht? «Vielleicht hatten wir etwas Einfluß auf die, die sich die Mühe machten zuzuhören», schrieb er. In dieser Hinsicht hatten sie tatsächlich Erfolg: vom Labour-Anhänger Billy Bragg bis zu den Redskins, den Skinheadfans der Socialist Worker's Party – sie beeinflußten eine ganz neue Sängergeneration. Strummer kann sich auch einen ganz direkten Einfluß zugute halten: in den modebewußten Tagen der frühen Achtziger, als keiner wußte, wo es lang ging, hatte er einem Punk-Idol, das er früher wegen Unterstützung der Konservativen angegriffen hatte, den Anstoß gegeben, seine politischen Ansichten zu ändern.

Paul Weller war ein einflußreicher junger Mann. Er war mit seinem frischen, aggressiven Trio Jam aus der Punkära hervorgegangen. Als sich die Band im Dezember 1982 auflöste, hatte sie in England zwanzig Hits gelandet, darunter vier, die Spitzenreiter der Charts geworden waren. Von der frühen, eher diffusen Wut von «Bricks and Mortar» bis zu anspruchsvolleren Songs wie «Eton Rifles» und «Little Boy Soldiers» hatte Weller seine knappen Postpunk-Balladen als Vehikel für Texte verwendet, die sich nicht nur mit Jugendlichen im allgemeinen, sondern mit britischen Jugendlichen aus der Arbeiterschicht befaßten.

Wie ein Jahrzehnt zuvor Townshend, wurde auch er als «Wortführer seiner Generation» bezeichnet, und das Image dieser eigensinnigen Gestalt aus Woking im Süden Englands ändertes sich allmählich. Zunächst hatte er den Eindruck erweckt, ein schwerfälliger, arroganter Emporkömmling zu sein, der in der Fernsehwelt unbeliebt war wegen seiner Angewohnheit, Journalisten anzuspucken. Als die Jam sich auflöste und er sich mit seiner neuen Band Style Council anspruchsvolleren lateinamerikanischen Stilen und dem Soul zuwandte, wurde er umgänglicher und entwickelte einen für ihn ganz ungewohnten Charme, der zu seinem neuen Haarschnitt paßte. Außerdem hatte er einen Brennpunkt für seine Wut gefunden. Anfangs argwöhnisch beäugt von denen, die ihn rechtsgerichteter Neigungen in den frühen Tagen der Jam bezichtigt hatten, bewegte er sich jetzt rasch nach links.

Da Popmusik (speziell in England) die zynischste aller Kunstformen ist, gab es Leute, die ihm unterstellten, dies sei bloß eine neue Mode und eine weitere Pose. Sollte das zutreffen, dann hielt Weller diese Pose jedenfalls durch (obwohl sie ihm wahrscheinlich nicht beim Plattenverkauf half): von dem Tag im Jahre 1981 an, als er plötzlich bei einer Anti-Atomkraft-Demonstration auf einem Floß am Londoner Themseufer auftauchte, bis zu seinen Auftritten für die Labour Partei im Laufe des Wahlkampfes von 1987. Nebenbei trat er bei vielen weiteren Anlässen auf, die nun wirklich nichts mit modischem Schick zu tun hatten.

Paul Weller berichtet, er sei beeinflußt worden, «als ich die Clash sah und mit Joe Strummer sprach», aber sein erstes Engagement für organisierte politische Bewegungen war seine für viele so unerwartete Unterstützung der Campaign For Nuclear Disarmament (CND; Kampagne für atomare Abrüstung), die eng mit der musikalischen Protestszene im England der späten fünfziger und frühen sechziger Jahre verbunden gewesen war. Aber die Musiker, die die Aldermaston-Demonstranten angespornt hatten, waren Folksänger, Skiffler und Traditional-Jazzer gewesen, die mit ihren Wollmützen, Cordjacken und Bärten nicht gerade zu einem jugendlichen Image der Bewegung beigetragen hatten.

1981 änderte sich dieses Image mit der «Wiedergeburt» der CND zumindest ein wenig. Englands Anti-Atom-Lobbyisten waren über die Veränderungen in der Verteidigungspolitik, die der Wahl der neuen konservativen Regierung folgten, beunruhigt. Insbesondere ging es um Pläne, amerikanische Marschflugkörper in Großbritannien und anderen europäischen NATO-Ländern zu stationieren. Vor den Toren von Greenham Common und später dann von Molesworth – Luftwaffen-stützpunkte, wo die Raketen aufgestellt werden sollten – entstanden «Friedenszeltlager», und die Mitgliederzahl der CND begann drastisch zu steigen.

Die CND-Jugendorganisation (YCND) wuchs besonders rasch, und zwei Jahre später wurde behauptet, es gäbe mehr als dreihundert YCND-Gruppen in ganz Großbritannien, die Mitgliederzahl sei von zweitausend auf achttausend angestiegen und es würden sich fünfhundert Leute im Monat um die Aufnahme bewerben. Popmusik spielte in diesem Prozeß eine wichtige Rolle.

Die «neue» CND trat mit zwei Popereignissen in Erscheinung: einem Album und einem Konzert. Die LP «Life in the European Theatre» kam auf dem großen Label WEA heraus und bestand aus dreizehn Nummern führender britischer Künstler, von den Clash bis zu den Specials, den Beat, Peter Gabriel, Madness und sogar den Stranglers (die später be-schlossen, die CND doch nicht zu unterstützen). Der Historiker und Anti-Atom-Veteran E. P. Thompson und Roger Deakin von der Um-weltorganisation Friends of the Earth schrieben die Texte für das Platten-cover, heftige Attaken gegen Atomwaffen und Atomenergie. Ein unge-wöhnliches Ereignis für die britische Musikszene: Popstars verkauften ein politisches Programm und sammelten Geld, um politischen Einfluß zu nehmen.

Auf der Worthy Farm in der Nähe des kleinen Dorfes Pilton im Bezirk Somerset im Westen Englands fand eine weitere Entwicklung statt. 1970 war hier ein kleines Festival über die Bühne gegangen, als der Bauer Michael Eavis Marc Bolans Band T. Rex und 2500 Hippies eingeladen hatte, auf sein Grundstück zu kommen, das nur wenige Meilen von Gla-stonbury Tor entfernt lag. Im Laufe der siebziger Jahre wurden dort hin und wieder weitere Konzerte veranstaltet, doch waren die Glastonbury Festivals bis zu jenem Tag im Frühjahr 1981, als Eavis ein CND-Treffen in der Aula der Dorfschule besuchte, nur zweitrangige Hippie-Revivals. Eavis schlug nun vor, regelmäßig Festivals auf seinem Gelände zu veran-stalten, um Spenden für die Kampagne zu sammeln. Obwohl die CND anfangs skeptisch war, vereinbarte man schließlich, daß er die Musik organisieren und die CND die Publicity und den Kartenverkauf überneh-men sollte. An der Spitze der riesigen pyramidenförmigen, in die Landschaft von Somerset gebauten Bühne wurde ein CND-Symbol angebracht. Auf dem Programm für das erste Konzert standen die Reggaeband Aswad, Hawkwind, die Lieblingsband der Hippies, und der Bluesmusiker Taj Mahal. Die hocherfreute CND konnte hinterher über 20000 Pfund in Empfang nehmen.

So begann eine Serie jährlicher Festivals, die an einem langen Mittsommernachtswochenende bis zu 60000 Menschen anzogen und zur größten einzelnen Einnahmequelle der CND wurden. Innerhalb von drei Jahren erhielt die CND mehr als 100000 Pfund aus einer Veranstaltung, die trotz der typisch englischen Widrigkeiten wie Regen und Schlamm eine ungewöhnliche Palette von Musikern präsentierte – von afrikanischen Bands bis zu Folk, Blues und Rock. Alle auftretenden Künstler bekamen ein Honorar, doch gleich von Anfang an entschlossen sich manche Musiker zu einer der besonderen Bedeutung dieses Festivals angemessenen Sonderregelung. 1982 verlangte Van Morrison nur die Hälfte seines üblichen Honorars, und Jackson Browne trat gratis auf.

Dadurch ermutigt, warb die CND im folgenden Jahr für ihr eigenes Festival in London. Die Hauptattraktion sollte Paul Weller sein, ihr prominentester Bekehrter, und der Einstand von Wellers Style Council war eines der interessantesten musikalischen Happenings des Jahres 1983, wenn es auch nicht so ablief, wie man es von einem Superstar hätte erwarten können. Die Band spielte bei einem CND-Konzert in Liverpool, und ihr erster Auftritt in London fand am 7. Mai auf dem CND-Friedensfestival im Brockwell Park von Brixton statt; ein Ereignis, das durch die Randale von Punks getrübt wurde, die die Frauen vom Friedenszeltlager Greenham Common mit Schlamm bewarfen.

Der Style Council sang nur zwei Stücke, eine Soulballade und eine Nummer, die deutlich den krassen Wandel in Wellers Denken zum Ausdruck brachte, eine Funk-Version von «Money-Go-Round», die sich erheblich von dem witzigen, zynischen Song der Kinks mit dem gleichen Titel unterschied. Das Lied – es war gerade als Single erschienen (deren Einnahmen der CND zuflossen) – befaßt sich mit der finanziellen Misere und der militärischen Lage Großbritanniens und stellt die Frage, warum es keinen Volksentscheid über US-Stützpunkte, Raketen und «die wichtigen Angelegenheiten, die unser Leben beeinflussen» gegeben habe.

Die CND bekam starke Unterstützung von der Popmusik zu einem Zeitpunkt, als atomare Abrüstung sich in England als Politik der Labour-

Partei etabliert und darüber hinaus die Unterstützung vieler junger Liberaler gewonnen hatte. Doch auch die politische Popmusik profitierte davon. Jetzt, wo es Rock Against Racism nicht mehr gab, schuf die CND ein Forum, wo Musik und Protest gemeinsam fortbestehen konnten (ein Prozeß, der in den achtziger Jahren anhielt). Die Popmusik bewies weiterhin, daß ihr eine politische Rolle zukam, selbst als die Hitparade mit der Musik von Duran Duran und Culture Club verstopft war.

Die CND und ihre Musiker versuchten, die öffentliche Meinung gegen die Verteidigungspolitik der Konservativen zu beeinflussen, doch waren noch andere Kräfte am Werk. Im Sommer 1982 wurde Großbritannien nach der erfolgreichen Rückeroberung der Falklandinseln aus den Händen der argentinischen Invasionsarmee von einer euphorischen Siegesstimmung überwältigt. Elvis Costellos subtiles «Shipbuilding», das er für Robert Wyatt schrieb, «während ich im Fernsehen beobachtete, wie Menschen in Stücke gerissen wurden», war einer der wenigen Songs, die Ökonomie und Moral hinter der Falklandeuphorie in Frage stellten.

Die Stimmung hielt bis zu den Landeswahlen von 1983 an und setzte sich über jegliche Angst vor Arbeitslosigkeit und Sorge um Ausbildungsplätze oder den Zustand des Gesundheitswesens hinweg – Faktoren, die sonst die Chancen der Konservativen hätten beeinträchtigen können. Mrs. Thatcher war jetzt anscheinend nicht mehr aufzuhalten. Mit einer Veranstaltung für Jugendliche machte sie sogar das Rennen bei der Jagd auf die Stimmen der Jungwähler. Eine Reihe Prominenter erschien unter einem Banner mit dem fragwürdigen Slogan «Englands Jugend – stark und unabhängig». Die Labour Partei verglich dies mit Nazi-Propaganda, aber das half nicht viel. Das Wahlergebnis überraschte niemanden: eine vernichtende Niederlage für Michael Foot und die Labour-Partei und ein haushoher Sieg für die Konservativen mit Margaret Thatcher an der Spitze.

Nur zwei Jahre später schien sich alles verändert zu haben. Es sah ganz so aus, als steuerte die Labour-Partei auf eine Wiederbelebung zu, und das hatte sie zu einem großen Teil der Unterstützung junger Leute zu verdanken. Die Partei hatte in Neil Kinnock einen neuen, jungen Führer gefunden, der nicht nur zu der Generation gehörte, die mit Rock 'n' Roll aufgewachsen war, sondern der diese Musik auch tatsächlich mochte. Es schien, als könnte er sich als sehr attraktiv für Jungwähler erweisen und als könnte Popmusik zu einem radikalen Imagewandel und zur Schicksalswende der Partei beitragen. Es kam nicht das dabei heraus, was sich die Labour-Partei erhofft hatte, doch hielten die Popmusiker jetzt auf nie zuvor gekannte Weise Einzug in die etablierte britische Volksparteienpolitik.

Um die Mittagszeit eines eiskalten Februartages des Jahres 1985 standen ein paar Prominente auf dem Bürgersteig der Whitehall in der Nähe einer Absperrung beieinander, die die Einfahrt zur Downing Street markierte, wo Polizisten vor dem Büro der Premierministerin im Haus Nummer zehn Wache schoben. Zu der Gruppe gehörte Paul Weller in gepflegten Jeans, Schal und weißem Mantel, begleitet von Mick Talbot, dem Mitbegründer von Style Council. Es hatte sich noch ein weiterer Sänger mit strengem Kurzhaarschnitt, grüner Steppjacke und nicht ganz so makellosen Jeans zu ihnen gesellt: Billy Bragg, der in den letzten Jahren als eigentümliche Mischung aus Punk- und Folk-Protestsänger in Erscheinung getreten war und der zu dem britischen Künstler werden sollte, den man am meisten mit der Wiederbelebung der Labour-Partei identifiziert.

Was diese kleine Abordnung auszeichnete, war ihr Vorhaben. Die Musiker waren nicht etwa gekommen, um wegen Südafrika, zugunsten der CND oder gar im Namen der britischen Bergarbeiter zu demonstrieren, deren jahrelanger Streik gerade zu Ende ging. Weller und Bragg hatten sich zwar beide aktiv mit diesen Problemen auseinandergesetzt, an diesem Tag jedoch überreichten sie eine Petition, die Kritik an einem speziellen Gesetzesentwurf übte, an einer Formulierung, die es, wie sie meinten, zuließe, daß allen Sechzehn- und Siebzehnjährigen, die einen Platz im Jugendausbildungsprogramm ablehnten, der Anspruch auf Sozialhilfe verweigert werden könnte. Die Kampagne war von der Jugendorganisation einer großen Gewerkschaft organisiert worden, die behauptete, das Jugendausbildungsprogramm führe zu «industrieller Pflichtarbeit» für eine Viertelmillion Jugendlicher, die als billige Arbeitskräfte in eine «Teenager-Werkstatt» hineingezwungen würden, ein Trick, um die Arbeitslosenzahlen künstlich niedrig zu halten.

Als die Petition zur Downing Street gebracht wurde, hatte eine bemerkenswerte Zahl Prominenter sie unterschrieben, neben vielen anderen Weller und Bragg, Madness, Alison Moyet und sogar die Mitglieder von Frankie Goes to Hollywood, die gerade in die Hitparaden drängten.

«Höchste Zeit, den Winterpalast zu stürmen», sagte Bragg, als die Delegation die Downing Street hinaufging, um im Haus Nummer zehn die Petition zu überreichen.

Es war keine große Aktion, doch wurde sie immerhin als so kurios betrachtet, daß sie in die abendlichen Fernsehnachrichten gelangte. Nach dieser ersten Begegnung britischer Popmusiker mit dem politischen Establishment wurde direkt gegenüber vom Parlament, am anderen Flußufer, ein Gratiskonzert veranstaltet. Dort war eine kleine Bühne aufgebaut, geschmückt mit einer Karikatur von Maggie Thatcher. Ständig fuhren Delegationen über die Themse zum Parlament, um den Abgeordneten Druck zu machen. Unter den Rednern auf der Bühne befanden sich streikende Bergarbeiter, Parlamentsmitglieder und Ken Livingstone, der Labour-Fraktionsführer des Greater London Council, den Mrs. Thatcher gerade auflösen wollte.

Für die Musik sorgten Reggaebands und Paul Weller. Bei Curtis Mayfields Stück «Move on up», einem Hit aus den frühen Siebzigern, der inzwischen eine Hymne der Achtziger geworden war, kam Billy Bragg dazu.

Gegen Ende der Kundgebung trat Billy Bragg selbst auf. Es war inzwischen eisig kalt geworden, und die roten Fahnen wie die zur Beobachtung abgestellten Polizeibeamten sahen gleichermaßen einsam und verlassen aus. Bragg ließ sich davon nicht beirren. Ohne Begleitband, nur mit seiner elektrischen Gitarre bewaffnet, schmetterte er seine Liebeslieder wie «New England» (ein Top Ten-Hit für Kirsty MacColl). Es folgten eine Attacke gegen die rechte Presse mit «It Says Here» und ein Song über die Konsumgesellschaft: «The Busy Girl Buys Beauty». Sein Stil vereinte die Traditionen akustischer Musik wie der von Ewan MacColl, Pete Seeger oder Woody Guthrie mit der Leidenschaft und Energie eines Punk: eindeutig Joe Strummers Einfluß.

An diesem kalten Nachmittag am Ufer der Themse demonstrierte Billy Bragg, daß man auch in diesen Zeiten Folk und Rock noch miteinander verbinden konnte, zum Beispiel mit seiner über den Verstärker ganz ungewohnt klingenden Version von «World Turned Upside Down», jenes bewegenden Stückes des Liedermachers Leon Rosselson, in dem es um das für Popmusik ungewöhnliche Thema der Diggers geht, der frühen Kommunisten des 17. Jahrhunderts. Danach sang er «Which Side Are You on?», einen Song über einen amerikanischen Bergarbeiterstreik, und ein eigenes Stück, das seine erste Hitsingle wurde: «Between the Wars», eine beschwörende Ballade, die seine Sympathie zu den Gewerkschaften ausdrückt, die Achtziger mit der entbehrungsreichen Zeit der Wiederbewaffnung in den dreißiger Jahren vergleicht und mit den Zeilen endet:

> Sweet moderation, heart of this nation
> Desert us not, we are between the wars. *

Bevor sich Billy Bragg der politischen Szene zuwandte, hatte er bei seinem Vater, einem Baustoffhändler in Barking im Osten Londons, als Angestellter und Bote gearbeitet und war sogar in die Armee eingetreten (aus der er sich nach neunzig Tagen freikaufte). Ende der siebziger Jahre – er war politisch so desinteressiert, daß er sich nicht einmal die Mühe machte, in der entscheidenden Wahl von 1979 seine Stimme abzugeben – spielte er bei Riff Raff, einer Pub-Rockband, und wurde Punkfan: «Ich war naiv. Ich habe wirklich geglaubt, daß sich die Welt verändert, wenn ich Platten von den Clash kaufe!» Seine Einstellung wandelte sich, als er den Zusammenbruch des Wohlfahrtsstaates, die zwangsweise Schließung von Schulen und Krankenhäusern und die Zunahme der Arbeitslosigkeit erlebte. Er kam zu dem Schluß: «Gute Popmusik sollte ein Spiegelbild der Zeit sein und nicht von den Ereignissen ablenken.» Und er fügte hinzu: «Ich bin nicht gerade ein besonders politischer Songschreiber. Ich fände es sogar schrecklich, wenn all meine Stücke politisch wären. Doch kann ich so die Ideen des jungen Bill Bragg ausdrücken, Ideen nämlich, die nicht unbedingt in der Zeitung stehen. Ich kann die Probleme der Welt nicht lösen und will auch keine Predigten halten. Aber man kann doch wenigstens die Ansichten anderer Leute in Frage stellen und eine Alternative anbieten».

Billy bot nicht allein deshalb eine Alternative an, weil er Mrs. Thatcher nicht mochte und einen trügerisch unbeschwerten Song geschrieben hatte, der in Wirklichkeit eine gepfefferte Kritik am Falklandkrieg darstellte. Er hatte obendrein Schallplattenfirmen aus der Fassung gebracht, indem er ihre Gewinnspannen in Frage stellte. Meistens zeigen die Bosse

---

* Geliebtes Maßhalten, Herz dieser Nation / Laß uns nicht im Stich, denn wir befinden uns zwischen den Kriegen.

von Plattenfirmen ein auffälliges Desinteresse an den Texten ihrer Künstler, solange sie nur genug Platten umsetzen und Geld einbringen.

Zweifellos: Braggs Platten verkauften sich gut, und diese «kleine, billige, höchst bewegliche Entität», nur mit einer elektrischen Gitarre und einem kleinen tragbaren Verstärker ausgerüstet, war im Jahr von Wham!, Prince und Frankie Goes to Hollywood überaus erfolgreich. Doch blieb er seiner «So billig wie möglich»-Haltung gegenüber dem Leben und der Kunst treu, indem er auf seine LP «Brewing up with Billy Bragg» die Empfehlung drucken ließ, diese Platte solle «nicht mehr als £ 2,99» kosten. Die Plattenhändler reagierten sauer, das Album wurde boykottiert. «Wenn jemand einen Song schreiben würde, in dem es heißt: ‹Knallt die Königin ab›, würde sich niemand drum kümmern», kommentierte Bragg, «aber wenn es um ihre Profite geht, kriegen sie's mit der Angst.»

Seine politischen Ansichten wurden von seinen eigenen praktischen Erfahrungen geprägt. Ein Erlebnis, das tiefgreifende Wirkung auf ihn hatte, war sein Engagement für den Bergarbeiterstreik, der inzwischen zu Ende ging.

Er hatte 358 Tage gedauert und vierzehn Tote (einer von ihnen galt offiziell als ermordet), fast zehntausend Verhaftete, Tausende von Verletzten unter Bergarbeitern und Polizisten und den britischen Steuerzahler mehr als sieben Milliarden Pfund gekostet. Dieser Streit um die Stillegung von Gruben und die Zukunft der Bergarbeitersiedlungen wurde von einem großen Teil der Medien und der Öffentlichkeit schlicht als Machtkampf betrachtet, der zwischen dem Bergarbeiterführer Arthur Scargill, einem linken Hardliner, und Margaret Thatcher, der Befürworterin der freien Marktwirtschaft, entbrannt war. Die Medien spiegelten vorwiegend die ablehnende Haltung der Öffentlichkeit gegenüber den Bergarbeitern wider, insbesondere als die Bitterkeit und Gewalt zunahmen. Dennoch gewannen die Streikenden die Unterstützung der Popmusiker.

Ein unerwartetes Bündnis hatte sich da im Laufe des Jahres entwickelt, eine durch Dutzende von Popkonzerten in kleinen Gemeindezentren, Dorfsälen, Konzerthallen und Theatern geschaffene Allianz. Nebenher wurden auch noch Benefizplatten produziert – erwartungsgemäß natürlich von Folkkünstlern wie Ewan MacColl, aber darüber hinaus auch von Post-Punktruppen wie den Mekons, den Redskins und den Poison Girls, von experimentellen Bands wie dem Test Department und selbst von etablierten Popstars wie den Flying Pickets, Alan Hull, Junior Giscombe, Style Council und selbstverständlich Billy Bragg.

Braggs Manager war kein anderer als Peter Jenner, der Veteran der Gratiskonzerte der Sechziger, der Hippieära und der abenteuerlichen Experimente mit Ian Dury und den Clash in den siebziger Jahren. In seinen Augen war der Bergarbeiterstreik Ausdruck eines grundlegenden Gesinnungswandels. «Bis Mrs. Thatcher kam, nahm man allgemein an, der gesunde Menschenverstand werde immer alle Probleme lösen. Sie aber hat Großbritannien verändert, indem sie die Diskussion ideologisierte und so jedermanns politisches Bewußtsein schärfte. Dies hat zu der außergewöhnlichen Situation geführt, die wir jetzt haben – Popmusiker hocken zusammen, reden über Sozialismus und diskutieren darüber, ob die Labour Party oder die Socialist Workers auf dem richtigen Weg sind!»

Der Bergarbeiterstreik war ein wichtiger Katalysator, denn er führte dazu, daß viele junge Musiker ihre Ansichten über die Rolle der Gewerkschaften änderten. Bis zu den achtziger Jahren waren die Gewerkschaften von den Punks und anderen rebellierenden Musikgruppen schlicht als Teil des Establishments betrachtet worden – schließlich war die Musikergewerkschaft ein reaktionärer Haufen.

Jetzt hingegen gingen die Musiker hinaus zu den Streikpostenketten und Bergarbeitersiedlungen. Jenner: «Sie kriegten Kontakt zur Gewerkschaftsbasis. Für Billys politische Entwicklung war das zweifellos wichtig.» Bragg tourte durchs ganze Land, um Geld für die Bergarbeiter aufzutreiben. Das Konzert, an das er sich am besten erinnert, fand im September 1984 im «Bunker», einem kleinen Club in Sutherland, statt. «Dort war eine bunt gewürfelte Gesellschaft versammelt. Für mich endete es schließlich damit, daß ich mit den Bergarbeitern über ihre Streikerfahrungen sprach und mir Gewerkschaftsvideos ansah. Es löste sehr viel bei mir aus. Viele Bands kommen her, geben Benefizkonzerte und werden dann einfach durch Gespräche mit den Leuten politisiert.»

Veranstaltungen wie diese waren in mancherlei Hinsicht wichtiger als die Benefizkonzerte im großen Stil, die New Order, Aztec Camera und sogar Wham! präsentierten. Wenn die kleinen Konzerte in Diskussionen endeten, fielen manchmal die Schranken, die erfolgreiche Sänger gewöhnlich von ihrem Publikum trennen. Häufig mußten beide Seiten ihre Einstellung neu überdenken.

Eine der bekannteren Bands, die bei den Streikenden auftauchten, war die Gruppe mit dem passenden Namen Flying Pickets (Fliegende Streikposten). Als erste britische Gruppe, die mit einem A-cappella-Song («Only You») Platz eins der Charts erreicht hatte, war ihnen bereits eine Ehrentribüne in der Geschichte der britischen Popmusik sicher. Die Mitglieder der Band hatten eigentlich als Schauspieler bei einer linken Theatergruppe namens 7:84 angefangen (sie hatten sich so genannt, weil – jedenfalls im Gründungsjahr 1974 – sieben Prozent der Bevölkerung 84 Prozent des Gesamtvermögens besaßen). Allesamt waren sie im «One Big Blow» aufgetreten, einem Musical über eine Bergarbeiterblaskapelle.

Die Flying Pickets traten für die Bergarbeiter in Südwales und in Yorkshire auf, wo sie sich den echten Streikposten beim Snathe-Kraftwerk anschlossen. Auch luden sie streikende Bergarbeiter in das Londoner Haus ein, in dem zwei Bandmitglieder lebten. Das Ergebnis war, so der Sänger Red Stripe, ein Kulturschock nach dem anderen. Bergarbeiter aus den walisischen Tälern begegneten auf einmal Frauen mit rosa Haaren im Irokesenschnitt, die fluchten, sie als Sexisten beschimpften und auf Gleichberechtigung pochten. Die Bergleute waren «schockiert» über ihre «Mäzene», und deren Haltung veränderte sich ebenfalls. Eines der bemerkenswertesten Ergebnisse des Streiks waren die Benefizkonzerte einer Schwulenband für die Bergarbeiter. Später revanchierte sich die Bergarbeitergewerkschaft, indem sie «aus Solidarität» eine Abordnung zu einer «Gay Pride»-Demonstration schickte.

Diese neuen und unerwarteten Verbindungen waren nicht ungefährlich, und laut Red Stripe scheint das politische Engagement der Karriere der Band geschadet zu haben. Zwei führende britische Plattenläden, behauptet er, hätten keine Platten mehr von den Flying Pickets bestellt, nachdem bekanntgeworden sei, daß sie die Bergarbeiter unterstützten. «Sie nahmen unsere Single ‹Who's That Girl› nicht an, und die LP verkauften sie nur, wenn sie zuvor bestellt worden war.» Auch sei die Single (die ein Flop wurde) mysteriöserweise selten im Radio gespielt worden, «vielleicht weil wir früher mal T-Shirts mit Karl Marx vorne drauf und Exemplare des ‹Kleinen Roten Schulbuchs› in einer Kinderfernsehsendung verschenkt haben und deshalb Ärger mit den Medien kriegten!»

Selbst Superstar Sting nahm sich in behutsamer Form den Klagen der Bergarbeiter an. Auf seiner ersten Solo-LP, «The Dream of the Blue Turtles», die nach Beendigung des Streiks erschien, befand sich auch das

Stück «We Work the Black Seam Together». Es war kein Lied zugunsten ihrer Aktion, doch stellte es die Politik der Regierung in Frage («Your economic theory makes no sense»), betrachtete den Streik unter humanitären Aspekten und stellte Kohle als Ersatz für Atomenergie zur Diskussion. Für einen Popsong war das ein mutiges Thema, und Sting hatte damit großen Erfolg.

Paul Wellers musikalischer Beitrag zum Streik war zwangsläufig politisch weitaus direkter und kam in Form einer Benefiz-Single heraus. Sie hieß «Soul Deep» und wurde von einer Band eingespielt, die er Council Collective nannte und zu der außer ihm Mick Talbot und viele Sänger gehörten, darunter D. C. Lee, der kampferprobte Jimmy Ruffin und der schwarze britische Star Junior Giscombe. Die Platte war nicht gerade Wellers größte musikalische Leistung – zu einem hämmernden, mit elektronischer Percussion aufgemotzten Tanzbeat sang er Verse wie: «Gehörst du zur Arbeiterschicht, ist es auch dein Kampf.»

Die B-Seite der Maxi-Version bestand aus einem umfangreichen Interview mit einer Gruppe streikender Bergarbeiter aus Nottingham, wo viele Männer die Arbeit wieder aufgenommen hatten. In dem Gespräch gingen sie auf einige der kritischen Streitpunkte ein: Warum kämpften die Bergleute um den Fortbestand einer Grube, die als «unrentabel» aufgegeben worden war, und warum hatte es vor Streikbeginn keine Abstimmung gegeben?

Niemand kann sagen, wie viele sich diese B-Seite angehört haben, doch der Song auf der A-Seite mit dem Untertitel «A Lesson in History» bekam etwas Publicity, wenn auch nicht so viel, wie es Weller sonst gewohnt war. Die Rundfunkstationen «ignorierten ihn auf die stille Art, die wesentlich effektiver ist als ein Boykott». Trotzdem spielte er ihn mit seiner Band in *Top of the Pops*, der größten britischen TV-Musikshow, wenngleich Weller gerade darin ein Anzeichen sieht, daß «die Musikindustrie sich nicht um Politik kümmert. Es berührt sie nicht. Deren einziges Ziel ist es doch, Platten zu verkaufen. Man erleichtert ihnen das Leben, wenn man Mädchen und Autos besingt.»

Das hätte auch ihm das Leben erleichtert und ihn vor dem unvermeidlichen kritischen Hinweis auf jenen merkwürdigen Widerspruch bewahrt, daß ein stinkreicher und modebewußter Popstar in seinen Songs das politische und wirtschaftliche System kritisiere, von dem er doch eindeutig profitiere. Im Frühjahr 1985 saß er im Studio seines noblen Hauses am Rand des Londoner Hyde Park und erklärte seine Aktivitäten. «Es ist viel schwieriger geworden als damals in den sechziger Jahren. Jeder muß sein Verantwortungsbewußtsein zeigen und sich, in welcher Form auch immer, engagieren. Wie die meisten Kids, die von der Schule kommen, hatte ich überhaupt keine Ahnung von Politik. Als mir dann aber einiges bewußter wurde, habe ich versucht, dies in meinen Songs auszudrücken. Bestenfalls predige ich wahrscheinlich für die ohnehin schon Bekehrten, aber es besteht immer die Chance, Leuten zu begegnen, die noch keine festen Ansichten haben – denen kann ich Impulse geben.»

Sein überzeugendstes Unternehmen startete er ein paar Monate später mit «My Favourite Shop», der dritten LP von Style Council. Weller und Talbot sehen zwar auf dem Cover wie zwei herausgeputzte Wichtigtuer aus, aber die Musik stimmte. Es war den beiden gelungen, zornige politische Texte zu eleganten Funk-, Soul- und Latin-Rhythmen zu schreiben, eine Mixtur, die ideal in den zeitgenössischen Popmarkt paßte. Neun der vierzehn Stücke sagten etwas über politische oder gesellschaftliche Zustände aus – von verunglückten Versen wie «Sie begreifen nur, wenn sie in die Enge getrieben werden» bis hin zu subtilen Geschichten von der tödlichen Macht des Geldes oder stillgelegten Bergbausiedlungen.

Als der Bergarbeiterstreik vorbei war, fand ein bemerkenswertes Konzert statt, das bewies, wie stark die Verbindungen zwischen Bergarbeitern und einigen Musikern inzwischen waren und wie emotional beide Seiten ihr unvorhergesehenes Bündnis sahen.

Die Logan Hall ist eine moderne, ziemlich charakterlose studentische Einrichtung im Londoner Stadtteil Bloomsbury. Am 9. März 1985, nur vier Tage, nachdem die Bergarbeiter in den meisten Gruben des Landes die Arbeit wieder aufgenommen hatten, weil sie gezwungen worden waren, den Streik zu beenden, fand dort ein Benefizkonzert statt, das die radikale Stimmung im britischen Pop zum Ausdruck brachte. Es war ein erinnerungswürdiger Abend: einerseits als politische Veranstaltung, bei der sich Studenten und Bergarbeiter gegenseitig aufmunterten, und andererseits als musikalisches Ereignis, das eine bizarre Mischung verschiedener Stile bot.

Ein walisischer Chor, vierzig stämmige Männer in Smokingjacken und Fliegen, trug Lieder vor, die ein Studentenpublikum normalerweise in die Flucht getrieben hätte. Sie sangen «Solitaire», Shownummern wie «Some Enchanted Evening» und ähnlich angestaubte Schlager, die man wahrscheinlich samstagsabends in den walisischen Tälern gern hörte. Zum Schluß hielt der Chorleiter, der gerade das Scheitern des Streiks erlebt hatte, eine ergreifende Rede. Der Streik, sagte er, sei «das stolzeste Jahr meines Lebens» gewesen; er bat um Spenden für Lebensmittelpakete, die noch immer dringend benötigt wurden, und schloß mit dem Satz: «Wir müssen Frau Thatcher dankbar sein, daß sie Leute wie euch und uns zusammengebracht hat – solange wir füreinander da sind, werden wir nie verlieren.»

Nach dem Chor kam Billy Bragg auf die Bühne. Sein Auftritt endete mit der Premiere eines Songs, den er gerade erst auf dem Weg in die Halle zu Ende geschrieben hatte. «Days Like These» handelt vom Falklandkrieg und vom anhaltenden Streit über die Versenkung des argentinischen Zerstörers «General Belgrano»; es geht in dem Stück auch um Bürgerrechte und das illegale Abhören von Telefongesprächen, und am Ende heißt es: «Buttons zu tragen genügt in solchen Zeiten nicht». Das Publikum konnte es in diesem Augenblick noch nicht wissen, aber es war ein deutlicher Hinweis darauf, daß bald eine neue musikalisch-politische Initiative gegründet werden sollte.

Das Konzert endete mit einem der interessantesten Sänger und Songschreiber Großbritanniens, Elvis Costello, der mit seinen Attractions auftrat und eine ganze Palette neuer Stücke vorstellte, die später auf der LP «King of America» erschienen.

Costello behauptet, er sei trotz «Shipbuilding» und selbst «Peace in Our Time» kein politischer Songschreiber. «Ich habe über meine Beobachtungen geschrieben», sagte er, «aber sie sind weder im theoretischen Sinne politisch, noch werben sie für irgendeine Ideologie. Die Lösung muß man bei den Menschen suchen und nicht in leeren Worten.» Bei diesem speziellen Anlaß sang er neben seinen Rocknummern, Balladen und Countrysongs das Stück «Why Must You Throw Dust in My Face?», das er dem Kohlebergbau-Aufsichtsratsvorsitzenden Ian MacGregor widmete.

«Es war eine sehr gefühlsbetonte Veranstaltung», sagte Costello später. «Wir hatten lange Zeit nicht mehr zusammen geprobt, und das Konzert fand genau in der Woche statt, als der Streik ganz aufgegeben werden mußte. Die Jungs aus Wales waren hervorragend. Sie sagten uns ständig: ‹Wir haben nicht genug getan›, und ich sagte: ‹Wie kommt ihr denn darauf? Es war doch die Labour-Partei, die euch hängengelassen hat. Sie sind die Feiglinge.›»

Die Labour-Partei, die darum kämpfte, das Wahldesaster von 1983 zu überwinden, war durch den Bergarbeiterstreik blamiert worden. Er war ohne klare Abstimmung der Gewerkschaftsmitglieder ausgerufen worden, hatte ständig an Gewalt zugenommen, und – das schlimmste von allem – an seinem Ende standen die Konservativen als klare Sieger da. Um so wichtiger war es der Labour-Partei, Kapital aus dem neuen politischen Interesse der Popmusiker zu schlagen, das der Streik gefördert hatte.

Am Morgen des 11. März 1985, nur zwei Tage nachdem Billy Bragg und Elvis Costello gemeinsam bei jenem legendären Benefizkonzert für die Bergarbeiter aufgetreten waren, unterbrach Neil Kinnock, der Vorsitzende der Labour-Partei, die Diskussion über den Tod des russischen Staatschefs Tschernenko, um ein scheinbar triviales Thema anzuschneiden, das sich aber im weiteren Verlauf als recht nützlich für seine politische Karriere erweisen sollte. Parteiführer sitzen normalerweise nicht gern herum und plaudern über Popmusik, es sei denn, sie versprechen sich etwas davon. Neil Kinnock stellte seinen Parteifreunden eine Idee vor: er wollte eine Poptournee organisieren, die darauf abzielte, von der wachsenden Feindseligkeit der Musiker gegenüber Margaret Thatcher zu profitieren und sie in Unterstützung für die Labour-Partei umzuwandeln.

Der Popstar, den er für diese Unternehmung hauptsächlich ins Auge gefaßt hatte, war – niemand verwunderte das – Billy Bragg. Zwar hatte der in der Logan Hall noch Witze auf Kosten Kinnocks gerissen, doch sein Hauptziel war die Entmachtung der Konservativen, und das bedeutete für ihn, die Labour-Partei zu reaktivieren und sein Publikum von der Notwendigkeit des Engagements in der Parteienpolitik zu überzeugen. Zu diesem Zweck plante er eine Reihe ungewöhnlicher Popkonzerte. Die Tournee «Jobs for Youth» sollte das Pop-Publikum in unmittelbaren Kontakt mit Labour-Abgeordneten bringen – in einem Rahmen, den nicht die Zuhörer, sondern eher die Parlamentsmitglieder als fremdartig empfinden sollten.

Kinnock war stark daran interessiert, diese Tour zu fördern. Als Politiker und ehemaliger Popfan war sich der neue Oppositionsführer sehr wohl der politischen Geschichte der Popmusik bewußt. «Die Popmusik ist schon immer ein Vehikel für politische Botschaften gewesen», sagte Kinnock, «vielleicht nur mit Ausnahme der fünfziger und frühen sechziger Jahre. Deshalb ist unser Vorhaben kein Neuanfang, sondern das Wiederaufnehmen einer Tradition.»

Da Kinnock mit allen Mitteln die Glaubwürdigkeit der Partei für die Jungwähler wiederherstellen wollte, versuchte er herauszufinden, wie Labour und Pop zusammenkommen könnten, und lud für den 26. Februar 1985 eine Gruppe von zwanzig Leuten zu einem Gespräch ins Unterhaus ein. Zu den Anwesenden gehörten Billy Bragg, Braggs Manager Peter Jenner und Andy Kershaw, der gerade seinen Job als Braggs einziger Roadie aufgegeben hatte, um sich einer neuen Karriere als Discjockey zuzuwenden. Kershaw war noch ein Jahr zuvor arbeitslos gewesen und empfand die Zusammenkunft als grotesk. «Wir wurden in ein Sitzungszimmer geführt, und da saß Kinnock, umgeben von Rotweinflaschen und Schalen voller Kartoffelchips und fragte mich, was man für die jungen Leute tun solle. Es war alles etwas peinlich und seltsam. Er tat mir leid. Keiner von uns war ein normaler junger Mensch, der ein normales Leben führte.»

Bei diesem Treffen wurde der Oppositionsführer nebenbei mit ein paar typischen Popmusiker-Spleens konfrontiert. Peter Jenner unterbrach plötzlich die Diskussion über Labour und die Stimmen der Jungwähler und fragte nach der Einstellung der Partei zur Legalisierung von Cannabis. Die Reaktion, erzählte Kershaw, war ein mißbilligendes «Na, na, na» der ernsteren Teilnehmer, die die Frage als nebensächlich empfanden. Billy Bragg «reagierte mit seiner Alf Garnett-Rock 'n' Roll-Nummer und fuhr ihn an: ‹Du dummer alter Hippie›». Kinnock zog sich aus der Affäre, indem er die Chips herumreichte.

Dieses seltsame Treffen war jedoch keine Zeitverschwendung gewesen, denn beide Seiten hatten sich ein Bild voneinander gemacht. Jenner wurde klar, in welch desolatem Zustand die Labour-Partei war, gerade auch hinsichtlich ihrer Politik gegenüber jungen Wählern. «Kinnock lud uns einfach nur ein, um uns zuzuhören. Erst da erkannte ich, daß alles offen war!» Die Liaison zwischen Musikern und der Labour-Partei wurde in der Folge zunehmend enger.

Die Idee für die Kampagne «Jobs and Industry» oder die Tournee «Jobs for Youth», wie sie etwas flotter genannt wurde, kam 1985 von der Labour-Partei; Bragg sollte das Aushängeschild sein und ihrer Erziehungs-,

Jugendausbildungs- und Beschäftigungspolitik zu größerer Publicity verhelfen. Diese Tournee verwandelte sich dann in ein höchst bizarres Experiment, das Parlamentarier zwang, Popfans Auge in Auge gegenüberzustehen.

Es begann am 12. März in einem kleinen Sitzungszimmer im Souterrain des Unterhauses, wo Bragg einige der Abgeordneten traf, die an der Tournee teilnehmen sollten. Offenbar hatten sie mehr Angst als der Sänger, der sich in Jeans, Steppjacke und Stoppelhaarschnitt mit großen Schritten durch das Unterhaus bewegte, als ginge er lediglich zur Bühne, um ein weiteres Benefizkonzert für die Bergarbeiter zu bestreiten. Die Volksvertreter näherten sich dieser Inkarnation der schwer erreichbaren Jugend mit einer Mischung aus Ehrfurcht und Neugier, als er die Instruktionen für die bevorstehende Kampagne ausgab. «Im wesentlichen wird es ein Billy Bragg-Auftritt sein. Sie sind nicht dabei, um Reden zu halten, sondern halten sich einfach nur ansprechbereit, falls jemand mit Ihnen reden möchte. Die werden schockiert darüber sein, wie Abgeordnete aussehen, so daß Sie wohl ein paar Hemmschwellen überwinden müssen.» Er schaute sich seine Rekruten an, von denen manche so alt waren, daß sie seine Eltern hätten sein können. «Die Kids werden nicht gerade das Gefühl haben, als plauderten sie mit Boy George», warnte er sie. «Als Parlamentarier liegt man nicht unbedingt im Trend.»

Robin Cook, dem Abgeordneten von Livingstone und erklärten Gegner des britischen Atomenergieprogramms, fiel eine kluge Frage ein: «Was sollen wir denn anziehen?»

«Ganz egal. Was Sie wollen. Worin Sie sich wohl fühlen.»

Neil Kinnock hatte das Bündnis zwischen Labour-Partei und Popmusik forciert, weil «Lebendigkeit und Kultur einen wichtigen Platz im Sozialismus einnehmen». Der Gedanke hatte ihn zu lyrisch-philosophischen Kommentaren verleitet, die er im Laufe des Jahres bei Konzerten wiederholt zum besten gab. «Eine Definition des Sozialismus ist: Politik auf der Suche nach dem Schönen.» Am darauffolgenden Abend führte die Suche nach dem Schönen in den Konzertsaal der Technischen Hochschule von Leicester. Bragg betrat die Bühne und stellte die Politiker Derek Fatchett und Allan Roberts vor. «Diese beiden sehen vielleicht aus wie Bankdirektoren», kündigte er an, «aber sie sind in Wirklichkeit Abgeordnete.»

Bragg spielte sein normales Programm vor einem größeren Publikum als sonst («Between the Wars» war gerade in die Hitparade gekommen), während die Parlamentarier tapfer an den Ausgängen standen, sich an ihren Biergläsern festhielten und mit jedem sprachen, der Lust dazu hatte. Es war eine recht chaotische Unternehmung, aber doch ein bemerkenswerter Versuch, Jugendliche an Parteipolitik heranzuführen. Für die Labour-Partei zahlte er sich aus. Am Ende der Veranstaltung hatten 450 Leute eine Petition gegen Regierungspläne unterzeichnet, den Gemeinderäten den Etat zu kürzen, und 43 hatten Formulare für den Eintritt in die Partei unterschrieben.

Am Nachmittag des 23. Juli 1985 traf sich eine bunt gemischte Gruppe im Hauptversammlungsraum der Parteizentrale in der Walworth Road im Süden Londons, um eine Organisation auf die Beine zu stellen, die weder eine definierte Struktur noch einen Namen hatte. Zu ihr gehörten eine Handvoll Popstars – unter ihnen Billy Bragg und Paul Weller – neben Popmanagern, Journalisten und Schauspielerinnen. Ihr Ziel war es, auf das Wahlverhalten junger Leute einzuwirken.

In der für die Labour-Partei so katastrophalen Wahl von 1983 war fast die Hälfte aller Wähler unter 26 überhaupt nicht zur Wahl gegangen. Die neue Organisation wollte die Stimmen der jungen Leute für die Labour-Partei gewinnen, doch hatte sie mehr im Sinn als eine bloße Unterstützungskampagne. Das Ziel war, darüber hinaus den Nachwuchs in die Arbeit der Partei einzubeziehen, und diese, so hoffte man, würde sich dabei verändern.

Über eines waren sich alle Mitglieder der Initiative einig:

Was auch immer die Aufgabe dieser neuen Gruppierung sein würde, sie wollte jedenfalls nicht als führendes Organ zur Absegnung jedes gängigen parteipolitischen Konzepts fungieren. Annajoy David, die mit Paul Wellers Unterstützung die YCND umgeformt hatte, faßte das Ergebnis des Treffens zusammen: «Wir müssen in den Leuten neue Begeisterung für den Sozialismus wecken, und sie sollten die Partei als echte Alternative betrachten können. Um das zu erreichen, müssen wir die Vorstellungskraft unserer jungen Leute ansprechen und ihnen zeigen, daß sie einen Wandel bewirken und ein Mitbestimmungsrecht bei der Gestaltung ihrer Zukunft fordern können.»

Zunächst einmal brauchte die Organisation einen Namen. Billy Bragg schlug «Red Wedge» (Roter Keil) vor, und dieser Name wurde bei einem zweiten, oftmals hitzigen Treffen Anfang August diskutiert. Da gab es jene, die glaubten, daß Red Wedge – wie das rituelle Absingen des Lieds «The Red Flag» bei Parteikonferenzen – ziemlich anachronistisch und peinlich sei und sehr wohl jene vom Eintritt in die Gruppe abhalten könne, die eine gemäßigtere Einstellung zum Sozialismus haben. Doch einen Monat später wurde der Name Red Wedge offiziell angenommen. Offenbar schreckte er die Labour-Partei nicht ab. Sie lieh den «Wedgers» dreitausend Pfund als Startkapital.

Als die Gruppe zu wachsen begann, wurden die Zusammenkünfte in der Walworth Road lebhafter, und die Labour-Partei mag sich gefragt haben, was sie da eigentlich förderte. Den Wedgers wurden schon bald die komplizierten Prozesse und Kämpfe innerhalb der Partei bewußt. Bei einem Treffen am 23. Oktober zum Beispiel teilte ein Labour-Funktionär der Gruppe mit, daß Neil Kinnock die offizielle Gründungsveranstaltung von Red Wedge nicht besuchen werde, falls ein Mitglied der Rechtsabteilung der Jugendgewerkschaft anwesend sei (wo doch jeweils wenigstens ein Gewerkschaftsmitglied an den meisten Treffen des Red Wedge teilgenommen hatte).

Die folgenden Aufzeichnungen aus dem Protokoll dieser Zusammenkunft zeigen, welchen Schock die Wedgers in der Labour-Zentrale ausgelöst haben müssen.

Robert Elms (Journalist, «Soulboy for Socialism» und Anhänger des Fußballvereins Queens Park Rangers) sagte, das ganze ideologische Theoretisieren über Individualismus und Kollektivismus sei ein Haufen Scheiße und käme bei den Jugendlichen nicht an, die wir erreichen wollten.

Eine Abstimmung wurde durchgeführt, und die Versammlung stimmte dem politischen Papier im allgemeinen zu, forderte jedoch einen Passus über Schwulenrechte. Paul Bower führte als Vorsitzender aus, dies sei eine erstaunliche Unterlassung, zumal wir die Communards gebeten hätten, bei der Tournee aufzutreten. *

Ob die Parteigetreuen es nun guthießen oder nicht: das Image der Labour-Partei wandelte sich, wie die offizielle Gründung von Red Wedge am 21. November deutlich zeigte. Der Veranstaltungsort war das Unter-

---

* Die Communards bekannten sich offen zu ihrer Homosexualität. Anm. d. Übers.

haus selbst, und Neil Kinnock führte den Vorsitz. Um 11 Uhr 30 vormittags betraten die Popmusiker das Gebäude durch den St. Stephen-Eingang und wurden auf die Terrasse zu einem blau-weiß gestreiften Festzelt mit Blick auf die Themse geführt. Serviert wurde heißer Punsch für zweihundert Leute, unter denen sich Paul Weller, Jerry Dammers, Tom Robinson, Hank Wangford, Jimmy Somerville von den Communards und ein paar handverlesene Abgeordnete und Gewerkschaftsfunktionäre befanden. «Etwas mehr Begeisterung, wenn ich bitten darf», forderte Billy Bragg, «Sozialismus soll doch Spaß machen.»

Kinnock hielt eine Rede und versuchte angestrengt, volkstümlich und ernsthaft zugleich zu sein. «Zunächst muß ich jeden von der Vorstellung befreien, der Name Red Wedge könnte etwas mit meinem Haarschnitt zu tun haben», begann er und sagte dann, dies sei keine bloße Übung in Stimmenfang. «Zwar wird es der Labour-Partei nützen, aber es ist keine Hilfsmaßnahme für sie», womit er andeutete, daß im Gegensatz zu den Empfängern der Band-Aid-Hilfe «sich die Labour-Partei ja in keiner verzweifelten Lage befindet». Das klang nicht sehr überzeugend.

Es war ein zweitklassiger Auftritt, der die Punschtrinker anscheinend gespalten zurückließ. «Anti-Apartheid oder die CND zu unterstützen, ist eine Sache für sich», sagte ein Mitglied der Band Latin Quarter. «Wenn du aber mit einem Politiker verbündet bist, wirst du darauf festgenagelt, so zu tun, als ob du alles gutheißt, was er macht.» Offenbar amüsiert beobachtete Robert Wyatt die Veranstaltung. «Ich glaube», sagte er, «daß Popstars gern auf zwei Hochzeiten tanzen. Einerseits möchten sie vom Mann auf der Straße verstanden werden, und gleichzeitig möchten sie zur Aristokratie gehören. Und zwischen diesen Gegensätzen werden sie hin und her gerissen.»

Zur Mittagszeit waren die Popstars keine Aristokraten mehr. Sie wanderten allmählich aus dem Parlament ab und auf die Straße hinaus. Red Wedge existierte jetzt offiziell, ein Kreis von Musikern, der – in strikter Mißachtung der britischen Poptradition – ganz offiziell mit der Labour-Partei verbunden war.

Billy Bragg war überzeugt, daß er das Richtige tat, als er sich entschloß, nicht außerhalb, sondern innerhalb des etablierten politischen Systems zu arbeiten, und er betrachtete das Engagement für eine «seriöse Partei mit oftmals konventionellen Vorstellungen» als logische Weiterführung seiner Musik, «obwohl es wesentlich mehr im Trend läge, das Nahen der Revolution zu verkünden. Das würde die Plattenumsätze steigern, weil die Popmusik sich stets eingebildet hat, sie sei eine radikale Umwälzungskraft. Das ist Quatsch. Sie ist Unterhaltungsmusik. Aber man kann mit ihrer Hilfe bestimmte Ideen rüberbringen.»

Andererseits war es ihm wichtig zu betonen, daß Red Wedge nicht «Spielball jeder x-beliebigen Person oder Sprachrohr irgendeiner Abteilung der Labour-Partei» sein, sondern «alle Schattierungen der Linken» repräsentieren werde. Seine persönliche Schattierung sollte sich als ziemlich extrem erweisen. Die Partei sei «noch im Fluß», sagte er. «Jetzt ist noch Gelegenheit, radikalere Ideen einzubringen, was vielleicht in der Vergangenheit versäumt worden ist.»

Peter Jenner: «Red Wedge hat es sich zur Aufgabe gemacht, die Labour-Partei zu unterstützen, so daß sie wieder an die Regierungsmacht kommt. Aber wir sagen nicht ausdrücklich ‹Wählt die Labour-Partei›. Wir sagen, ihr müßt euch politisch engagieren» – wobei man natürlich davon ausging, daß dadurch in den meisten Fällen auch eine Stimme für die Labour-Partei gewonnen wurde.

Dieses Gerede war etwas umständlich, doch schien das Neil Kinnock nicht zu beunruhigen. Die Tatsache blieb, daß ein ganzer Haufen Popsänger gemeinsam mit ihm im Parlament erschienen war und nun eine Kampagne plante, von der er nur profitieren konnte. Eine Reaktion war unvermeidlich. Sie kam nicht von der Presse, die das Ereignis zum größten Teil absichtlich ignorierte, sondern von Musikkritikern, rechten wie linken.

In den Reihen der extremen Linken gab es jene, die dem Labour-Vorsitzenden seine Rolle im Bergarbeiterstreik nie verzeihen konnten, sowie jene SWP-Anhänger und andere Gruppen, die kühn auf eine Revolution hofften. Unter ihnen waren die Redskins die bekannteste Rockband, deren oft erklärtes Ziel es war, «wie die Supremes zu singen und sich wie die Clash aufzuführen». Ihre Songs waren eine Mischung aus Soul und Punk, die schon in kleinen Dosierungen hochwirksam war. Sie hatten Dutzende von Benefizkonzerten für die Bergarbeiter und die Anti-Apartheid-Bewegung gegeben und gingen nun mit Billy Bragg auf Tournee, der in höflichen Formulierungen erläuterte, worin er sich von ihnen unterschied. «Ihr Weg ist revolutionär, meiner ist evolutionär.»

Für die Redskins kam eine Unterstützung Neil Kinnocks nicht in Frage, und auch Elvis Costello (oder Declan MacManus, wie er sich später nannte) hatte mit Red Wedge nichts im Sinn. Er hatte wie viele andere für die Bergarbeiter gespielt, aber auch er war kein Fan von Kinnock, wie er beim Benefizkonzert in der Logan Hall deutlich machte. «Es gibt eine Menge Widersprüche», sagte er. «Es ist doch paradox, die Zeile ‹Buttons zu tragen genügt in solchen Zeiten nicht› zu singen, wenn Red Wedge der auffälligste Sticker ist, den man sich denken kann. Außerdem ist Roter Keil ein schrecklicher Name, besonders wenn man behauptet, man wolle nur das politische Bewußtsein anderer Leute erweitern.»

So wie der Rock 'n' Roll nationale Grenzen überwinden kann, gelingt dies auch der Kritik an seinen Protagonisten. Bruce Springsteen wurde von konservativen Abgeordneten angegriffen, als er den britischen Bergarbeitern Geld gab, und der entschiedenste Kritiker des Wedge war ein Amerikaner: Miles Copeland, Popmanager und Eigentümer einer Plattenfirma.

Copeland ist der Sohn eines berühmten CIA-Agenten und Bruder von Stewart Copeland, dem Ex-Police-Schlagzeuger. Es wäre untertrieben zu sagen, er sei kein Anhänger des Sozialismus. 1985 sprach er auf der Konferenz der Konservativen Partei und beschuldigte später die musikalische Linke in England der Heuchelei und der Zensur. «Ich glaube, ich habe noch nie einen Sozialisten im Musikgeschäft getroffen», behauptete er und suchte sich Paul Weller als Zielscheibe für seinen Angriff aus. «Er ist ein kleiner Geschäftsmann, und wenn er einen Vertrag aushandelt, mit seinem Bankier spricht und darüber nachdenkt, wie er sein Geld anlegen soll, so tut er das als Unternehmer entsprechend den traditionellen Kategorien des freien Wettbewerbs. Wenn er dagegen seine Texte schreibt, schiebt er seine Erfahrungen einfach beiseite. Er spricht über den Klassenkampf und erhält den Mythos aufrecht, daß die Menschen anders sind. Es ist eine lächerliche und destruktive Sache – und daß die Popwelt sie immer weiter fördert, ist einfach schlimm!» Linke Musiker seien scheinheilig, sagte Copeland, denn Popmusik sei «das allerbeste Beispiel für den freien Wettbewerb».

Weller setzte sich bei einer CND-Demonstration in London zur Wehr. Er sei keineswegs ein Heuchler, da er nur über die Dinge schreibe, die er erlebe, sagte er. «Wenn ich Schriftsteller wäre, würde man gar nicht darauf kommen, mich anzugreifen. Die Leute denken einfach, die Popmusik müsse sich um Frivolitäten drehen.» Was seinen Reichtum betraf, entgegnete er: «Ich horte ihn nicht. Ich zahle meine Steuern. Ich gebe mein Geld konstruktiv aus.»

Copelands zweiter Kritikpunkt war noch deftiger. Die britische Musikindustrie, behauptete er, übe auf subtile Weise Zensur gegen die Rechte aus. Copeland zufolge wurde eine seiner Bands (ihren Namen wollte er nicht nennen) gebeten, für die Young Conservatives zu spielen. Doch seine Londoner Mitarbeiter erlaubten es nicht. Sie argumentierten, daß die Plattenumsätze der Band leiden würden, wenn das Publikum sie mit den Konservativen in Verbindung brächte.

Copeland: «Es gibt in England keine Gruppe, die einfach sagen könnte, sie unterstütze die Konservative Partei, weil die Presse sie sofort fertigmachen würde und sie als Klassenverräter abgeschrieben wäre. Die Band hätte Angst, nicht im Radio gespielt zu werden, auf die schwarze Liste zu kommen und die Welt gegen sich zu haben. Deshalb glaube ich, was das Musikgeschäft betrifft, an keine freie Meinungsäußerung in England.»

Das war ein seltsamer Vorstoß; normalerweise wurde die britische Tagespresse (wenn auch nicht die Musikpresse) starker *rechter* Neigungen bezichtigt, und zudem hatte Copelands prominentester Künstler Sting auf seinem ersten Soloalbum gerade einen sanften Linkskurs genommen. Viele Red Wedgers waren von seinem Song über den Bergarbeiterstreik und von «Russians» beeindruckt gewesen und hofften, er würde sich ihnen anschließen.

Sting hatte sich zwar für Amnesty International engagiert, doch seine Kommentare zur britischen Politik gaben in gewisser Hinsicht die Einstellung Elvis Costellos wieder. «Ich bin nicht in der politischen Arena», sagte er, als seine Solo-LP erschien, «ich gebe persönliche Erklärungen ab.» Er glaubte nicht an eine Zukunft der Labour-Partei und wollte nicht, daß irgendeine Partei seine Songs zu Werbezwecken benutzte – «das fände ich geschmacklos».

Copelands aggressive Einlassungen haben zumindest dazu beigetragen, daß Red Wedge Publicity bekam. Außerdem schürten sie das Interesse an dieser neuen Mischung aus Pop und Politik und heizten die Debatte darüber an. Mit Angriffen sowohl von der Linken als auch von der Rechten mußten sich die Wedger jetzt auf ihrem angestammten Gebiet bewähren – auf Tournee.

«Dies ist ein historischer Augenblick», verkündete Neil Spencer, der Pressesprecher von Red Wedge. Im matten Licht eines Flurs im oberen Stockwerk des Apollo in Manchester saßen die unterschiedlichsten Musiker in der Kälte zusammen. Es war der erste Termin der Red Wedge-Tournee. An diesem Samstag nachmittag, es war der 26. Februar 1986, waren Bragg, Weller, Junior Giscombe, Jimmy Somerville und Jerry Dammers in das große Theatergebäude aus rotem Backstein gekommen.

Die Pressekonferenz dauerte nicht lange, war aber dafür um so lebhafter. «Wenn Sie an jeden von uns Fragen richten, werden Sie genauso viele verschiedene Antworten bekommen», sagte Weller. «Unser gemeinsames Ziel jedoch ist es, die Konservativen zu schlagen.» Er fügte hinzu, daß dies mit der Wahl nicht enden würde, «weil wir hoffen, beim Entwurf der Jugend- und Kulturprogramme der Partei mit einbezogen zu werden.» Somerville sagte, hier sei die Möglichkeit gegeben, die Politik zu entmystifizieren und «sie für die Straße glaubwürdig zu machen», und Giscombe bemerkte, für ihn sei es wichtig, einen Wandel anzustreben, «weil meine Eltern immer die Labour-Partei gewählt haben, obwohl die nichts für die Schwarzen getan hat».

So weit, so gut. Die einzigen mißbilligenden Stimmen kamen von einigen Anhängern, die sich nicht zur Labour-Partei hingezogen fühlten und die gerade von einem Red Wedge-«Day Event» kamen, einer politischen Veranstaltung, die von den Young Socialists organisiert worden war. Die Redner hätten so hochtrabend gesprochen, beschwerten sie sich, und dauernd käme es zu internen Machtkämpfen. Bragg antwortete diplomatisch, es sei interessant und der Mühe wert gewesen, hätte allerdings offener sein sollen, «denn es geschieht außerhalb der Partei, daß Leute zu uns kommen und sagen, wir müssen etwas tun.»

Während des eigentlichen Konzertes spielte er ein zweites Mal den Diplomaten, indem er selbstlos die unattraktivste Auftrittszeit übernahm und garantierte, es werde «keine Predigten und Reden geben – es liegt an euch, ob die Verbindung Red Wedge – Labour-Partei klappt».

Das darauf folgende Konzert unterschied sich zur Überraschung des Publikums von den meisten Benefizshows, weil es die Vielseitigkeit und die Lebendigkeit einer frühen Motown-Revue hatte. Obwohl die meisten Künstler Weiße waren, lag die Betonung auf Soul. Bragg wurde vom Style Council abgelöst: ein Schlagzeug- und Saxophonsolo, dem Aussprüche von Margaret Thatcher unterlegt waren. Danach kamen Jerry Dammers und dann ein paar Jazztänzer zu Weller auf die Bühne, um ein Medley aus Rhythm 'n' Blues und politischem Funk hinzulegen. Als nächste kamen die Communards, und danach trat, als echte Überraschung, Gary Kemp von Spandau Ballet auf, einer Band, deren einzig bekannte politische Aktivitäten bis dahin auf die Wahl der passenden Rüschen-T-Shirts beschränkt gewesen waren. Eine politische Gruppierung, die Weller und Kemp auf derselben Bühne präsentieren konnte, war womöglich auch in der Lage, mit dem Labour-Parteigeist zurechtzukommen.

Das Konzert wurde immer besser. Giscombe kam auf die Bühne, und Bragg spielte erneut, diesmal begleitet von Andy Rorke und Johnny Marr von den Smiths. Danach trat die Reggaesängerin Lorna Gee auf, und schließlich stimmte die ganze Besetzung in «Move on up» ein.

Draußen im Foyer standen die Labour-Abgeordneten herum und warteten auf Gesprächskontakte mit dem Publikum. Zum Schluß sah Billy Bragg beunruhigt aus: «Was meint ihr? Ist die Politik zu kurz gekommen?»

Die Veranstaltung war ein Erfolg gewesen, weil die Politik – zumindest oberflächlich betrachtet – auf ein Minimum beschränkt worden war. Künftig konnte man die Labour-Partei mit einem ausgelassenen, fröhlichen Konzert in Verbindung bringen. Margaret Thatcher war kritisiert worden, und Labour-Abgeordnete hatten sich dem Publikum präsentiert. Darüber hinaus erhielt jeder Besucher eine braune Tüte mit Informationsmaterial, das zeigte, daß Red Wedge zwar mit der Labour-Partei sympathisierte, aber nicht ihr Sprachrohr war. Es waren Flugblätter der CND und der Anti-Apartheid-Bewegung dabei sowie ein Prospekt des Red Wedge, das eine Labour-Regierung dringend empfahl, jedoch hinzufügte: «Dies soll nicht bedeuten, daß wir alle daran glauben, die Labour-Partei sei hundertprozentig perfekt. Weit gefehlt. Eines der Ziele des Red Wedge ist – und das betrifft vor allem euch –, jungen Leuten die Möglichkeit zu verschaffen, ihre Meinung zu formulieren und den politischen Machern der Partei zu erzählen, was sie verwirklicht haben wollen und wie sie ihr eigenes Leben in die Hand zu nehmen gedenken.»

Während der Wedge-Tournee durch Großbritannien traten jeden Abend verschiedene Stargäste auf. Tom Robinson, Lloyd Cole, Mitglieder von Madness, Prefab Sprout und selbst die Smiths (komplett mit Morrissey) waren mit von der Partie. Die Konzerte kamen gut an, doch die «Day Events», die Tagesveranstaltungen, die häufig von den Young Socialists organisiert wurden, «tendierten zum Chaos», wie Tom Robinson bemerkte. Manchmal wurde Eintrittsgeld verlangt, weil einige der

Wedgers auftreten sollten, «und das Publikum war ziemlich sauer, wenn diese Musiker dann nicht kamen».

Das erste Red Wedge-Konzert in London fand auf einer Anschlußtournee im März 1986 statt. Zufällig lief am selben Abend eine Yoko Ono-Show in der Hauptstadt. Yoko trug einen weißen Anzug und eine dunkle Brille und verkündete, dies sei Teil einer Friedenskampagne. «Wußtet ihr nicht», sagte sie, «daß wir alle Cousins sechzigsten Grades sind – ist das nicht toll? Es läßt die Welt kleiner erscheinen. Und man muß sie ja nicht gleich alle lieben – ich liebe ein paar, ihr liebt ein paar.» Nach solchen Kommentaren war es eine Erleichterung, zu einer Veranstaltung ins Hammersmith Odeon hinüberzueilen, die – wie ich hoffe – John Lennon bevorzugt hätte.

Die Wedge-Tourneen hatten nicht viel Geld eingebracht, denn einen riesigen Musikertroß durchs Land zu kutschieren und für gute Hotels zu sorgen, ist ziemlich kostspielig. Doch hatte Red Wedge genug verdient, um finanziell unabhängig zu werden. Die Organisation dehnte sich allmählich aus. Es gab mehr Zusammenkünfte, Komitees, Tourneen im kleineren Maßstab, und später veröffentlichte sie ein eigenes Magazin. Es war schwierig, die Breitenwirkung all dessen zu beurteilen, doch der Aufstieg von Red Wedge fiel mit einem Wiederaufschwung der Labour-Partei zusammen. Diese zeigte sich erkenntlich: Red Wedge erhielt tatsächlich, wie versprochen, die Möglichkeit, Einfluß auf die Parteiarbeit zu nehmen – Peter Jenner trat einem Komitee bei, das «sozialistische Kunstpolitik» plante.

Im darauffolgenden Jahr tourte Billy Bragg um den Globus. Er spielte in der DDR und der Sowjetunion, in Japan, den USA, Australien und Neuseeland (wo er eine Single und LP unter den Top Five landete). Zwischen diesen Reisen arbeitete er weiter für Red Wedge, und im Mai 1987 spielte er erneut bei einer politischen Veranstaltung in London, diesmal unter eindeutigen Vorzeichen: «Red Wedge und der Abgeordnete Neil Kinnock laden Sie zur Red Wedge-Pressekonferenz aus Anlaß der Wahl 1987 in Ronnie Scott's Club ein.» Auf der Rückseite der Einladungskarte prangte Curtis Mayfields Songtitel in veränderter Form: «Move on up. Go for Labour».

Das war der Startschuß zur ersten Popmusikkampagne in der Geschichte der britischen Wahlen, und der Labour-Vorsitzende hatte

Grund genug, sich die Hände zu reiben, als er in den berühmten Jazzclub in Soho eilte, der mit Popstars, Komikern, Journalisten und Fernsehteams vollgestopft war. Keine andere Partei hatte etwas Vergleichbares vorzuweisen. Trotzdem war die ganze Angelegenheit nicht unproblematisch, denn faktisch übernahm Red Wedge allmählich Labours Jugendkampagne, und die Organisation wurde nicht in dem Ausmaß kontrolliert, wie viele Politiker es gern gesehen hätten.

Immerhin hatte das Wedge-Kollektiv sein eigenes Manifest, «Move on up! Eine sozialistische Zukunftsvision», herausgegeben, worin es zur Unterstützung der Labour-Politik aufrief, zugleich aber hinzufügte: «Red Wedge behauptet nicht, daß die Labour Party die Antwort auf all unsere Probleme ist.» Der Labour-Vorsitzende, der das Vorwort beisteuerte, zeigte sich trotz der Einschränkung «hocherfreut, daß der Wedge diese Broschüre produziert» hatte.

Er brauchte dessen Hilfe, weil die Stimmen der Jugendlichen wichtig waren. Jungwähler machten 16 Prozent der Wählerschaft aus, und 1983 hatten die jungen Leute die Konservativen bevorzugt. Jetzt schwenkte diese Altersgruppe den Umfragen zufolge auf die Labour-Partei um. Red Wedge mußte also weiter Druck machen und dafür sorgen, daß die jungen Labour-Anhänger auch wirklich zu den Wahlurnen gingen.

Eiligst wurde eine Tournee mit zwölf Auftritten organisiert, die am Abend vor der Wahl endete, und Bragg sagte eine Japantour ab, um daran teilzunehmen. Die Veranstaltungsorte hatten nicht die Größe und das Prestige wie auf der ersten Tournee, doch war es, so Bragg, «wichtiger, an die Öffentlichkeit zu gehen, als im Hammersmith Odeon aufzutreten». Und das Programm konnte sich sehen lassen, denn unter den auftretenden Künstlern befanden sich neben der üblichen Red Wedge-Clique Lloyd Cole, Matt Johnson und die Blow Monkeys. Matt Johnson, der unter dem Bandnamen «The The» Platten produziert, war mit Songs wie «Heartland» dem Style Council gefolgt und hatte bewiesen, daß man auch politische Songs auf den Popmarkt der achtziger Jahre zuschneiden konnte. «Heartland» ist eine schwermütige Ballade, in der es um ein geteiltes England, einen zusammenbrechenden Wohlfahrtsstaat und die wachsende Kluft zwischen reich und arm geht. Sie endet mit dem Satz «Dies ist der einundfünfzigste Staat der USA.» Das war es, was die Labour-Partei in den Musikboxen und Radios der Nation hören wollte. Der Song hatte die Top Thirty erreicht.

Die Blow Monkeys verdeutlichten mit einer Mrs. Thatcher gewidmeten Funk- und Pop-LP kurz vor der Wahl ihre Haltung. «She Was Only a Grocer's Daughter» präsentierte soulige Anti-Tory-Songs wie «How Long Can a Bad Thing Last», «Checking Out» und sogar ein Duett mit Curtis Mayfield in «The Day After You», einem Stück, das in der sensiblen Wahlkampfphase nicht im Radio gespielt werden durfte.

Die Wedge-Tournee konzentrierte sich auf Wahlkreise mit nur knappen Mehrheiten, während eine zweite Tournee mit Komikern wie Ben Elton und Lenny Henry andere Städte berücksichtigte. Erneut gab es «Day Events» vor den Konzerten, bei denen die Künstler gemeinsam mit den Labour-Kandidaten zu Debatten oder Pressekonferenzen erschienen. In den Konzertsälen wurden Red Wedge-Stände aufgestellt, und jeder Besucher erhielt die berühmte braune Papiertüte, in der ein paar politische Pamphlete steckten.

Was die Musiker anging, waren deren Beiträge extrem unterschiedlich. Vor dem Konzert in Leeds schlossen sich die Housemartins verlegen der Begehung einer heruntergekommenen Wohnsiedlung an, verkündeten jedoch auf der Pressekonferenz, daß Labour «die einzig wahre Partei» sei. Ihre politischen Witze auf der Bühne kamen nicht so gut an wie ihre Hitsingles. Bragg, mittlerweile schon ein erprobter Kämpfer, hatte derartige Probleme nicht. Er schwärmte von den Fortschritten, die Red Wedge in seiner anderthalbjährigen Existenz gemacht hatte. Die Organisation habe, so meinte Bragg, die Jugend zu einem Thema gemacht, die Einstellung der Labour-Partei zur Jugend verändert und selbst die Politik beeinflußt, was der gerade veröffentlichte Kunst- und Medienbericht der Partei belege.

Die Labour-Partei selbst sah dem Rummel etwas beklommen von der Seitenlinie aus zu. Man hatte Angst vor einem möglichen Krach oder vor Meinungsverschiedenheiten zwischen Red Wedge und der Parteispitze und fürchtete, die Regenbogenpresse, die dringend irgendeinen «linken Prügelknaben» für ihre Anti-Labour-Agitation brauchte, könne sich auf eine der unverschämten Äußerungen der Wedge-Musiker stürzen und es zum Wahlkampfthema aufblasen. Spezielle Sorge bereiteten der Partei die Ansichten der Housemartins zur Monarchie.

Beim Konzert selbst gab es solche Probleme nicht, und Red Wedge wurde Teil einer Kampagne, die selbst Nichtparteimitglieder als eindrucksvoll bezeichneten. Diesmal präsentierte sich Labour ungewohnt clever mit gut organisierten Kundgebungen und einer Stilsicherheit, nach der man 1983 vergeblich gesucht hatte. In der letzten Wahlkampfwoche zierte ein Bild Kinnocks das Cover der Popwochenzeitschrift *New Musical Express*, und die Nummer enthielt ein Interview mit ihm und Äußerungen einiger Popstars über ihre Wahlabsichten, aus denen hervorging, daß die meisten die Labour Party unterstützten.

Nur neun Tage vor der Wahl gab es einen weiteren, unerwarteten Bonus für die Partei, als nämlich U 2 zu ihrem ersten Konzert seit Erscheinen der LP «The Joshua Tree» und ihrer triumphalen US-Tournee in London auftraten. Auf der Bühne im Wembley-Stadion begann Bono sofort mit einem Medley gegen Mrs. Thatcher: «Maggie's Farm», «C'mon Everbody» (mit einem neuen politischen Text, den er anscheinend beim Singen erfand) und (um das Publikum an den Bergarbeiterstreik zu erinnern) Peggy Seegers «Springhill Mining Desaster». «Ich bin kein Prediger» rief er ins Publikum, «ich sag euch nicht, wen ihr wählen sollt...» Das klang nicht sehr überzeugend.

Die Konservativen hatten beschlossen, nicht mit einer besonderen Kampagne den Stimmen der Jugendlichen hinterherzujagen. Dennoch präsentierten sie auf ihrer «Prominenten-Kundgebung» am Sonntag vor der Wahl Popmusik, gespielt von Veteranen wie den Sängern Frank Ifield und Adam Faith. Attraktion der Kundgebung waren ins Mikro gebrüllte Witze auf Kosten Kinnocks, der Russen und Iren, und Erroll Brown, der schwarze britische Star, der siebzehn Jahre lang mit Hot Chocolate Hitsingles produziert hatte, kam auf die Bühne, um «Imagine» vorzutragen. «Stellt euch vor, es gäbe keinen Staat», sang er vor einem Publikum, das den Union Jack schwenkte, bevor Mrs. Thatcher die Bühne betrat, um die Verteidigungspolitik der Labour-Partei anzugreifen.

Unterdessen war Neil Kinnock in Islington, am anderen Ende der Stadt, Hauptredner einer ganz anderen Wahlkampf-Veranstaltung. Das Business Design-Centre war mit roten Rosen, dem neuen Symbol der Partei, geschmückt und voll mit Kindern, Jongleuren und Männern auf Stelzen. Es war eine bunte Mischung aus Schauspielern, Musikern und Komikern. Natürlich war Billy Bragg mit von der Partie und trat mit Hank Wangford auf.

Der Höhepunkt der Kundgebung war einer amerikanischen Präsidentschaftskampagne würdig. Kinnock erschien zu den Klängen einer Bergarbeiterblaskapelle, bahnte sich seinen Weg durch die jubelnde Menge, wurde von der Schauspielerin Glenda Jackson begrüßt und hielt dann eine mitreißende Rede, in der er feierlich bekanntgab, daß «dem Thatcherismus nur noch neunzig Stunden bleiben». Er schloß mit der Aufforderung an sein Publikum, mit ihm «in ein Lied einzustimmen, das an die Wurzeln unseres Glaubens rührt». Mit den vereinten Kräften des Gospelchors und der Prominenz, die sich hinter ihm an den Händen hielt, stimmte er jenen Gospelsong an, der zu einem Gewerkschaftslied und dadurch zur Hymne der Bürgerrechtsbewegung geworden war: «We Shall Overcome». Zum Abschluß sang er Bob Marleys «One Love» und vollführte dabei ein paar Luftsprünge vor dem Chor. Rote und gelbe Luftballons schwebten davon. Das war das Ende der ersten Pop-Wahlkampagne Großbritanniens.

Zwei Tage später saßen die Wedgers in gedrückter Stimmung im Londoner Mean Fiddler Club und sahen sich die Wahlergebnisse im Fernsehen an. Die Konservativen hatten mit deutlichem Vorsprung den Sieg errungen und waren für eine dritte Legislaturperiode in der Regierungsmacht bestätigt worden. Es hatte eine leichte Verlagerung von den Konservativen zur Labour-Partei gegeben, doch die belief sich auf ganze zweieinhalb Prozent.

Das Red Wedge-Team hatte sein Arbeitsziel nicht erreicht, doch scheinen die Musiker zumindest bei den ganz jungen Wählern etwas bewirkt zu haben. Barry Gould, der führende Kopf der Labour-Kampagne, der neben Kinnock als cleverster und profiliertester Vertreter des «neuen Parteiimages» in Erscheinung trat, schickte mir seine Analyse: «Der Erfolg der Labour-Partei war bei den achtzehn- bis vierundzwanzigjährigen Frauen am größten, und auch bei den jungen Männern zeichnete er sich deutlich ab, wenn er auch nicht ganz so spektakulär war. Hätte in jeder Wählergruppe ein vergleichbarer Umschwung stattgefunden, wäre das Resultat der Wahl von 1987 ganz anders ausgefallen. Red Wedge war ein wichtiger Teil unserer Bemühung gewesen, die jungen Leute zu erreichen.»

Doch eine Niederlage bleibt eine Niederlage, was die Politiker auch sagen mögen. Billy Bragg zum Beispiel mußte die Grenzen von Red Wedge neu bestimmen: «Die Enttäuschung war unglaublich groß, wir machten uns aus dem Staub und glaubten, wir hätten versagt. Aber wozu ist die Popmusik überhaupt in der Lage? Kann man mit ihr etwa Wahlen

gewinnen? Ich glaube nicht. Wir wollten einfach ein paar Gemeinsamkeiten zwischen jungen Menschen und der Labour Party schaffen, und es
gibt noch 'ne Menge zu tun...»

«Red Wedge», sagte er, «stellt einen Versuch dar, populäre Kultur und
Politik einer Volkspartei zusammenzubringen. Vielleicht scheitern wir ja
damit, aber es ist das Ergebnis meiner Schlußfolgerung aus der Tatsache,
daß die Clash es mit ihrem Approach nicht geschafft haben, die Welt zu
verändern. Sie haben die Ideen aus ihren Songs nie in eine mehrheits-
fähige Volkspartei hineingetragen, die die Möglichkeit hat, politische
Macht zu gewinnen.»

9 Brot für die Welt, Freiheit für alle...

Bill Ayres sitzt in einem kleinen Büro, sieben Stockwerke über einem Abschnitt des Broadway, wo die Neonlichter nicht ganz so hell strahlen. Im Zimmer des ehemaligen katholischen Priesters stapeln sich Exemplare des Magazins *Food Monitor*, in dem er die Amerikaner über die politischen Hintergründe des Hungers in der Dritten Welt und in den USA aufzuklären versucht. Die Aufgabe ist nicht einfach, und er gibt zu, «daß die finanziellen Mittel bescheiden sind», obwohl ihm Benefizkonzerte, wie das von Pete Seeger, schon etwas weitergeholfen haben.

Seine Kampagne ist nie in die Schlagzeilen gekommen wie etwa Live Aid, obwohl sie auf ihre Art fast genauso eindrucksvoll ist. Ayres, ein Veteran der Bürgerrechts- und Anti-Vietnamkriegs-Kampagnen, macht seine Arbeit seit über einem Jahrzehnt und sagt, er werde dabei bleiben. Dabei folgt er den Idealen eines Stars der siebziger Jahre, der mit gewissem Recht behauptete, mehr politischen Einfluß zu haben als irgendein anderer amerikanischer Musiker.

Dieser Sänger war der Folkrock-Barde Harry Chapin, bekannt für seine erzählfreudigen Songs wie «Sniper» und «W.O.L.D.», der im Juli 1981 bei einem Autounfall ums Leben gekommen ist. 1973 war Chapin seinem «Freund und Partner», dem damaligen «Rockpfarrer» Bill Ayres, zum erstenmal begegnet, als er zu Gast in dessen Rock-and-Religion-Talk-Show *On This Rock* war. Ayres machte sich damals große Sorgen über die Dürre und Hungerkatastrophe in der Sahelzone und gewann Chapins Unterstützung bei der Organisation des allerersten Benefizkonzertes für Afrika, das in mancher Hinsicht George Harrisons extravagantem Konzert für Bangladesch ähneln sollte.

Chapin war einverstanden, obwohl er kaum ein etablierter Star war – seinen ersten Hit «Taxi» hatte er erst ein Jahr zuvor gelandet – und keine Erfahrung mit solchen Veranstaltungen hatte. Das Duo lernte den US-

Botschafter bei den Vereinten Nationen kennen. Der war bereit zu helfen – allerdings müßten sie, forderte er, die Projektleitung dem Team anvertrauen, das die musikalische Unterhaltung für die Feierlichkeiten zur zweiten Amtseinführung Nixons organisiert hatte. Chapin und Ayres ihrerseits planten, die Beatles zur Wiedervereinigung zu bewegen und dadurch das Bangladesch-Konzert zu übertrumpfen. Muß noch erwähnt werden, daß aus der ganzen Sache nichts wurde?

Das war ein peinlicher Start, doch Chapin und Ayres informierten sich weiter über den Hunger in der Welt und beschlossen, ihren Ansatz zu ändern. «Wir kamen zu dem Schluß», erzählt Ayres, «daß der Hunger nicht mit Hilfe einer einzigen Veranstaltung, sondern nur durch einen kontinuierlichen Prozeß abgeschafft werden könne.» Diesem Prozeß widmeten Chapin und Ayres ihr Leben. 1975 gründeten sie die Organisation World Hunger Year (WHY; Welthungerjahr). Der Name gab Chapin einen Vorwand, sein großes Talent unter Beweis zu stellen, Druck auf Politiker auszuüben. «Welches Jahr ist denn das Welthungerjahr?» ist er gefragt worden. «Jedes Jahr ist ein Welthungerjahr, bis wir den Hunger abgeschafft haben.» Und dann brannte er gewöhnlich ein Feuerwerk von Theorien und Statistiken ab, das schließlich sogar den Präsidenten der USA beeindruckte.

Harry Chapin war nicht so sehr ein hilflos in die siebziger Jahre entlassener Idealist der Sechziger als vielmehr ein Idealist aus der Folkszene, den es ins Rocklager verschlagen hatte. Als Sohn eines Jazzschlagzeugers, der in den Bands von Tommy Dorsey und Woody Herman gespielt hat, trat er in den sechziger Jahren in den Clubs von Greenwich Village auf und wandte sich dann dem Dokumentarfilm zu. Sein Boxerfilm «Legendary Champions» wurde für den Oscar nominiert. Anfang der Siebziger wurde er Profimusiker. In seinen Songs setzte sich mehr und mehr eine erzählende Struktur durch, die Chapins Gespür für Kolorit, Detail und Atmosphäre zum Ausdruck brachte: Er landete vier Hitsingles (darunter 1974 die amerikanische Nummer eins «Cats in the Cradle») und war ein profilierter Komponist, der sich mit seinen Geschichten von Kellnerinnen, Discjockeys und Taxifahrern ein breites und treues Publikum schuf.

Chapin veranstaltete Multimedia-Shows oder ließ sich von einer «Softrockband» begleiten, doch die Künstler, die er am meisten bewunderte, kamen aus einer früheren Folkszene. Seine Helden waren Pete Seeger

(«Wie sehr wünsche ich mir seine Qualitäten – für mich ist er fast ein Heiliger», erzählte er mir 1977) und Phil Ochs, den er in «The Parade's Still Passing by» besang.

Um den Pop der Siebziger scherte Chapin sich wenig, und auch die Frage, was aus den Ideolen der sechziger Jahre geworden war, interessierte ihn nicht. Im Herbst 1977 saß er vor einem Konzert im Büro einer Londoner Plattenfirma und lamentierte: «Zu allen Zeiten ist die Musik das Gewissen der Menschen gewesen, 1967 drückte sie ein Lebensgefühl aus. Heute ist sie wie Pommes mit Mayo. Wenn man rülpst, ist der Nährwert futsch.» Er beklagte das Schicksal der Sechziger-Rebellen und ihren geringen Einfluß: «Sie sind jetzt Prediger oder verkaufen Immobilien. Sie waren auf zwei Demos und jammern darüber, daß sie es nicht geschafft haben, die Welt zu verändern.»

Sein eigener Weg war ein ganz anderer. «Ich gebe hundert Benefizkonzerte im Jahr», behauptete er, «da kommen nur Arlo Guthrie und Pete Seeger mit – und doch betrachte ich mich nicht als Folkie.» Bill Ayres schätzt, daß Chapin 350 000 Dollar pro Jahr für den Kampf gegen den Hunger eingespielt hat.

«Und kein einziger Dollar davon geht an ein hungerndes Kind!» pflegte Chapin mit theatralischer Gestik auszurufen, und wenn dann das erwartete mißbilligende, verständnislose Gemurmel im Publikum einsetzte, trug er seine Lieblingsargumente vor. Veranstaltete man ein Jahr lang jeden Tag ein Bangladesch-Konzert im Stil George Harrisons und rettete das Geld vor dem Finanzamt, sagte er, könnte dies 730 Millionen Dollar einbringen – genug, um jedem hungernden Menschen gerade einen Dollar fünfzig zu geben. Aber man könnte, so Chapin, den Betrag «um das Tausendfache» steigern, indem man das Geld in Initiativen, Fortbildung und die Medien investierte. Er wollte die Selbständigkeit der Dritten Welt fördern und die Entwicklungs- und Außenpolitik der USA beeinflussen, «weil wir es mit einigen der rückständigsten Länder der Welt zu tun haben».

Chapin und Ayres waren hartnäckig. Sie hielten sogenannte «Radiothons» ab, indem sie vierundzwanzig Stunden lang die Leitung einer Rundfunkstation übernahmen und Experten und lokalen Initiativen Gelegenheit gaben, über den Hunger in der «Dritten Welt» und in den USA zu sprechen. Daran knüpfte sich die Hoffnung, man könne auf diese Weise Rockmusikhörer, die sonst nie über solche Probleme nachdachten, aufklären und womöglich zum Handeln motivieren. WHY gründete auch eigene Zeitschriften und richtete in New York City einen «heißen Draht» ein, so daß die Bedürftigen anrufen und sich über Lebensmittelprogramme informieren konnten.

Chapins imponierendste Leistung war aber wohl die Nutzbarmachung des etablierten politischen Systems. Von Anfang an gab er Benefizkonzerte, um Geld für die Kampagnen von Kongreß- oder Senatskandidaten aufzubringen, von denen er eine hohe Meinung hatte. Gary Hart gehörte dazu. Chapin war es gleich, ob es Republikaner oder Demokraten waren, «solange sie sich nur über Ernährungs- und Hungerprobleme Gedanken machten». Waren sie dann an der Macht, stellten sie fest, daß sie einen Preis dafür zahlen mußten; Chapin begann auf die Parlamentarier einzuwirken, damit sie einen Parlamentsausschuß gegen den Hunger in der Welt einsetzten.

Es war zum größten Teil seiner Energie zu verdanken und seiner Fähigkeit, stundenlang ununterbrochen zu reden, daß der Vorschlag sowohl im Kongreß als auch im Senat akzeptiert wurde und auf Präsident Carters Schreibtisch landete. Im Februar 1978 flog Chapin nach einem Konzert in Kanada nach Washington und fuhr zum Weißen Haus. Dort wiederholte er seine Argumente vor dem Präsidenten, der (dank Chapin) zuvor von seiner Tochter Amy bearbeitet worden war. Die Kommission wurde eingesetzt. Experten sprachen von einem beeindruckenden Lobby-Erfolg eines Außenseiters.

Das war ein persönlicher Triumph, aber auch ein Beispiel dafür, was ein Musiker in den USA der Carter-Ära erreichen konnte. Der Präsident war durchaus daran interessiert, das popfreundliche Image weiterzuentwickeln, das ihm anhaftete. Als die Wahl von 1980 näherrückte, versuchte er, andere einflußreiche Unterhaltungskünstler für sein Lager zu gewinnen. So wollte er zusammen mit Stevie Wonder fotografiert werden, und als dieser ablehnte, meldeten sich Carters Berater telefonisch in Wonders Büro mit dem ungewöhnlichen Angebot, er dürfte dem Energieausschuß des Präsidenten beitreten, wobei es, so Wonders früherer Berater Keith Harris, überhaupt keine Rolle zu spielen schien, daß der Sänger kein Experte auf diesem Gebiet war. Es wurde betont, daß sich der Ausschuß nur zweimal im Jahr träfe. Wonder lehnte abermals ab.

Harry Chapins Strategie gegenüber Washington war eine ganz andere. Für ihn war es keine Frage, daß er vom System benutzt wurde –

warum sollte es nicht umgekehrt möglich sein, das System für *seine* Zwecke zu nutzen? Er wurde in die neue Commission on World Hunger berufen und versäumte in den folgenden zwei Jahren nicht eine Sitzung, obwohl dies für ihn oftmals bedeutete, am Morgen nach einem Konzert in die Hauptstadt zu fliegen.

Es war keine leichte Aufgabe, weil Chapin mit den Ansichten vieler Mitglieder der Kommission nicht übereinstimmte. Da gab es zum Beispiel jene, die der Meinung waren, das Hungerproblem könne in Angriff genommen werden, «ohne die Ursachen der Armut anzusprechen», und es mußte eine hitzige Debatte geführt werden, bevor Chapin sie dazu gebracht hatte, im Kommissionsbericht einzuräumen, daß «die Menschen hungern, weil sie arm sind».

Chapin und ein paar Verbündete stimmten Teilen des Berichtes nicht zu und brachten ihre Ansichten in einem Anhang zum Ausdruck. Für den Sänger muß es ein tragisches Erlebnis gewesen sein, über die Ergebnisse einer Kommission, die er selbst geschaffen hatte, schreiben zu müssen: «Das eklatanteste nicht zur Sprache gekommene Problem ist das wichtigste: es betrifft die Zusammenhänge zwischen der Wirtschaftspolitik unserer Regierung und dem Hunger» oder «Die von den USA geleistete Ernährungshilfe hat oftmals die Rohstoffpreise in den Entwicklungsländern gesenkt und dadurch die einheimische Produktion nicht gerade gefördert.»

Die Liste der Ansichten Chapins, die von anderen Mitgliedern der Kommission nicht geteilt wurden, umfaßt mehrere Seiten. Sie zeigt, daß manche der Vorstellungen, die er als fundamental betrachtete, nicht einmal in Erwägung gezogen worden waren. Seiner Witwe Sandy zufolge, die als erste die Idee gehabt hatte, ein solches Gremium ins Leben zu rufen, war ihr Mann «im Zwiespalt über die Kommission, deren Erkenntnisse und Verschleierungen sich in etwa die Waage hielten». Und Präsident Carter «hielt Harry für ziemlich unentschlossen».

Doch zumindest hatte der Präsident der Gründung der Kommission zugestimmt. Wenigstens hatten sich ihre Mitglieder getroffen und Empfehlungen ausgesprochen, über die sowohl der Präsident als auch die amerikanische Öffentlichkeit nachdenken konnten. Nun mußten Taten folgen, doch die blieben schlicht deshalb aus, weil Carter seinen Job verlor – und Ronald Reagan zeigte leider nicht das gleiche Interesse an den Vorstellungen liberal gesinnter Popstars oder am Hunger in der Welt.

Harry Chapin hatte im letzten Jahr seines Lebens allen Grund, deprimiert zu sein. Die Kommission wurde aufgelöst, und keiner seiner Verbündeten, weder aus dem demokratischen noch aus dem republikanischen Lager, hatte ein Mandat gewonnen. Er hat, so Sandy Chapin, «geahnt, was passieren würde», sobald Reagan an die Macht käme, aber er machte weiter, nun in regionalen Kampagnen wie der Food Bank (ein später von Bruce Springsteen bekannt gemachter Plan, die von Herstellern zur Vernichtung bestimmten Lebensmittel zu sammeln und an Wohlfahrtsverbände weiterzuleiten).

Am 16. Juli 1981 kam der achtunddreißigjährige Sänger und Amateur-Politiker auf dem Long Island Expressway ums Leben. Chapin, der an das amerikanische System glaubte, den Kongreß zu beeinflussen lernte und versuchte, Washington für seine Zwecke einzuspannen, wurde nach seinem Tod auf ungewöhnliche Weise geehrt. Neun Senatoren und dreißig Kongreßabgeordnete gedachten seiner im Plenarsaal, und im Mai 1986 wurde im Weißen Haus ein Gesuch eingereicht, Harry Chapins Familie mit einer goldenen Verdienstmedaille auszuzeichnen, «in Anerkennung seiner außergewöhnlichen Bemühungen zur weltweiten Bekämpfung des Hungers für die Einrichtung von Hilfsfonds».

Es war eine der letzten ironischen Wendungen in Chapins Karriere, daß seine Witwe die Goldmedaille des Parlaments von dem Präsidenten der USA erhielt, dessen Wahlsieg so viele Hoffnungen und Pläne des Sängers vereitelt hatte. «Mir ist nicht wohl bei der Sache», sagte Sandy, «aber ich muß damit leben.»

Als Harry Chapin starb, hatten die jahrelange Arbeit und die Millionen, die er investiert hatte, wenig Wirkung gezeigt. Aber er hatte Zehntausende Amerikaner und Europäer dazu angeregt, über den Hunger in der Welt nachzudenken, und einige seiner ehemaligen Mitarbeiter führten seine Initiative fort. Bill Ayres arbeitet weiterhin für WHY, und auch sein ehemaliger Manager Ken Kragen hat sich recht untypisch für einen Rock 'n' Roll-Geschäftsmann verhalten.

Kragen, ein äußerst erfolgreicher Manager von Stars wie Lionel Richie und Kenny Rogers, überredete den gemäßigten Countryrocker und Multimillionär Rogers, eine Million Dollar auf zehn Jahre fest anzulegen, um einen Preis, den World Hunger Media Award, zu finanzieren – eine Auszeichnung, die jährlich für die beste Reportage zum Thema Hunger vergeben wird. Kragen arbeitete an weiteren Plänen, um die Hungerproblematik in der Diskussion zu halten. Als Bob Geldof die Live Aid-Kampagne in Bewegung setzte, indem er seine britischen Rockstar-Kollegen dazu brachte, «Do They Know It's Christmas?» aufzunehmen, war es Kragen, der mit Geldof Kontakt aufnahm und die Produktion einer entsprechenden amerikanischen Platte vorschlug, um Spenden für die Hungernden in Afrika zu sammeln. Es war Kragen, der sich mit Harry Belafonte zusammensetzte, um konkret die Aufnahme einer solchen Platte zu besprechen. Und es war Kragens Klient Lionel Richie, der schließlich zusammen mit Michael Jackson den Hit «We Are the World» schrieb.

Ein Jahr nach Geldofs außergewöhnlichem Triumph mit Live Aid initiierte Kragen ein weiteres Medienspektakel in großem Stil, bei dem es um den Hunger in der Welt ging, doch kam dabei weit weniger Geld zusammen, und als politisches Ereignis war es sehr umstritten. «Hands Across America» war der Versuch, mehr als fünf Millionen Amerikaner dazu zu bewegen, sich die Hände zu reichen und eine Menschenkette zu bilden, die sich von New York bis Los Angeles erstrecken sollte, und jeder Teilnehmer sollte mindestens zehn Dollar spenden. Es bestand somit die Hoffnung, daß ungefähr 100 Millionen Dollar für die Hungernden und Obdachlosen in den USA zusammenkämen.

«Diese Aktion ist dir gewidmet, Harry Chapin!» kündigte Kragen zu Beginn der Aktion am 25. Mai 1986 an, doch Chapin wäre sicher nicht erfreut über deren Ablauf gewesen. Es klafften weite Lücken in der Kette, und mehr als die Hälfte des Erlöses ging für Spesen und Löhne drauf, so daß nur rund 12 Millionen Dollar für die Obdachlosen übrigblieben. Die Stimmung der Menschen, die sich an den Händen hielten, hatte etwas Fröhlich-Patriotisches. Die Leute schwenkten amerikanische Fähnchen, sangen im Chor «We Are the World», «America the Beautiful» und einen eher belanglosen, speziell für diese Gelegenheit geschriebenen Popsong. Man spürte nicht die geringste Wut oder Scham darüber, daß Hunger und Obdachlosigkeit in der reichsten Nation der Erde überhaupt existierten. Chapin hätte eine politische Veranstaltung gefordert, und «Hands Across America» war genau das Gegenteil.

Zu Anfang traten Firmen wie Coca-Cola, McDonald's und die Supermarktkette Safeway als Sponsoren auf, die alle Millionen mit der Nahrungsmittelversorgung der USA verdienten und deren Engagement den Eindruck erwecken konnte, das Hungerproblem sei durch ein paar private Initiativen zu lösen und bedürfe keiner politischen Intervention. Noch befremdlicher war die Beteiligung von Präsident Reagan. Kurz vor dem Ereignis sagte er, der Hunger in den USA sei auf das «mangelnde Wissen» der Armen zurückzuführen, wo und wie man Hilfe bekäme – und das zu einem Zeitpunkt, als Organisationen wie das Food Research Action Center in Washington gerade Untersuchungen veröffentlicht hatten, denen zufolge die neue Armut durch die Kürzungen der Sozialhilfe und die Steuererhöhungen, die vor allem einkommensschwache Schichten betrafen, hervorgerufen worden war.

Die Tatsache, daß Präsident Reagan für diese Politik verantwortlich war, hielt ihn nicht davon ab, sich in die «Hands Across America»-Kette einzureihen. Kragen war begeistert, während sich Mitveranstalter Bill Ayres in einem Radiointerview nicht sonderlich glücklich darüber zeigte. Er versuchte, Widersprüche aufzudecken, indem er die Militärausgaben mit dem winzigen Budget für soziale Versorgungsprogramme verglich, aber als Reagan dann erschien, haben seine Zuhörer wahrscheinlich nicht mehr begriffen, worum es ihm ging. «Diesen Tag konnte Reagan für sich verbuchen», sagte er später, «genauso wie die Zahl der hungrigen Menschen in diesem Land auf sein Konto geht. Wir wollten ihn in die Enge treiben und ihn dazu bringen, das Problem anzuerkennen. Aber als ich ihn die Lieder singen sah...»

«Hands Across America» fand am Sonntag vor der UNO-Debatte über langfristige Hilfsprogramme und Entwicklungspolitik in Afrika statt und fiel mit einer vom Live Aid-Team organisierten Veranstaltung zusammen. Bob Geldof wollte mit «Race against Time» auf die bevorstehende UNO-Debatte aufmerksam machen, andererseits aber auch Geld für den Kampf gegen den Hunger in Afrika beschaffen. Im Gegensatz zu «Hands Across America» war es ein glänzender Erfolg. Mehr als zwanzig Millionen Menschen in 78 Ländern waren daran beteiligt. Die Veranstaltung brachte 35 Millionen Dollar ein und wäre noch erfolgreicher gewesen, wenn das amerikanische Konkurrenzereignis mit dem Star Ronald Reagan nicht zur selben Zeit stattgefunden hätte, so daß die amerikanischen Medien den Race against Time praktisch ignorierten.

Geldof stand dem Geschehen erstaunlich optimistisch gegenüber. Er wolle die Themen Hungersnot in Afrika und Hunger in den USA nicht gegeneinander ausspielen, sagte er. So unterstützte er «Hands Across America» und war den Organisatoren sogar bei der PR-Arbeit behilflich. Doch in einer wichtigen Hinsicht übte er Kritik – er war wütend darüber, daß man dem Präsidenten gestattet hatte, an der Veranstaltung teilzunehmen. «Dies war die ideale Gelegenheit, politisch Druck zu machen, aber man hätte Reagans Teilnahme verhindern müssen. Er ist doch der Mann, der nachts aufstehen und ein Dokument unterzeichnen kann, das viele Probleme der Obdachlosen in Amerika abschaffen würde. Er war sehr clever. Daß man ihm erlaubte, sich der Kette anzuschließen, machte den politischen Effekt zunichte.»

Auch Chapin hätte sicherlich bestürzt reagiert, aber von einem Nebeneffekt der Aktion Hands Across America wäre er beeindruckt gewesen: von den Einnahmen wurden 100 000 Dollar beiseite gelegt. Das Geld war für die Kampagne einer Koalition verschiedener Gruppen – darunter auch das WHY – bestimmt, die während des Präsidentschaftswahlkampfes von 1988 dafür sorgte, daß die Probleme Hunger und Obdachlosigkeit in den USA nicht unter den Teppich gekehrt wurden.

Hätte Chapin noch die Jahre erlebt, als das Thema Hunger – größtenteils dank Geldofs bemerkenswerter Anstrengungen – ins öffentliche Bewußtsein drang, hätte er auf die Geschehnisse wahrscheinlich mit gemischten Gefühlen reagiert. Sicher hätte es ihn begeistert, daß so viele Rockstars mit großen Namen nach den hedonistischen Siebzigern aus ihren Kokons geschlüpft waren; enttäuscht jedoch wäre er darüber gewesen, daß so wenige ihrem Werk als «Wohltäter» politische Aktionen folgen ließen.

Chapin pflegte sich eine Begegnung zwischen seinen «drei großen Vorbildern» Che Guevara, Elvis Presley und Bob Dylan auszumalen (er schrieb einmal ein Drehbuch über eine Zusammenkunft mit dem «wahren Revolutionär, dem kommerziellen Volkshelden und dem Mann, der zwischen beiden hin und her schwankt»). Wäre er am Leben geblieben, hätte bestimmt eine weitere interessante Diskussion stattgefunden, nämlich zwischen ihm und den Stars bei der Aufnahmesession von «We Are the World». Chapin, der mit Bruce Springsteen, Stevie Wonder und Bob Geldof über Pop und Politik spricht – was wäre dabei wohl herausgekommen?

Springsteen, der beste Stadion-Rock-Performer seiner Generation, hat Initiativen gegen den Hunger und anderen Hilfwerken riesige Summen zukommen lassen. Er ist für MUSE und den Sun City-Boykott aufgetreten und hat durch seine Songs und Äußerungen auf der Bühne politisches

Interesse und Engagement gezeigt. Allerdings hat er bis jetzt nicht viele Taten folgen lassen, aus denen ersichtlich wäre, welche Ziele er verfolgt. Bill Ayres: «Harry hätte es toll gefunden, was Springsteen macht, aber er war politisch direkter. Bruce wird irgendwann in den nächsten zwei Jahren die Entscheidung treffen müssen, wie sehr er sich politisch engagieren will. Denn das muß man, wenn es um diese Probleme geht.»

Springsteen zog es vor, die Hungerhilfe einfach als humanitäre Angelegenheit zu betrachten, und zumindest auf dieser Ebene erzielte er eine Wirkung. In Newark, unmittelbar südlich von New York City, liegt ein industrielles Brachland, das als die «Eisenbahngegend» bekannt ist, weil es von Gleisen flankiert wird. Dort steht ein großes Lagerhaus für Lebensmittel, in dem ein Bild von Bruce Springsteen an der Wand prangt. Es ist eine Food Bank, ein Nahrungsmitteldepot. Die Regale sind mit Makkaroni, Babynahrung, Kräckern und Salatsauce gefüllt. In den Eistruhen liegen Fisch und Eiskrem. Bei mancher Ware ist die Verpackung beschädigt, oder die Hersteller hatten plötzlich beschlossen, das Verpackungsdesign zu ändern. Andere Lebensmittel sind schlicht der Überproduktion zu verdanken. Es ist eine ungewöhnliche Zurschaustellung des Abfalls großer Unternehmen in einem Land des Überflusses und des Hungers.

Kathleen DiChiara, die Leiterin dieses Lagers, hat die Aufgabe, solche Lebensmittel aufzutreiben und deren Auslieferung an etwa fünfhundert verschiedene Initiativen für Hungernde in New Jersey und den Anliegerstaaten zu beaufsichtigen. Das Depot trägt zur Ernährung von ungefähr fünfzigtausend Menschen bei, in einer Region, wo «vermutlich jeder Siebente an einigen Tagen im Monat nicht genug zu essen bekommt». Eine solche Operation muß finanziert werden, und Springsteen hat dazu beigetragen. DiChiara zufolge hat er eine ansehnliche Summe gespendet, sie dürfe aber nicht sagen, wieviel. Wenn er in den Stadien der Gegend Konzerte gab, machte er Werbung für die Lebensmitteldepots. Als «der Boss» einen Preis des Magazins *Rolling Stone* erhielt, der mit dem Gewinn eines Autos verbunden ist, schlug er vor, lieber dem Depot einen entsprechenden Betrag zu überweisen.

Springsteens Engagement brachte den Depots plötzlich eine Menge Aufmerksamkeit ein. Teenager und sogar Kinder schickten Briefe und Geld. Kathleen DiChiara stellte fest, daß die Unterstützung mit einemmal «von einem Publikum kam, das an den traditionell mit diesem

Thema verbundenen Orten wie Kirche und Schule nicht darauf reagierte». Springsteens Initiative regte eine Gruppe von Musikerkollegen aus New Jersey, darunter auch einige Mitglieder der E-Street Band, dazu an, das Stück «We Got the Love» aufzunehmen. Sie nannten sich pompös Jersey Artists for Mankind (JAM), und Erlöse aus dem Verkauf dieser Platte gingen 1986 als Spende an das Netz der Food Banks. Springsteen spielte auf dieser Platte Gitarre.

Der Song war «zum Teil inspiriert durch Lee Mrowicki», der seit vielen Jahren als Discjockey in der Stone Pony Disco in Asbury Park arbeitet, dem heruntergekommenen Seebad in New Jersey, wo die Karriere von Springsteen begann. Mrowicki erzählt, er habe dem Sänger zu Beginn seines Engagements für die Nahrungsmitteldepots prophezeit: «Du wirst politische Unruhe stiften.» – «Yeah», soll Springsteen geantwortet haben, «genau darum geht's.» Deshalb, sagt Mrowicki, habe das JAM-Team die Zeile «We got the power» in seinen Song eingefügt.

Dies war zwar alles sehr beachtlich, doch schien es nicht zu Springsteens Plänen zu gehören, politische Macht zu erringen. Er hat nachweislich eine Million Dollar für gute Zwecke gespendet (eine beeindruckende Summe und doch nur – im Verhältnis zum Einkommen – ein Bruchteil dessen, was Chapin ausgegeben hat), und von seiner Großzügigkeit profitierten alle möglichen Vereinigungen, von den amerikanischen Gewerkschaften bis zu den britischen Unterstützungskomitees für die Bergarbeiter in Northumberland und Durham (ein Engagement für den Bergarbeiterstreik, das ihm manch verblüffte Bewunderung von Linken einbrachte).

Mrowicki hat den Aufstieg Springsteens von der Bühne des Stone Pony zum Superstar mit Ehrfurcht beobachtet. «Die meisten Menschen glauben heute, er sei der liebe Gott», sagt der DJ, der noch heute in dem verräucherten Club gegenüber der langweiligen Uferpromenade von Asbury Park arbeitet. «Er hat Macht, aber er weiß auch, daß er sie nicht mißbrauchen darf. Deshalb bleibt er meistens im Hintergrund.» Wenn er diese Macht eingesetzt hat, ist das Resultat nicht immer auch gleich ein Erfolg gewesen. In unmittelbarer Nähe von Asbury Park liegt Springsteens Heimatstadt Freehold, wo eine der ansässigen Fabriken 3M gehört, der Minnesota Mining and Manufacturing Company, die Aufnahmebänder für Profis herstellt. Das Unternehmen hatte vor, die Anlage zu schließen und über dreihundert Arbeiter auf die Straße zu schicken, ein

Szenario, das aus einem der Arbeiter-Lamentos Bruce Springsteens hätte stammen können.

Die Arbeiter in Freehold mißtrauten der Behauptung der Geschäftsführung, «es habe wegen der Auftragslage nicht genügend Arbeit gegeben». Die Ortsgruppe 8-760 der Gewerkschaft Öl, Chemie und Atomenergie beschloß, dagegen zu kämpfen. Sie schrieb an mehrere Künstler, die womöglich 3M-Bänder benutzten und sich wegen der Stillegung Sorgen machten. Neben der Besetzung von Hill Street Blues, Willie Nelson, den Blasters, John Cougar Mellencamp und ein paar anderen, antwortete auch Springsteen. Eine Anzeige, die von den meisten dieser Musiker unterschrieben war, erschien später landesweit in der Presse. Darin wurde 3M in überaus freundlichen Worten gebeten, ihre Entscheidung zu überdenken und «ein menschliches Konzept zu finden, das diese Arbeitsplätze sichern hilft und es den Arbeitern ermöglicht, in Freehold zu bleiben». Als die Kampagne im Januar 1986 begann, kehrte Springsteen ins Stone Pony zurück, um als «Sohn der Stadt gegen die Stillegung» ein Benefizkonzert für die Arbeiter zu geben und der Gewerkschaft anschließend eine Spende zu überreichen.

Es hätte eine außergewöhnliche Kampagne werden können, vor allem da sie allmählich internationale Dimensionen annahm. Einen Monat nach Springsteens kleinem Konzert inszenierten die schwarzen 3M-Arbeiter in Südafrika, die gewiß ernstere Probleme als die Arbeitslosigkeit in Freehold hatten, einen vierstündigen Solidaritätsstreik, «um die Arbeiter von Freehold zu unterstützen». – «So was hat es noch nie gegeben», sagte Stanley Fischer, der Leiter der Ortsgruppe 8-760.

Es half nichts – ein großer Teil der Anlage wurde stillgelegt, und 383 Männer verloren ihren Arbeitsplatz. Springsteen spendete weitere 25 000 Dollar, um Arbeitslosen-Projekte zu fördern, doch ein Jahr später waren noch immer sechzig Prozent ohne Arbeit. Die recht halbherzige Kampagne verlief allmählich im Sande.

Springsteen hatte zumindest etwas getan – viel mehr, so könnte man argumentieren, als die steinreichen Rockmusiker früherer Zeiten, wie etwa die Rolling Stones – doch hielten die Stones ihrem Publikum auch keine Vorträge über Politik. In ihren Songs gab es keine Bilder vom Leiden der Arbeiter, und sie beendeten ihre Konzerte auch nicht mit dem aufrührerischen Ruf: «Laßt die Freiheitsglocken läuten – aber denkt dran, ihr müßt dafür kämpfen.»

Springsteen kreischte und brüllte nicht, brachte sich nie in eine prekäre Situation oder wurde wütend über das, was vor sich ging. Er handelte wie eine Gestalt aus seinen Songs, denn Springsteens Helden akzeptieren ihr Schicksal – selbst wenn sie zu Mördern werden wie in «Johnny 99». Sie werden als edle, hoffnungslose Opfer von Kräften dargestellt, die sich ihrer Kontrolle entziehen. Und sicher liegt es gerade an dieser Einstellung, daß Springsteens aufwühlende Rocksongs zu Ehren des amerikanischen Arbeiters sowohl für die Konservativen als auch für die Linke attraktiv sind. Wenn Springsteen Woody Guthries «This Land is Your Land» singt und verkündet, dieser Song sei als wütende Antwort auf Irving Berlins «God Bless America» entstanden, bleibt unklar, ob sein Herz für die Rebellen schlägt oder nicht, da er die Ursache von Guthries Zorn und dessen Politik nicht erläutert.

Diese Unbestimmtheit hat bewirkt, daß seine Songs unterschiedlich interpretiert wurden. Bono, der zeitweise unter dem gleichen Schicksal gelitten hat, erinnert sich, wie entsetzt er über amerikanische Kneipengäste war, die Habachthaltung annahmen, als «We Are the World» gespielt wurde. Genauso perplex war er über die Art, wie Zuschauer «mit der Faust in der Luft und der Hand auf dem Herzen» auf Springsteens «Born in the USA» reagierten. «Ich weiß, daß Bruce Springsteen einen Horror davor hat», sagt Bono. «Da schreibt er einen Song über Vietnam und über die Rolle Amerikas bei der Zerstörung eines anderen Landes und dessen Kultur, und die Leute machen daraus wieder eine Art Nationalhymne.»

Die von Springsteen ebenfalls unterstützten Vietnam-Veteranen in den USA machten «Born in the USA» tatsächlich zu ihrer Hymne, während sich – bittere Ironie des Schicksals – am anderen Ende der Welt eine Gruppe von Vietnam-Veteranen formierte, deren musikalischer Kopf sich als ein Kritiker Springsteens hervortat. Redgum war in den frühen achtziger Jahren eine der führenden politischen Bands Australiens. Sie vertrieb mit ihrem auf sorgfältig recherchierten Informationen beruhenden Stück «I Was Only 19», in dem es um australische Teilnehmer am Vietnamkrieg geht, sogar Michael Jackson von der Spitze der australischen Hitparade. John Schumann, der den Song geschrieben hatte, war von seinem wesentlich erfolgreicheren amerikanischen Pendant – zumindest hinsichtlich seiner Qualitäten als politischer Sänger – überhaupt nicht beeindruckt. Seiner Ansicht nach war Springsteen verdächtig, «weil er seinen Arsch nicht hochkriegt. Er deutet die Probleme an, aber in seinen Songs steckt keine Wut. Seine Darstellung des Klassenkampfes ist folkloristisch und romantisch – keine Silbe von Ausbeutung, sozialen Schranken und Unterdrückung. Er könnte großen Einfluß ausüben, aber daß sowohl Reagan als auch Mondale ihn hofieren können, stört mich gewaltig!»

Daß er auf dem Höhepunkt des Präsidentschaftswahlkampfes von 1984 gleich von zwei Rivalen vereinnahmt worden war, beunruhigte Springsteen selbst auch. Zuerst sprach Reagan in New Jersey und verkündete: «Amerikas Zukunft ruht in Abertausenden von Träumen in Ihren Herzen. Sie stützt sich auf die Hoffnungsbotschaft in den Liedern eines Mannes, den so viele junge Amerikaner bewundern: Bruce Springsteen aus New Jersey. Und in meiner Arbeit geht es um nichts anderes, als zur Verwirklichung all Ihrer Träume beizutragen.» Springsteen distanzierte sich, zur Freude der Demokraten, eiligst von diesen Bemerkungen. Nur eine Woche später versuchte Walter Mondale, der Kandidat der Demokraten, die Unterstützung Springsteens in Anspruch zu nehmen – auch ohne dessen Billigung.

Das war amüsante Wahlkampf-Unterhaltung und ein Beispiel dafür, was passieren kann, wenn man politische Songs schreibt, ohne seine Position definitiv zu klären. Ein im Umgang mit Washington Erfahrener wie Harry Chapin war vielleicht nicht ganz so berühmt, aber dafür hatte er auch nicht derartige Probleme.

Wäre er gebeten worden, den an den Aufnahmen zu «We Are the World» beteiligten Künstler auszuwählen, den er als den besten Politiker unter den Musikern betrachtete, hätte er sich wohl nicht für Springsteen, sondern für Stevie Wonder entschieden, der zugleich auch der brillanteste und einflußreichste Musiker im Studio war. Er hatte die große schwarze Tradition des sozialkritischen Kommentars in seinen Songs fortgeführt, den Geist Marvin Gayes und des frühen Curtis Mayfield in den achtziger Jahren lebendig erhalten und mit dem Martin Luther King-Tag auch etwas Konkretes erreicht.

Zusammen mit politisch mal mehr, mal weniger bedeutenden Persönlichkeiten wie Harry Belafonte und Bob Dylan war auch Bob Geldof im Studio. Was hätte Chapin wohl von dieser lässigen irischen Kodderschnauze gehalten? Höchstwahrscheinlich hätte er die Bewunderung der Welt für einen Mann geteilt, der zumindest für kurze Zeit das Ziel erreicht hatte, auf das er mit aller Entschlossenheit zugegangen war – dem Rockpublikum die Probleme des Hungers in der Welt bewußt zu machen.

Doch während Chapin dieser Sache sein ganzes Leben gewidmet hatte, lief Geldofs Kampagne nur zwei Jahre lang, denn er war von Anfang an entschlossen, aus Band Aid und Live Aid keine «Institutionen» werden zu lassen. Seine Karriere als engagierter Popstar begann, als er seine berühmteren Freunde dazu überredete, auf die schrecklichen Fernsehbilder von der afrikanischen Hungersnot zu reagieren und eine Benefizplatte aufzunehmen, und sie endete mit der Organisation der spektakulärsten weltweiten Popshow und Hilfsfondsveranstaltung der Geschichte. Danach fuhr er durch die Welt, um die Ausführung von Hilfsprogrammen zu beaufsichtigen und führenden Staatsmännern Vorträge zu halten. Er war weitgehend verantwortlich für die angemessene Verteilung von 140 Millionen Dollar. Und nachdem all das vorüber war, versuchte er sich, mit nur begrenztem Erfolg, wieder als Popstar.

Geldof blickt auf eine außergewöhnliche Geschichte zurück, die viele Fragen offen läßt. Er beharrt darauf, seine Kampagne sei humanitär und nicht politisch gewesen, weil «Hunger über der Politik steht» (wie er wütend einer in Streit geratenen Gruppe von Europaparlamentariern vorhielt). Doch obwohl er es schaffte, seine Kampagne aus jeglicher Parteipolitik herauszuhalten, zeigten ihm seine eigenen Erfahrungen schon bald, daß Politik und Hunger sehr eng miteinander verknüpft sind. Gegen Ende seiner auf eigenem Wunsch kurzen Karriere als musikalisches Gewissen der Welt sprach auch er davon, eine «Wählerschaft» zu haben: die Millionen Zuschauer, die die Hilfsfondskonzerte am Fernsehschirm erlebten, sich an Sport Aid beteiligten und seine Ideen unterstützten. Er glaubte, es läge in seiner Verantwortung, «mit dieser Wählerschaft einen politischen Wandel zu bewirken». Diese Berufung sowie die wütenden Attacken, die Geldof gegen das Europäische Parlament und vor den Vereinten Nationen in New York ritt, hätte Chapin bestimmt gebilligt. Da Chapin wußte, daß eine Veränderung normalerweise einen langfristigen Kampf erfordert, hätte er sich vielleicht gefragt, warum Geldof zu Recht einen solchen Wandel fordere, dann aber seinen Erfolgen und seinem Engagement den Rücken zukehre und sich auf den Versuch konzentriere, ein Popstar zu sein.

Live Aid war, zumindest im weitesten Sinne, eine politische Initiative, schon bevor Geldof Mrs. Thatcher zum Butterberg befragte, und den

Europäern – oder dem Westen und den Russen – vor der UNO einen Vortrag über die Lebensmittelüberschüsse der EG hielt. Geldof berichtete der UNO, daß Live Aid «zwei Milliarden Menschen» erreicht habe. Jedes Fernsehprogramm, das ein solch großes Publikum erreiche und allein schon durch seinen Charakter die Verteilung des Reichtums auf dem Planeten in Frage stelle, rege eine Diskussion an und werde zu einem politischen Ereignis. Das Konzert hat andere politische Fragen aufgeworfen, die Geldof nicht erwartet zu haben scheint. Es war sein Wunsch gewesen, daß die besten Künstler der Welt auf den zwei sich überschneidenden Konzerten im Londoner Wembley-Stadion und in Philadelphia auftreten sollten, damit das Publikum, das das Ereignis weltweit verfolgte, sich nicht eine Sekunde langweilte, abschaltete oder kein Geld mehr einsandte. Das war die richtige Überlegung, doch wenn man es in England auf große Stars abgesehen hat, dann sind damit große *weiße* Stars gemeint. Noch zwei Jahre nach der Veranstaltung gab es schwarze britische Musiker, die wegen der Benachteiligung schwarzer Künstler im Wembley-Stadion beleidigt waren, vor allem weil Äthiopien für viele von ihnen eine spirituelle Heimat ist.

In seiner Autobiographie distanziert Geldof sich wütend von solchen Anklagen, indem er – wie ich finde, zu Recht – betont, daß er einfach nur Geld habe aufbringen wollen, selbstverständlich kein Rassist sei und es, insbesondere in Großbritannien, «einfach keine weltberühmten, ihre Platten in Millionenhöhe verkaufenden Reggaebands» gäbe.

In Amerika wurden derartige Klagen nicht laut, wohl aber überraschte Äußerungen darüber, daß Springsteen nicht aufgetreten war, und auch das Fernbleiben von Stevie Wonder sorgte für Verwirrung. Man hat vermutet, die Ursache sei auf Wonders Gefühl zurückzuführen, als Alibi-Schwarzer eingeladen worden zu sein, doch als er danach gefragt wurde, erwiderte er einfach: «Ich muß doch nicht alles mitmachen. Es war mein Wunsch, zu Hause zu bleiben, und das tat ich dann auch.»

In Philadelphia war Bob Dylan der einzige, der aus dem Rahmen fiel. Er wurde von Jack Nicholson als «der transzendentale Bob Dylan» vorgestellt und spielte drei ausgesprochen abgenudelte Oldies, darunter auch «Blowin' in the Wind», unsicher begleitet von Ron Wood und Keith Richards. Dann schlug er vor, einen Teil des für Afrika gesammelten Geldes, «vielleicht zwei oder drei Millionen», dafür zu verwenden, «die Hypotheken abzuzahlen, die ein paar Farmer hier den Banken schulden».

Dieser Einwurf erinnerte die Amerikaner daran, daß es auch im eigenen Land Hunger gab und führte schließlich zu der Hilfsaktion «Farm Aid», doch das Timing war miserabel. Schließlich sollte dieses Konzert das Publikum veranlassen, an Menschen jenseits ihrer Landesgrenzen zu denken.

Live Aid brachte vielen der beteiligten Bands beträchtliche Publicity und kommerziellen Erfolg. Geldof lud sich damit eine enorme Verantwortung auf und war plötzlich mit ganz außergewöhnlicher Macht ausgestattet. Zu Beginn plante er eine einfache Benefizveranstaltung, Lebensmittel und Geld sollten beschafft werden. Derartige Aktionen sind nicht provokativ, da sie den Status quo akzeptieren und nicht zu den Wurzeln des Problems vordringen. Aber dem Staat, den Politikern wird durch solche Initiativen von Privatpersonen oder freiwilligen Organisationen die Verantwortung für die Bewältigung sozialer Mißstände abgenommen. Die Viktorianische Ära war eine Zeit krasser sozialer Ungerechtigkeiten, und die Viktorianer waren außerordentlich wohltätigkeitsbewußt.

Zwangsläufig war daher die britische Linke Live Aid gegenüber mißtrauisch, denn das Ereignis fand zu einer Zeit statt, als Margaret Thatcher gerade «viktorianische Werte» featurte. Der *New Socialist* schmetterte: «In einer Zeit, in der das Ethos einer geplanten, sozialisierten Gesellschaft und des Wohlfahrtsstaats sich allmählich auflöst – aufgelöst *wird* – und der einzelne Konsument zum Fixpunkt jeglicher gesellschaftlicher Organisation gemacht wird, ist die Erfolgsgeschichte eines die Welt verbessernden Individuums ideologisch enorm wertvoll für eine Interessengruppe, die sich auf die Pflege viktorianischer Wohltätigkeit und auf Träumereien über den freien Markt beruft.»

Worauf Geldof sicher mit denselben Worten pariert hätte, mit denen er Kritik und Hindernissen aller Art begegnete: «Aber die Menschen sterben. Du brauchst bloß den Fernseher einzuschalten. Ich möchte kein weiteres totes Kind in meinem Wohnzimmer haben.» Als er dann über die ungeheuren Spendenbeiträge, die hereinströmten, zu verfügen begann, mußte er zwangsläufig einige Schnellkurse absolvieren: Ernährungspolitik, afrikanische Realitäten; Kenntnisse über die Bedingungen, die häufig mit Hilfsangeboten aus West und Ost verknüpft sind, und über die Summen, die afrikanische Staaten für Waffen ausgeben, mußten rasch erworben werden.

All dies und eine Menge Expertisen trugen dazu bei, die Strategie von

Band Aid zu formulieren: ein Großteil des Geldes sollte einbehalten und lieber sorgsam zur Förderung langfristiger Entwicklungs- und Rehabilitationsprogramme ausgegeben werden, statt einfach nur Soforthilfe zu leisten (die natürlich ebenso dringend erforderlich war). So wurden über ganz Afrika verteilte Projekte ins Leben gerufen, die von Baumschulen bis zu Schutzimpfungen alles mögliche umfaßten. Ziel war letzten Endes die «Afrikanisierung» der Projekte: sie sollten in die Hände der Einheimischen gegeben werden. Diese Einstellung unterschied sich deutlich von «viktorianischer Wohltätigkeit», und auf diese Weise brachte Geldof mit Live Aid die Regierungen so in Verlegenheit, daß sie sich zu Taten gezwungen sahen.

Geldof machte in den Monaten nach Live Aid eine erstaunliche Wandlung durch. Er hielt Vorträge vor Spitzenpolitikern und wetterte über die Ungerechtigkeit der Verschuldung in der Dritten Welt und den Wahnsinn der Waffengeschäfte. Die Begegnungen mit den verschiedensten Menschen, von hungernden afrikanischen Bauern bis zu George Bush und dem zukünftigen Monarchen von Großbritannien, machten aus ihm einen versierten Politiker. Da er sich um keine langfristige politische Karriere sorgen mußte, konnte der lässige Popsänger in seinen gelben Sandalen sagen, was er dachte, und die führenden Politiker in der Welt mußten dank seiner Beharrlichkeit zuhören. Im Oktober 1985 kehrte er von einer Reise durch die Hungergebiete Afrikas zurück und setzte den Europarat in Strasbourg mit einem Angriff auf den «absoluten Schwachsinn» der von der EG-Agrarpolitik verursachten Überproduktion in Erstaunen. Außerdem attackierte er die EG-Bürokratie, indem er verkündete: «Dieser Ort braucht ein Abführmittel.»

Es war eine ungewöhnliche und effektive Blitzkampagne, die im Mai des folgenden Jahres in New York ihren Höhepunkt erreichte. Die UNO-Vollversammlung hielt eine Afrika-Sondersitzung ab, um über Hungerhilfe zu diskutieren. Zu diesem Zeitpunkt organisierte Geldof gerade Sport Aid, die größte Sportveranstaltung der Geschichte. Sport Aid sollte einerseits Geld einbringen und andererseits die UNO zum Handeln bewegen.

Geldof war über den Gang der Dinge nicht sehr erfreut. Am 29. Mai nannte er auf einer Pressekonferenz in der New Yorker UNO-Zentrale die Sitzung eine «Farce», weil sie nur vier Tage gedauert hatte. Während er die Pläne für eine Stundung der Schulden afrikanischer Staaten guthieß, verkündete er, die UNO habe «den Zweck der Sitzung verfehlt», da sie weder die Auswirkungen westlicher Agrarpolitik noch den Einfluß von Waffengeschäften auf Afrika behandelt habe. Er attackierte sowohl die Russen («zynisch und lächerlich») als auch die Amerikaner (die Ausführungen von George Schultz seien «in grober Weise vereinfachend und ohne Sinn und Verstand») und behauptete: «Die Afrikaner selbst haben davon fast überhaupt nichts.» Und für wen sprach er? «Dreißig Millionen Menschen in aller Welt, die sich aktiv an Sport Aid beteiligt haben, werden mit den Ergebnissen vom letzten Sonntag nicht zufrieden sein.»

Die UNO behandelte er im typisch Geldofschen Stil. «Wenn diese Bonzen doch nur ein einziges Mal in ihrem verdammten Leben an diesem Ort wie Erwachsene ernsthaft darüber sprechen würden! Was glauben die eigentlich, wen sie vertreten? Für die dreißig Millionen, die auf die Straße gegangen sind, oder die zwei Milliarden Menschen, die letztes Jahr eine heiße Sommernacht lang zugeschaut haben, sprechen sie ganz bestimmt nicht!» Diese unsichtbaren Massen, die Hälfte der Erdbevölkerung, seien eine «politische Wählerschaft» – und doch: am Ende der Pressekonferenz konnte man Geldof murmeln hören: «Das war's dann wohl für mich ... mehr kann ich nicht tun ...»

Im Rahmen der Regeln, die er sich selbst gesetzt hatte, war er absolut im Recht. Er wollte Live Aid nicht zu einer festen Einrichtung werden lassen. Also leistete er seinen einzigartigen Beitrag und ging dann seiner Wege. Und seine «politische Wählerschaft» blieb ohne Galionsfigur zurück, der Illusion hingegeben, sie existiere als politische Kraft tatsächlich.

Es kommt einem falsch und lächerlich vor, Geldof zu kritisieren, denn er blieb seinen Überzeugungen treu und erreichte soviel wie kaum ein anderer. Doch beobachtete man die Pressekonferenz und hörte ein paar Monate später seine recht einfallslose neue Solo-LP, schien es, als sei schrecklich viel verlorengegangen oder verschwendet. Mit der inneren Zustimmung vieler kehrte er 1987 in die Hungergebiete Afrikas zurück.

Live Aid beeinflußte das ganze Spektrum der Popmusik. Daß Musiker solche riesigen Summen aufbringen und derartige Wirkungen erzielen konnten, begeisterte und ermutigte jene, die unmittelbarere politische Kampagnen mit Hilfe von Musik durchzuführen versuchten, zum Beispiel Red Wedge, die CND und AAA. Doch ging von Live Aid noch eine

Reihe weiterer Impulse aus. Es trug dazu bei, der Popmusik – der «Rebellenmusik» früherer Epochen – mehr Ansehen zu verschaffen, denn Politiker und die Stützen des Establishment überboten sich gegenseitig in ihren Lobreden auf Geldof. In Großbritannien wurde er zum Ehrenritter geschlagen (er ist irischer Staatsbürger) und für den Friedensnobelpreis nominiert.

Auch trug Live Aid indirekt zu dem um sich greifenden Gefühl bei, daß westlicher Pop sich inzwischen zu einem internationalen Stil entwickelt hatte und deshalb auch internationale Fragen ansprechen sollte – und dies trotz des bedauernswerten Mangels an Künstlern aus der Dritten Welt unter den Superstars in Wembley und Philadelphia.

Als unmittelbarer Effekt kam es zu einer Inflation von Konzerten für gute Zwecke. In den USA führten Dylans Hinweis auf die Not der Farmer zu Farm Aid, einem Programm, das von Willie Nelson organisiert wurde und eine eindrucksvolle Liste von Künstlern präsentierte, die es unterstützten, inklusive Dylan und Neil Young. In Großbritannien liefen im darauf folgenden Jahr Veranstaltungen aus ganz verschiedenen Anlässen, von Pete Townshends Kampagne gegen Heroin bis zu einem Wohltätigkeitskonzert in großem Stil für ein Kinderkrankenhaus in Birmingham, das von Bev Bevan, einem Mitglied des Electric Light Orchestra und Anhänger der Konservativen, organisiert wurde. Außerdem gab es Konzerte für Greenpeace.

Benefizveranstaltungen waren zum festen Bestandteil des Pop-Kalenders geworden. Am nützlichsten waren die, die bewiesen, wie nahe gewisse etablierte Künstler und das Establishment sich inzwischen gekommen waren. Die vornehmsten Gäste bei Live Aid waren der Prinz und die Prinzessin von Wales. Diana ist Englands bekanntester Popfan. Der Prinz hatte 1982 zum erstenmal ein Popkonzert besucht, als Status Quo in Birmingham auftraten, um Geld für seine eigene Wohlfahrtsorganisation, Prince's Trust, aufzubringen. Sie war 1976 als Stiftung zur Unterstützung benachteiligter Jugendlicher ins Leben gerufen worden, doch hatte sie nur ein niedriges Budget von rund 30000 Pfund im Jahr, das Privat- und Geschäftsleute und der Prinz selbst bereitstellten. Dies änderte sich drastisch, als es die Stiftung mit Popmusik zu tun bekam.

Dem Status Quo-Konzert folgte eine Rockgala der Prinzlichen Stiftung (mit solch gewichtigen Stars wie Phil Collins, Robert Plant, Pete Townshend und Ian Anderson), und seitdem wurden aus den Konzerten für diese Einrichtung regelmäßige Veranstaltungen, häufig Auftritte bedeutender Gruppen wie Dire Straits, Eurythmics oder Genesis, manchmal speziell arrangierte Galas – und immer in Anwesenheit blaublütiger Herrschaften. Mittlerweile kamen 75 Prozent des Stiftungseinkünfte von gut über einer Million Pfund aus dem Popmusikbereich, größtenteils durch das Geschäft mit Fernseh- und Videolizenzen. Zwar hatten die Veranstaltungen vor Live Aid begonnen, doch die Stimmung in der Zeit nach diesem Ereignis sorgte für einen enormen Aufschwung.

Die Einnahmen werden von 54 über ganz England verstreuten Ortskomitees verteilt. Jedes Jahr erhalten etwa drei- bis fünftausend Jugendliche zwischen vierzehn und einundzwanzig Jahren Stipendien bis zu dreihundert Pfund, die als «Hilfe zur Selbsthilfe» gedacht sind. Dinge wie Fußballtrikots, elektrische Gitarren oder ein Fahrrad für ein Mädchen, das sich auf Arbeitssuche befand und sich keine Fahrkarte leisten konnte, sind mit diesem Geld bezahlt worden.

Kann man so etwas altmodische viktorianische Wohltätigkeit nennen? Ein zukünftiger König, der zu helfen versucht, ist einem, der nichts tut, vorzuziehen, wenn es auch, wie sein Büro konzediert, «nur ein Tropfen auf dem heißen Stein ist, aber es ist besser, ein paar tausend Menschen zu unterstützen als überhaupt keinen».

Die Stimmung nach dem Live Aid-Konzert breitete sich auch außerhalb des Westens aus und beeinflußte sogar die UdSSR. Die russische Band Autograf hatte über Satellit von Moskau aus beim Live Aid-Konzert mitgewirkt, und erst wenige Monate zuvor hatte ein neuer Generalsekretär der Kommunistischen Partei sein Amt angetreten. Mit 54 Jahren war Michail Gorbatschow der jüngste Sowjetführer seit Stalin, aber glücklicherweise hatte er ganz andere Ziele, wie er im darauffolgenden Frühjahr bewies, als er auf dem Parteitag eine schonungslose Attacke gegen Korruption und Ineffizienz ritt. Das war der Anfang der bis heute anhaltenden, wenn auch immer wieder von Rückschlägen und Gegenbewegungen bedrohten Glasnost-Politik, die schon bald ihre erste Feuerprobe bestehen mußte. Die UdSSR (und ein großer Teil Ost- und Westeuropas) erlebten den schlimmsten Atomunfall der Geschichte: die Havarie im Kernkraftwerk von Tschernobyl.

In Moskau fand ein besonderes Benefizkonzert im Stil von Live Aid statt, um Geld für den Katastrophenfonds zu sammeln. Es erinnerte daran, daß auch die Sowjetunion ihre Rockstars hatte, obwohl die es nicht leicht gehabt haben in einem Land, dessen herrschende Kulturpolitik Popmusik und Jazz traditionell als Auswürfe westlicher Dekadenz betrachtete. In den zwanziger Jahren gab es folgenden russischen Slogan: «Heute spielt er Jazz, morgen verrät er sein Land.»

Nachdem Gorbatschow sein Amt übernommen hatte, verbesserte sich die Situation ein wenig. «Offizielle» Bands wie Autograf waren beim staatlichen Plattenlabel Melodija unter Vertrag, während andere die Konformität mit den offiziell genehmigten Stilen ablehnten, sich irgendwie durchschlagen mußten, indem sie andere Jobs annahmen und, wann immer sich die Gelegenheit bot, bei improvisierten Konzerten auftraten, von denen man nur über Mundpropaganda erfuhr.

Im Sommer 1987 konnten Ereignisse in der Popwelt als Barometer für das Tauwetter in den Ost-West-Beziehungen dienen. Als der Westen allmählich Interesse an russischer Popmusik zeigte, spielten sowjetische Bands wie Dialog in vielen Städten Westeuropas, während Billy Joel, als letzter einer ganzen Reihe westlicher Rockmusiker, die Sowjetunion besuchte und dort sechs Konzerte gab – ein Ergebnis des Gipfeltreffens zwischen Reagan und Gorbatschow zwei Jahre zuvor, bei dem die beiden ein Abkommen über einen Kulturaustausch unterzeichnet hatten. Mit dem Beatles-Klassiker «Back in the USSR» riß Joel die Leute von den Stühlen.

Auch in den osteuropäischen Trabanten der Sowjetunion wurde Popmusik zum Gradmesser des politischen Wandels. Ein Anzeichen für die neue Stimmung im Volk war eine bemerkenswerte Veranstaltung, die am 27. Juli 1986 im Volksstadion von Budapest stattfand. Eine zwanzigköpfige Frauentanzgruppe fegte, in Nationaltrachten gekleidet, vor mehr als achtzigtausend Menschen über die Bühne und legte eine schräge Version von «Honky Tonk Women» aufs Parkett, die es in sich hatte. Sie eröffnete das bis dahin größte in Osteuropa veranstaltete Popkonzert, dessen Hauptattraktion die Gruppe Queen war (die sich inzwischen für ihren Auftritt in Sun City zwei Jahre zuvor entschuldigt hatte).

Auf der Bühne zog Queen ihr bekanntes Stadionritual ab, aufgepeppt durch die Akrobatik Freddy Mercurys, der – in britische und ungarische Flaggen gehüllt – im Schatten eines von Stalin in Auftrag gegebenen Zeltdachs wie auf einem Laufsteg umhertänzelte. Schon vor Beginn des Konzertes waren interessante Diskussionen geführt worden. Eine

Gruppe Jugendlicher in den dunkelgrünen Uniformen der Jungen Garde debattierte über Kommunismus, Popmusik und Zensur. Die jüngeren Gardisten sprachen sich ebenso deutlich gegen die staatliche Kontrolle der Schallplattenindustrie und die Zensur wie für die Öffnung der Musikszene aus. Besondere Sorgen machten sie sich wegen der Inhaftierung einheimischer Punkgruppen wie CPG und ETA, deren Texte das offiziell Erwünschte weit überschritten: «Hitler und Stalin wollten zuviel. Ich brauche das nicht. Ich will nur Anarchie und den Strand.»

Ihre älteren Gefährten (die meinem Dolmetscher schließlich zu verstehen gaben, daß diese Diskussion nun lange genug gedauert habe) vertraten die Ansicht, derartige Punks seien gefährlich, und wenn sie sich hemmungslos ausbreiteten, könnte das «zu einem weiteren 1956 führen».

Es war zwar nicht die Popmusik gewesen, die diese Debatte ermöglicht hatte, doch galt sie jetzt als Maßstab zur Beurteilung der Meinungsfreiheit. In anderen osteuropäischen Ländern wurde Popmusik als Richtschnur für die Einstellung der Jugendlichen betrachtet. In Polen entwickelte sich eine eigenständige, einheimische Musikszene, die sehr lebendig war (und Punkveteranen wie den Stranglers anhing), während es in Ost-Berlin an der Mauer zu Tumulten kam, als jugendliche Fans versuchten, dem Bowie-Konzert zu lauschen, das – in eigentlich unverantwortlicher Weise – ein paar hundert Meter entfernt auf Westberliner Terrain stattfand.

In der damaligen DDR wurde Popmusik von den Behörden für Propagandazwecke benutzt, aber man bediente sich ihrer auch, um dem Westen Veränderungen in den Beziehungen zu signalisieren. Die DDR veranstaltete damals jedes Jahr ein «Festival des politischen Liedes», und im Oktober 1983 durfte dort Udo Lindenberg auftreten, der freimütige, engagierte Sänger, der später die einlullende Atmosphäre beim Live Aid-Konzert zu stören versuchte, indem er eine Rede über Entwicklungspolitik hielt und den in Äthiopien benötigten Betrag den Verteidigungsetats in Ost und West gegenüberstellte. Jahrelang hatte er die DDR-Führung durch den Kakao gezogen, hatte in seinem Stück «Sonderzug nach Pankow» gefordert, «im Arbeiter- und Bauernstaat» singen zu dürfen, und Erich Honecker in satirischen Versen besungen.

DDR-Bands waren wegen solcher Anspielungen im Knast gelandet, daher waren Lindenbergs Anhänger in der DDR höchst erstaunt, als er plötzlich eingeladen wurde. Er trat gemeinsam mit russischen und tschechischen Sängern sowie mit Harry Belafonte bei einer «Friedensgalavorstellung» auf, und im September 1987, als Honecker bei seinem ersten Besuch der Bundesrepublik in Wuppertal das wiederaufgebaute Geburtshaus von Friedrich Engels besichtigte, wartete draußen Udo Lindenberg auf «Honny». Das merkwürdige Duo hatte eine kurze, aber vielbeachtete Unterhaltung vor den unvermeidlichen Fernsehkameras.

Nicht alle westlichen Sänger, die auf den Festivals in der DDR auftraten, waren mit ihrer Wirkung zufrieden. 1986 standen Leon Russelson, Billy Bragg, die ANC-Band Amandla, russische Rockbands und Pete Seeger auf dem Programm. Russelson, der aggressive Kritiker englischer und amerikanischer Politiker, zeigte sich wenig beeindruckt. «Ich fühlte mich am falschen Platz. Es ist mein Job, die Leute herauszufordern und zu provozieren, aber sie meinten, es gäbe keine Probleme – nicht mal in Fragen der Atomenergie und des Feminismus. Es gab eine Menge Dinge, denen sie nicht ins Auge blicken wollten oder die sie als zu gefährlich betrachteten. Ich sah keinen Sinn darin, Allgemeinplätze über den Frieden vorzutragen, mit denen jeder, aber auch absolut jeder einverstanden sein mußte.»

Billy Bragg, der der Sowjetunion und Osteuropa seither einige Besuche abgestattet hat, machte es nichts aus, von Politikern benutzt zu werden. Das sei die Erfahrung wert, meinte er. «Wenn in den herrschenden politischen Parteien keine internationale Kommunikation stattfindet, dann muß eine Popmusik ohne Grenzen diese Rolle übernehmen. Irgendwo muß doch der Gedankenaustausch doch beginnen.»

Der neue Internationalismus der Popmusik spiegelte sich in den Kompositionen wider. In den späten Achtzigern konnte der Rock 'n' Roll bereits auf eine dreißigjährige Geschichte zurückblicken, doch zeigte er langsam auch Alterserscheinungen. Die Musik hatte sich durch weißen Rock und Folk, schwarzen Soul, Blues, Reggae und Funk sowie durch Revivals und Überformungen all dessen fortentwickelt und suchte weiterhin nach unverbrauchten Klängen. Einen wichtigen Weg wies die «Weltmusik», die nach und nach Künstler aus Afrika, Lateinamerika und selbst aus Osteuropa zusammenbrachte, und Peter Gabriel und die WOMAD-Bewegung unterstützen die Verbreitung dieser neuen Fusion-Stile. Seit 1982 holen sie nichtwestliche Musiker nach England und veröffentlichen deren Platten.

In den USA führte die neue Mischung aus afrikanischen, lateinamerikanischen und karibischen Elementen zu «World Beat», einer globalen Fusion-Bewegung, für die der Musiker Dan Del Santo aus San Francisco und andere Bands aus der Gegend warben. Sie vermischten diese Stile und versahen die so entstehende Musik mit radikalen Texten. All dies beeinflußte die politischen Aktivitäten innerhalb der Popszene. Wie Phil Ochs zwei Jahrzehnte zuvor stellten Musiker fest, daß es überall auf der Welt, selbst in bisher unbeachteten Winkeln der englischsprachigen Kultur, politische Sänger gab.

In diesem Klima schien es nun schließlich möglich, daß der faszinierende kanadische Sänger Bruce Cockburn größere Anerkennung bekommen könnte. Seine zunehmend aggressiven, variationsreichen und komplexen Songs waren eine Mischung aus Rock- und Folkstilen und «Musik aus aller Welt». Mitte der siebziger Jahre begann er politische Protestsongs zu schreiben, die sich vorwiegend mit dem großen südlichen Nachbarn seines Landes befaßten, und in den Achtzigern schaute er noch weiter nach Süden, nämlich nach Lateinamerika. Angeregt von der Dichtung Pater Ernesto Cardenals, des Kulturministers von Nicaragua, besuchte er dieses Land, eine Erfahrung, die sowohl seinen musikalischen Stil als auch seine Texte veränderte, was bissige Stücke wie «If I Had a Rocket Launcher» deutlich zeigen: Vorbei ist es in diesen Liedern mit der Geduld des christlichen Pazifisten. Mit seiner Parteinahme für Nicaragua und gegen die Contras unterstützte er das Sanctuary Movement, ein Netzwerk amerikanischer Kirchen und Schutzhäuser, die «illegale» Flüchtlinge aus El Salvador und Guatemala beherbergen. Die Reagan-Regierung vertrat den Standpunkt, solche Menschen könnten keine echten politischen Flüchtlinge sein, da sie aus Systemen flohen, die von den USA unterstützt werden.

In Mittelamerika bekam noch ein politischer Sänger Aufwind durch das neue Klima. Ruben Blades aus Panama, ein Rechtsanwalt Ende dreißig, in allen lateinamerikanischen Ländern ein großer Star, berühmt für seine zeitgenössische Mixtur aus Salsa, der Musik Puerto Ricos, Kubas und der Latin Clubs in New York. Außerdem ist er ein Mann mit einer sorgfältig durchdachten Mission. Er will seine Musik und seinen Namen als Werkzeuge einsetzen, um die Haltung der USA gegenüber Lateinamerika zu verändern, und dann nach Panama zurückkehren, um dort in die Politik zu gehen. Dies ist kein weit hergeholter Traum, denn er hat zwei akademische Titel als Jurist erworben (einen davon an der Harvard University) und hat es als Filmstar und Musiker gleichermaßen weit gebracht.

Blades' politische Aktivitäten entsprangen praktischer Erfahrung. Er wuchs in der Kanalzone auf, und als begeisterter Fan des Rock 'n' Roll, den er nachahmte, ohne die Texte zu verstehen, waren die USA für ihn «das Volk, das wir idealisierten, das beste der Welt». Das änderte sich 1964, als es zu Aufständen in seinem Land kam, «weil wir forderten, daß die Flagge Panamas neben der amerikanischen Fahne wehen sollte» und die amerikanischen Einwohner damit nicht einverstanden waren. US-Streitkräfte marschierten ein, und 21 Menschen starben. «Es war ein gewaltiger Schock», erinnert sich Ruben Blades, «plötzlich trat die Armee, die die Nazis besiegt hatte, auch uns mit Füßen.» Dieses Erlebnis veranlaßte ihn, die Geschichte seines Landes zu studieren. «Ich fing an, mich selbst fortzubilden und Augenmaß für die Realitäten zu entwickeln, ohne ein spinnerter anti-amerikanischer Sektierer zu werden.»

Seit Mitte der siebziger Jahre lebt Blades nun schon in New York. Er spielte in Bands und versuchte, Salsa zu einem internationalen Stil auszubauen, indem er die gesamte Percussion beibehielt, aber die Blechinstrumente durch Synthesizer ersetzte. Im Laufe der Zeit hat er den Durchbruch zu einem recht großen westlichen Pop-Publikum geschafft, das schnelle, rauhe Tanzrhythmen liebt. Er erklärt auch die spanischen Texte seiner oftmals politischen Songs, zum Beispiel «Father Antonio and the Altar Boy, Andres», sein Stück über den 1980 ermordeten Erzbischof Romero aus El Salvador, «Muevete», ein bewegendes Stück über die Beseitigung von Mißständen oder «Tiburon» (Der Hai), eine Nummer, die sich kritisch mit der amerikanischen Außenpolitik auseinandersetzt. Derartige Lieder erzürnten die kubanischen Exilanten in Miami, die sich geweigert haben, Blades' Platten im lokalen spanischsprachigen Rundfunksender zu spielen. «Es ist interessant», sagte er, «daß dies Leute sind, die Kuba verlassen mußten, weil sie dort ihre Meinung nicht sagen konnten.»

Blades spielte zwar auch auf der «Sun City»-LP mit, doch sein Lebenswerk ist der Widerstand gegen etwas schwerer Greifbares als Apartheid. Er versuche, sagt er, das stereotype Bild der Lateinamerikaner zu bekämpfen: «Mexikaner mit großen Hüten, die unter einem Kaktus schlafen, mit Drogen dealen und alle zwei Minuten eine Revolution anzetteln», und um ein neues Image zu vermitteln, nutzt er auch die Möglichkeiten des Films. Neben seiner Schauspielerkarriere plant Blades, mit Hilfe einiger führender Songschreiber englische Songs aufzunehmen und dadurch einen noch größeren Markt für Salsa zu gewinnen. Hat er dies erreicht, sieht sein Lebensplan eine Rückkehr nach Panama vor. Dort will er eine Organisation aufbauen und sich um die Probleme des Landes kümmern. Es hat Gerüchte gegeben, Blades plane, Präsident zu werden, doch wenn man ihn heute fragt, klingen seine Pläne weniger hochtrabend: Er wolle sich «als Selbständiger niederlassen und für das Bürgermeisteramt von Panama City kandidieren». Das ist keine völlig aus der Luft gegriffene Idee in einem kleinen jungen Land, in dem es diskreditierte Politiker zur Genüge gibt: eine Untersuchung im Fernsehen zeigte, daß ihn neunzehn von zwanzig Menschen in Panama wählen würden.

Unterdessen kümmerten sich die politisch engagierten Musiker in Afrika nicht allein um die negativen Auswirkungen der Apartheid auf die Schwarzen in Südafrika und auf dessen Nachbarländer wie Simbabwe und Moçambique. Auch in Schwarzafrika gibt es politische Unterdrückung, und Musiker, die sich dagegen äußern, können schnell in Konflikt mit den Behörden kommen. Fela Kuti, der Superstar aus Nigeria, eine Zeitlang bekannt als «Gefangener E1106», wurde zu Schwarzafrikas berühmtestem Beispiel für ein solches Schicksal.

Schon in den sechziger Jahren begann Kuti, die Musik als politisches Medium zu nutzen. Er studierte Jazz in London, bildete seine politischen Ansichten heraus, nachdem er führenden Black Power-Mitgliedern in den USA begegnet war, und erwarb sich in Nigeria allmählich den Ruf eines Künstlers, von dem neue musikalische und politische Impulse ausgingen. Er entwickelte den Afrobeat, einen Stil, der es erlaubt, Songs vierzig Minuten und länger auszuspielen. Neben bläserbetontem Bigbandjazz und seinen eigenen Keyboard- und Saxophonsoli gehören Elemente afrikanischen Sprechgesangs und afrikanischer Rhythmik zum Afrobeat. Kutis Texte richten sich gegen die Zivil- und Militärbehörden Nigerias. Er greift die korrupte Regierung, die Brutalität in der Armee und multinationale Unternehmen in Songs wie «VIP, Vagabonds in Power» oder «ITT, International Thief Thief» an. Weiteren Ärger verursachte er, als er das Grundstück um seinen Club «Shrine» in Lagos zum unabhängigen Staat, der Republik Kalakuta, erklärte. Als 1977 das Militär an der Macht war, gab es einen Großangriff der Armee auf Kalakuta, bei dem Kutis Mutter getötet wurde. Als die Armee die Macht an eine Zivilregierung zurückgab, überreichte er dieser eine Nachbildung ihres Sarges.

Das neue Zivilregime behandelte ihn nicht viel besser. Er gründete seine eigene politische Partei, Movement of the People, und kündigte an, er wolle Präsident werden und die Musik werde ihm dabei helfen, denn sie sei «die Waffe der Zukunft». Seine politische Philosophie schien eine Post-Nkrumah-Mixtur aus Panafrikanismus und «progressivem afrikanischem Sozialismus» zu sein, verbunden mit freimütigen Ansichten über die Rolle der Frau. Kuti, der einmal an einem Tag all seine 27 Sängerinnen geheiratet hatte, glaubte, «daß in Afrika die Frauenbefreiung nie Fuß fassen kann. Frauen können zwar hohe Positionen innehaben, aber zu Hause ist der Mann der Boss.»

Die Zivilregierung schätzte seine Attacken genausowenig wie das Militär. 1981 behauptete er, es sei ein Mordanschlag auf ihn verübt worden, als er, unter dem Verdacht stehend, an einem bewaffneten Raubüberfall beteiligt gewesen zu sein, verhaftet wurde. Als zwei Jahre darauf das Militär wieder an die Macht kam, war klar, daß es noch mehr Ärger geben würde.

Unter dem Buhari-Militärregime wurde dieser umstrittenste Musiker Afrikas im September 1984 auf dem Flughafen von Lagos verhaftet, gerade als er eine große Amerika-Tournee antreten wollte. Man warf ihm vor, er habe versucht, illegal 1600 Pfund in ausländischer Währung auszuführen, obwohl er behauptet, dies sei Geld gewesen, das er völlig legal gerade im Ausland verdient hatte. Seine Schlußfolgerung: «Sie wollten mich nicht in den USA spielen lassen. Sie wollten mit mir auf besondere Weise verfahren. Sie sind brutal mit mir umgegangen, und jetzt wollten sie meinen Widerstand brechen.» Er wanderte für fast vier Jahre in den Knast und wurde auch nicht freigelassen, als ein Regierungsrat der Streitkräfte unter Generalmajor Babangida die Macht übernahm und Kutis älteren Bruder zum Gesundheitsminister ernannte.

Rund um die Erde entstanden Kampagnen für die Freilassung Kutis, der von Amnesty International als politischer Häftling eingestuft wurde. Unter den aktiven Musikern befand sich auch Hugh Masekela, und Dan Del Santo nahm den Song «Free Fela» auf. Im April 1986 wurde er endlich auf freien Fuß gesetzt. Dies geschah nach (später widerrufenen) Behauptungen, er sei von seinem Richter besucht worden, der gesagt habe, er hätte ihn unter dem Druck der Regierung verurteilt. Kurz nach seiner Freilassung saß er, nur mit Unterhosen bekleidet und mit einer Kette um den Hals, in einem Londoner Luxushotel, umgeben von elegant gekleideten Frauen. Er sagte, er habe im Gefängnis einige Entscheidungen getroffen. Die Ehe liege ihm nicht und er wolle jetzt – und da klang er etwas weniger überzeugend – definitiv Präsident werden. «Es ist möglich, daß man mich durch ein Volksbegehren ins Amt des Präsidenten beruft», behauptete er in der für ihn typischen extravaganten Art. «Ich bin sicher, ich werde Präsident. Im Augenblick gibt es außer mir keinen Führer, der meinem Land helfen kann.»

Eine der ersten Taten Kutis nach seiner Freilassung war ein Flug in die USA, um am spektakulären Finale der Amnesty International-Tournee «Conspiracy of Hope» teilzunehmen, zusammen mit Peter Gabriel, Jackson Browne und einigen anderen bedeutenden Gruppen, die die Organisation unterstützten. Es schien nur angemessen, daß Kuti zusammen mit Ruben Blades auf der Bühne stand, jenem anderen Superstar der Dritten Welt, der hohe politische Ziele verfolgte.

Die Amnesty-Tournee war in den USA das musikalisch-politische Hauptereignis des Jahres 1986. Sie war deshalb so erfolgreich, weil die Ziele der Organisation perfekt zu der neuen Stimmung in der politischen Popszene paßten. Live Aid hatte in der Zusammenarbeit zwischen Megastars Pionierarbeit geleistet. Jetzt wurden diese Erfahrungen ausgeweitet, um die neue internationale Kooperation der Popmusiker zu gewährleisten und die Aufmerksamkeit der Welt auf eine Reihe von Kampagnen zu lenken, die politisch weitaus aktueller schienen als das Hungerproblem. Darüber hinaus konnte Amnesty für sich in Anspruch nehmen, mehr zu sein als eine auf ein einziges Thema beschränkte Kampagne wie etwa die Campain for Nuclear Disarmament. Denn Amnesty konnte mit der Unterstützung all jener rechnen, die überall auf der Welt gegen Todesstrafe, Folter und religiöse oder politische Verfolgung kämpften.

Diese durch Spenden finanzierte Organisation wurde 1961 gegründet, um Rede-, Meinungs- und Glaubensfreiheit überall auf der Welt zu verteidigen, sich mit friedlichen Mitteln für die Menschenrechte und die Freilassung von politischen Gefangenen einzusetzen sowie Fälle von Verfolgung und Folter aus politischen Motiven zu dokumentieren. Rund um die Erde wurden Regierungen an die Allgemeine Menschenrechtserklärung der UNO erinnert und ermahnt, den in ihr formulierten Verpflichtungen nachzukommen. Die Bewegung breitete sich auf 75 Länder aus, doch war Amnesty bis zu ihrer Berührung mit der Popwelt eine recht akademische Angelegenheit für Engagierte aus der Mittelschicht.

Zu den ersten direkten Begegnungen zwischen Amnesty und der Popkultur kam es 1979 und 1981 bei den Shows zu «The Secret Policeman's Ball» mit den Stars Pete Townshend, Sting, Phil Collins, Bob Geldof und dem Monty Python-Team. Danach war erst einmal Sendepause, bis schließlich die schottische Band Simple Minds nach dem Live Aid-Konzert an die Organisation herantrat. Jim Kerr und seine Band wollten Amnesty die Einnahmen von drei Konzerten ihrer Welttournee von 1986 spenden. Sie hielten Pressekonferenzen in Großbritannien und den USA ab, ließen Amnesty-Mitarbeiter bei den Konzerten Flugblätter verteilen und widmeten auf der Bühne erstmals ihren Song «Ghost Dancing» der Organisation. Die Zuhörer wurden an spezielle Kampagnen zur Befreiung politischer Gefangener zum Beispiel in Afrika, El Salvador und der UdSSR erinnert. Simple Minds bat sie, Geld zu spenden und Amnesty beizutreten. Und das taten sie zu Hunderten.

1986 feierte Amnesty International den fünfundzwanzigsten Jahrestag ihres Bestehens. Die amerikanische Zweigorganisation veranstaltete nach den Konzerten von Simple Minds eine einwöchige Jubiläumstournee, die von San Francisco nach New York führte, wo der gerade freigelassene Fela Kuti sich dem Finale anschloß. Weitere Teilnehmer der Tournee «Conspiracy of Hope» waren U2, Tom Petty, Lou Reed, Sting (zusammen mit einer speziell zu diesem Anlaß neu formierten Police), Joan Baez und Bob Dylan (der «I Shall Be Released» sang). Bruce Springsteen, der schon bei Live Aid nicht aufgetreten war, wollte auch für Amnesty nicht spielen. «Er kann mit weltumspannenden Themen nicht viel anfangen, er beschäftigt sich lieber mit Problemen auf kommunaler Ebene», erklärte Bono.

Aber die Tournee war auch ohne den «Boss» bemerkenswert, einerseits wegen ihrer Wirkung auf die Künstler selbst und andererseits wegen der Veränderungen, die sie bei Amnesty hervorrief. Vor dem Ereignis befürchtete Bono, «daß nach Live Aid alles langweilig werden könnte». Als die Tournee vorbei war, redete er, als habe sie U2 und die ganze USA verwandelt.

Ein Jahr später wurden U 2 auf ihrer «Joshua Tree»-Tournee zu Recht als größte und beste Rockband der Welt bezeichnet. Bono sah den neuen Erfolg seiner Band als Teil eines umfassenderen Phänomens, das mit Amnesty begonnen hatte. In einem Hotelzimmer in Connecticut machte er Bestandsaufnahme. «Es war ganz erstaunlich, all diese Leute auf der Bühne spielen zu sehen, aber der eigentliche Effekt war ein echtes Wiedererwachen in Amerika, ein Schlag gegen Reagans Rechte. Seit der Tournee hat sich Amnestys Mitgliederzahl verdoppelt. Die Amnesty-Tournee war ein Wendepunkt.»

Wie bei Live Aid konnten sich die Künstler zusammentun, sich amüsieren und versuchen, ihren Egos, Beratern und Managern zu entfliehen. Dennoch war diese Tournee anders, weil sie politisch direkter war und die Diskussionen hinter der Bühne so ganz und gar nicht ins typische Rock 'n' Roll-Ambiente paßten. Über Jackson Browne lernte Bono Rechtsanwälte kennen, die den Fall Karen Silkwood wieder aufgerollt hatten und inzwischen untersuchten, von wem und auf welchen Wegen die Contras finanziert wurden. Er lernte andere Menschen kennen, die sich mit dem Sanctuary Movement oder Kooperativen in Nicaragua und El Salvador beschäftigten. Als er sich in San Francisco aufhielt, wurde er zu einer Rundfahrt durch das Latin Quarter eingeladen, einen Stadtteil, den die meisten Touristen nicht zu sehen bekommen. Man führte ihn zusammen mit Lou Reed durch die «Barmy Alley» wo «auf siebzig Meter die Häuser, Bäume, das Glas und die Abflußrohre mit den unglaublichsten antiamerikanischen Wandmalereien bedeckt sind, die du je gesehen hast. Hier ist Amerika als eine Schlange zu sehen, da als eine Welle, die Mittelamerika verschlingt – die knalligsten Graffiti, die ich je gesehen habe.»

Sie landeten in der Werkstatt von Reme Castro, einem chilenischen Künstler, der zunächst zögerte, mit ihnen zu reden, bis ihm klar wurde, daß sie zur Amnesty-Tournee gehörten. «Da leuchteten seine Augen auf, und er erzählte, daß er Amnesty sein Leben verdanke. In Chile sei er ein politischer Gefangener und zusammen mit Victor Jara im Stadion eingesperrt gewesen, wo Jara die Finger abgerissen wurden. Und auch er sei gefoltert worden...»

Diese Erfahrung brachte Bono auf einen Weg, der unweigerlich in Mittelamerika endete. Im August besuchte er Nicaragua und El Salvador («nur um mich ein wenig umzusehen und mir ein Bild zu machen»). Er lernte Ernesto Cardenal kennen, den Kulturminister des Landes, dessen

Schriften Bruce Cockburn so nachhaltig beeinflußt hatten. In El Salvador spürte er «die Angst des Volkes vor der Unberechenbarkeit der Truppen und der Polizei». Er verbrachte einen Tag mit der Gruppe, die einst von Erzbischof Romero für jene ins Leben gerufen worden war, denen die Behörden die Kinder weggenommen hatten. Dieser Besuch inspirierte Bono zu den beiden politischsten Stücken auf der «Joshua Tree»-LP: «Bullet the Blue Sky» und «Mothers of the Disappeared».

Als nach der Veröffentlichung des Albums die Band 1987 mit triumphalem Erfolg durch die USA tourte, konnte Bono von der Bühne herab die Wirkung sehen. Die Hallen waren mit Amnesty-Fahnen übersät, Spruchbänder riefen zur Freilassung politischer Gefangener auf, forderten die Beendigung der Apartheid und priesen Martin Luther King, den Helden früherer U2-Songs. Rockfans neigen seit jeher dazu, ihre Idole nachzuahmen und ihre Zuneigung durch Symbole auszudrücken, doch dies hier schien viel weiter zu gehen. «Wir lenken sie in keine besondere Richtung», sagte Bono, «es wird kein Handbuch dafür mitgeliefert.»

Er schien verwirrt darüber zu sein, daß die Anhänger der Band ihre eigenen Fanclubs gründeten, in denen so ziemlich alles stattfand, was mit dieser neuen Bewegung zusammenhing – die Bemühungen, alte Clash-Platten aufzutreiben, genauso wie die Unterstützung von Amnestys Briefaktionen für bestimmte Gefangene. Und wieder betonte Bono: «Wir sind keine politische Band», um dann hinzuzufügen: «Aber politische Aktivitäten gehören dazu.»

Der Blick von der Bühne herab muß berauschend gewesen sein. Für Bono spiegelten sich in dieser bunten Szenerie vor seinen Augen die Geschehnisse in den USA wider. «Als wir vor fünf Jahren zum erstenmal hierher kamen, war die Stimmung mies, und es gab diese unglaubliche Verschanzung und niedergedrückte Stimmung als Reaktion auf die Arroganz und die Vorherrschaft rechter Gesinnung an Universitäten und Schulen. Es war das Gefühl, der Rock 'n' Roll und auch der einzelne konnten nichts verändern. Inzwischen aber hat eine Wende eingesetzt.»

Die Aktionen der Band bekamen zwangsläufig eine politische Dimension – ob sie es nun wollten oder nicht. Als sie zum Tourneebeginn in Arizona spielten, sahen sie sich plötzlich selbst im Zentrum einer Kontroverse stehen, weil der Bundesstaat es ablehnte, den Martin Luther King-Gedenktag zu feiern. Es waren Gerüchte im Umlauf, Stevie Wonder habe U2 gebeten, dort aus Protest nicht aufzutreten. Bono erzählt, die Band habe sich mit Coretta King und einigen «Black rights»-Gruppen beraten, und die hätten ihnen grünes Licht gegeben. Also traten sie auf, «und es gab Stunk vor den versammelten Reportern». Bono behauptet, danach habe der Bundesstaat New Mexico, der ebenfalls eine Aufhebung des Martin Luther King-Gedenktags erwogen hatte, nunmehr öffentlich beschlossen, den Feiertag zu billigen.

Amnesty International machte einen raschen Wandel durch. Die Mitgliederzahl wuchs unaufhaltsam, und die Organisation arbeitete einen neuen Aktionsrahmen aus, um die jungen Anhänger zu mobilisieren und sie in Kampagnen einzubeziehen. In Großbritannien, wo Amnesty-Mitglieder aufgefordert wurden, bei Konzerten von U2 und Peter Gabriel Flugblätter zu verteilen, behauptete Direktor Pat Duffy: «Wir sind – dank des Eingreifens sehr berühmter und beliebter Leute und deren Fans – auf dem Weg, die größte nichtstaatliche aktive Mitgliederorganisation des Landes zu werden und dabei sogar die CND zu überflügeln.»

Duffy hatte einen großen Teil seines Lebens damit verbracht, das Elend politischer Gefangener öffentlich zu machen und Geld aufzutreiben, um diese Informationsarbeit zu finanzieren. Nun stellte er plötzlich fest, daß er zugleich Manager und Anwalt spielen mußte. In den USA war es bei der Conspiracy of Hope-Tournee zu einer herben Enttäuschung gekommen: Die Organisation hatte erhebliche Verluste hinnehmen müssen, da sie es versäumt hatte, bei Schallplattenfirmen und Verlegern die nötigen Genehmigungen für die Filmaufnahmen beim letzten Konzert einzuholen. Zum fünfundzwanzigsten Jubiläum wurde die «Conspiracy of Hope»-LP geplant, die feine Leckerbissen enthielt wie einen neuen Song von Sting (eine Interpretation des Billie Holiday-Klassikers «Strange Fruit») sowie Stücke von Peter Gabriel und Steve Winwood.

Amnesty festigte ihre vitale Beziehung zum Pop, indem sie eine dritte Folge des «Policeman's Ball» veröffentlichte (Mark Knopfler spielte mit Chet Akins, Peter Gabriel mit dem afrikanischen Star Youssou N'Dour und Kate Bush mit Pink Floyd) und sogar eine eigene Schallplatten- und Musikverlagsgesellschaft gründete.

All dies kann als Teil einer triumphalen Entwicklung angesehen werden. Popmusik, die rebellische Teenagermusik der Fünfziger und die impulsive Protestmusik der Sechziger hatten die kommerziellen Siebziger überlebt und sich in den achtziger Jahren als entscheidende, unberechenbare Kraft innerhalb der eher etablierten Politikszene einen Platz gesichert. Dabei hatten die Musiker viele miteinander in Zusammenhang stehende Initiativen unterstützt und dazu beigetragen, die lächerlichen Unterscheidungen zwischen Pop, Rock und Folk niederzureißen. Der zu Hoffnungen berechtigende Aspekt der vergangenen Ereignisse ist dieser: daß in einer Welt, in der Lennons «Revolution» zur Reklame für Jogging-Schuhe herhalten muß, dennoch ein Fortschritt stattgefunden hat.

Leider ist das Leben nur selten so einfach und angenehm, wie es sein sollte. In der Post-Live-Aid-Ära, gerade als die Popmusiker zu größerem Ansehen und zu mehr Verantwortung denn je gelangt zu sein schienen und die Musik als Vermittlerin politischer Ansichten erneut Gehör fand, tauchte das alte Gespenst der Zensur wieder auf. Reaktionäre Politiker und rechtsgerichtete christliche Fundamentalisten ritten in den letzten Jahren der Reagan-Ära erneut Attacken gegen die Musik – so wie es zwei, drei Jahrzehnte zuvor üblich gewesen war. Sie wurden von Leuten aus der Plattenbranche unterstützt, die an dem Glauben festhielten, daß Protest und politischer Pop ganz in Ordnung seien – solange sie keinen Streit verursachen, der den Umsatz bremsen könnte.

10 ...und schaut

den Zensoren auf die Finger

Als Oliver North im Sommer 1987 vor dem Kongreß seine Zeugenaussagen zur Finanzierung der Contras und zum Irangate-Skandal machte, wollte die Westcoastband The Untouchables mit «Quit Your Job Ronald Reagan» ein eingängiges sozialkritisches Stück veröffentlichen. Die aus farbigen und weißen Musikern bestehende Band ist stark von der britischen Twotone-Bewegung beeinflußt und hat sich einen ansehnlichen Fankreis an der Westküste erspielt. Das Stück besteht aus einer sanft rhythmischen Funk- und Rapmelodie mit Zeilen wie «Selbst Tricky Dicky [Richard Nixon] wußte, wann er gehen mußte», «Dein Gehirn ist eingerostet» oder «Dies ist kein Film». Kaum schmeichelhaft für den Präsidenten, aber auch nicht viel schlimmer als «Stand Down Margaret», der Klassiker der Beat.

David Lumian, der sich bei Sunday Service einen Namen gemacht hatte, managte die Untouchables und schickte ihrer Plattenfirma MCA ein Band. Deren Kommentar: «Wir können so etwas nicht auf einer Platte rausbringen; dieses Unternehmen hat schließlich die Kandidatur Ronald Reagans unterstützt!» Da Lumian glaubte, die grobe Sprache habe die Firma entsetzt, riet er der Band, eine «saubere» Version neu aufzunehmen. Außerdem lud er MCA-Vertreter ein, ins Greek Theatre in Los Angeles zu kommen, um sich die Reaktionen der Zuschauer selbst anzusehen. «Keiner von denen tauchte auf», sagte Lumian, «aber die Band wurde gefeiert.»

Die Tatsache, daß MCA die Karriere des Präsidenten viele Jahre lang gefördert hat, ist kürzlich dank Dan Moldeas Buch «Ronald Reagan, MCA and The Mob» an die Öffentlichkeit gelangt, und es ist bezeichnend, daß die Plattenfirma die Veröffentlichung eines solch harmlosen politischen Songs ablehnte. Die Aktion von MCA kam zu einem historisch interessanten Zeitpunkt. Beinahe unbemerkt von vielen der ernsthaft politisch engagierten Musiker in den USA hatte sich eine Anti-Rock-Kampagne etabliert. Sie war ignoriert worden, weil sie zum größten Teil von christlichen Fundamentalisten im Süden und mittleren Westen der USA ins Leben gerufen wurde und weil ihre Attacken ursprünglich einem Musikstil galten, den die meisten Musiker nicht mochten oder nicht ernst nahmen: Heavy Metal.

Zunächst schien es von keiner besonderen Bedeutung zu sein, daß sich die geistigen Nachkommen derjenigen, die sich in den fünfziger Jahren über Elvis' Beckenbewegungen beschwert oder in den Sechzigern Beatles- und Stones-Platten verbrannt hatten, auf jene Bands einschossen, die durch den Gebrauch satanischer Metaphern und brutaler sexueller Texte schocken wollten. Doch schon bald traten sie als mächtige Lobby mit Fernseh- und Radiokampagnen in Erscheinung und begannen, Millionen Amerikanern vorzuschreiben, was sie hören und was sie nicht hören sollten. Außerdem hatten sie mächtige Freunde in Washington.

Die einzigen Musiker, die sich deswegen Sorgen zu machen schienen, waren Joni Mitchell und Frank Zappa aus Los Angeles, Überlebende aus den wilden Tagen der sechziger und frühen siebziger Jahre. Mitchell schrieb «Tax Free», ein Stück über Fernsehprediger, die gegen Rockmusik waren. Als es 1985 veröffentlicht wurde, klang der Text etwas weit hergeholt, doch war sie mit ihrer Mahnung, «Hexenverfolgungen und Kriege stehen an, wenn Kirche und Staat Händchen halten», ihrer Zeit nur ein wenig voraus.

Zappa investierte einen großen Teil seiner Kraft (und seines Geldes) in eine Kampagne, die das Ziel hatte, die USA vor den Vorgängen zu warnen. Im Dezember 1985 saß er in seinem hoch über dem Laurel Canyon gelegenen Studio in Los Angeles und erläuterte seine Ängste in einem Land, wo religiösen Gruppen jährlich 32 Milliarden Dollar gespendet werden. «Es läuft auf den Ausbau einer Machtbasis hinaus. Das Geld gibt ihnen Macht und Kontrolle über die rechtmäßige Regierung der Vereinigten Staaten. Vielleicht bin ich jetzt geistesgestört, aber ich mag die Vorstellung nicht, daß Kirchen hinter der Regierung stehen. Du bist ständig der Gnade irgendeines Typen ausgeliefert, der sagt: ‹Mit dir spricht Gott nicht, aber mit mir, und er sagte mir, daß wir dieses und jenes tun müssen.› Man kann nicht darüber abstimmen – das ist das Problem!»

Zappa nannte ein Beispiel für die Art von religiöser Anti-Rock-Gemeinschaft, die ihn beunruhigte: eine Siedlung in Lakemont am Lake Seneca im Norden des Staates New York, die als «Freedom Village» bekannt geworden ist. Er gab mir den Rat, sie mir anzusehen, und das tat ich auch. Ein paar Tage später fuhr ich durch die verschneite Landschaft am Ufer des Lake Seneca ganz in der Nähe des Ortes, wo in den siebziger Jahren ein großes Rockfest stattgefunden hatte: Watkins Glen. Hier lernte ich auf einem sauberen kargen Gelände am Seeufer das extremste Beispiel eines gegen Rockmusik gerichteten fundamentalistischen Christentums kennen. Es war vorübergehend das Zuhause für hundertzwanzig junge Leute zwischen dreizehn und einundzwanzig, von denen viele eine tragische Vergangenheit in New York City hatten: Kriminalität, Drogenabhängigkeit, Prostitution. Die meisten waren von ihren Eltern ins «Village» geschickt worden; diejenigen hingegen, die älter als achtzehn waren, hatten sich freiwillig der Gemeinschaft angeschlossen oder waren gekommen, um einer Gefängnisstrafe zu entgehen. Offenbar billigten die Behörden, was dort passierte.

Die Behandlung, der die jungen Leute unterzogen werden, kann man am besten mit dem Begriff Rock 'n' Roll-Deprogrammierung umschreiben. «Zuerst mochte ich diesen Begriff nicht», sagte Pastor Fletcher A. Brothers, der Gründer und Leiter des Projekts, «aber dann lernte ich ihn zu schätzen – weil die Leute sich wirklich lieber deprogrammieren sollten.» Er fuhr fort, ausführlich zu erklären, wie Rockmusik den Geist junger Menschen in Beschlag nimmt, sprach über die Gefahren des Rockbeat, ganz gleich, welcher Art die Texte auch seien (er mißbilligte sogar christlichen Rock), und schloß mit der triumphierenden Verkündung, Popmusik sei das «mächtigste Medium, das Satan benutzt, um seine böse Botschaft zu verbreiten».

Die USA schauen ja auf eine lange Tradition der Hervorbringung abgedrehter Bibelprediger zurück, und dieser hier schien zumindest einen originellen Standpunkt gefunden zu haben. Freedom Village unterscheidet sich von anderen Institutionen dadurch, daß es «rockfrei» ist. Rockmusik und Radio sind verboten, und fernsehen dürfen die Bewohner nur sonntags – ausgewählte Programme, versteht sich. Als ich mich dort aufhielt, wurden die jungen Leute ermuntert, fromme Lieder zu singen. Sie mußten einer typischen Brothers-Predigt über das Böse in Rocktexten lauschen – ein Thema, auf das er sich spezialisiert hat. Er fragte die Schafe seiner Herde, wie viele von ihnen Freunde gehabt hätten, die durch Drogen oder Selbstmord umgekommen seien (die meisten waren davon betroffen), und hielt ihnen dann einen Vortrag über die Schrecken von «Eat Me Alive», eines Songs von Judas Priest «über ein Mädchen, das mit vorgehaltener Pistole zum oralen Sex gezwungen wird». Die Atmosphäre dieser Predigt kam mir perverser vor als der Text, um den sie sich drehte.

Seine Untergebenen schienen am wirksamsten deprogrammiert worden zu sein. Ein Mädchen erzählte, Rockmusik habe sie zur Promiskuität verleitet, und ein junger Mann versicherte mir, sein Niedergang habe begonnen, als er mit zwölf Jahren anfing, Platten von Barry Manilow zu hören. Das habe zwangsläufig zu härterer Musik, Drogen, Alkohol und Gewalttätigkeit geführt.

All dies könnte unser Mitleid erregen, gäbe es nicht eine zusätzliche politische Dimension: Brothers will Druck auf Politiker ausüben, um das zu kontrollieren, was er «Mordmusik» nennt – und das ist jedes Stück Popmusik, mit dessen Text er nicht einverstanden ist.

Zweimal täglich übertragen fast vierzig amerikanische Radiostationen seine Sendungen, in denen er Attacken gegen die Rockmusik reitet und um Spenden für seine Arbeit bittet. Seinen eigenen Angaben zufolge, betragen die Betriebskosten von Freedom Village mehr als 1 250 000 Dollar im Jahr, und die bringen seine Hörer auf (Spenden sind natürlich von der Steuer absetzbar). Als Gegenleistung bekommen sie Petitionen zugeschickt, die Politiker dazu auffordern, Gesetze gegen «obszöne Machwerke» zu erlassen, und weitere Petitionen, die sie an ihre Senatoren oder an den Generalstaatsanwalt schicken sollen. In diesen Schriften heißt es zum Beispiel, daß «MORDMUSIK... Millionen junger Menschen zu Alkoholismus, Verbrechen, Inzest, Sadomasochismus und Selbstmord, zu Abtreibung, Rauschgiftsucht, Prostitution, sexueller Promiskuität, Teufelsanbetung und zu vielem mehr verleitet» habe. Daraus folge, daß «MORDMUSIK jetzt GESTOPPT werden muß!... die Charakterstärke unserer Nation und das Leben junger Menschen stehen auf dem Spiel!»

Pastor Fletcher A. Brothers gibt außerdem seine eigene «History of Rock & Roll» heraus, in der er die Entwicklung der Popmusik von den «vermeintlich harmlosen» fünfziger Jahren bis zur Gegenwart darstellt, eine Ära, die sich seinem unbestechlichen Blick in aller Deutlichkeit enthüllt: «Allerhöchste Gewalttätigkeit. Satan verschleiert nicht länger seine Motive. Das Christentum denunzierende und den Teufel als Antwort präsentierende Texte. Brutalität, Sex, Rebellion und Drogen werden nicht nur angepriesen, sie werden auf der Bühne in die Tat umgesetzt.» Brothers fährt fort, Eltern vor der Gefahr zu warnen, die von bestimmten Künstlern ausgehe, und ihre Namen hat er auf einer großen Liste zusammengestellt, in die sogar George Harrison, John Denver, die Who und Stevie Wonder Eingang gefunden haben – und natürlich Künstler wie Prince und die Bands der Heavy Metal-Szene.

Man könnte dies alles als dummen Witz abtun, wenn medienbewußte Prediger wie Brothers nicht allmählich politischen Einfluß gewännen und es nicht so viele gäbe, die ihn nachahmen. Jimmy Swaggart (kaum zu glauben, daß er der Cousin von Jerry Lee Lewis ist) versuchte mit seinen Fernsehshows fürs Massenpublikum ebenfalls das kulturelle Klima zu verändern, und Pat Robertson, ein weiterer populärer Medien-Evangelist, wollte für das Amt des Präsidenten kandidieren.

Christliche Fundamentalisten und wohlhabende, einflußreiche Fernsehprediger zeigten, was in ihnen steckt, und profitierten von den Jahren der Reagan-Regierung, um ihre Macht auszudehnen. Im Fernsehen und im Radio wurden ihre Ansichten ständig breitgetreten, und sie wären noch einflußreicher gewesen, wenn sich nicht verschiedene Gruppen abgesplittert hätten, die Popmusik anders betrachteten. Für manche war sie die Musik des Teufels, andere hingegen glaubten, sie benutzen zu können. Sie gründeten höchst profitable christliche Radiostationen, zum Beispiel KYMS im kalifornischen Orange County, die «christliche Musik» von Künstlern wie Amy Grant und U2 spielte (was Bono sehr peinlich war). In dieser Konfusion wurde sogar Stryper, eine «christliche Heavy Metal Band», ins Leben gerufen. Auf der Bühne erschienen sie vor dem Satanssymbol 666, das durchgestrichen war, um zu verdeutlichen, daß sie «dem Teufel die Musik klauen». Um diesen Punkt zu betonen, warfen sie Exemplare der Bibel ins Publikum.

Man hätte die neue Anti-Rock-Bewegung vielleicht als weiteren verrückten Aspekt des amerikanischen Lebens abtun können, wenn sich nicht das Establishment, oder zumindest die Ehefrauen staatstragender Persönlichkeiten, aktiv engagiert hätten. Im Mai 1985 gründete eine Gruppe von «Ehefrauen aus Washington» das Parents Music Resource Center (PMRC). Wie den Predigern gingen auch diesen Frauen die Texte vieler Popsongs zu weit. Es beunruhigte sie, daß sie nicht wußten, welche Musik ihre Kinder hörten. Begründet wurde die Gruppe von so einflußreichen Persönlichkeiten wie Susan Baker, der Ehefrau des Finanzministers, sowie Tipper Gore, der Frau von Albert Gore, dem vielversprechenden Präsidentschaftskandidaten. Die Gores beteiligten sich aus persönlicher Betroffenheit: Sie hatten für ihre achtjährige Tochter die Single «Purple Rain» von Prince gekauft und waren dann über den Text der B-Seite «Darling Nikki» gestolpert:

> I met her in a hotel lobby
> Masturbating with a magazine.

Das hatte die Gores so in Wallung gebracht, daß sie etwas schafften, was der Parent-Teacher Association, die sich über einen anderen Prince-Song aufgeregt hatte, nicht gelungen war: sie brachten das Establishment auf Trab.

Die PMRC-Gruppe trommelte ihre Anhänger zusammen, und am 31. Mai wurde ein Brief an den Verband der amerikanischen Schallplattenindustrie geschickt, unterschrieben von zwanzig Frauen, von denen sechzehn mit Kongreßabgeordneten verheiratet waren. Der Brief beschuldigte die Plattenindustrie, Aufnahmen über Sex, Gewalt und die Verherrlichung von Drogen und Alkohol zu produzieren, die «willkürlich Personen jeden Alters in Plattenläden und über die Medien zugänglich» seien, und forderte freiwillige Selbstbeschränkung. Zwei Monate später antwortete die Schallplattenindustrie. Der RIAA-Präsident Stanley Gortikov kündigte an, die Plattenfirmen seien übereingekommen, Alben und Kassetten mit Aufklebern zu versehen, die vor unverblümten Texten warnen sollten.

Das war ein Sieg für das PMRC, aber er genügte ihm nicht. Das PMRC war mittlerweile zu einer stattlichen Lobby geworden, zu deren Stammkapital Mike Love von den Beach Boys nicht unwesentlich beigetragen hatte, und wollte daher auch wie eine Lobby auftreten. Die Mitglieder forderten ein detaillierteres Bewertungssystem, die Texte sollten auf den Plattenhüllen stehen, und sie drängten auf eine Neuabfassung der Verträge mit jenen Musikern, die sich auf der Bühne gewalttätig zeigten oder sexuelle Verhaltensweisen zur Schau stellten. Außerdem sollte auf die Angestellten in Rundfunk- und Fernsehanstalten Druck ausgeübt werden, um die Ausstrahlung anrüchiger Songs oder Videos zu verhindern. Diesen Vorschlägen, parierte Gortikov, mögen noble Absichten zugrunde liegen, aber sie liefen auf verschleierte Zensur hinaus. Wie sehr das PMRC dies auch zu tarnen versuchte: es forderte im Grunde eine schwarze Liste.

Der Streit grollte weiter, während PMRC-Mitglieder zu Medienstars avancierten und die Texte von «Darling Nikki» und von Songs der Gruppen Motley Crue, Judas Priest, AC/DC, WASP und Twisted Sister dank ihrer Aktivitäten allmählich erheblich mehr Publicity bekamen als in jenen unschuldigen Zeiten, da sie Teenagern nur als Hintergrundmusik dienten, wenn sie sich eine Nacht um die Ohren schlugen. Als am 19. September der Handelsausschuß des Senats eine Anhörung zum Thema «Pornographie in der Rockmusik» abhielt, wurde diese Wirkung noch verstärkt. Zufällig gehörten dem Ausschuß, der die Arbeit des PMRC ausdrücklich begrüßte, die Ehemänner von fünf Frauen der Organisation an.

Wie erwartet, hielt das PMRC an seinen inzwischen erprobten Argumenten fest. Susan Baker führte aus, daß von allen entwickelten Ländern die USA die höchste Rate von Teenagerschwangerschaften habe, daß die Zahl der Vergewaltigungsopfer immens und die Selbstmordrate bei Jugendlichen zwischen 16 und 24 in den letzten drei Jahrzehnten um dreihundert Prozent gestiegen sei. «Zweifellos gibt es viele Ursachen für diese gesellschaftlichen Mißstände», sagte sie, «doch behaupten wir, daß die, auf unsere Kinder zielenden, verführerischen Botschaften, die Selbstmord, Vergewaltigung und Sado-Masochismus verherrlichen, zu den Entstehungsfaktoren gerechnet werden müssen.» Sie fügte hinzu: «Cole Porters ‹The birds do ist, the bees do it› kann wohl kaum verglichen werden mit WASPs ‹I F... Like a Beast›.»

Tipper Gore verkündete: «Ein freiwilliger Aufkleber ist *keine* Zensur. Zensur bedeutet, den Zugang zu beschränken oder Inhalte zu unterschlagen... Ein freiwilliger Aufdruck verstößt in keiner Weise gegen die amerikanische Verfassung.»

Frank Zappa, der als Anwalt der Gegenpartei einen ungewohnt schneidigen Eindruck machte, hatte eine ganz andere Sicht der Dinge. Für ihn ging es in dieser Debatte nicht um eine geschmacklose und sensationslüsterne Pop-Subkultur, die auch viele «seriöse» politische Popsänger peinlich fanden, sondern um freie Meinungsäußerung. In einer brillant komischen, geistreichen und zugleich aggressiven Rede wandte er sich gegen die Vorschläge des PMRC und deren mögliche Auswirkungen. «Es gibt keinen überzeugenden wissenschaftlichen Beweis, der die Behauptung stützt, irgendeine bestimmte Art von Musik könne den Hörer dazu veranlassen, ein Verbrechen zu begehen oder seine Seele der Hölle anheimzugeben», erklärte der ehemalige «Father of Invention» dem Kongreß. «Aus schlimmen Tatsachen werden schlimme Gesetze», fuhr er fort, «und Menschen, die schlimme Gesetze machen, sind meiner Meinung nach gefährlicher als Songschreiber, die die Sexualität feiern.»

Dann knöpfte er sich die Schallplattenindustrie vor, die mit einer Gebühr für Leerkassetten als Gegenleistung für die Selbstzensur ein ausgezeichnetes Geschäft gemacht habe. Außerdem seien «Redefreiheit, Religionsfreiheit und das Recht auf ein ordentliches Verfahren für Komponisten, Künstler und Einzelhändler gefährdet, falls das PMRC und die großen Labels diesen abgeschmackten Handel durchziehen. Sollen wir etwa Artikel eins [der amerikanischen Verfassung, das Recht auf Redefreiheit] aufgeben, damit die großen Konzerne pro Leerkassette einen zusätzlichen Dollar und zwischen zehn und fünfundzwanzig Prozent vom Preis eines Kassettenrecorders kassieren? Was wird hier eigentlich gespielt?»

Zappas Ausbruch galt auch dem zunehmenden Einfluß der christlichen Fundamentalisten. Er wies darauf hin, daß die USA, im Gegensatz zum Iran, keine konfessionell gebundene Regierung habe und «daß der Fundamentalismus keine Staatsreligion ist. Die Forderung des PMRC nach einem Aufdruck, der auf Sex in Texten, auf Gewalt, Drogen, Alkohol und speziell auf OKKULTE INHALTE hinweist, liest sich wie ein Katalog von Phänomenen, die Anhängern jenes Glaubens zuwider sind. Wie jemand betet, ist seine Privatsache ... Was geschähe wohl, wenn das nächste Kaffeekränzchen Washingtoner Ehefrauen ein großes gelbes ‹J› auf allem verlangte, was von Juden geschrieben oder vorgetragen wird, um hilflose Kinder keiner ‹verborgenen zionistischen Doktrin› auszusetzen?»

Die Anhörung war kurios und deprimierend. Es ging dabei um einen potentiell gefährlichen Angriff auf die Freiheit der Popmusik. Die amerikanische Verfassung stand im Mittelpunkt dieses Medienspektakels. Neben Zappa und dem PMRC traten noch einige andere Zeugen im Raum SR-253 des Russel Senate Office Building auf. (Dee Snider von Twisted Sister bestand darauf, sein Song «Under the Blade» behandle die Angst vor einem chirurgischen Eingriff und habe nichts mit Sadomasochismus, Fesseln und Vergewaltigung zu tun.)

Zum Schluß setzte sich ein Kompromiß durch. Nicht alle Wünsche des PMRC wurden erfüllt, denn die Vertreter des Verbandes Schallplattenindustrie weigerten sich, einer «Bewertung» aller Platten zuzustimmen, und sprachen sich auch dagegen aus, daß die Texte grundsätzlich auf dem Plattencover stehen müßten und daß «Verträge mit Künstlern zu revidieren seien, die sich in von Minderjährigen besuchten Konzerten der Gewalt, dem Mißbrauch chemischer Substanzen oder unverhülltem sexuellen Verhalten hingeben». Aber am 1. November kündigten beide Seiten an, daß in Zukunft Schallplatten mit eindeutigen Texten über Sex, Gewalt oder Drogen einen warnenden Aufkleber erhalten sollten.

In den darauf folgenden Wochen klebte der größte Aufkleber, den man in den Plattengeschäften finden konnte, auf einer neuen LP: «Frank Zappa Meets the Mothers of Prevention». Sein Text lautete:

> «*ACHTUNG*: Dieses Album enthält Material, das eine wirklich freie Gesellschaft weder fürchtet noch unterdrückt. In einigen sozial zurückgebliebenen Gegenden verletzen religiöse Fanatiker und ultrakonservative politische Organisationen dein Recht auf Meinungsfreiheit, indem sie versuchen, Rock 'n' Roll-Alben zu zensieren... Wir garantieren dem Hörer dieser Platte, daß er KEINE EWIGEN QUALEN AN JENEM ORT ZU ERWARTEN HAT, WO DER TYP MIT DEN HÖRNERN UND DEM DREIZACK SEIN GESCHÄFT BETREIBT.»

Oberflächlich gesehen hatten die Frauen aus Washington nicht viel erreicht. Aber Zappa war weiterhin beunruhigt: «Die Auswirkungen», sagte er, «sind in Wirklichkeit schrecklich», denn die Aufkleber-Kampagne könnte ohne großen Aufwand ausgedehnt werden, um politisches Material zu erfassen. «Sieh dir mal ihre erste Broschüre an – da sprachen sie noch von ‹Rebellion›, später ließen sie das dann fallen. Für sich betrachtet ist eigentlich nichts passiert, doch es besteht die Gefahr, daß manche Leute dadurch den Eindruck kriegen, die Zensur sei angebracht.»

Im Herbst 1985 gab es Leute, die glaubten, Zappa habe die ganze PMRC-Angelegenheit übertrieben, und die aufgeregten Diskussionen um «Zensur» würden nun aufhören, da der dumme Kleinkrieg wegen der Aufkleber entschieden worden sei. Unglücklicherweise irrten sie sich.

Zwar wurde nicht mehr regelmäßig in den Fernsehnachrichten über das PMRC berichtet, doch seine Mitglieder machten emsig weiter. In einem Rundschreiben regten sie Eltern an, lokale Fernseh- und Radiosendungen unter die Lupe zu nehmen. «Wenn anstößiges Material gesendet wird, notieren Sie die beanstandeten Texte/Songs/Szenen, Titel und Datum des Programms sowie die Namen seiner Sponsoren.» Artikel eins der Verfassung wird selbstverständlich bedeutungslos, wenn beunruhigte Sponsoren verhindern können, daß ein Stück im Radio gespielt wird.

Außerdem gab das PMRC praktische Ratschläge, wohin man die Beschwerden schicken sollte, und veröffentlichte eine Liste «positiver» Songs – «Musik, die wir mögen», wozu Phil Collins, Lone Justice und U 2 gehörten. Obwohl die Industrie schon so weitgehend der Selbstzensur zugestimmt hatte, hielt das PMRC den Druck auf mißliebige Bands aufrecht.

Seine Hitliste wurde als «PMRC Rock Report '86» auf Kassette gesprochen, um wieder einmal Eltern über gute und schlechte Musik zu beraten. Offenbar beabsichtigten die Initiatoren, Angst und Schrecken in jedem Haus zu verbreiten, wo Kinder gern Schallplatten hörten. Vor düsterer Hintergrundmusik intonierte eine ausdruckslose Stimme die Warnung, «daß Jugendliche im Durchschnitt täglich vier bis sechs Stunden Rockmusik hören» und daß dies sich zu mehr als zehntausend Stunden zwischen der siebten und elften Klasse addiere, was beinahe genausoviel sei wie die Gesamtstundenzahl des Unterrichts, den ein Kind bekomme. Die Schlußfolgerung: «Musik wird Einfluß auf das Leben der Schulkinder haben» und sich häufig negativ auswirken.

Eine der Bands, die auf der Kassette kritisiert wurden, waren die Dead Kennedys, eine hochpolitische Punk-Truppe aus San Francisco, die es während ihres Bestehens nie geschafft hat, einen Plattenvertrag bei einer großen Firma zu bekommen, da allein schon ihr Name als zu anstößig betrachtet wurde. Das PMRC behauptete scheinheilig, die Band habe «ein Recht auf ihre radikalen politischen Ansichten», es seien lediglich die Texte sexuellen Inhalts, gegen die es vorgehe.

Es ist ungewöhnlich, daß die Band auf dieser Kassette erwähnt wurde, denn die Dead Kennedys machten ganz andere Musik als die Crash-Bands aus der Heavy Metal-Szene, die sich gegenseitig in Horror, Gewalt und Satanismus zu überbieten versuchten. Der Leader der Band, der zur Selbststilisierung neigende Jello Biafra, hat sicher nicht die musikalische

Begabung eines Frank Zappa, doch in seiner ungeschliffenen, verquasselten Postpunk-Attitüde ähnelte er ihm in mancher Hinsicht, zum Beispiel hinsichtlich der schrägen Intelligenz und des Mißtrauens gegenüber Autoritäten. Vor allem aber stand er im Mittelpunkt eines Geschehens, das zu einem wichtigen Schauprozeß zum Thema Zensur zu werden versprach.

Im Dezember 1985, als Zappa gerade gegen die neuen Selbstzensurbestimmungen der RIAA wetterte, ging ein dreizehnjähriges Mädchen, dessen Name hier keine Rolle spielt, in einen Plattenladen im San Fernando Valley und kaufte eine LP, «Frankenchrist» von den Dead Kennedys. Als sie zu Hause war, sah sie sich das Poster an, das der Platte beigefügt war – «Penis Landscape», eine Arbeit des Schweizer Künstlers und Oscar-Preisträgers H. R. Giger. Das Bild zeigt zehn in Reihen angeordnete männliche Geschlechtsteile, die wie braunes, leicht unappetitliches reifendes Gemüse aussehen. Wer Gigers Bühnenbilder für den Film «Alien» gesehen hat, weiß, was er von diesem Künstler zu erwarten hat. Das Original war in Kunstgalerien New Yorks und Tokios ausgestellt worden, und Biafra erklärte, er habe der LP das Poster beigefügt, weil er vom Original so beeindruckt gewesen sei. «Das Gemälde stellt in meinen Augen einen Strudel der Ausbeutung dar... und mir wurde klar, daß es in dem Album um das gleiche Thema geht.»

Die Eltern des Mädchens hatten dazu ganz andere Ansichten. Sie waren so entsetzt, daß sie den kalifornischen Justizminister einschalteten. Vier Monate später stürmten neun Polizisten Biafras Wohnung in San Francisco, begannen die Räume zu durchsuchen und «nahmen dabei die ganze Bude auseinander». Laut Biafra schien die Polizei das Gemälde von Giger oder Giger selbst zu suchen, wenn nicht gar ein Drogen- oder Waffenversteck. Sie fanden nichts, doch wurde Biafra beschuldigt, jugendgefährdendes Material an Minderjährige weitergeleitet zu haben. Ihm drohten ein Jahr Gefängnis und eine Strafe von 2000 Dollar. Drei weitere Leute wurden ebenfalls angeklagt, darunter der siebenunddreißigjährige Besitzer des Preßwerks, in dem Biafras eigene kleine Plattenfirma die «Frankenchrist»-LPs hatte herstellen lassen.

Vielleicht haben die Behörden einen lästigen Einzelgänger zum Schweigen bringen wollen, aber sie irrten sich, wenn sie glaubten, Biafra würde sich so leicht einschüchtern lassen. In den späten Siebzigern hatten sich die Dead Kennedys darauf spezialisiert, politisches Aufbegehren mit einer Prise Moral zu mischen. «California Über Alles», die erste Single der Band, war eine satirische Attacke gegen den reaktionären Gouverneur Jerry Brown, der sich Hoffnungen machte, Präsident zu werden. «Your kids will meditate in school», heißt es in dem Stück und «You will jog for the master race». Zu früheren Songs gehörten «Holiday in Cambodia», eine scharfe Mahnung an die Schrecken des Pol-Pot-Regimes, gerichtet an junge Amerikaner, die glauben, alles schon gesehen zu haben, sowie «Too Drunk to Fuck», ein Song, dessen anstößiger Titel nicht darüber hinwegtäuschen sollte, daß es sich um eine Warnung vor Alkohol handelt, die man so schnell nicht wieder vergißt. 1979 kandidierte Biafra bei den Wahlen für das Amt des Bürgermeisters von San Francisco und landete immerhin auf einer Liste von zehn Bewerbern auf dem vierten Platz. Er hatte, die Palmen vorm Haus des Bürgermeisters mit einem Staubsauger reinigend, eine Säuberungskampagne gefordert und vorgeschlagen, alle Geschäftsleute der Gegend sollten sich als Clowns kostümieren.

Die Schallplattenindustrie fand das gar nicht komisch, und Biafra mußte sein eigenes Label gründen (das mit britischer Hilfe finanziert wurde), weil niemand seine Band unter Vertrag nehmen wollte. Die Dead Kennedys machten hauptsächlich deswegen weiter, weil sie so großen Erfolg in Europa hatten, wo ihre LPs ständig an die Spitze der «Indie»-Charts gelangten. Alben wie «Bedtime for Democracy» handelten vom US-amerikanischen Status quo, von der Zensurlobby und Reagans Außenpolitik. Biafra verglich Ayatollah Khomeinis Popmusik-Verbot mit der bewußt hirnvernebelnden Langeweile eines großen Teils des amerikanischen Pop: «Angenommen, die Doors oder John Lennon würden heute versuchen zu starten ... die Plattenindustrie würde sie nicht in einer Million Jahren unter Vertrag nehmen.»

Ein weiteres Stück, das den mächtigen Popvideo-Fernsehkanal MTV in Rage brachte, beleuchtet satirisch den Einfluß dieses Programms und attackiert amerikanische Geschäftsinteressen in Südafrika mit einem «rock 'n' racism telethon». Es war nicht gerade die feinsinnigste politische Satire (zumal Biafra nahezu unverständlich und in halsbrecherischem Tempo zu einem belanglosen Punkbeat sang), doch war es immerhin noch politische Polemik, die darauf zielte, das Establishment zu verärgern.

Wer Biafras Songs nicht mochte, hatte allen Grund, noch entsetzter über die dem Album beiliegende Zeitung mit dem provozierenden Namen «Fuck Facts» zu sein, die sich, aufgelockert von politischen Cartoons, sehr ernsthaft und ausführlich mit dem Problem der Zensur, der Affäre um das Giger-Poster und dem Aufstieg von PMRC und anderer gegen Rockmusik gerichteter christlicher Organisationen auseinandersetzt. Das war durchdachter, sauber recherchierter, seriöser Popjournalismus.

Man läßt sich schnell von Pop-Paranoia anstecken, aber allmählich sah es tatsächlich so aus, als sollten sich das PMRC und dessen religiöse Freunde durchsetzen. Rundfunk- und Fernsehredakteuren war deutlich erhöhte Vorsicht anzumerken, nachdem sie erfahren hatten, daß das PMRC ihre Sendungen kontrollierte. Eine Radiostation der University of California in Los Angeles wurde verwarnt, weil sie die «unsittliche Handlung» begangen hatte. «Makin' Bacon», den alten Song der Pork Dukes aus dem Jahr 1977, zu spielen. Das PMRC beschwerte sich über das Stück bei der Federal Communication Commission, die mit einer neuen Definition des Begriffes «Unsittlichkeit» reagierte.

Was auch immer in den USA geschieht, beeinflußt bald darauf den Rest der Popwelt. Britische Gruppen fingen an, darüber zu klagen, daß die neue Stimmung in den USA sie daran hindere, ihren Durchbruch auf dem größten Musikmarkt der Welt zu schaffen. Dem britischen Politrocktrio New Model Army wurden die Anträge für eine Arbeitserlaubnis abgelehnt, bevor es endlich Ende 1986 in die USA reisen und dort spielen durfte. Als Gründe für die Abweisung wurden der angebliche Mangel ordnungsgemäßer Buchungen und – vielsagender – das Fehlen «hervorragender Leistungen und künstlerischer Fähigkeiten» genannt. Die New Model Army war vielleicht nicht jedermanns Geschmack, doch als obskure Untergrundnovizen konnte man sie auch nicht gerade bezeichnen – die Londoner *Times* betrachtete ihre LP «The Ghost of Cain» immerhin als bestes Album jenes Jahres. Weshalb also hatten die drei nicht einreisen dürfen? Wegen ihrer linken politischen Einstellung, die sie in Songs wie «51st State» ausdrückten? Das war immerhin ein Angriff auf die militärische Präsenz der Amerikaner in Großbritannien. Das Video zu dem Stück war in der Nähe der Raketenabschußbasis Greenham Common gedreht worden.

Es wäre jedoch falsch anzunehmen, der Versuch, Musik zu zensieren, sei auf die USA beschränkt. Gerade als Biafras Prozeß im Sommer 1987 beginnen sollte, versuchte das britische Büro seiner Plattenfirma die Aufmerksamkeit auf die Situation in Europa zu lenken. In London hatte die Polizei einen Laden nach Platten der Dead Kennedys durchsucht, und die große Ladenkette HMV lehnte es wegen des Namens von Biafras Zeitung, «Fuck Facts», ab, die Platte zu verkaufen (dafür wurde HMV dann von den Kennedys «boykottiert»).

HMV ist eine der drei großen Ladenketten, die den britischen Markt beherrschen. Sie hat ihre eigene vertrauliche Liste «obszöner Produkte, die nicht geführt werden sollen». Im Februar 1987 standen sowohl sechs LPs beziehungsweise Kassetten der Dead Kennedys (darunter «Frankenchrist», die «nur ohne das Poster verkauft werden darf») auf der Liste als auch Alben wie Ian Durys «Four Thousand Weeks Holiday» und Microdisneys «We Hate You White South African Bastards».

Auch in der Bundesrepublik Deutschland deutete einiges darauf hin, daß die Behörden gegen Popmusik vorgingen. Platten der Band Die Ärzte und sogar deren Konzerte wurden wegen Songs wie «Geschwisterliebe» oder «Claudia hat einen Schäferhund» verboten. Diese Stücke brachten alle in Rage: von der konservativen Regierung bis zu Feministinnen und Grünen. Songs über Inzest und Sodomie mögen zwar nicht gerade von gutem Geschmack zeugen, doch waren sie zahmer als manche der früheren Unternehmungen der Fugs oder Zappas (dem wegen Obszönität ein Auftritt in der Londoner Royal Albert Hall versagt blieb). In den sechziger und siebziger Jahren wären sie vermutlich (zumindest von den Behörden) unbemerkt geblieben.

In den Achtzigern hingegen bekamen Die Ärzte Ärger wegen einer Satire auf den Bundeskanzler mit dem schlichten Titel «Helmut Kohl», die Zeilen enthält wie «Helmut Kohl schlägt seine Frau». Er wurde zwar nicht offiziell verboten, doch als die Band im Juli 1987 zusammen mit Meatloaf auf einem großen Open Air Festival in Süddeutschland auftrat, wurde sie von der Polizei davor gewarnt, das Stück zu singen. Die Ärzte gehorchten, indem sie es als Instrumental spielten. Die Polizei war nicht in der Lage, die dreitausendköpfige Menge zu verhaften, die den Text dazu beisteuerte.

Dies war das Klima, in dem sich Biafra Ende August 1987 seinem Prozeß in Los Angeles stellte, der als wichtiger Testfall für Popmusikzensur angesehen wurde – zumindest von Frank Zappa und Little Steven, zwei der wenigen bekannten Musiker, von denen Biafra sagt, sie hätten «wirklich ihre Unterstützung zum Ausdruck gebracht». Doch in vielen europäischen Städten gaben Punkbands Benefizkonzerte für Biafra, und zusammen mit seinen amerikanischen Anhängern brachten sie die für seine Verteidigung benötigten 70 000 Dollar auf.

Der Prozeß dauerte über zwei Wochen, in deren Verlauf die Geschworenen um weit mehr als nur eine Analyse der angeblich «obszönen» Kunst Gigers gebeten wurden. Stücke von der «Frankenchrist»-LP wurden im Gerichtssaal gespielt, und die Texte zu verschiedenen Songs, darunter «MTV – Get off the Air» (MTV – hör auf zu senden) und «Stars and Stripes of Corruption» (Sternenbanner der Korruption), wurden auf einer großen Tafel zur Schau gestellt.

Zum Schluß zeigten die Geschworenen – mit ziemlich knapper Mehrheit –, daß zumindest ein paar nach dem Zufallsprinzip ausgewählte amerikanische Bürger nicht immer einer Meinung mit den Behörden sein müssen. Sie stimmten mit 7 : 5 zugunsten Biafras, und die Richterin Susan Isacoff lehnte den Antrag der Anklage auf ein Wiederaufnahmeverfahren ab. Danach baten einige der Geschworenen um Autogramme für ihre «Frankenchrist»-Exemplare.

«Hätten wir diesen Prozeß verloren, wäre ein erschreckender Schauderfaktor ins Spiel gekommen, nämlich die Zensur», sagte Biafra. «Diese Schlacht haben wir gewonnen, doch der Krieg geht weiter. Es wäre ein Fehler zu glauben, nun sei alles gut.»

11 Die größte politische Popshow aller Zeiten

Vielleicht läßt sich politische Popmusik mit jener Kerze vergleichen, die in den politischen Songs vieler Künstler, von Peter, Paul and Mary bis zu Peter Gabriel, symbolische Bedeutung angenommen hat. Immer wenn es so aussieht, als werde sie gleich ausgepustet, beginnt sie heller denn je zu leuchten. Und so war es auch 1988. Politische Musik hatte im Jahr zuvor, dank des PMRC in den USA und des Wahlsiegs der Konservativen in England, einen Rückschlag erlitten. Aber gerade als Musiker sich nur noch den kommerziellen Aspekten ihres Berufs zu widmen schienen, hörte man plötzlich wieder überall politische Songs.

In den USA stand die Präsidentschaftswahl bevor, und als viele der Kandidaten ihr mittlerweile bereits übliches Musikeraufgebot um sich scharten, drehte Frank Zappa unerwartet den Spieß um, indem er aktiv gegen einen der Anwärter kämpfte. Er fürchtete noch immer, daß rechte christliche Fundamentalisten die Popmusik zensieren könnten. Also tourte er durchs Land und forderte seine Zuhörer eindringlich auf, sich in die Wahllisten einzutragen, so daß sie gegen den Fernsehprediger Pat Robertson stimmen konnten, der sich Hoffnungen auf eine Nominierung bei den Republikanern machte.

Inzwischen hatte im Lager der Demokraten Jesse Jackson ein paar beeindruckende schwarze Musiker auf seine Seite gezogen, die äußerst hip waren. Rapper wie Run-DMC, Public Enemy und Whodini gaben im Apollo Theatre von Harlem Konzerte, um den Wahlkampfetat aufzubessern. Wie schon in den sechziger Jahren ermutigten Organisationen wie die NAACP die Zuschauer, sich ins Wahlregister eintragen zu lassen. Auf der schwarzen Musikszene war die Wut der frühen Rapper zum Teil großmäuliger Aggression gewichen, doch Künstler wie KRS-1 von Boogie Down Productions setzten noch immer ihre Wortkaskaden ein, um gezielt Sozialkritik zu üben, während Bands wie Afrika Bambaataa un-

371

beirrt die Tradition der Last Poets, Gil Scott-Herons und Grandmaster Flashs mit seinen so aktuellen Warnungen vor Rassenkonflikten in Südafrika fortsetzten.

Neben dem Rap gab es in der Musik Ende der achtziger Jahre ein zweites Forum für den politischen Kommentar: die neue akustische Bewegung. Plötzlich begann – eine Reaktion vielleicht auf die ständige Berieselung mit schlechtem weißem Rock – eine neue Generation von Sängern und Songschreibern mit akustischen Gitarren die Stile wiederzubeleben, die dem politischen Pop in den frühen Sechzigern einen solchen Auftrieb gegeben hatten. Die schwarze Sängerin Tracy Chapman trat als Star dieser neuen Szene hervor, eine relaxte, reife Künstlerin, deren Songs von alltäglichen Hoffnungen, Tragödien und Liebesaffären wie auch vom unveränderten Elend vieler schwarzer Amerikaner handelten. Die Lieder trafen ins Schwarze, weil Tracy Chapman über eine seltene, schwer greifbare Eigenschaft verfügt: Ehrlichkeit. In Stücken wie «Across the Lines», in dem es um Rassenkonflikte geht, oder «Behind the Wall», einer schauerlichen Geschichte über Gewalttätigkeiten gegen die eigenen Familienmitglieder und die Untätigkeit der Polizei, schwingt leise Verzweiflung mit. Wenn Tracy Chapman singt: «Sie sprechen über eine Revolution – es klingt wie ein Flüstern», kriegt man das Gefühl, die Behörden sollten das lieber zur Kenntnis nehmen.

In einem solchen musikalischen Klima konnten all die alten Proteststars der sechziger Jahre ins Aufnahmestudio zurückkehren. Joan Baez veröffentlichte eine Reihe neuinterpretierter Songs, darunter «MLK» von U 2, Peter Gabriels «Biko», Dire Straits' «Brothers in Arms» (der zuvor nicht unbedingt nach politischer Musik geklungen hatte) und Johnny Cleggs «Asimbonanga». Sogar Peter, Paul and Mary starteten ein Comeback mit einem Stück über Baseball und einem über El Salvador.

Auch Harry Belafonte feierte mit einer Profi-LP ein Comeback. Sie hieß «Paradise in Gazankulu» und war größtenteils in Südafrika mit einheimischen Begleitmusikern aufgenommen worden und warf daher wieder einmal Fragen zum aktuellen Stand des Kulturboykotts auf. Es war unbegreiflich, daß Belafonte, der Gründer von Athletes and Artists Against Apartheid, das Projekt einfach angeleiert haben sollte, ohne eine entsprechende Unbedenklichkeitserklärung der UNO und der betroffenen schwarzafrikanischen Organisationen einzuholen. Doch daran gab es nichts zu rütteln: wenn er auch nicht selbst nach Südafrika ging (er ist dort *persona non grata*), so schickte er doch seinen Komponisten und Texter, der auch sein musikalischer Direktor war, ins Land der Apartheid, um die Aufnahmen der Begleitmusik zu leiten.

Es war schon Anlaß zu manch grimmiger Bemerkung, daß die LP wegen ihres Township-Jive vom Sound her «Graceland» ähnelte, doch gab es einen wichtigen Unterschied: die Texte. Während Paul Simon die südafrikanischen Klänge subtiler Introspektion unterlegte, lieferte die Musik bei Belafonte den Hintergrund für politische Reflexion in Songs wie «We Are the Wave» und das beschwingte «Capetown».

Belafonte war inzwischen dreiundsechzig, aber sein musikalisches Empfinden war noch genauso frisch wie sein Aussehen. Auf der LP befand sich auch eine afrikanisierte Interpretation von Ruben Blades' «Mueve Te», was erkennen ließ, daß der König des Calypso auch weiterhin Augen und Ohren für Entwicklungen in der Karibik offenhielt. Ruben Blades selbst arbeitete inzwischen mit einigen neuen Freunden, die er auf der Amnesty-Show kennengelernt hatte – Sting, Lou Reed und Elvis Costello –, an seiner ersten englischsprachigen LP «Nothing But the Truth». Dabei kam ein seltsames Gemisch zustande, das wohl eine Abwendung vom Salsa signalisieren sollte; nur die Songs über Paranoia und Todeskommandos in Mittelamerika erinnerten noch an seine alten Themen.

In Amerika schlug die extreme Rechte zurück und bediente sich dabei ebenfalls der Popmusik. In Chicago griffen Neonazis, die sich in Jugendbanden organisiert hatten, Juden und ethnische Minderheiten an, die in vorwiegend von Weißen besiedelten Gegenden lebten. Die Gangs, die aus ihrem Rassismus keinen Hehl machten, waren angeblich Fans der britischen «Oi»-Musik, einem Postpunk-Stil. Es mag also sein, daß der Punk trotz aller Anstrengungen von RAR in den siebziger Jahren noch immer verführbar ist, sich rassistische Parolen zu eigen zu machen.

In Großbritannien ging der Kampf gegen der Thatcherismus und für die Menschenrechte weiter, vor allem, als durch eine vorgesehene Gesetzesänderung die Rechte der Schwulen bedroht waren. Die Klausel 28 (später Absatz 28) des Kommunalverwaltungsgesetzes sollte die vorsätzliche «Förderung» der Homosexualität durch öffentliche Behörden verbieten. Es wurde befürchtet, daß dies zu Maßnahmen gegen örtliche Behörden führen könnte, die Schwulengruppen unterstützten, womöglich auch zum Verbot der Konzerte von Schwulenbands, die sich in ihren Songs mit ihrer Sexualität auseinandersetzen.

Sting, dessen Single «Englishman in New York» zum Teil von Quentin Crisp, dem kampferprobten Wortführer der Schwulen, handelt, gehörte zu den entschiedenen Gegnern des neuen Gesetzes. Die kühnste, am wenigsten erwartete und überzeugendste musikalische Attacke kam jedoch von niemand anderem als Boy George. Zuvor hatte er mit dem peinlichen «War Song» seinen Eintritt in die politische Arena verpatzt; seine Single «No Clause 28» war dagegen nachdenklich, offensiv und sogar lustig, ein Scratch- und Rapsong zum Tanzen. Er schrieb ihn, nachdem er in der Zeitung *The Sun* einen Leitartikel mit der Überschrift «Tell the Gays to Shut up» (Sagt den Schwulen, sie sollen die Klappe halten) gelesen hatte.

Während die britischen Bands ihre Sorge über diesen Freiheitsverlust ausdrückten, entdeckten die russischen Gruppen im Zuge von Perestrojka und Glasnost allmählich ihre eigene Freiheit wieder. Russische Popgruppen wie Dialog begannen im Westen aufzutreten, und als Präsident Reagan zum erstenmal in die Sowjetunion zum Gipfeltreffen mit Gorbatschow reiste, wurde das Ereignis durch ein nun schon geradezu unvermeidliches «Friedenskonzert» im Gorki-Park gewürdigt. 35000 Menschen erschienen, um russische Bands und einen britischen Star, Howard Jones, zu sehen.

All diese bunten Aktivitäten politisch engagierter Popmusiker wurden von den Ereignissen am 11. Juni in den Schatten gestellt, als die größte und spektakulärste politische Popshow aller Zeiten im Wembley-Stadion inszeniert wurde, diesem öden Betonbau im Norden Londons, wo bereits Live Aid stattgefunden hatte. «The Nelson Mandela Seventieth Birthday Tribute» ähnelte einer politischeren Version von Live Aid mit dem vornehmlichen Ziel, die Leute aufzuklären. Die Feier dauerte beinahe elf Stunden. 72000 Menschen im Stadion und buchstäblich Hunderte von Millionen Fernsehzuschauern in aller Welt waren dabei. Das Konzert wurde über Satellit übertragen und in 63 Ländern live oder in Aufzeichnungen gezeigt.

Betrachtete man an diesem grauen, aber erhebenden Tag die Parade der Musiker, sah es so aus, als seien all die Schlüsselfiguren in der Geschichte des politischen Pop endlich auf einer Bühne versammelt. Politische Stars aus vier Jahrzehnten, von Harry Belafonte bis zu Stevie Wonder und der Neuentdeckung Tracy Chapman, standen auf der Bühne. Daneben weiße Rockidole aus den Siebzigern wie Jackson Browne und Peter Gabriel; Heroen der Achtziger wie Sting, Whitney Houston, die Eurythmics, Dire Straits und Simple Minds; sowohl afrikanische Stars wie Hugh Masekela und Miriam Makeba als auch Reggaekünstler, Rapmusiker, Tänzer und Soulstars. Und alle traten sie auf, ohne Gagen zu verlangen.

Das Ziel war, so Tony Hollingsworth, der Produzent der Show, «den Anfang einer Anzeigenkampagne zu inszenieren, die Themen Südafrika und Apartheid aufs Tapet zu bringen und die Tatsache hervorzuheben, daß Nelson Mandela nach sechsundzwanzig Jahren als politischer Gefangener bereits vor der Vollendung des siebzigsten Lebensjahres stand». Das größtenteils durch weltweite Abschlüsse mit Fernsehgesellschaften zusammenkommende Geld, vorgesehen für Projekte mit Kindern in Südafrika, sollte unter dem British Anti-Apartheid Movement und Hilfsorganisationen wie Oxfam und Save the Children aufgeteilt werden.

Das Konzert zielte darauf ab, kulturelle Schranken abzubauen und zugleich ein Massenpublikum anzuziehen. Dies wurde durch den Kunstgriff erreicht, die bekanntesten Stars (die fast immer von anderen Gaststars begleitet wurden) auf eine Bühne zu stellen und jeweils nach einem solchen Auftritt die eher experimentellen oder Weltmusikstile auf einer kleineren Seitenbühne vorzuführen. Das Ergebnis dieses Arrangements war eine mutige Verbindung zwischen dem Live Aid-Ansatz, Superstars zu präsentieren, und der multikulturellen Tradition, die in den Tagen von Rock Against Racism ihren Anfang genommen hatte und von Artists Against Apartheid fortgesetzt worden war. Die politische Popmusik hatte ihren Weg aus den Parks und Clubs heraus in die Weltöffentlichkeit gefunden.

Es war eine außergewöhnliche Leistung, doch brachte sie auch außerordentliche Probleme und politische Konflikte mit sich. Die – abgesehen von den Olympischen Spielen – größte Fernsehpublikumsshow des Jahres zu inszenieren, die Ehrung eines Mannes zudem, den die südafrikanischen Behörden als Terroristen bezeichneten, konnte einfach keine leichte Aufgabe sein.

Die Idee zum Mandela-Konzert entstand während eines Briefwechsels zwischen Jim Kerr von den Simple Minds und Jerry Dammers. Es war die Zeit, als Dammers sich mit Paul Simon über «Graceland» auseinandersetzte. Kerr hatte sich bereits für die Amnesty-Kampagne engagiert und erkannt, daß er als Star «die Chance hatte, etwas zu sagen. Es wäre eine Schande, diese Möglichkeit nicht wahrzunehmen, wenn einem daran etwas liegt.» Er hatte an Dammers geschrieben und sein Interesse an AAA bekundet. Dammers hatte ihn gebeten, ein paar Monate später im Wembley-Stadion für seine Organisation zu spielen. Kerr lehnte ab («er hatte etwas den Boden unter den Füßen verloren»), war jedoch weitaus begeisterter über ein professionell organisiertes Mandela-Geburtstagskonzert im großen Stil, vor allem als Dire Straits ihre Teilnahme zusagten.

In dieser Phase übernahm Tony Hollingsworth die Leitung. Er hatte Erfahrungen bei der Organisation des Abschiedskonzertes für den GLC und der Glastonbury Festivals der CND gesammelt. Nun stand er vor einer überwältigenden Aufgabe. Er mußte «die kommerziellen Interessen mit dem Interesse der Künstler, Nelson Mandela einen Dienst zu erweisen, in Einklang bringen», und er war sich darüber im klaren, daß er große Namen aufbieten mußte, um das Interesse der Fernsehgesellschaften zu wecken, und daß die Plattenfirmen alles tun würden, um ihre Künstler in die Programmliste zu hieven – vorausgesetzt natürlich, der Erfolg der Veranstaltung konnte als sicher gelten.

Das Resultat waren «zwölf Monate Verhandlungen mit wenig Spielraum und unglaublichem kommerziellen Druck». Er war erfreut, als Whitney Houston ihren Auftritt zusagte – wenngleich sie nicht als politische Künstlerin bekannt ist –, denn ihre Teilnahme öffnete den Weg für die Live-Übertragung im amerikanischen Fernsehen. Weniger begeistert war er, als die Simple Minds kurz vor der Presseankündigung kneifen wollten, weil sie anscheinend «Angst vor Wembley und der ganzen Veranstaltung» hatten. Kerr und seine Band waren später unter den Musikern die aktivsten Promoter des Konzertes und schrieben sogar den Titelsong «Mandela Day».

Obwohl auch Dammers und Artists Against Apartheid an der Auswahl der Musiker beteiligt waren, berichtet Hollingsworth, es sei «zum größten Teil meine persönliche Entscheidung gewesen, wer teilnehmen sollte», und er war es, der die kompliziertesten und unangenehmsten Verhandlungen führte. Harry Belafonte war gekränkt, als Hollingsworth ihn bat, den Conferencier zu spielen, aber nicht selbst zu singen. Als Belafonte ablehnte, handelte er eine Kompromißlösung aus: Belafonte sollte zwanzig Minuten auftreten können, vorausgesetzt, er fände, wie die meisten großen Stars auf der Hauptbühne, entsprechend berühmte Musiker, die mit ihm zusammenspielten. Als Möglichkeit wurde Bruce Springsteen erwogen, doch konnte Belafonte dessen Mitwirkung nicht garantieren, so daß schließlich sein Gesangsteil gestrichen wurde. Er trat dennoch mit einer kurzen, aber mitreißenden Eröffnungsrede auf. Er hätte allen gefehlt, wenn er nicht dabei gewesen wäre.

Hätte Belafonte gesungen – bestimmt hätte er dann ein paar Stücke von der neuen LP vorgetragen, die größtenteils (ohne ihn) in Südafrika aufgenommen worden war –, so hätte dieser Auftritt leicht das Thema wieder aufwärmen können, das alle anscheinend unbedingt vergessen wollten – das Chaos, das mit dem Kulturboykott verbunden war. «Es ist ein heilloses Durcheinander mit hoffnungslos festgefahrenen Positionen», gab Hollingsworth zu. Nach seinen Streitereien mit Jerry Dammers über «Graceland» konnte Paul Simon unter diesen Umständen unmöglich eingeladen werden, «und ich glaube, er war erleichtert, daß er nicht gefragt wurde.» Aber noch immer existierte das schwierige Problem des «umgekehrten Kulturboykotts», der die Musiker betraf, die weiterhin in Südafrika lebten.

Ein paar bemerkenswerte Künstler, die zu dieser Kategorie zählten, waren am Konzert beteiligt, zum Beispiel die Gesangsgruppe Mahlathini and Mohetella Queens, doch ein berühmter, in Südafrika lebender weißer Musiker fehlte: Johnny Clegg.

Im Sommer 1988 hielten sich Clegg und seine Band Savuka überall recht gut, außer in Großbritannien. In Frankreich hatten sie Hits und wurden dort wie Superstars behandelt, und selbst in den USA wuchs, teilweise dank der Intervention von Joan Baez, das Interesse an ihnen. Clegg hatte deutlich zum Ausdruck gebracht, daß er beim Mandela-Konzert auftreten wollte, und Harry Belafonte versuchte, ihn in die Programmliste zu bekommen – ohne Erfolg, wie sich zeigte, weil Cleggs schwelender Streit mit der britischen Musikergewerkschaft gerade einen Höhepunkt erreicht hatte.

Die Gewerkschaft (BMU) hatte Clegg als britischem Musiker untersagt, in Südafrika zu spielen, trotz der ganzen politischen Arbeit, die er dort leistete. Nachdem sie einmal diesen Standpunkt eingenommen hatte, ignorierte sie die Tatsache, daß der ANC, die United Democratic Front und selbst Winnie Mandela sich mit Cleggs Aktivitäten ausdrücklich einverstanden erklärt hatten.

Als Clegg in einem Brief bei der BMU anfragte, was vor sich gehe, teilte man ihm mit, er sei aus der Gewerkschaft ausgeschlossen worden und man sehe keinen Anlaß, ein erneutes Treffen zu verabreden. Das bedeutete, daß ihm nicht nur dieser Auftritt vor einem Publikum von Hunderten von Millionen, sondern jeder Auftritt in Großbritannien – auch im Fernsehen – verboten war. Nach dem Konzert attackierte sein Manager in einer wütenden Stellungnahme Artists Against Apartheid wegen ihres Unwillens, «bei der demokratischeren Handhabung des Kulturboykotts unterstützt zu werden... dies ist eindeutig, wenn man bedenkt, daß keine der südafrikanischen Bands, die AAA zum Mandela-Konzert eingeladen hat, die Unterstützung der demokratischen Bewegung innerhalb Südafrikas genießt.»

Hollingsworth gab zu, daß Clegg hätte auftreten können, wenn es den Krach mit der BMU nicht gegeben hätte. «Das Konzert sollte in der ganzen Welt ausgestrahlt werden, und die Musikergewerkschaft war wegen der Honorare ins Wanken geraten. Ich konnte es mir nicht leisten, sie zu verärgern. Doch hätte es die Gewerkschaft nicht gegeben, wäre er dabei gewesen.»

Daß Clegg nicht eingeladen wurde, das Konzert aber mit dem erinnerungswürdigen Anblick Eric Claptons endete, der mit den Dire Straits spielte, grenzte schon an Zynismus, waren es doch damals in den siebziger Jahren jene rassistischen Bemerkungen Claptons gewesen, die mit zur Gründung von Rock Against Racism und zu der ganzen Kette politischer Popveranstaltungen, bis hin letztlich zum Mandela-Konzert, geführt hatten. Glücklicherweise hatte Clapton inzwischen offenbar seine Ansichten geändert, und sein Auftritt im Wembley-Stadion war für ihn eine Gelegenheit, dies deutlich zu machen. Dennoch fürchtete Hollingsworth weiterhin, Claptons Anwesenheit könnte Jerry Dammers und seine Fraktion verärgern. «Und falls deren Sturheit Claptons Nichterscheinen zur Folge gehabt hätte, hätten die Dire Straits womöglich abgesagt.» Deshalb wurde Claptons Mitwirkung geheimgehalten, bis er auf die Bühne kam, «und ich glaube, die waren ziemlich schockiert, als sie ihn sahen».

Die Künstler sorgten also allein schon für genug politische Komplikation, doch brachte die weitweite Fernsehberichterstattung noch weitere Probleme mit sich. In England wurde das gesamte Konzert live auf BBC 2 gezeigt, und die Übertragung fand trotz des Drucks konservativer Politiker statt, die in einem Antrag des Unterhauses der BBC vorwarfen, «einer Bewegung Publicity zu verschaffen, die den Afrikanischen National-kongreß (ANC) in seinen terroristischen Aktivitäten unterstützt» (und das, obwohl das Anti-Apartheid Movement betont hatte, daß der ANC in keiner Weise finanziell von dem Konzert profitieren würde). Zur gleichen Zeit beschuldigten Labour-Abgeordnete die südafrikanische Regierung, die BBC zensieren zu wollen.

All dies war noch recht einfach und überschaubar im Vergleich zu der Situation in den USA. Dort wurde wegen des Zeitunterschieds das Konzert nicht live gezeigt, aber das Unternehmen Fox TV hatte zugestimmt, sechs Stunden der Show aufzunehmen und auszustrahlen (was bedeutete, daß das Konzert mehr Sendezeit in den USA bekam als Live Aid, das größtenteils über das Kabelnetzwerk MTV gelaufen war). Fox verpflichtete sich vertraglich, keinen der Abschnitte herauszuschneiden, in denen Künstler persönliche Würdigungen Mandelas vortragen würden. Dennoch befürchtete man, das Konzert könnte im amerikanischen Fernsehen weit weniger als politische Veranstaltung erscheinen als in der ungeschnittenen Live-Fassung. «Im Gegensatz zur BBC kam dort der politische Aspekt zu kurz», sagte Hollingsworth.

Zuschauer in den USA haben vielleicht bemerkt, daß während des Konzertes für Coca-Cola geworben wurde – ein Hinweis auf weitere politische Zusammenhänge. Die Colahersteller sind in einen gnadenlosen Konkurrenzkampf verwickelt, und weil konkurrierende Colafirmen konkurrierende Veranstaltungen finanzieren, sind Popkonzerte zu Werbeschlachtfeldern geworden. Schlauerweise plazierte Coca-Cola seine Werbung bei Fox, nachdem das Unternehmen erfahren hatte, daß Pepsi-Cola erwog, als Sponsor für das Mandela-Konzert aufzutreten. Wäre es so gekommen, dann wäre das Pepsi-Logo auf den Plakaten aufgetaucht und die Firma hätte für dieses Privileg bis zu einer Million Dollar zahlen müssen. Die ganze Idee einer derartigen Finanzierung durch ein Unternehmen war für eine Bewegung wie Anti-Apartheid schockierend, und das Angebot fiel durch.

Politik ist tendenziell ein schmutziges Geschäft, und solcher Art sind die unvermeidlichen Probleme, wenn politische Popmusik aus den Clubs heraus in die Welt des internationalen Entertainment dringt. Berücksichtigt man den ganzen Stress, ist es erstaunlich, daß die Show ein derart glänzender Erfolg war, sowohl musikalisch wie auch als politisches Bekenntnis zu dem berühmtesten politischen Gefangenen der Welt. Als beim Finale die Feuerwerkskörper über dem Stadion explodierten, war Mandela bekannter als je zuvor.

Nicht allein wegen der erheblich stärkeren Präsenz schwarzer Musiker war es ein noch kühneres Unternehmen als Live Aid, sondern auch wegen des viel weiteren Spektrums musikalischer Einflüsse, die hier zusammenkamen. In dem Augenblick, als die afrikanischen Stars Salif Keita und Youssou N'Dour mit der bombastischen jamaikanischen Rhythm Section Sly and Robbie auf die Bühne kamen, begleitet von der britischen Reggaeband Aswad und danach Jackson Browne, war klar, daß dies eine ganz besondere musikalische Veranstaltung war. Das Konzert begann und endete mit einem soliden Aufgebot von Stars mit garantierter Massenwirkung – Sting, George Michael und die Eurythmics am Anfang, Whitney Houston und die Dire Straits zum Abschluß. Rapper, afrikanische Musiker wie Jonas Gwangwa oder Solisten wie Tracy Chapman wurden dazwischen auf der kleinen Bühne präsentiert, und die experimentellsten Auftritte fanden genau in der Mitte des Konzertes auf der Hauptbühne statt.

Die Afro-Jamaican-West-Coast-Collaboration war ein Höhepunkt, aber es sollten noch zwei weitere bewegende und richtungsweisende Ereignisse folgen. Das erste war das Finale des Simple Minds-Auftritts, bei dem Stargäste auf die Bühne kamen und drei Songs sangen, die (neben Hugh Masekelas «Tomorrow») die Hauptbeiträge der Popmusik zur Anti-Apartheid-Bewegung gewesen sind. Peter Gabriel stand bewegungslos da und sang eine eindringliche Version von «Biko» – ein Stück, das nunmehr zehn Jahre alt war und noch immer eine starke Wirkung hatte; dann kam Little Steven und stimmte mit der ganzen Besetzung, zu der jetzt auch Jackson Browne gehörte, das Boykottlied «Sun City» an; und schließlich schlüpfte Jerry Dammers auf die Bühne, um mit ihnen zusammen «Free Nelson Mandela» zu singen.

Und dann der fast gescheiterte Auftritt des «Überraschungsgastes» jenes Abends, Stevie Wonder. Es wurde bereits angekündigt, daß er spielen sollte, da entdeckte man, daß ein Teil seiner Computerausrüstung gestohlen worden war, so daß er nicht anfangen konnte. Hugh Masekela und Miriam Makeba wurden eilig auf die Bühne geschickt, während ein verzweifelter Stevie das Stadion verließ. Nach fiebrigen Verhandlungen und der Wiederbeschaffung der gestohlenen Geräte konnte er dann doch noch auftreten. Er änderte den Text von «I Just Called to Say I Love You», um das Stück in einen Geburtstagsgruß an Mandela umzuwandeln. Anschließend hielt er eine kurze bewegende Rede. Wie Harry Belafonte gehörte auch Stevie Wonder bei einem solchen Ereignis einfach dazu.

Der 11. Juni 1988 war ein denkwürdiger Tag, doch was hatte die Veranstaltung wirklich erreicht? Im Gegensatz zu Live Aid ließ sich der Erfolg nicht am eingegangenen Geld bemessen, obwohl das Konzert bei vielen der beteiligten Künstler auch spürbare finanzielle Auswirkungen hatte – ihre LPs wurden zu Bestsellern. In den Wochen nach dem Konzert gelangte die Debüt-LP der zuvor wenig bekannten Tracy Chapman an die Spitze der britischen Hitparade. Für mehr als 300 000 verkaufte Exemplare wurde sie mit einer Platinschallplatte ausgezeichnet.

Was Nelson Mandela selbst betraf, so blieb er – vorerst noch – im Knast. Doch eine Umfrage zur Anti-Apartheid-Stimmung in England zeigte, daß es mittlerweile ein beträchtliches öffentliches Bewußtsein für sein Leiden gab. Riesige Menschenmengen besuchten die politisch eindeutigeren Kundgebungen, die einen Monat später zu seinem eigentlichen Geburtstag stattfanden.

Wie Live Aid war auch das Nelson Mandela-Konzert ein einmaliges Ereignis, das sich nur schwer wiederholen und gewiß nicht allzu oft organisieren ließe, weil es so viel Engagement und Aufmerksamkeit erforderte. In der Woche nach dem Mandela Tribute brachte ein von Amnesty mit hohen Ambitionen organisiertes zweitägiges Festival letztlich nur Verluste ein, weil es so unmittelbar nach diesem großen Ereignis stattfand.

Doch hatte Amnesty viel Pionierarbeit für derartige Veranstaltungen geleistet und beabsichtigte nicht, sich nun aus der Pop-Politik zurückzuziehen. Sie kündigte für den Herbst 1988 eine sechswöchige Amnesty-Welttournee an, die so organisiert war, daß sie dem vierzigsten Jahrestag der Menschenrechtserklärung vorausging, die am 10. Dezember 1948 von der Vollversammlung der Vereinten Nationen angenommen worden war. Amnesty betrachtete dieses Dokument als «viel zu wenig bekannt und respektiert».

Die Tournee, die die Welt an ihre Rechte erinnern sollte (Freiheit von Angst und Bedürftigkeit), begann im September im Wembley-Stadion, führte dann durch Ost- und Westeuropa, Costa Rica, Nordamerika, Japan, Indien und Afrika (Simbabwe und Elfenbeinküste) und endete schließlich in Brasilien und Argentinien. Die reine Starbesetzung, die in neunzehn Städten rund um die Welt spielte, bestand aus Peter Gabriel, Sting, Tracy Chapman und Youssou N'Dour. Die größte Überraschung war Bruce Springsteen, der nun doch noch die internationale politische Arena betrat. Allen Berichten zufolge hatte er seinen besten Auftritt in Simbabwe, wo – bittere Ironie der politischen Verhältnisse – der größte Teil des Publikums weiß war: die Südafrikaner, die mehr Geld in der Tasche hatten als die Einheimischen, waren über die Grenze gekommen. Es hätte ein peinliches und schwieriges Konzert werden können, aber Springsteen nutzte die Gelegenheit zu einem der besten seiner berüchtigten weitschweifigen Monologe, in dessen Verlauf er an diesen Teil des Publikums appellierte, «in einem Land, das sich im Krieg mit sich selbst befindet», nicht in die Armee einzutreten.

Im Gegensatz zum British Anti-Apartheid Movement hatte Amnesty keine Bedenken, sich ein Unternehmen als Sponsor zu suchen und tat sich mit einem bekannten Sportschuhfabrikanten zusammen, dessen Publicityfeldzug mit dem einfallsreichen Slogan protzte: «Menschenrechte jetzt! Ermöglicht durch die Reebok-Stiftung.»

Popmusik mit Politik zu vermischen, ist nie einfach gewesen, und je größer die Show ist, um so größer können Druck und Widersprüche werden. Der Konflikt zwischen Musikern, Politik und Kommerz wird fortbestehen, doch da die Popära bereits dreißig Jahre andauert, ist klar, daß politische Popmusik nicht am Ende ist, wie so viele Politiker gehofft haben. Popmusiker haben erfahren, daß es in ihrer Macht liegt, sowohl ihre Musik als auch ihre Position zu nutzen, um Kommentare abzugeben, zu reisen, große Geldbeträge zu sammeln und den Gang der Geschichte widerzuspiegeln, vielleicht sogar ein wenig zu verändern, so wie es die früheren Troubadoure der Folkmusik-Bewegungen auf der ganzen Welt getan haben. Wie sie diese Macht anwenden, liegt an ihnen.

P. S.

16. April 1990

Nur zwanzig Monate später rückten der Mandela Birthday Tribute und all die «Free Nelson Mandela»-Songs in ein ganz neues Licht. Am 11. Februar 1990 stand nach 27 Jahren Haft der wohl bekannteste politische Gefangene der Welt als freier Mann vor den Toren des Pollsmoor-Gefängnisses.

Hat Popmusik irgendeinen Einfluß auf dieses Geschehen gehabt? Nelson Mandela jedenfalls zweifelt daran nicht. Sein erster Besuch in Großbritannien galt nicht Politikern und Aktivisten, sondern den Massen, die zu einem weiteren und wiederum von buchstäblich Hunderten von Millionen Fernsehzuschauern auf der ganzen Welt verfolgten Popspektakel im Wembley-Stadion zusammengekommen waren. Nach all den Jahren im Gefängnis verstand dieser charismatische Politiker sehr wohl, welche Rolle die Musik im Kampf um seine Freilassung gespielt hatte. «Meinen Dank dafür, daß Sie sich entschlossen haben achtzugeben», sagte Mandela, «Sie hätten sich auch anders entscheiden können...»

Das Konzert zwei Jahre zuvor hatte dem Anti-Apartheid Movement enormen Auftrieb gegeben. In Großbritannien stieg die Mitgliederzahl im Monat danach auf das Dreifache, und eine Befragung zeigte, daß drei Viertel der Sechzehn- bis Vierundzwanzigjährigen wußten, wer Mandela war, und sich für seine Freilassung aussprachen. Popmusik hatte dazu beigetragen, einen alternden politischen Gefangenen in eine lebende Legende zu verwandeln, und an dem Tag, als Mandela seinen Auftritt als Star der Show zur Feier seiner Freilassung hatte, war er sich der Erwartungen seiner neuen jungen Anhänger sehr bewußt und wollte so viel politischen Nutzen wie möglich aus dieser außergewöhnlichen Gelegenheit ziehen. Und er hat seine Sache gut gemacht, mit seinem Auftreten, das bei aller Schlichtheit kraftvoll ist, und einer Sprache, die bei aller Bescheidenheit die Dinge beim Namen nennt. Dies war ein pop-politisches Ereignis, bei dem die Worte wichtiger waren als die Musik, und jener eine Mann, der den Kampf in Südafrika wie kein anderer verkörpert, beherrschte die ganze Veranstaltung, die ohne ihn eine Enttäuschung gewesen wäre.

Das «International Tribute for a Free South Africa» am 16. April wurde wieder von Tony Hollingsworth geleitet, den das von Bischof Trevor Huddleston nach Absprache mit dem ANC gegründete Mandela International Reception Committee beauftragt hatte. Dieses Festival, sagt Hollingsworth, sei nicht ganz so schwer zu arrangieren gewesen wie die Show von 1988, aber die unumgänglichen politischen Fallstricke der Popszene machten die Arbeit dennoch zu einem Alptraum. Zuerst mußte Mandela davon überzeugt werden, daß es richtig sei, so bald nach seiner Freilassung Großbritannien zu besuchen – keine leichte Aufgabe angesichts der Tatsache, daß er strengstens darauf achtete, nicht den Eindruck zu erwecken, er würde Margaret Thatchers Maßnahmen zur Lockerung der Sanktionen gegen Südafrika auch nur einen Schritt weit dulden. Er erklärte sich schließlich einverstanden unter der Bedingung, daß er auf Einladung des International Reception Committee käme, um seine Förderer zu treffen, nicht die britische Regierung. Diese Vereinbarung wurde während eines Telefonats mit Huddleston in Südafrika morgens um 5.30 Uhr getroffen, «und wir riskierten 2 Millionen Pfund auf Grund dieses einen Gespräches».

Hollingsworth hatte nur 54 Tage Zeit, um die Show und die weltweite Fernsehübertragung zu organisieren. Das Konzert wurde in 45 Ländern (21 weniger als zwei Jahre zuvor) live gezeigt, doch war Mandela nicht im amerikanischen Fernsehen zu sehen, «weil die Sender keine Zeit mehr hatten, den Raum für die Werbespots zu füllen – und manche Werbekunden hatten wohl auch Bedenken wegen der politischen Ausrichtung».

Leichter war es, mit den Künstlern zu verhandeln, doch kam es auch dabei zu unerwarteten Streitigkeiten. Für eine Show wie diese war die Mitwirkung südafrikanischer Musiker natürlich von entscheidender Bedeutung, und Wally Serote vom ANC hatte die Aufgabe übernommen, dafür zu sorgen, daß Londoner Exilanten und bekanntere Künstler wie Jonas Gwangwa ins Programm aufgenommen wurden. Das Festival hätte zu einem einzigartigen Treffen all jener werden können, die mit ihrer Musik die Apartheid bekämpften, und um so tragischer war es, daß die Namen zweier Veteranen dieses Kampfes auf der Programmliste fehlten.

Für Hugh Masekela und Miriam Makeba war es eine rüde Erfahrung gewesen, beim Mandela Tribute 1988 hastig auf die Bühne geordert zu werden, als Stevie Wonder nicht spielen konnte, und diesmal beharrten sie beide darauf, nur mit ihren eigenen Bands aufzutreten anstatt, wie von den Veranstaltern geplant, als Solokünstler vor einer speziell für dieses Festival zusammengestellten Gruppe südafrikanischer Musiker zu agieren. Als man Masekela antwortete, daß diese Bedingung nicht zu erfüllen sei, ließ er seinem Unmut freien Lauf. Das letzte Konzert, schnauzte er, sei «eher ein Showdown für britische Top-Gruppen» gewesen und habe «kaum etwas mit Mandelas Geburtstag zu tun» gehabt, und nun fühle er sich als Bürger zweiter Klasse behandelt. Bischof Huddleston – der Mann, der Masekela die erste Trompete gekauft hatte – bat ihn vergebens, seine Haltung noch einmal zu überdenken. Auch Luther Vandross, Miles Davis und Soul II Soul sagten ab, weil es ihnen verwehrt wurde, mit ihren eigenen Musikern zu spielen.

Dafür war diesmal Johnny Clegg dabei, der Leader von Savuka, der nun dank der Interventionen des ANC zu guter Letzt doch noch ohne Behinderungen seitens der britischen Musikergewerkschaft spielen durfte. Clegg und einige Mitglieder von Savuka traten zusammen mit Jackson Browne auf und präsentierten ein Programm, das von alten Zulu-Liedern über Cleggs neuere politische Nummern wie «One Man One Vote» bis hin zu Brownes entspanntem California-Pop reichte.

Diese unerwartete Session gehorte zu den besseren Sets in einer Show, die nie ganz das Hochgefühl des Nelson Tribute 1988 erreichte – bis schließlich Nelson Mandela selbst auf der Bühne stand. An einem feucht-kalten Nachmittag kämpfte die nun für Veranstaltungen dieser Art schon übliche große Besetzung internationaler Stars mit ihrer Musik gegen die widrigen Elemente an. Das schleppte sich etwas müde dahin, doch gab es auch einige große Momente – die unvergeßliche Eröffnungssession der Gruppe Aswad etwa, die verkündete: «Nelson Mandela's back in town», oder der erste Auftritt der südafrikanischen Künstler.

Für einen Mann, der 27 Jahre im Gefängnis gesessen hatte, wird die Musik ungewohnt geklungen haben, doch hat Mandela wohl zumindest die Stimmen und den Gesangsstil von Nathan Mdledle und Joseph Mogogsi erkannt, die einst der berühmtesten südafrikanischen Vokalgruppe der vierziger und fünfziger Jahre angehörten, den Manhattan Brothers. Sie traten zusammen mit anderen südafrikanischen Exilanten auf, und zu ihrem Finale kam der sichtlich bewegte Jerry Dammers auf die Bühne, um mit ihnen ein Lied zu singen, das er sechs Jahre zuvor geschrieben hatte: «Free Nelson Mandela». Das sei ja nun Geschichte, sagte er, aber doch noch nicht ohne Bedeutung, «weil er nicht völlig frei ist, solange er in seinem eigenen Land nicht zur Wahl gehen kann».

Es gab noch weitere bewegende Momente – von den Neville Brothers, die Sam Cookes «A Change Is Gonna Come» neu interpretierten, bis hin zu der ergreifenden Sechziger-Jahre-Protest-Reminiszenz, die das Trio Bonnie Raitt, Natalie Cole und Anita Baker mit ihrer Version von «Blowin' in the Wind» beisteuerte. Neil Young, der noch vor wenigen Jahren Ronald Reagan unterstützt hatte, trat überraschend auf, und Lou Reed gab dem Geschehen mit dem Stück «The Great American Whale» eine ökologische Note, die nicht so recht in den Zusammenhang passen wollte.

Erst der Auftritt von Mandela selbst machte dieses bunt zusammengewürfelte Konzert zu einem ungewöhnlichen Ereignis, für das aber auch alle Popshow-Register gezogen wurden. Er wurde angekündigt, als es schon dunkel war und die Bühnenbeleuchtung effektvoll eingesetzt werden konnte. Bevor Mandela die Bühne betrat, schmückte man sie in den Farben des Afrikanischen Nationalkongresses schwarz-grün-gelb, und Jonas Gwangwa spielte, allein vor dem Publikum stehend, auf seiner Posaune die ANC-Hymne «Nkosi Sikelel iAfrika», während die Lichter von vielen tausend Feuerzeugen und Streichhölzern in der Dunkelheit glommen. Dann erst erschien, in ein violettes Gewand gekleidet, Bischof Huddleston, gefolgt von Winnie Mandela und jenem grauhaarigen Mann in weiten Hosen und dunklem Blazer, dem diese ganze Veranstaltung gewidmet war.

Es war ein Moment, in dem alles in sich hätte zusammenfallen können, die Kampagnen, der «Free Nelson Mandela»-Hype. Da stand er, der große Mythos, und war nur ein einfacher Mann, ein alternder Politiker, unscheinbar und verletzlich.

«Zeremonienmeister», begann Mandela, doch weiter kam er nicht, denn die ganze Menge im Wembley-Stadion erhob sich und jubelte ihm zu und hielt ihn mehr als fünf Minuten davon ab fortzufahren. Als er schließlich seine Rede halten konnte, war es, als habe er sein Leben lang nichts anderes getan, als ein Massenpublikum anzusprechen. Er bedankte sich bei allen für die Hilfe, die ihm zuteil geworden war, und ging dann sanft zu einem indirekten Angriff auf Mrs. Thatchers Politik über, indem er nach der Fortführung der Sanktionen fragte. Zum Schluß lud er das Publikum zu den «historischen Siegesfeiern» ein, die in Südafrika stattfinden würden, «sobald das Land frei ist». Es war ein glanzvoller Auftritt.

Und er brachte die Dramaturgie durcheinander, wie Hollingsworth rasch klar wurde. Simple Minds, die darauf bestanden hatten, direkt im Anschluß an die Rede zu spielen, paßten nun gar nicht mehr zu der Stimmung, die Mandela erzeugte. Während sich die Ansprache allmählich dem Ende zuneigte, beschloß Hollingsworth, Tracy Chapman auf die Bühne zu schicken, den unangefochtenen Überraschungsstar des Mandela Tribute 1988. Und auch diesmal gelang es ihr, das Publikum mitzureißen, vor allem als sie solo mit kraftvoller Stimme «Talkin' 'bout a Revolution» sang.

Zu diesem Zeitpunkt war die gesamte Stimmung der Show umgeschlagen. Mandela hatte mit seinem Dank an die Musiker und das Publikum gezeigt, daß es ihm bewußt war, wer letztlich seine Freilassung bewirkt hatte, und er hatte ein Popkonzert als Plattform für die wichtigste Rede gewählt, die er bislang außerhalb Südafrikas gehalten hat. Alles, was darauf folgte, mußte im Kontrast zu diesem Eindruck blaß erscheinen, die lärmenden Simple Minds und sogar Peter Gabriel, der gemeinsam mit Youssou N'Dour, begleitet von der ganzen Besetzung, wieder einmal «Biko» sang. Der wirkliche Star hatte seinen Auftritt schon gehabt.

Mandela flog noch in derselben Nacht nach Südafrika zurück, um sich weiter der gefährlichen Aufgabe zu widmen, politische Veränderungen in diesem Land herbeizuführen, wo, wie er der Menge im Wembley-Stadion gegenüber betonte, die Apartheid «weiterhin mordet und verstümmelt» und wo Präsident de Klerks moderate Schritte zur Liberalisierung des Systems verschärfte Gegenwehr der Rechten hervorgerufen haben. Er hatte sich der Popmusik bedient, um eine gigantische Zuhörerschaft zu erreichen und sich der Weltöffentlichkeit vorzustellen, bevor er sich seiner politischen Arbeit zuwandte, bei der ihm ein voller Bewunderung zuschauendes Publikum keineswegs sicher ist.

Keiner, der Mandela an jenem kalten Aprilabend im Wembley-Stadion gesehen hat, konnte sich länger auf die Position des Zynikers zurückziehen. Südafrika war noch immer nicht frei, aber der Mann, der zu einem der größten Freiheitssymbole unseres Jahrhunderts geworden ist, sitzt nicht mehr im Gefängnis, und das ist zum Teil Musikern zu verdanken.

Dank

Normalerweise geben Musiker nur dann Interviews, wenn sie für Schallplatten oder Tourneen werben wollen, sonst sind sie dazu oft nur ungern bereit. Deshalb bin ich den zahllosen Künstlern sehr dankbar, die mit mir ausführlich über ihren Werdegang, ihre Hoffnungen und Ziele gesprochen haben, obwohl keiner der üblichen Gründe dahinterstand. Mein besonderer Dank gilt Pete Townshend, einerseits für seine Rolle als Interviewpartner und andererseits – was wesentlich wichtiger ist – in seiner Eigenschaft als Herausgeber, der Hilfe, Ermutigung und entscheidende Vorschläge beisteuerte.

Außerdem danke ich David Dickinson und Peter Pagnamenta von der BBC, Roger Alton vom *Guardian*, Adrian Boot, Sandy Chapin, Annajoy David, Nicki Denaro, Pat Duffy, Sue Foster, Bill Gilliam, Jonathan Green, Phillip Hall, Keith Harris, Peter und Sumi Jenner sowie Sincere, Andy Kershaw, Harold Leventhal, Dave Lumian, Dave Marsh, Christy Moore für seine Großzügigkeit in Dublin, Lee Mrowicki, Sonny Ochs, Rob Partridge, Caryl Phillips, Eddie und Karola Plamieniak, Stephen Pope, Peri Richardson, Red Saunders, Tim Shawcross, Jumbo Vanrenen, Sharon Wheeler, Steve und Sue Whitehouse sowie all jenen PR-Leuten, Managern oder Freunden, die ich vergessen habe.

Register

395

Rockmusik und populäre Kultur

Joachim-Ernst Berendt (Herausgeber)
Die Story des Jazz
Von New Orleans zum Rock Jazz (7121)

Albert Goldmann
John Lennon
Ein Leben
Deutsch von Jürgen Abel, Jürgen Frey,
Alfred Haus u.a.
968 Seiten mit Tafelteil. Gebunden
(Wunderlich)

Barry Graves/
Siegfried Schmidt-Joos
Rock-Lexikon
Band 1: 6320
Band 2: 6321

Tibor Kneif/Carl-Ludwig Reichert
Rockmusik
Ein Handbuch zum kritischen Verständnis
(6279)

Martin Kunzler
Jazz-Lexikon
Band 1: 6316
Band 2: 6317

Kaarel Siniveer
Folk Lexikon
(6275)

C 2176/7

Deutsch von Jürgen Abel, Jürgen Frey, Karl A. Klewer, Hainer Kober,
Hubert Mania, Gesine Strempel, Peter Weber-Schäfer.
960 Seiten + 16 Seiten Tafeln. Gebunden

Käme der junge, rebellische John Lennon zurück –
unberührt von blöden Drogen, blöden Gurus und blöden
Frauen – ich bezweifle, daß er sich auch nur eine Sekunde
seinen Verteidigern widmen würde, die ihm mit demselben
blinden Glauben folgen, den er so zum Kotzen fand.
Nein, John Lennon würde nur einem Mann die Hand
schütteln: Professor Goldmann. Einem Mann, so begabt,
so zynisch und so respektlos wie er selbst.   Julie Burchill, Tempo

WUNDERLICH VERLAG

C 2363/1